일본 정부의
청구권 정책 전모 II

• 이 책은 2020년도 동북아역사재단 기획연구 수행 결과물임(NAHF-2020-기획연구-10).

일본 정부의 청구권 정책 전모 II

동북아역사재단 편

동북아역사재단
NORTHEAST ASIAN HISTORY FOUNDATION

| 발간사

한일관계에서 한일협정만큼 민감하고 논쟁적인 주제는 없을 것입니다. 한일 양국은 1951년 10월 국교정상화를 위한 회담을 시작한 이후 13년 8개월에 걸쳐 중단과 재개를 되풀이하다 1965년 6월 협정에 조인했습니다. 한일회담은 해방 후 한일관계뿐만 아니라 한국현대사의 기본 틀을 만드는 과정이었습니다. 한일 양국이 최근 첨예하게 대립하는 근본 원인도 한일회담에 있다고 할 수 있습니다.

2018년 10월 30일 일제 강제동원 피해자 손해배상소송 판결과 2021년 1월 9일 일본군 '위안부' 피해자 손해배상소송 판결은 1965년 한일협정이 지나간 과거가 아닌 현재진행형의 문제라는 사실을 확인시켰습니다. 한국 정부와 법원은 1910년 강제병합조약은 원천 무효이고 반인도적 범죄에 대한 배상 문제는 1965년 한일청구권협정으로 해결되지 않았다고 주장합니다. 하지만 일본 정부와 법원은 강제병합조약은 합법이고 청구권협정으로 모든 배상 문제를 해결했다고 주장합니다.

한일협정에 대한 평가와 해석을 둘러싸고 첨예하게 대립하는 근본 원인은 무엇일까요? 이 갈등은 해결할 수 있는 것일까요? 이에 대한 해답을 찾으려면 한일협정 조문 해석뿐만 아니라 협정 과정을 살펴보아야 합니다. 당시 양국 정부가 어떠한 역사 인식과 전략을 토대로 협상했는지 한일회담 당시 1차 자료에 근거하여 파악할 필요가 있습니다.

한일회담 외교문서가 공개된 것은 강제동원 피해자들이 2002년 한국 정부를 상대로 문서공개요구소송을 한 것이 계기였습니다. 일본에서 제소한 소송에서 일본 법원이 1965년 청구권협정으로 모든 배상을 해결했다고 판결하자, 청구권협정에서 강제동원 피해자 문제가 어떻게 다루어졌는지 공개하라며 소송한 것입니다. 2004년 강제동원 피해자들이 승소했고, 한국 정부는 2005년 약 3만 5,000장의 문서를 공개했습니다. 일본에서도 시민단체인 '한일회담문서 전면 공개를 요구하는 모임'이 문서공개를 요구하자, 일본 정부는

2008 ~ 2015년까지 약 7만 장의 문서를 공개했습니다.

동북아역사재단은 학계, 관계 기관, 국민들까지 한일회담 관련 자료를 폭넓게 활용할 수 있도록 핵심 문서를 자료총서로 발간하는 작업을 계속하고 있습니다. 그 첫 작업으로 국민대학교 일본학연구소와 협력하여 방대한 분량의 한국외교문서를 체계적으로 분류·해제한 『한일회담 외교문서 해제집』 5권을 2008년에, 소송을 통해 추가 공개된 문서를 포함한 일본외교문서 약 9만 장을 분류하여 『한일회담 일본외교문서 상세목록』 5권을 2021년에 발간했습니다. 한국외교문서 원본은 동북아역사재단 〈동북아역사넷〉(contents.nahf.or.kr)에 게재했고, 일본외교문서 원본도 올리는 중입니다. 미국 국무성 문서도 국사편찬위원회의 협력을 받아 〈동북아역사넷〉에 올렸습니다.

이번에 한일회담 자료집 시리즈로 발간한 자료총서는 일본 측 한일청구권협정 주무부서인 대장성의 문서(현 재무성)를 엮은 것입니다. 한국의 대일청구권을 상세하게 분석한 내부 문서로 일본 정부가 밝히고 싶지 않은 내용까지 적나라하게 드러나 있습니다. 이 자료총서가 한일회담의 전모를 파악하고 객관적인 이해를 토대로 한국과 일본이 현재 직면한 문제를 해결하는 데 기여할 수 있기를 기대합니다.

일본에서 비공개 한일회담 관련 외교문서가 공개될 수 있도록 노력하신 많은 분들에게 감사드리며, 방대한 분량의 외교문서를 한 장 한 장 검토하고 연구해 주신 연구자들에게도 다시 한번 감사드립니다.

2022년 12월

동북아역사재단 이사장

이영호

| 책머리에

한일청구권 문제를 접하면 접할수록 머릿속에는 몇 가지 의문이 생긴다. 1965년 양국은 청구권 협정문에 "완전히 최종적으로 해결됐다"라고 쐐기를 박았다. 협정은 그 자체로 구속력을 갖는 것인데 굳이 "최종적으로 해결된다"라는 문구를 협정문에 넣어야만 했을까? 그럼에도 불구하고 왜 개인청구권 문제는 오늘날까지 문제가 되고 있는 것일까?

일본 정부는 1965년 한일협정을 근거로 한국 대법원의 판결은 국제법 위반이라면서 강제동원 피해자들의 배상을 거부하고 있다. 하지만 개인청구권은 국제법적으로나 국내법적으로도 보장되어 있고, 일본 정부도 이를 알고 있다. 그런데 왜 일본은 한일협정을 이유로 계속 피해자들에 대한 배상을 거부하고 협정문에 남겨진 "완전하고 최종적으로 해결됐다"는 문구에 집착하는 것일까? 당시 한국의 청구권 8항목에 대한 일본의 정책은 무엇이었을까? 일본은 왜 이 문제가 완전히 해결됐다고 주장하는 것일까?

이 자료집을 통해 알 수 있듯이 일본은 우리와 다른 시각과 국익을 배경으로 청구권 교섭에 임했다. 일본의 역사 인식은 처음부터 우리의 역사 인식과 일치하지 않았다. 하지만 이 자료집의 발간이 우리와 다른 일본의 역사 인식을 비난하기 위한 것은 아니다. 다만 일본이 청구권 문제에 대해 어떤 전략과 논리를 가지고 있었는지 분명히 알아야만 앞으로의 전략적인 대응도 가능하다. 이 때문에 당시 일본의 전략을 검토할 필요가 있다. 일본 외무성 또한 현재 아시아대양주국에 한일청구권 관련 문제 대책실을 설치해 이 문제에 적극적으로 대응하고 있다.

당시 한일청구권협정은 국내 정치와 외교 정치는 물론 역사관의 대립에 이르기까지 매우 복잡한 상황에서 이뤄졌다. 어찌 보면 협정을 체결하는 것이 불가능한 상황에서 억지로 체결됐다고도 할 수 있다. 대장성 담당자는 청구권 대상에 무엇이 포함되는지 그 범위조차 불명확한 상태에서 미로같이 복잡한 청구권 교섭을 진행했다고 토로했다. 현재 남은 문제들은 어쩌면 필연적일지도 모른다. 당시 국익을 위해 불가피했던 상황이 개인의 이익과 일치하라는 법은 없기 때문이다. 이 자료집은 일본의 속내를 그대로 드러내고 있어 오히려 일제강점기 피해자들에게 상처를 줄 수도 있다. 그렇지만 앞으로 진행될 수도 있는 일본 정부와의 또 다른 교섭에서 우리가 논리적으로 이기려면 이 자료를 반드시 살펴봐야 한다.

이 자료집은 일본 대장성의 청구권 관련 자료를 번역한 것으로 오랫동안 비밀로 취급되다가 2014년 일본 외교문서 공개와 더불어 공개되기 시작했다. 이 자료집에서 이용한 자료는 일본 쓰쿠바(筑波) 공문서관에 소장된 경제협력·한국25·한일청구권 문제 참고자료 한일청구권 문제의 개요(제1분책)(経済協力·韓国25·日韓請求権問題参考資料日韓請求権問題の概要)부터 경제협력·한국28·한일청구권 문제 참고자료(제4분책)(経済協力·韓国28·日韓請求権問題参考資料)까지의 4개 분책이다. 1963년 6월 대장성 이재국(理財局)에서 작성했다. 이재국은 국채, 은행, 예금, 회계, 국제금융 등을 다루는 곳으로, 청구권 교섭의 실무 부서였다.

대장성 이재국이 작성한 4권 분량의 자료에는 청구권 관련 각 부처의 검토자료, 내부회의 자료, 과거사 처리와 관련한 다른 국가의 사례 비교 등이 포함되어 있다. 일본 정부의 한일청구권에 대한 기본적인 인식과 협상 전략의 전모를 파악할 수 있는 핵심적인 자료들이다. 대장성은 개인청구권을 국가가 완전하게 소멸할 수 없기 때문에 한일 양국 정부가 협정으로 해결한다고 해도 언젠가 이 문제가 다시 제기될 수 있다는 점을 인식하고 있었다. 1990년대 이후 개인청구권 요구가 분출한 것은 대장성의 우려가 현실이 된 것이라 할 수 있다.

이 자료들은 식민지주의 극복을 염원하는 일본 시민단체의 무한한 노력이 있었기에 공개될 수 있었다는 것을 밝혀 두고 싶다. 자료의 입수 및 복사는 '한일회담 문서공개를 요구하는 시민모임'의 이양수 사무국 차장에게 많은 도움을 받았다. 1951년 아이치현(愛知縣)에서 태어난 이양수 차장은 자신의 문제가 곧 한일협정의 문제라며 인내가 필요한 자료 수집에 기꺼이 협력해 주었다. 공문서관에 가서 천 페이지에 달하는 원문을 한 페이지씩 촬영했는데, 코로나19 상황으로 공문서관은 열려 있는 날보다 닫혀 있는 날이 많았다. 많은 도움을 주신 이양수 차장에게 이 자리를 빌려 다시 한번 감사를 드린다.

이 책이 나오기까지 많은 전문가의 도움을 받았다. 자료를 번역해 주신 이승희, 김보라 두 분은 일반적인 번역의 영역을 넘는 고도의 전문성이 필요한 부분까지 시간을 아끼지 않았다. 덕분에 번역문을 통해 자료를 정확하게 이해할 수 있게 됐다. 몇 년 동안 한일회담

자료집 발간을 함께하면서 이분들만큼 나에게 의지가 되는 분이 없었다. 책을 낼 때마다 출판팀 선생님들께 어려울 정도로 무거운 중압감을 줬다. 그럼에도 출판팀은 좋은 책을 내겠다는 일념으로 진심으로 응원하고 도와주셨다. 이 자리를 빌려 이 자료집이 출판되기까지 함께한 모든 관계자들에게 감사드린다.

2022년 12월

조윤수

| 차례

제2부 한일청구권 문제 참고자료(미정고)

제2분책

Ⅴ. 한국 측 청구(8개 항목) 내용

제3분책

일러두기

1. 번역 및 용어 표기에 대하여

1) 이 자료집에 사용된 용어는 가능한 현재 한국에서 사용되는 용어로 변경했다.(예: 일한 → 한일) 단, 당시의 인식을 잘 보여 주거나 원문을 있는 그대로 사용하지 않을 경우 해석이 달라질 수 있는 용어는 원문 그대로 번역했다.
   - 조선인은 대한민국 국민을 지칭할 때도 있고 북한 국민을 지칭할 때도 있다. 대한민국 국민을 가리키는 것이 확실한 경우 '한국인'으로 표시했다.
   - 재조 일본인은 북한을 포함한 한반도에 재류했던 일본인을, 재한 일본인은 남한에 재류했던 일본인만을 가리킨다.
   - 내지(內地)는 식민지나 점령지를 제외한 일본 본토를 뜻한다.
   - 히키아게(引揚)는 우리말로 '귀환', '귀국'을 의미하는데, 주로 1945년 8월 15일 패전 이후 식민지나 점령지 등에서의 귀환을 뜻한다.
   - '이승만 라인', '이라인'은 '평화선'으로 번역할 경우 일본 정부의 의도가 잘 드러나지 않기 때문에 그대로 번역했다.
2) 지명은 외래어 표기법에 따랐다.
3) 자료 안에 매겨진 번호와 형식은 원문을 따랐다. 일본식 순서표기 一, 二, 三, (一), (二), (三) 과 (イ), (ロ), (ハ)는 상황에 맞춰 우리식 숫자 1, 2, 3이나 (가), (나), (다)로 표시했다.
4) 정부 기관명, 소속 직위는 모두 1963년도 작성 당시를 기준으로 했다. 예를 들어 대장성

(大蔵省)은 현재 재무성이다.

5) 해독이 불가능한 글자는 '●'로 표시했고 원문 자체가 먹칠된 것은 '■'로 표시했다.

6) 이 자료에 소장된 참고자료, 비고, 부록, 각주는 원문대로 표시했다.

7) 참고자료나 비고의 내용은 배경색을 넣어 구분했다.

8) 원문의 각주는 박스 안에 (주)로 표시했다. 본문의 각주는 설명이 필요한 부분을 편찬자가 추가했다.

9) 원문에 오류가 있는 경우도 그대로 번역했으며 필요한 부분은 각주를 달았다.

10) 원문의 표에 나오는 금액 등 수치는 실제로 계산해 보면 오류도 있지만, 원문에 나온 숫자 그대로 번역했다.

11) 차례에서 제목이 없는 경우 임의대로 제목을 달았다. 제목을 보완한 곳은 〈비고〉 부분으로, Ⅲ. 나포 어선 문제 3) 나포 어선에 대한 청구권 적용 문제 〈비고〉, Ⅳ. 2. 문화재 문제다.

12) 이 자료집은 미정고 상태의 문서를 번역한 것으로 비공식 번역임을 밝힌다.

2. 이 자료집에서 사용한 원문(일본공문서관 소장)

1) 大蔵省, 1963, 『経済協力 · 韓国25 · 日韓請求権問題の概要(第1分冊)』(Ⅰ권, 65~116쪽)

2) 大蔵省, 1963, 『経済協力 · 韓国25 · 日韓請求権問題参考資料(第1分冊)』(Ⅰ권, 119~446쪽)

3) 大蔵省, 1963, 『経済協力 · 韓国26 · 日韓請求権問題参考資料(第2分冊)』(Ⅱ권, 70~333쪽)

4) 大蔵省, 1963, 『経済協力 · 韓国27 · 日韓請求権問題参考資料(第3分冊)』(Ⅱ권, 334~Ⅲ권, 135쪽)

5) 大蔵省, 1963, 『経済協力 · 韓国28 · 日韓請求権問題参考資料(第4分冊)』(Ⅲ권, 136~342쪽)

자료집의 이해를 돕기 위하여

조윤수
동북아역사재단 연구위원

1. 머리말

2018년 10월 28일 우리 대법원이 강제동원 피해자 손해배상청구소송에서 원고 승소 판결을 내린 이후 개인청구권 문제를 둘러싸고 한일이 첨예하게 대립하고 있다. 일본 정부는 1965년 청구권협정으로 모든 개인청구권은 해결됐다고 주장한다. 일본 정부의 청구권 문제에 대한 인식을 보다 면밀히 검토하기 위해서는 한일 국교정상화 교섭에서 일본 정부가 어떤 정책을 취했는지, 그 근거는 무엇인지 파악할 필요가 있다.

한국과 일본 외무성은 교섭 파트너였지만 청구권 이슈의 대부분은 일본 대장성(大蔵省) 소관이었다. 대장성은 2001년 재무성(財務省)으로 명칭이 변경됐다. 이 자료집은 1963년 작성된 것으로 당시 명칭인 '대장성'을 사용한다. 대장성의 한일회담 관련 공문서의 상당 부분은 2000년 국립공문서관으로 이관됐다. 외무성이 작성한 문서의 사본을 대장성이 가지고 있는 경우에는 일본 외무성으로 이관됐다. 외무성으로 이관된 대장성 문서목록은 2021년 동북아역사재단이 출간한『한일회담 일본외교문서 상세목록집 I-V』에서 볼 수 있고, 〈동북아역사넷〉(http://contents.nahf.or.kr/)에서도 열람할 수 있다.

일본 국립공문서관 디지털 아카이브((http://www.digital.archives.go.jp/)에서 키워드 "經濟協力·韓國"으로 검색하면 112개의 파일이 나온다. 파일은 공개, 비공개로 구분되어 있는데 대부분 비공개다. 공개문서라도 디지털 아카이브에서 열람하는 것은 불가능하다. 현재(2022년) 시점에서는 코로나 19 때문에 온라인으로 문서 신청은 가능하나 열람은 공문서

〈그림 1〉 원본 자료의 표지

관에서만 가능하다.

이 자료집은 『경제협력 · 한국(經濟協力 · 韓國)』 25~28번(4개 분책)의 자료를 번역한 것으로, 한일청구권 문제의 개요와 참고자료로 구성되어 있다. 원본 자료는 대장성 이재국(理財局) 외채과(外債課)가 1963년 6월까지 작성했다. 이재국은 주로 국제금융 업무를 담당했다. 한국이 요구한 대일청구권 8항목 중에는 조선은행 등 은행 관련 문제와 우편저금 문제, 환율, 조선총독부 재산 등 금융 관련 문제들이 다수 포함되어 있었다. 이재국 외채과가 청구권 문제의 주무 부서를 담당한 것은 이러한 사실과 밀접한 관계가 있다.

대장성은 1962년 11월 12일 김종필 · 오히라 마사요시(大平正芳)의 정치협상에서 청구권 금액에 대한 양국 가이드라인이 결정되자 그때까지의 일본 정부 입장과 향후 과제를 정리했다. 국회 비준에 대비한 준비이기도 했다. 자료에는 외무성과의 청구권 문제 협의 혹은 정책 결정 과정, 쟁점에 대한 토의자료, 한국의 8항목 검토, 각 성청(省廳)의 협의내용 등이 포함되어 있다.

학계에는 『경제협력 · 한국26, 한일청구권 문제 참고자료(2분책)』가 먼저 알려졌다. 국민대 이원덕 교수가 1990년대에 박사학위 논문[1]을 작성하고자 여러 연구자와 관계자들을 인터뷰하기 위해 고베(神戸)를 방문했을 때 우연히 고서점에서 이 자료를 발견했다고 한다. 당시 일본 국립공문서관에서는 대외비로 취급하여 목록조차 검색할 수 없는 문서였다. 2분책은 청구항목 8개 중 4항목까지를 검토한 자료다. 연구자들이 8항목 중 개인청구권에 해당하는 5항목이 포함된 3분책과 4분책의 행방을 찾았으나 아무도 찾지 못했다. 2008년 일본 시민단체가 한일회담 문서공개를 청구하면서 대장성 문서도 조금씩 공개되기 시작했다. 이 자료집도 그 결과물이다.

대장성이 작성한 4분책 분량의 자료는 외부 공개를 상정하지 않은 것이었다. 따라서 일본 정부가 청구권 문제와 관련하여 감추고 싶거나 추가 검토가 필요하다고 판단한 내용도 그대로 게재되어 있다. 이 자료의 제목처럼 원고가 미정고인 상태에서 내부용으로 제작된 것이기 때문에 오탈자와 단위 오류 등이 있었다. 한일회담 한국 · 일본 외교문서를 통해 확인할 수 있는 것은 바로잡았다.

2. 자료집의 의의

청구권 문제는 최종적으로 '정치적 일괄 타결' 방식으로 해결됐기 때문에 대장성이 교섭 과정에서 청구권에 대해 어떤 정책을 취했는지는 큰 의미가 없다고도 할 수 있다. 하지만 청구권 문제에 대한 일본의 최종 목표가 무엇이었는지 알기 위해서는 이 자료가 매우 중요하다. 한국의 청구권 주장에 가장 부정적이고 소극적인 부처가 대장성이었다. 이 자료

1 李元徳, 1994, 『日本の戦後処理外交の一研究: 日韓国交正常化交渉(1951~1965)を中心に』, 東京大学博士学位論文

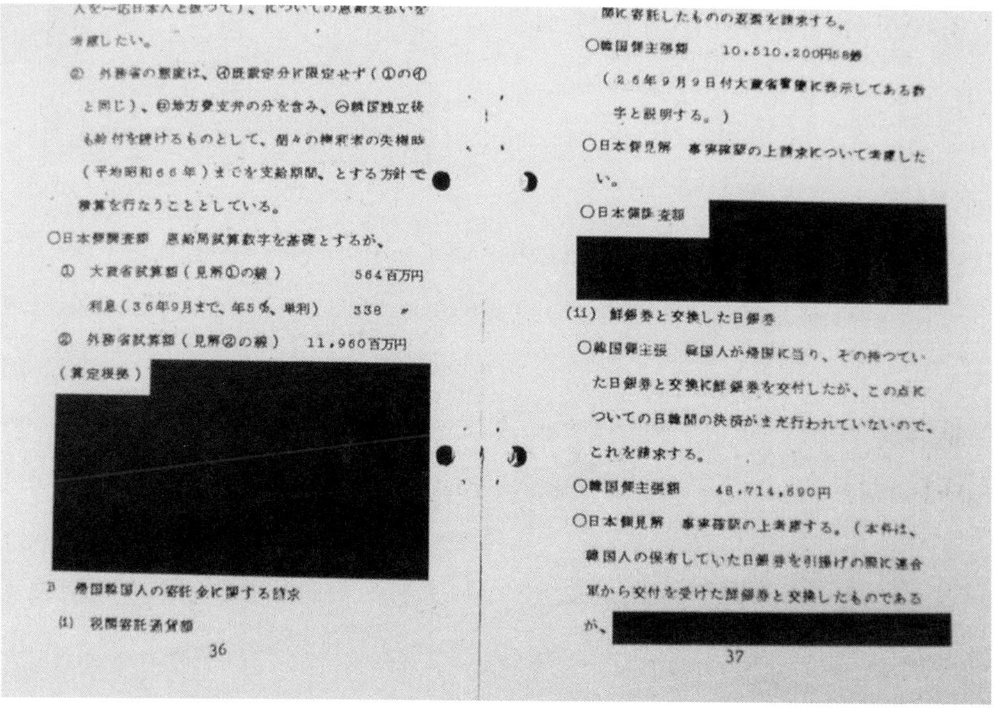

人を一応日本人と扱って）、についての恩給支払いを

考慮したい。

② 外務省の態度は、④既裁定分に限定せず（①の④と同じ）、回地方費支弁の分を含み、◯韓国独立後も給付を続けるものとして、個々の権利者の失権時（平均昭和66年）までを支給期間、とする方針で積算を行なうこととしている。

○日本側調査額　恩給局試算数字を基礎とするが、

① 大蔵省試算額（見解①の線）　564百万円

利息（36年9月まで、年5％、単利）　338 〃

② 外務省試算額（見解②の線）　11,960百万円

（算定根拠）

B 帰国韓国人の寄託金に関する請求

(1) 税関寄託通貨額

36

関に寄託したものの返還を請求する。

○韓国側主張額　10,510,200円58銭

（26年9月9日付大蔵省書簡に表示してある数字と説明する。）

○日本側見解　事実確認の上請求について考慮したい。

○日本側調査額

(11) 鮮銀券と交換した日銀券

○韓国側主張　韓国人が帰国に当り、その持っていた日銀券と交換に鮮銀券を交付したが、この点についての日韓間の決済がまだ行われていないので、これを請求する。

○韓国側主張額　48,714,690円

○日本側見解　事実確認の上考慮する。（本件は、韓国人の保有していた日銀券を引揚げの際に連合軍から交付を受けた鮮銀券と交換したものであるが、

37

〈그림 2〉 비공개 문서의 예

는 ① 대장성이 외무성과 사안별로 어떤 입장 차이를 보였는지, ② 대장성 주장의 근거는 무엇인지, ③ 대장성과 외무성이 어떠한 방식으로 협의했는지 등을 보여 준다는 점에서 의의가 크다.

아쉬운 점은 중요한 내용은 먹칠됐다는 것이다. 청구권 관련 개별적인 금액 산정 과정, 내부 지침 등은 모두 먹칠된 상태다. 공개된 한일 외교문서와 비교하여 대장성 문서에서 비공개한 부분을 파악한 경우도 있으나, 산출 내역 대부분은 거의 비공개다. 일본 공문서 공개 당시 담당자의 실수로 산출 내역이 공개된 경우 너무 기쁜 나머지 가슴이 두근거리기까지 했다. 최근에는 개인정보보호법에 의해 문서에 먹칠 부분이 더 많아졌다. 개인정보를 알 수 있는 부분 등은 문서의 중요도와 상관없이 전체가 먹칠되기도 했다(〈그림 2〉 참조).

3. 대장성의 청구권 문제 대응 전략

네 개의 분책으로 구성된 대장성 자료집은 목차가 매우 구체적이다. 참고자료는 일본이 교섭에 활용하기 위해 검토한 자료다. 내용은 제2차 세계대전 후 독립한 구 식민지와 제국주의 국가 간의 국교정상화 교섭 과정과 배상 사례, 한국의 관할권 문제, 베트남·중국 등 분단 국가와의 수교 문제, 한국의 경제 개발 5개년 계획에 이르기까지 매우 다양하다. 경제 개발 5개년 계획에 대해서는 자신들의 경제협력자금이 한국에서 어떻게 사용될지, 한국의 경제상태는 어떠한지 분석하기 위함이었다.

대장성이 청구권 문제를 교섭할 때 중요하게 고려한 것은 두 가지였다. 첫째는 북한의 청구권 문제다. 한국은 일본과 북한의 청구권 교섭을 원천적으로 차단하기 위해 한국의 관할권이 북한 지역까지 미친다고 주장했다. 반면 일본은 한국의 시정권이 북한까지 미치지 않으므로 한국의 관할권은 남한에만 해당한다고 주장했다. 일본은 한국의 북한 관할권을 인정할 경우 조선총독부의 정부 재산이 모두 한국 정부에 이양될 수 있다는 것을 우려했다. 일본은 대한제국을 남한이 계승했는지 북한이 계승했는지에 대한 법적 근거가 존재하지 않는다는 태도로 교섭에 임했다. 이러한 태도가 일본의 협상 전략에 유리했기 때문이다. 그리고 일본은 한국이 대한제국을 계승했다고 인정할 경우 일제강점기가 불법이었다는 빌미를 줄 수 있다고 판단했다.

둘째는 일제강점기 한반도에 거주한 일본인 재산 문제였다. 재조 일본인 재산의 보상 문제는 재외재산문제심의회에서 다루었다. 당시 이 문제는 일본에서도 큰 이슈였다. 정치적으로 힘 있는 사람들과 결탁해 문제 해결을 요구하는 민원이 끊이지 않았다. 일본에서는 한국과는 전쟁 상태가 아니었기에 남한에서 재한 일본인 재산을 몰수한 것은 국제법상 위법이라는 분위기가 조성되어 있었다. 북한까지 관할권이 미치지 않아 미군정법령 33호에 의한 몰수는 남한에만 해당하며, 일본인 재산 청구권은 추후에 북한과의 교섭에서 논의하면 된다고 인식했다. 자국인에 대한 청구권은 포기한 채 한국인의 대일청구권만 인정할 경우, 국내에서 일본인 재산에 대한 배상 문제가 발생할 것을 우려했다. 한국과 일본 국민의 청구권을 모두 포기시키는 방식이 국내 여론을 설득하는 데 유리하다고 판단했다.

외무성은 김종필·오히라 타협(1962년 11월 12일) 이전인 1960년 7월 22일 경제협력 방식을 각 관계 기관에 제안했다. 그 이유는 한국이 주장하는 거액의 재산청구권 금액에 대한 교섭이 매우 곤란하며 장기화될 가능성이 높고, 한국과 청구권 문제를 해결한다 해도 북한과 문제가 발생하며, 국내적으로 재조 일본인 재산에 대한 보상 문제를 야기할 수 있기 때문이었다.[2] 청구권 문제를 조속히 타결하려면 한국이 청구권이라는 명목을 포기하고, 경제협력이나 원조 방식을 채택하도록 하는 것이 불가피하다고 여겼다. 한국이 청구권을 포기하고 일본이 과거의 속죄가 아닌 한국의 미래 경제 및 사회복지에 기여한다는 취지라면 경제협력 방식은 의의가 있다고 주장했다.[3] 외무성은 양국이 청구권을 포기하고 경제협력 방식을 채택하면 대장성을 설득하기 쉽고 국회나 여론에도 설명하기가 쉬워진다고 판단했다.

외무성 북동아시아과는 청구권 금액으로 1억 달러를 고려했다. 외무성은 '청구권'을 명목으로 한국에 지급하는 것은 어렵다고 판단했다. 문서에는 '무상원조 1억 달러는 한국의 청구권을 모두 포기시킨다는 조건이 아니면 어려울 수 있다'라는 메모가 있다. 이 메모와 관련해 이세키 유지로(伊關祐二郎) 국장도 청구권을 포기한다면 1억 달러는 고려해야 한다고 주장했다(〈그림 3〉 참조).

대장성은 한국이 주장하는 청구권 금액에 맞춰 비슷하게라도 일본에서 '청구권' 문제로 해결하는 것은 매우 까다롭다고 주장했다. 정치적 해결이 아니라면 타협점을 도출하기 어렵고 한국에만 청구권이 있다는 주장으로는 국회를 설득하기 어렵다고 판단했다. "조금이라도 상대방이 납득할 만한 해결을 하려면(억 달러 단위의 금액을 지불하는 선) 반드시 충분한 법적 근거나 증거 서류를 수반하지 않는 개괄적인 것이 되어 '청구권 지급'이라는 이름에 걸맞지 않게 된다"(자료집 I 권의 101쪽). 대장성은 개별 청구권 해결이 어려운 이유로 "전쟁 후 십수 년이 지났고, 전쟁으로 자료가 사라져 사실관계 확인이 매우 어려운 점", "은급법(恩給法) 등 관계 법규가 한반도의 독립을 예상하지 못해 그 적용 유무에 문제가 있는 점" 등을 들었다. 한편 일본 정부의 한국과의 청구권 교섭 목표는 청구권이라는 명목을

2 외무성 북동아시아과, 2019-0547, 「対韓経済技術協力に関する予算措置について」(1960년 7월 22일), 1쪽.

3 외무성 북동아시아과, 2019-0547, 「対韓経済技術協力に関する予算措置について」(1960년 7월 22일), 2쪽.

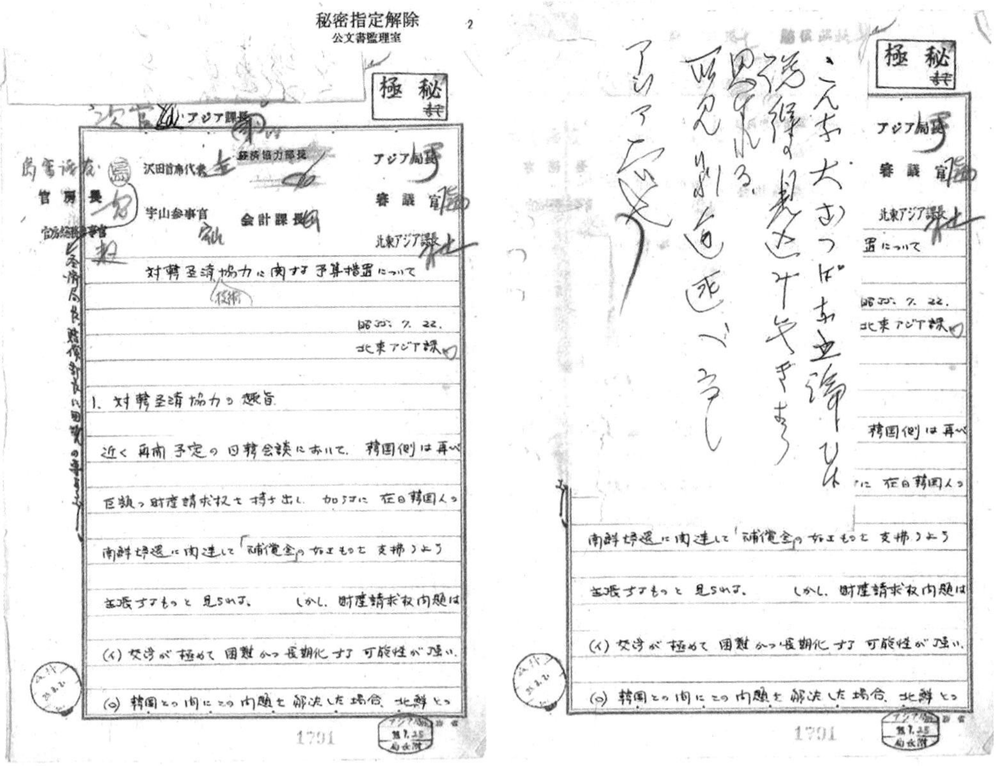

〈그림 3〉 외무성 북동아시아과가 작성. 「対韓経済技術協力に関する予算措置について」(1960년 7월 22일 문서)

지우고 경제협력 혹은 무상경제원조 방식을 도입하는 것이었다. 즉 한국 정부가 주장하는 청구권의 소멸을 이끌어 내는 것이 목표였다. 6차 회담 실무교섭 내내 일본대표단은 한국의 산출 내역에 대해 '증거 불충분', '관련 자료 미비'라며 한국대표단에게 추가 요구를 하는 등 협상에 소극적이었다. 일본의 전략은 정치협상이 개최되기 전 교섭을 통해 "경제협력이 아니면 한국이 원하는 금액에 맞춰 단행할 수 없다"는 경제협력 방식 도입을 위한 기초를 만들었다고 할 수 있다.

이 자료집은 한일청구권 교섭이 일본 측에서도 얼마나 어려웠는지 상세히 보여 준다. 경제협력 방식으로 추진한 것을 국내적으로 설명하기 위해 작성한 문서지만 외무성에 대한 불만도 거침없이 드러내고 있다. 당시 대장성은 청구권 소위원회 실무협상을 맡았다. 8항목에 대해 양국이 숫자를 제시하면서 협상했지만 진전이 없는 상태였다. 대장성은 김종필·오히라의 정치적 회담에서 대략적인 청구권 금액이 타결될 것은 예상하지 못했다(자료집 I 권의 185~190쪽). 김종필·오히라 메모 내용은 대장성에도 알리지 않은 극비사항이었음을 알 수 있다. 마쓰나가 노부오(松永信雄) 조약과장은 이 사건 이후 대장성이 외무성 아시아국과는 협의하지 않겠다는 태도를 보여 대장성을 다시 교섭 테이블로 돌아오게 하는 데 매우 힘들었다고 회고했다.[4] 대장성은 김종필·오히라의 정치적 타결로 경제협력 부분만 강조하다 보면 지금까지 대장성이 교섭해 온 한국이 주장하는 8항목은 남게 되므로 반드시 경제협력과 동시에 한국 측 8항목을 소멸시켜야 한다고 주장했다.

이 자료집을 보면 개인청구권을 소멸시켜야 한다고 가장 강경하게 주장한 것도 대장성이다. 대장성은 한국인의 권리관계가 복잡하여 그 실태를 파악하는 데 한계가 있기 때문에 장래에 혹시 제기될 수 있는 한국인의 청구권을 미리 봉쇄하는 조치를 취해야 한다고 주장했다. 국내적으로는 관계 기관과 관련 법률을 정비하고 협정문에도 반드시 관련 문구를 포함시켜야 한다고 했다. 우시로쿠 도라오(後宮虎郎) 대사의 회고록에 따르면 대장성은 협정문 제2조의 "완전히 그리고 최종적으로 해결된다"에 만족하지 않고 8항목이 모두 소멸됐다는 것을 반드시 명기해야 한다고 강경하게 주장했다고 한다.[5] 1965년 4월 3일 가조인 전날 밤 한국 대표단 송별회 석상에서 김동조 대사에게 8항목의 소멸 조항을 포함시킨 문건을 전달했지만 한국 대표단은 이미 하네다(羽田) 공항으로 출발한 후였다. 대장성은 관련 내용이 없다면 각의 결정에 도장을 찍지 않겠다고 주장했다. 대장성의 완강한 태도에 외무성 관계자가 하네다 공항까지 쫓아가 연하구 아주국장을 핸아메리카 항공의 승무원 대기실로 불러 사인을 받았다.[6] 그것이 바로 비공개였던 합의의사록이다(〈그림 4〉 참조).[7]

---

4 일본 외무성은 1965년 한일 국교정상화 이후인 1968년 8월부터 '한일국교정상화 교섭사 편찬위원회'를 구성하고 회담에 실제로 참여했던 담당 국장 및 과장, 대신들 30명의 인터뷰를 기록으로 남겼다. 이 자료는 2015년 일본 외무성에 문서공개청구를 통해 얻은 귀중한 자료로 어떤 사료에서도 볼 수 없는 한일회담에 대한 일본의 속내를 모두 담고 있다(외무성 공개자료 2015-00518). 일본 외무성공개문서, 2015-00518, 「松永課長, 山口, 熊谷参事官 日韓交渉の回顧ー条約課長の立場から」(1971년 11월), 52~53쪽.

5 일본 외무성공개문서, 2015-00518, 「後宮大使 日韓交渉に関する若干の回想」(1965년 7월), 65~66쪽.

6 일본 외무성공개문서, 2015-00518, 「松永課長,山口,熊谷参事官 日韓交渉の回顧ー条約課長の立場から」(1971년 11월), 57쪽

7 佐藤局長, 黒河内, 福田参事官「日韓会談における請求権·経済協力協定第2条に関する交渉」(1969년 1월), 52~53쪽.

（不公表）

合意議事録

1965年4月3日に東京で

本日イニシアルされた日韓間の請求権問題解決及び経済協力に関する合意事項（以下「合意事項」という。）の交渉において次の了解が確認された。

1　合意事項5において完全かつ最終的に解決されたことになる日韓両国及び両国民の財産並びに両国及び両国民の間の請求権に関する問題には、日韓会談において韓国側から提出された「韓国の対日請求要綱」（いわゆる8項目）の範囲に属するすべての請求権が含まれており、したがつて、関係協定の発効により、同対日請求要綱に関しては、いかなる主張もなしえないこととなることが確認される。

2　合意事項5において完全かつ最終的に解決されたことになる前記の財産及び請求権に関する問題には、現在までに大韓民国による日本漁船の拿捕から生じたすべての請求権が含まれており、関係協定の発効により、それらのすべての請求権は、もはや大韓民国政府に対して主張しえないこととすることが確認される。

합의의사록

1965년 4월 3일에 도쿄에서

오늘 이니셜(서명)된 한일 간의 청구권 문제 해결 및 경제 협력에 관한 합의사항(이하 "합의사항"이라 한다)의 교섭에서 다음의 양해가 확인되었다.

1. 합의사항 5에서 완전히 그리고 최종적으로 해결된 것이 되는 한일 양국 및 양 국민의 재산과 양국 및 양 국민 간의 청구권에 관한 문제에는 일한회담에서 한국 측이 제출한 '한국의 대일 청구 요강'(이른바 8항목)의 범위에 속하는 모든 청구권이 포함되며 따라서 관계 협정의 발효에 의하여 동 대일 청구 요강에 관하여서는 어떠한 주장도 할 수 없게 됨이 확인된다.
2. 합의사항 5에서 완전히 그리고 최종적으로 해결된 것이 되는 위 재산 및 청구권에 관한 문제에는 현재까지 대한민국에 의한 일본 어선 나포에서 발생한 모든 청구권이 포함되며, 관계 협정의 발효에 의해 그 청구권 전부를 이제 대한민국 정부에 주장할 수 없음이 확인된다.

〈그림 4〉 1965년 4월 3일 합의의사록 내용

4. 대장성과 외무성의 의견 차이

이 자료집에는 대장성·외무성이 작성한 청구권 금액 산정(안)이 있지만 금액에 차이가 있다. 두 부처 간에 강제동원 노무자의 남북한 구성 비율을 몇 %로 할 것인지, 군인·군속 징용자에게 위문금과 보상금을 모두 지급할 것인지, 둘 중 하나만 지급할 것인지 등 대상과 범위를 두고 의견 차이가 있었다. 일본 국적을 상실한 한국인의 은급(恩級) 지급 조치도 국적을 상실한 때로 할 것인지, 상실한 후에도 계속 지급할 것인지 견해가 달랐다. 대장성은 1952년 4월 강화조약 발효 시까지로 제한했지만 외무성은 1991년까지로 설정했다.

한국 측이 청구한 8항목의 내용에 대해 일본 측이 산정한 금액은 대부분 먹칠되어 있다(자료집 I 권의 79~100쪽). 다만, 이 내용은 외무성 문서 「한일관계상정문답(미정고)」과 비교하면 추측이 가능하다.[8]

대장성 이재국이 1962년 2월 17일 작성한 한일청구권 금액 일람표다. 이를 통해 자료집 I 권의 79~100쪽의 대장성 계산 금액을 추측할 수 있다.

요강	한국 청구			대장성 시산		외무성 시산	
Ⅰ. 지금·지은	지금	249	톤				
	지은	67	〃		0		0
	(평가액 1,020억 엔)						
Ⅱ. 체신국 관계							
1. 우편저금 등		1,197			258(196)		258(196)
2. 간보 연금		135			67(12)		67(12)
3. 해외환 저금		70			?[9]		?
4. 동결 수취금		45			0		?
Ⅲ. 재한 법인 재일 재산		?		구 주주 유보액	39(?)		39(?)
Ⅳ. 대일본인(정부) 청구							
1. 일본유가증권		8,735			228(146)		608(389)
2. 일본계 통화		1,525			1,517		1,522
3. 미수금		237			98(38)		133(52)
	백만 달러				(2,248)		10,184
4. 보상금		364			564		11,960
5. 은급		306(338)				(이자 미계산)	
기탁금		113			63		60
6. 민간 생보사		438			0		0

8 일본 외무성 공개문서, 376, 「日韓関係想定問答(未定稿)」(1962년 2월 26일), 70쪽.

합계	12,801백만 엔	㉮ 보상금 제외 -2,834백만 엔			
	364백만 달러				
	(그외) 지금·지은 현물 평가액 1,020억엔	~~(730)~~		24,831(649)백만 엔	
		㉯ 보상금 포함 5,082(730)			

① 달러 평가액(1달러=360엔)

한국 청구액	일본 측 시산	외무성 시산
1,003백만 달러	보상금 제외 9.6백만 달러	71백만 달러
(1달러=15엔일 때는 15억 달러)	보상금 포함 16백만 달러	

② 위 표 중 괄호는 1961년 9월까지의 이자다.

5. 미군정 법령 33호와 재한 일본인 재산의 청구권 소멸 문제

대장성 문서에는 재한 미군 정부가 1945년 12월 6일 발표한 군정법령 33호(일본에서는 Vesting Dcree, 소유권 변경령)가 자주 등장한다. 재한 미군사령관은 연합국 최고사령관의 하부기관으로, 최고사령관이 인정한 점령지역의 관할 범위에서만 유효한 군정법령을 제정할 권한을 가진다. 이 군정법령은 재한 미군 정부의 관할권 내(남한)에 있는 일본 정부 및 일본 국민 소유 재산은 모두 미군 정부에 귀속되며 미군 정부가 소유한다고 규정했다.

군정법령 33호에 앞서 일본인 및 일본 재산 처분을 규정한 것은 대외 금융거래 금지조치(태평양미국 육군총사령부포고 제3호, 1945.9.7)와 재한 일본 재산 동결조치(미국 육군사령부군정청령 제2호, 1945.9.2)다. 한국 정부 수립과 동시에 체결된 「재정 및 재산에 관한 최초협정」(이른바 한미양도협정, 1948.9.11)에 근거해 일본(인) 귀속 재산의 실질적인 인도가 이루어졌다. 엄밀히 말하면 군정법령 33호에 따른 귀속은 소유권 변경을 말한다.

일본은 초기 청구권 교섭에서 재한 일본인 재산에 대한 청구권, 이른바 역청구권을 주

9 물음표는 내용 확인이 어렵거나 조사 중인 상태를 말한다.

장했다. 한국 정부가 귀속된 일본인 재산을 처분할 권리는 없다는 주장이다. 일본 외무성은 역청구권 주장은 한국의 막대한 청구권 요구에 대응하기 위한 교섭상의 기술이라고 밝힌 바 있다. 대장성은 자국인의 청구권을 정부가 포기했다는 인상을 주는 것이 바람직하지 않기 때문에 법적 근거가 있다면 주장하는 것이 당연하다고 주장했다.

미국은 재한 일본인 재산 청구권은 소멸됐다고 해석했다. 구체적으로는 ① 재한 미군정부의 지령(군정법령 33호)과 평화조약 제4조 (b)항에 따라 재한 재산에 대한 일본의 청구권은 소멸됐으며, ② 한일 양국이 특별협정을 맺을 때 재한 일본 재산을 한국 정부가 인수함으로써 어느 수준까지 한국의 대일청구권이 소멸하거나 소멸하였다고 인정할 것인지를 논의해야 한다는 것이다.

양국은 이 해석에 견해 차이를 보였다. 일본은 한국이 제시한 8항목이 특별협정에 따라 일정 정도 소멸했다고 봤다. 반면 한국은 강화조약 제4조 (b)항에 따라 배상금액을 준비한 것이 아니고, 대부분 법적 근거가 있는 것을 제시한 것이며, 그것이 바로 8항목이기 때문에 청구권의 범위를 변경할 수 없다고 주장했다.

대장성은 군정법령 33호가 국제법을 위반했다고 주장했지만, 일본이 강화조약 제4조 (b)항에 따라 군정법령 33호의 효력을 승인했기 때문에 일본 정부와 일본인의 재산에 대해 아무런 청구권도 가질 수 없게 됐다. 일본 정부도 국가 분리로 인한 경우 국제법상 독립국의 관할권 내에 존재하는 사유재산은 원칙적으로 존중돼야 하지만 특별한 규정을 둘 때는 해당 규정에 따른다고 해석했다. 강화조약 제4조에 따른 어쩔 수 없는 조치였다는 점도 강조했다. 그리고 재한 미군 정부의 귀속 명령에 따른 처분으로 일본 정부가 처분한 것이 아니므로 일본 정부는 일본인 개인에게 손실을 보상할 책임은 없다고 해석했다.

6. 맺음말

대장성이 이 자료집의 작성을 완료한 시점은 1963년 6월이다. 1962년 11월 김종필·오히라 회담으로 청구권 교섭이 타결될 것으로 예상했으나 그 후에도 험난한 교섭이 계속됐다. 대장성이 어업 교섭과 같은 현안이 해결될 전망을 보일 때까지 교섭에 임할 수 없다고 버틴 것도 있지만, 경제협력에 의한 총액 방식의 해결도 간단하지 않았다. 대장성이 작성한 향후 진행 방식에는 한국의 청구권 소멸 방식도 과제로 담겨 있다. 김종필·오히라 회담에는 대장성이 가장 중요하게 생각한 청구권 8항목의 소멸 내용이 구체적으로 없었기 때문이다. 그뿐만 아니라 일본의 경제협력 자금을 어떤 방식으로 어떻게 전달할지 등 세부적인 내용도 전혀 논의되지 않았다. 막상 실무교섭에서는 경제협력이란 무엇인지, 무상 3억 원에 해당되는 것인지 등에 대한 논의가 필요했다. 대장성은 나포 어선에 대하여 한국에 청구권을 포기하는 것도 불안해했다. 따라서 한국의 일본에 대한 불량 채권 변제 기간은 어떻게 할 것인지, 장기처리 차관과 변제 기간은 몇 년으로 할 것인지, 유상공여는 몇 %의 이자로 지급할 것인지에 대한 세부적인 내용도 검토했다. 대장성이 제기한 쟁점들은 제7차 회담 청구권 교섭에서 논의됐다.

대장성이 가장 중요하게 생각한 것은 한국의 청구권을 완전하게 소멸시키는 것이었다. 반면 평화선에 의해 나포된 일본 어선에 대한 청구권에 대해서는 일본 정부 스스로 청구권을 소멸시켰다는 모양새를 취하면 국가 책임이 발생할 수 있어 피하고자 했다. 이 두 가지 주장은 모순된다. 오와다 히사시(小和田恒) 서기관은 청구권 조문 교섭 당시 일본 담당자는 이 모순을 해결하는 것이 가장 큰 숙제였다고 밝히고 있다.[10]

대장성의 요구대로 한국이 제출한 대일 청구 요강 8항목이 해결됐다는 것은 비공개 합의의사록에 포함됐다. 대장성은 청구권 문제가 "최종적으로 해결됐으며 협정 발효일 이후 청구요강에 관해서는 어떤 주장도 할 수 없다는 것을 확인한다"라는 문구를 넣음으로써 개인청구권까지 소멸시키려 했다. 그러나 대장성은 청구권 문제가 완전히 해결됐다고 인식하지는 않았다. 청구를 하지 않는 것과 청구권이 소멸되는 것은 별개의 문제라고 인식했다.

대장성이 예측한 대로 1990년대에 개인청구권 문제가 본격적으로 분출됐다. 대장성이 청구권 교섭의 한계를 지적했는데 처음부터 논의했어야 할 내용들이 논의되지 않았기 때

10 일본 외무성 공개문서, 2015-00518, 「小和田書記官, '日韓会談における請求権経協力第2条二関する交渉(追録)'」, 4쪽.

문이다. 특히 일제강점기 통치가 불법인지 합법인지, 이에 따라서 총독부의 지위나 총독부령으로 설립된 법인, 은행의 지위가 처음부터 해석이 달라질 수 있었다. 그런데 국제법상의 국가 승계 이론이 청구권 교섭에서 적용되지 않았고 심의조차 되지 않았다. 관할권은 더 큰 문제였다. 한국은 한반도 전체를 규정한 반면 일본은 현실적으로 북한을 인정하며 교섭에 임했다. 문제는 교섭에서는 모두 금기사항이어서 논의조차 할 수 없었다. 오늘날 남북한은 각각 유엔 회원국이고 남북정상회담이 개최될 정도로 시대가 변했다. 일본과 북한의 정상회담도 개최됐지만 한국은 반대하지 않는다. 1965년 당시라면 있을 수 없는 일이다. 어쩌면 현재의 중요한 문제가 미래에는 덜 중요한 일이 될 수도 있다. 국제사회의 변화는 한일관계도 변화시킨다.

1965년 한일회담 교섭은 양국의 국익 충돌의 연속이었다. 한국은 남북한 분단 구조가 자리 잡기 전인 과도정부 시기부터 한반도에 남겨진 일본 재산의 2/3를 남한 정부에 귀속시킬 것을 일본 정부에 요구했다. 한일회담 협상 과정에서 한국 정부는 북한 정권의 청구권을 소멸시키는 것을 정책의 목표로 삼았다. 북일 교섭을 통해 북한이 청구권 자금을 획득하면 이는 북한의 경제력 상승과 동시에 남한의 안보 위기에 직결되기 때문이다. 반공안보라는 측면에서 보면 북한 정권의 청구권을 소멸시키는 것이 전략적으로 이익이었다. 한국 정부는 분단이라는 한계 속에서 일본 정부와 교섭을 거듭했고 안타깝게도 개인청구권이라는 과제를 남겼다.

앞에서 밝힌 것처럼 이 자료집은 원고가 미정고인 상태에서 내부용으로 제작된 것이다. 참고자료, 비고, 요강 등 자료 모음이 더 많다 보니 자료집의 내용을 한눈에 이해하기 쉽게 차례를 정리하는 것이 쉽지 않았다. 따라서 책의 차례는 내용을 중심으로 큰 항목들만 정리해 실었다. 다만, 원본 자료집의 세부 차례를 통해 이 자료집의 의미를 파악할 수 있도록 다음과 같이 차례를 덧붙인다.

〈1분책〉

제1부 한일청구권 문제의 개요(미정고)

Ⅰ. 한일회담에 대하여

1. 한일회담의 목적과 정부의 기본 방침
2. 회담의 경위와 현황
   1) 제5차 회담까지의 상황
   2) 제6차 회담의 상황
3. 제반 현안의 상황
   1) 어업 문제
   2) 재일 한국인의 법적 지위에 관한 문제
   3) 선박 문제
   4) 문화재 문제
   5) 독도 문제

Ⅱ. 청구권 문제(기존 동향)

1. 청구권 문제의 경위
2. 8개 항목의 청구 내용
   1) 개요
   2) 항목별 설명

*요강 1. 지금·지은의 반환 청구

*요강 2. 일본 정부의 대 총독부 채무

(1) 체신국 관계

A. 우편저금, 대체저금, 우편환

B. 국채 및 저축 채권

C. 조선간이생명보험 및 우편연금

D. 해외 환저금

E. 미군 포고에 따른 한국 수취금의 동결

(2) 8월 9일 이후 재한 일본인 예금 인출액

(3) 국고금의 증명이 없는 자금 세출에 대한 한국 수취금

(4) 조선총독부 도쿄사무소 재산

*요강 3. 8월 9일 이후 한국에서 대체 송금된 금원의 반환 청구

(1) 조선은행 본점에서 도쿄지점으로 대체 송금된 금원, 즉 등록국채의 대체분

(2) 8월 9일 이후 재한 금융기관을 통해 일본으로 송금된 금원의 반환 청구

*요강 4. 8월 9일 현재 한국에 본사, 본점 또는 주요 사무소가 있던 법인의 재일 재산 반환 청구

*요강 5. 한국 법인, 자연인의 일본국 또는 일본 국민에 대한 제 청구

(1) 일본 유가증권

(2) 일본계 통화

(3) 피징용 한인 미수금

(4) 피징용자 보상금

(5) 대일본 정부 청구

A. 미불 은급

B. 귀국 한국인의 기탁금에 관한 청구

(ⅰ) 세관 기탁 통화류

(ⅱ) 조선은행권과 교환한 일본은행권

(ⅲ) 구 조련 기탁분

(6) 일본 법인에 대한 청구(구체적으로는 민간생명보험회사에 대한 청구)

*요강 6. 한국인의 일본 정부 또는 일본인에 대한 권리 행사에 관한 원칙

3) 한국의 대일 청구액과 대장성·외무성 시산액

3. 청구권 문제 해결의 난관

3. 한일회담과 국민감정

1) 한일 양국의 국민감정 개선

2) 한국과의 경제협력

3) 양국 간 미래의 경제 관계

(참고자료)

1. 한일 국교정상화의 의의

2. 남북한 문제에 관한 1948년의 유엔 결의

〈비고〉1948년 유엔 총회 결의 내역

3. 한국에 대한 제3국의 승인 상황

〈비고〉한국의 외교 영사 관계 일람표

4. 한국의 지위(남북한의 관계)

5. 대한민국 승인 시기에 대하여

6. 대일평화조약 발효 이전 실현된 한국의 독립에 대한 일본의 견해

7. 중화민국 및 베트남공화국(남)에 대한 우리나라의 승인 상황

8. 한국 문제에 관한 유엔의 토의 양상과 우리나라의 입장

9. 한반도 관련 주요 사건 연표

Ⅱ. 청구권 문제 해결에 대하여

1. 한국 청구권 문제의 경위와 현황

1) 기존 청구권 해결 방법과 난관

〈비고〉 기존(제5차 회담까지) 청구권 문제 토의 상황

2) 새로운 방안(경제협력)에 의한 청구권 문제 해결

2. 청구권 문제 해결의 걸림돌

1) 이케다·박 회담과 법적 근거에 따른 지급 원칙

2) 청구권 해결을 위해 위 원칙을 따를 때 봉착할 난관

3) 일괄 지급 방식 전환 방안

4) 고사카·최 회담(제1회 정치절충) 개최를 둘러싼 경위

〈비고〉

1. 한일회담의 향후 추진 방법에 대하여

2. 한일회담의 청구권 문제에 관한 이재국장 의견

3. 한일회담에서 청구권 문제의 향후 취급에 대하여

4. 외무성 안「한일청구권 교섭의 향후 추진 방법(1962.2.7)」에 대한 이재국 의견

5. 이케다 총리 · 김종필 한국 중앙정보부장 회담 요지

(참고자료)

1. 무상원조의 성격

2. 한일청구권 문제의 수습 방향(메모)

3. 한일청구권에 관한 기본 방침에 대하여

3. 경제협력 공여 방식(새로운 방안)에 의한 청구권 문제 해결

1) 경제협력 방식에 의한 청구권 해결로의 전환

〈비고〉 '합의' 성립의 경위

(참고자료) 청구권 문제 해결에 관한 정부 통일 견해

2) 청구권 문제 해결의 합의 내용

〈비고〉 합의 내용의 문제점

(참고자료)

1. 청구권 문제 해결에 관한 일본 제안(오히라 서한)

2. 한국 측 회답(김 서한)

3) 새로운 방안에 의한 해결 방법의 설명(특히 대국회 설명)

〈비고〉 관련 제반 사항의 설명

(참고자료)

1. 식민지 독립 시, 신 독립국이 구 본국에서 유무상 공여를 받은 선례

2. 제1차 세계대전 및 제2차 세계대전 후 신생 독립국에서 시행된
구 본국 사유 · 공유재산, 채권 · 채무 등의 처리 관련 자료

3. 전후 정부 간 합의에 기초한 직접 차관

4. 해외경제협력기금의 융자 상황

5. 배상에 수반한 경제협력

4. 청구권 관계에서 향후 남겨진 문제

1) 합의 내용에 대한 조정

2) 경제협력 실시 방식

(참고자료)

1. 경제협력 실시 방식에 관한 한국의 견해

2. 대한 유상공여 등에 따른 문제점

3. 배상 및 배상에 따른 경제협력 사례

3) 평화조약 제4조 문제 관계

〈비고〉 종래 체결된 청구권해결협정의 면책 조항

Ⅲ. 청구권 문제 관련 사항과 참고 사항

1. 북한과의 청구권 문제

〈비고〉 북한과의 청구권

(참고자료)

1. 38도선에 의한 남북한 구분표
2. 북한에 관한 제반 문제

2. 한일 오픈계정 회수불능채권 문제

〈비고〉 아르헨티나 및 브라질의 구 오픈계정 사례

3. 나포 어선 문제

1) 경위 및 사실관계

2) 나포 어선과 한일회담(선박위원회)

〈비고〉 한일회담에서 일본이 제출한 리스트(d) 34척(1,402톤)

3) 나포 어선에 대한 청구권 적용 문제

〈비고〉 이승만라인에 대한 일본 외무성의 국회 답변과 전망

(참고자료)

1. 스기 대표의 발언 시안(선박 문제)
2. 한국이 나포한 일본 어선 문제에 대하여(주계국 의견)

4. 다른 특별협정국가와의 청구권 문제 현황

1) 타이완과의 청구권 문제

〈비고〉 중국 지역 구 괴뢰은행의 재일 재산에 대하여

2) 구 위임 통치 지역(남양군도)과의 청구권 문제

5. 한국의 경제 상황과 경제 계획

1) 한국의 경제 상황

2) 경제 개발 5개년 계획

(참고자료) 제1차 경제 개발 5개년 계획의 개요

Ⅳ. 회담의 여타 제반 문제

1. 선박 문제

(참고자료)

1. 군정법령 제33호에 따른 재조선 일본 어선의 소속 변경에 대하여

2. 선박 문제에 관한 제반 자료

2. 문화재 문제

〈비고〉 문화재에 관한 한국 요구 항목과 일본의 기본 견해

3. 어업 문제

〈비고〉 미국·일본·캐나다어업조약 및 일소어업조약에 대하여

(참고자료)

1. 한일어업협정 체결에 수반되는 법률문제점

2. 한일어업협정 최종안의 골자

4. 재일 한국인의 법적 지위에 관한 문제

〈비고〉 재일 조선인에 대하여

5. 독도 문제

(참고자료) 두 나라가 영토를 공유한 역사적 실례

〈2분책〉

Ⅴ. 한국 측 청구(8개 항목) 내용

1. 한국의 대일 청구 요강 일람

2. 한국이 청구한 원칙적 문제에 관한 양국의 주장

1) 남북한 문제(한국 청구권이 미치는 범위)

2) 군정법령 33호의 효력 범위

3) 미국 해석 문제

4) 환율 문제

(참고자료)

1. 한일 간의 청구권 문제에 관한 고사카 외무대신 발언요지

2. 한국의 지위에 관한 보충 설명

3. 군정법령 제33호의 해석에 대하여

4. 미국 해석의 검토

(부록) 1962년 1월 외무성 조약국 법규와 조사

「한일청구권 처리에 관한 문제점」 2. 미국 해석의 문제에서 발췌

5. 화폐가치 변동과 손해배상채무 및 금전 채무에 대하여

(관계법령)

○ 일본국과의 평화조약(발췌)

○ 군정법령 33호 (Vesting Decree)

○ 한미 재산 이전 협정

○ 미국 해석

3. 8개 항목의 대일 청구 내용

1) 한국 주장

2) 한국 주장액

3) 일본 견해

4) 일본 측 조사액

*요강 1. 지금·지은의 빈환 청구

1) 한국 주장

2) 한국 주장액

3) 일본 견해

4) 일본 측 조사액

(참고자료)

1. 조선은행의 업무 관계 설명

2. 일본 금 매입 경위

3. 금 가격의 추이(1그램당)

4. 조선은행을 통해 일본으로 반출된 지금·지은 수량

5. 한국의 '진의'추측

6. 조선 대 일본 자금 유출입에 대하여

(부록) 조선은행에 대한 은 예금 문제

*요강 2. 일본 정무의 대 조선총독부 채무의 변제 청구

(참고자료) 조선총동부 관계 설명

1. 조선총독부 기구에 대하여

2. 조선총독부 특별회계에 대하여

3. 조선 지방채 및 공사채에 대하여

4. 국가승계이론의 문제

1. 체신국 관계

1) 우편저금, 대체저금, 우편환

(참고자료)

1. 제6차 회담 때 제출한 우편저금 계수

2. 체신국 및 조선의 우편저금

3. 조선의 종전 후 환저금 업무 취급 사항

4. 과초금에 대하여

5. 환저금 업무에 관한 일본 및 조선 간 채권·채무 조서

6. 외지 우편저금의 취급(귀국 일본인에 대한 지급 상황)

2) 국채 및 저축채권

3) 조선간이생명보험 및 우편연금

(참고자료)

1. 조선간이생명보험 및 우편연금에 대하여

2. 종전 당시의 조선 간보 및 연금 상황

3. 한국 측 제출 자료 검토

4. 조선간이생명보험 및 우편연금에 관한 문제점

5. 예금부 조선 관계 자산 부채

4) 해외 환저금

5) 미군 포고에 의해 동결된 한국 수취금

(참고법령) 태평양 미국 육군 총사령부 포고 제3호

2. 종전 후 일본인의 예금 인출(제6차 회담 토의 보류)

1) 한국 주장(제5차 회담)

2) 한국 주장액

3) 일본 견해

4) 일본 측 조사액

(참고자료)

1. 법령 관계(군정법령 2호 등)

2. 당시 상황에 대한 관계 자료

3. 증명이 없는 자금의 국고금 지출(제6차 회담 토의 보류)

1) 한국 주장(제5차 회담)

2) 한국 주장액

3) 일본 견해

4) 일본 측 조사액

(참고자료)

1. 조선은행의 국고금 출납 결과문제

2. 증명이 없는 자금 세출이라는 주장에 대한 반론

4. 총독부 도쿄사무소의 재산(제6차 회담 토의 보류)

1) 한국 주장(제5차 회담)

2) 현황

(관계법령) 조선철도 종사원 공제조합 정리에 관한 건

(부록) 특수한 재일 재산의 반환 청구

*요강 3. 1945년 8월 9일 이후 한국에서 대체 또는 송금된 금원의 반환 청구

1. 8월 9일 이후 조선은행 본점에 대체 송금된 금원, 즉 등록국채의 대체분

1) 한국 주장

2) 일본 견해

(참고자료)

1. 조선은행 등록국채 대체 관계 자료

2. 조선은행권 발행 준비와의 관계

3. 국제법으로 본 은행권 발행채무 문제

2. 8월 9일 이후 재한 금융기관을 통해 일본으로 송금된 금원(제6차 회담 토의 보류)

1) 한국 주장(제5차 회담)

2) 한국 주장액

3) 일본 견해

4) 일본 측 조사액

(참고자료)

1. 일본 송금액에 대하여

2. 일본 송금 취급 상황

*요강 4. 1945년 8월 9일 현재 한국에 본사·본점 또는 주요 사무소가 있던 법인의 재일 재산 반환 청구

1. 폐쇄기관 관계 2. 재외 회사 관계

1) 한국 주장

2) 한국 주장액

3) 일본 견해

4) 일본 측 조사액

(참고자료)

1. 한국 측 청구 요강 4에 관한 일본 측 견해

2. 한국 측 반론

3. 폐쇄기관 및 재외회사가 일본 국내에 보유한 재산의 처리에 대하여

4. 조선에 본거지가 있던 법인의 재일 재산에 대한 한국 청구에 대하여

5. 재조선 본사 법인에 관한 기본적 생각

6. 폐쇄기관 및 재외회사의 국내 재산 처리에 관한 법적 근거

(관계법령)

○ SCAPIN 74 (1945년 9월 30일) 외지와 외국은행 및 전시 특별 금융기관 폐쇄에 관한 각서

○ SCAPIN 1965 (1949년 1월 18일) 일본 정부에 보내는 각서

7. 폐쇄기관령의 채무 변제 · 잔여 재산 처분 규정의 변천 개요

8. 폐쇄기관령과 재외회사령의 주요 비교 대조에 대하여

9. 청산(정리) 종료 조선 관계 폐쇄기관 및 재외회사 일람표

10. 폐쇄기관 · 재외회사의 조선인 주주에 대한 잔여 재산 분배액

11. 조선 관계 폐쇄기관의 재일 자산 청산 상황

12. 조선 관계 재외회사의 주주 구성 등

〈3분책〉

*요강 5. 한국법인, 자연인의 일본국 또는 일본국민에 대한 청구권

1. 일본 유가증권

1) 한국 주장

2) 한국 주장액

3) 일본 측 주장

4) 일본 측 조사액

(참고자료)

1. 재산권 소재지

2. 한국 법인 소유 유가증권 조사서

3. 일본 개별 조사에 따른 유가증권 관계 계수

4. 각 유가증권에 대한 취급상황

5. 외국환관리법상의 취급

2. 일본계 통화

1) 한국 주장

2) 한국 주장액

3) 일본 견해

4) 일본 측 조사액

(참고자료)

1. 1945년이전의 조선의 통화

2. 일본은행권에 관한 재조선미군의 조치

(관계법령)

○ 재조선 미국육군사령부 군정청 법령 제57호

○ 재조선 미국육군사령부 군정청 법령 제59호

○ 은행지령 제5호

○ 은행지령 제3호

○ 은행지령 제10호

3. 일본권 등의 소각 상황

4. 일본은행권 소각에 관한 제반 증거 자료

5. 소각 일본은행권에 관한 문제점

6. 군표에 대한 우리나라(일본)의 책임에 대하여

3. 피징용 한인 미수금

1) 한국 주장

2) 한국 주장액

3) 일본 견해

4) 일본 측 조사 금액

(참고자료)

1. 조선인에 대한 미불금 처리 상황

2. 한국 측이 제출한 SCAP서한의 미불금액에 대하여

3. 한국 청구금액 관계 자료

4. 피징용자 보상금

1) 한국 주장

2) 한국 주장액

3) 일본 견해

4) 일본 측 조사액

(참고자료)

1. 조선인 징용 상황 및 계수에 대하여

2. 보상금 청구의 문제점

3. 종전 후 구(舊)군인, 군속 등에 대한 처우 일람표

5. 대일본 정부 청구

1) 미불 은급

(1) 한국 주장

(2) 한국 주장액

(3) 일본 견해

(4) 일본 측 주장액

(참고자료)

1. 조선 관계 은급제도에 대하여

2. 조선인에 대한 은급 지급의 문제점

3. 한국인의 국적에 대하여

4. 영토 분리에 수반하는 각국의 은급제도에 관한 조사

5. 조선인 관계 은급에 대한 은급국 시산

2) 귀국 한국인의 기탁금에 관한 청구

(1) 세관 기탁 통화류

(가) 한국 주장

(나) 한국 주장액

(다) 일본 견해

(라) 일본 측 조사액

(참고자료)

1. 조선인의 귀국 상황

2. 귀국 조선인의 소지금 취급 추이

3. 한도 초과 금액 등의 보관 경위

4. 한도 초과로 인한 예치금 금액

5. 한국 측 제출 자료

(2) 조선은행권과 교환한 일본은행권

(가) 한국 주장

(나) 한국 주장액

(다) 일본 견해 사실을 확인한 뒤 청구해 정당성 여부를 고려한다.

(참고자료)

1. 최고사령부에서 기탁받은 조선은행권에 대하여

2. 조선은행권과 교환한 일본은행권의 기탁금 계정

(3) 구 조련(재일본조선인연맹) 기탁분

(참고자료)

○ 조련의 접수 재산에 대하여(1955년 7월 법무연구「재일조선인 처우의 추이와 현황」에서 발췌)

6. 일본 법인에 대한 청구(구체적으로는 민간생명보험회사에 대한 청구)

1) 한국 주장

2) 한국 주장액

3) 일본 견해

4) 일본 측 조사액

(참고자료)

1. 조선 계약 책임준비금의 상황

2. 생명보험사에 대한 한국인 계약자의 청구 관련 문제점

〈별지〉 생명보험에 관한 미 대법원의 판결

3. 조선인 계약 생명보험 관계 계수

*요강 6. 한국인의 일본 정부 또는 일본인에 대한 권리 행사의 원칙

1. 한국 주장

2. 일본 견해

(참고자료)

1. 요강 6의 문제점

2. 요강 6에 대한 방침안

〈덧붙임〉 한국 측 청구와 관련한 각종 권리 관계의 검토

(참고자료)

1. 은행 예금 관계

2. 손해보험관계

3. 주식 관계

4. 특별 경리회사 관계

5. 한국 비공식 제안 청구

*요강 7. 과실의 청구

*요강 8. 타결 후 6개월 이내에 완료할 것

(1) 계약 관계에서 정한 이자 등 지급 문제

4. 한국 청구권 금액

1) 한국 측 대일청구액 및 대장성, 외무성 시산액(1962년 1월 10일, 오히라 관방장관(당시)의 명령에 따라 작성한 것)

2) 한국 청구권 금액 시산에 관한 외무성·대장성 양측 안의 비교 검토 (1962년 1월 12일 이재국 외채과)

3) 수정 외무성 안

4) 1953년 당시 한일청구권의 수치

〈4분책〉

VI. 재한 일본 재산에 대하여

1. 문제의 개요

1) 재한 일본 재산에 대한 일본 측 청구권

2) 재한 재산에 대한 보상 문제

3) 일본 측 청구권과 '미국 해석'의 관계

4) 재한 일본 재산액에 대하여

2. 일본 측 청구권 문제의 경위

1) 제1차 회담 이전의 상황

2) 제1차 회담(1952년 2월 15일~1952년 4월 25일)

3) 제1차 회담 중단 후 제2차 회담 개시까지(1952년 4월~1953년 4월)

4) 제2차 회담(1953년 4월 15일~1953년 7월 23일)

5) 제3차 회담(1953년 10월 6일~1953년 10월 21일)

6) 제3차 회담 결렬 후의 상황(1953년 10월~1957년 12월)

7) '미국 해석'에 근거한 청구권 주장의 철회

(참고자료)

1. 평화조약 제4조에 대하여(발췌)
2. 미 국무부의 주에 대한 고찰(다오카논문)
3. 평화조약 제4조 (b)항과 재남한 구 일본 재산의 관계
4. 청구권 문제에 관한 일본 측 제안(기본 요강)
5. 청구권 문제에 관한 일본 측 제안의 설명 요지
6. 기본 요강에 대한 대장성 의견
7. 구보타 발언의 개요
8. 소위 한국의 막대한 청구권에 대하여
9. 재한 재산 상황에 관한 일본 측 조회

3. 미국 해석에 대하여

1) 미국 해석의 발표 경위

2) 미국 해석의 구성과 효과

3) 미국 해석의 내용 분석

4) 무상 공여 방식에 따른 청구권 문제 해결과의 관계

5) 미국 해석에 관한 대국회 설명

(참고자료)

1. 한일청구권 문제에 대해 미 국무장관이 주미한국대사에게 보낸 서한
2. 미국 해석
3. 1957년 12월 31일에 발표된 한일공동성명
4. 억류 어민 및 수용 한국인의 상호 석방에 관한 양해각서
5. 상동 부속양해
6. 전면 회담 재개에 관한 각서
7. 합의의사록
8. 일본 측 청구권 주장의 철회에 관한 구상서
9. 문화재 인도에 관한 구두 전달 사항
10. '미국 해석'의 비공개에 관한 양해

(17) 외국과의 교역 통제에 관한 건(법령 제93호)

(18) 어선 및 선박(제6호)

(19) 기득된 제(諸)회사의 보고(제5호)

(20) 각종 귀속 사업체 운영에 관한 건(제8호)

(21) 관재령 제8호의 개정(제9호)

(22) 군정법령 제33호에 따라 군정청에 귀속된 소사업기관 처분에 관한 건

(23) 일본인이 소유했던 도회지 주택 불하에 관한 건

(24) 재산관리관의 주주총회 소집권 법령 제156호)

(25) 군정청 재산관리관이 주식 기타 이권을 소유한 조선 내에서 설립한 각종 법인 운영에 관한 건 (제10호)

(26) 일본 적산관리인 명의 등기 말소에 관한 건(법령 제162호)

(27) 접수 법인의 간이 운영 수속(법령 제185호)

(28) 한미협정

(29) 귀속재산처리법(한국법률 제74호 1949년 12월 19일)

(30) 귀속재산처리 특별회계법(1950년 2월 16일 법률 제98호)

○ 후기

한일청구권에 관한 일본 측 자료를 이해하는 법

차현진
전 한국은행 기획협력국장, 현 예금보험공사 이사

I. 들어가는 말: 대일청구권과 조선은행

이 자료집은 한일 국교정상화 과정에서 한국이 제시한 대일 채권(claim) 내역에 대한 일본 정부의 논거를 담고 있다. 두 나라 간 해결해야 할 주제 중에서 강제노역과 '위안부' 문제는 금전적 배상을 넘어 인권 차원에서 다뤄야 하므로 이 자료집에서는 제외하였다. 또한 탈취 문화재와 선박 등 현물의 반환은 법률상 채권(債權)이 아닌 물권(物權)에 해당하므로 역시 제외하였다. 다만 현물 중에서 금, 은, 그리고 현찰등가물(일본은행권, 일본군표, 일본국채, 중국저비은행권 등)은 포함하였다. 따라서 이 자료집이 다루는 범위는 한일 양국이 정산해야 하는 금융자산과 부채라고 할 수 있다.

그러다 보니 이 자료집은 자연스럽게 한국은행과 관계된다. 한국은행이 국내법(제정 한국은행법 제117~119조)에 따라 조선은행의 자산과 부채를 승계했기 때문이다. 한국은행에서 37년을 근무한 필자가 이 글을 쓰는 것도 그 때문이다. 그렇다면 대일청구권 문제와 관련해서 조선은행이 왜 중요한지를 살펴봐야 한다.

잘 알려진 것처럼 미 군정청은 1945년 12월 명령 제33호를 통해 한국에 있는 일본재산을 군정청으로 귀속시켰다. 그렇게 해서 군정청이 지배하게 된 재산은 재조(在朝) 일본인들이 거주하던 주택과 영세한 공장부터 조선우선주식회사[오늘날 한진해운(주)의 전신], 조선중공업주식회사[오늘날 한진중공업(주)의 전신] 등 국가 기간산업시설에 이르기까지 다양했다. 군정청은 그 많은 적산(敵産)을 관리할 인력과 조직을 갖추지 못했으므로 1945년 12월

입찰을 통해서 적산관리 대행기관을 지정했다. 그때 조흥은행이 군정청 고든 재무국장에게 '일제강점기를 버텨 온 유일한 민족계 은행'임을 내세워 적산관리 대행기관으로 지정되었다.

그런데 1947년 과도정부 출범 직후 정운용 조흥은행장의 개인 비리가 적발되어 구속되었다. 적산의 불하 과정에서 부조리가 많았기 때문이다. 그로 인해 미 군정청으로부터 획득한 적산관리 대행기관 자격이 박탈되고, 미 군정청의 사무를 인계한 과도정부의 각 부처가 관련 적산을 관리하는 체제로 전환되었다. 그중 금융분야의 적산관리는 재무부와 조선은행에 귀속되었다. 당시 조선은행은 일본에게 청구할 수 있는 금융자산의 상당 부분을 보유하고 있었다.

조선은행은 과도정부에 설치된 대일배상위원회의 요구에 따라 1947년 9월 소위 '대일배상청구 준비자료'를 작성했다. 하지만 그 자료는 조선은행의 대차대조표와 자산 목록만 조사한 것으로 추정된다. 즉 조선식산은행 등 타 금융기관들이 보유한, 일본 정부에 대한 채권은 포함되지 않았다. 태평양전쟁 도중에 상당량의 일본 국채가 강제 할당되어 조선의 금융기관들이 이를 나누어 인수했는데, 미 군정청과 과도정부가 이를 합산하지 않은 채 조선은행의 자산과 부채만 파악하는 데 그쳤다고 보인다. 그 불완전한 준비자료가 훗날 한일 국교정상화를 위한 청구권 요구의 출발점이 되었다는 것은 매우 아쉬운 일이 아닐 수 없다.

한편, 1950년 조선은행이 폐지되고 한국은행이 출범하자 과거 한국은행 임직원들은 청구권 협상과정에도 깊숙이 간여하게 되었다. 장기영(한국은행 부총재), 고범준(수석부총재), 이상덕(한국은행 외국부장) 등 역대 한국은행 임직원들이 회담마다 실무위원으로 참가했다. 그뿐만 아니라 구용서, 김유택, 배의환 등은 한국은행 총재직에서 물러난 뒤 주일대표부 대표와 한일회담 수석대표 등으로 임명되어 청구권 협상의 최전선에 섰다.

Ⅱ. 조선은행의 법적 지위와 청산과정

조선은행은 1911년 3월 29일 일본 제국의회가 제정한 조선은행법을 통해 설립되었다. 그런 점에서 조선식산은행 등 조선총독부령에 의해 설립된 여타 금융기관이나 기업과는 크게 다르다. 즉, 조선은행은 일본법에 의해 설립되었고 본점이 도쿄(1920년대 후반과 1940년 이후에는 도쿄에 본점이 있었다)에 있었던 일본의 법인이라는 주장은 부정하기 힘들다. 청구권 협상과정에서 일본이 조선은행의 재무건전성, 즉 부실한 대출과 투자로 인한 조선은행의 은폐된 손실 가능성에 전혀 관심을 두지 않았던 것도 그것을 일본 내부의 문제로 보았기 때문이다. 즉, 조선은행권 남발로 인한 인플레이션과 자본잠식 등에 대해 일본은 전혀 책임감을 느끼지 않은 것이다. 제2차 세계대전 패전과 함께 미 군정청이 조선은행을 몰수한 것은 승전국과 패전국의 문제일 뿐이며, 한국과 일본 사이의 문제는 아니라는 것이 일본의 시각이다.

한편, 현실적으로 보면 일제강점기 조선은행은 조선총독부의 관리를 받던 로컬 법인이 아니라 내지(일본 본토)의 대장성에게 감독을 받으며 만주와 중국 중북부까지를 영업지역으로 삼았던 다국적 기업이다. 1944년 말 당시 한반도에는 17개 영업점만 두었던 반면, 일본에 8개, 중국에 39개, 미국에 2개(뉴욕, 런던)의 지점을 두고 있었다.

인원 면에서도 조선에는 1,200여 명이 있었던 반면, 중국에서는 1,000명, 만주에서는 200명, 일본에서는 30명이 근무했다. 거기에 더하여 조선은행은 일본 외교정책의 첨병으로 동원되기도 했다. 1920년대 초 일본 대장성과 군부의 요구에 따라 위안스카이(袁世凱) 정권에 거액의 차관[니시하라(西原) 차관]까지 제공했는데, 이는 중앙은행과 상업은행의 역할을 뛰어넘는 것이었다.

따라서 동북아 다국적 기업인 조선은행의 청산문제는 한일 양국의 민·상법뿐만 아니라 한국-일본-중국-북한까지 연결된 국제법상의 문제이기도 했다. 미 태평양사령부와도 관계된 그 문제를 일본은 매우 주도면밀하게 처리했다. 패전 직후인 1945년 9월 30일 조선은행의 영업을 공식적으로 종료하고, 조선은행을 특수청산기관으로 지정했다. 이어 1947년 3월 칙령 제74호 「폐쇄기관령」을 통해 조선은행 특수정리인을 선임했다. 특수정리인은 조선은행의 회계장부를 점검한 뒤 1948년 11월 12일 자로 청산금액을 확정했다.

이후 일본 정부는 조선은행의 자산과 부채를 일본 국내(1948~1952년)와 해외(1952~1953년)로 구분하여 차근차근 청산을 진행했다. 그리고 1953년 11월 호시노 키요치(星野喜代治) 전 조선은행 부총재를 청산인으로 하는 조선은행청산사무소(일본권업은행 도쿄 유라쿠쵸지점 2층)를 설치하는 것으로 작업을 마쳤다. 이 기구는 훗날 일본부동산은행과 일본채권신용은행을 거쳐 현재 아오조라은행으로 이어지고 있다[자세한 내용은 「조선은행사」(일본 동양경제신보사간, 1987년) 참조].

그에 비해서 우리나라의 조선은행 청산과정은 상당히 서툴고 거칠었다. 일본처럼 하려면, 「조선은행 폐지에 관한 법률」을 제정하여 조선은행을 둘러싼 국내외 관련자와의 법적 분쟁의 처리 근거를 분명히 마련했어야 하지만, 그렇게 하지 않았다. 대한민국 국회는 한국은행법 끄트머리(제118조)에 조선은행의 자산과 부채를 한국은행이 일괄 인수하는 근거만 마련하는 데 만족했다.

현행 법률 아래서는 일제강점기 만주와 북한에 있었던 조선은행의 자산과 부채에 대해서는 추가적인 청구 요청이 가능한지 불분명하다. 만일 소송이라도 생긴다면 한국은행이 나설 것인지, 정부(기획재정부 또는 외교부)가 나설 것인지도 애매하다. 그런 것도 제대로 정하지 않은 채, 현직 조선은행과 한국은행 임직원들이 대충 작성한 목록을 토대로 대일청구권 협상이 시작된 사실은 대단히 유감스럽다. 그것은 대한민국 국회의 실수였으며, 이 자료집의 태생적 한계이기도 하다.

참고로 조선은행 청산과 관련해서는 1950년 한국은행에 '조선은행 청산위원회'라는 서류상의 조직이 꾸려지고, 한국은행 직원들이 관련 기록들을 보관해 왔다. 그러다가 1981년 말 전두환 대통령이 속칭 과거사 정리를 지시하자 한국은행은 기다렸다는 듯 그 자료관리를 중단했다. 지금도 그 자료는 한국은행에 남아 있지만, 그 기록의 법적 효력에 관해서는 아무도 장담할 수 없다. 일본의 과거사 정리 태도와 극단적으로 대비된다.

Ⅲ. 한국의 과오

일본 측 자료에 따르면 조선은행은 1945년 3월 말 제72기에 이르기까지 6개월마다 회계결산을 착실하게 진행했다. 그 회계기록에 따르면, 일본이 패망하던 순간에도 조선은행은 상당한 순자산과 이익금을 갖고 있었다.

이는 한국의 기록과 상당히 다르다. 1941년 태평양전쟁과 더불어 일본은 임시군사비특별회계법을 제정하고 군비지출과 관련한 의회심의와 결산을 폐지했다. 행정부가 일방적으로 예산을 편성한 가운데 조선은행은 일본 정부의 지시에 따라 군사비를 만주의 관동군 등에 지급하는 일을 맡았다. 그때 조선은행은 화폐를 발행해서 관동군을 지원(일본은행의 국고대리점 기능)하기 바빴으므로 일본은행에 받을 채권이 많았을 텐데 이에 관한 기록은 남아 있지 않다(패망 직전 만주에서는 조선은행권이 기축통화로 통용되었다. 그 돈이 해방 직후 국내로 유입되어 남북한에 극심한 인플레이션을 초래했다).

무엇보다도 중요한 사실은, 조선총독부는 1940년대 들어서 조선은행의 회계결산을 중단시켰다는 것이다. 1925년 반동공황(反動恐慌) 때 분식회계가 알려지면서 조선은행이 파산 직전까지 갔던 경험을 감안해서 전쟁 중 조선은행의 경영 악화를 은폐하려던 속셈이었다. 그래서 한국에 남아 있는 조선은행의 결산기록은 1940년 6월 말(제62기)로 끝난다. 그때부터 해방을 맞을 때까지는 전쟁 중의 비정상적인 대출과 군자금 지급 때문에 조선은행의 부실이 상당히 확대되었을 것이라는 합리적 추정이 가능하다.

1950년 한국은행 설립 당시 관계 직원들은 조선은행의 잠재부실을 약 4억 원으로 추정했다(1950년 블룸필드 보고서). 그런데 그런 자본잠식 상태로는 중앙은행인 한국은행을 출범시킬 수 없었다. 그래서 정부와 한국은행은 편법을 썼다. 조선상공은행을 신설해서 조선은행의 모든 부실자산을 인수토록 하고, 한국은행은 조선은행의 우량자산만 떼어 출범하는 것이다. 즉, 과거 조선은행을 배드뱅크(bad bank, 조선상공은행)와 굿뱅크(good bank, 한국은행)로 분리했다.

그 과정에서 상당한 오류와 실수가 발생했다. 조선상호은행을 신설하는 것 자체의 법적 근거가 없었다. 한국은행이 빨리 출범하기를 바라는 조선은행 임직원들의 독촉을 받고 재무장관(최순주, 전 조선은행 이사)이 은행 신설을 독단적으로 결정했다. 더 큰 잘못은 당시 조선은행 임직원들에게 있다. 배드뱅크와 굿뱅크가 나눠 가져야 할 자산과 부채를 분류하는 작업을 지극히 무성의한 태도로 진행했다.

1940년 이후 조선은행은 제대로 된 결산을 하지 않았다. 해방된 뒤에도 연차보고서를 작성하지 않았다. 그렇다면, 물적 · 인적 분할을 하는 1950년 5월은 조선은행의 재무건전성을 최종 판가름할 중요한 기회였다. 하지만 조선은행 직원들은 새로운 중앙은행의 출범에 들뜬 나머지 건성으로 실사작업(due deligence)을 진행했다. 약 2주일에 거쳐서 본점과 8개 지점에서 실사와 최종 결산이 진행되었는데, 이는 통상적인 업무인계서를 작성하는 수준에 불과했다. 자산과 부채의 양도인(조선은행 마지막 총재 구용서)과 양수인(한국은행 초대 총재 구용서)이 동일인이라서 조선은행의 해체작업이 수박 겉 핥기식으로 끝났다.

결과적으로 한국은행은 1950년 6월 조선은행의 이익적립금 3억 원과 정부의 출자금 15억 원으로 출범했다. 그때 이익적립금 3억 원이 어떻게 계산된 것인지는 근거를 찾을 수 없다. 재무부가 이를 검증해야 했지만, 그런 과정을 거치지 않았다. 결국 제1공화국에서 시작된 한일청구권 협상 중 금융채권에 대해서는 한국은행에 남아 있는, 건전하지만 부분에 불과한 자산 목록을 토대로 진행되었다.

한편, 조선은행의 부실자산만을 인수한 조선상호은행은 인원도, 조직도 충분치 않았다. 조선은행 영업부 직원들이 일괄적으로 조선상호은행에 배치되었는데, 그들은 인사발령을 받자 집단행동을 하면서 총재에게 항의했다. 법률상 한국은행의 설립일이 6월 6일이었는데 실제 출범일이 6월 12일로 늦춰진 것은 조선상호은행으로 이직할 사람들의 반발을 다독이는 데 시간이 걸렸기 때문이다. 그렇게 기분 나쁘게 새 직장에서 일을 시작한 조선상호은행 임직원들은 별로 열심히 일하지 않았다. 조선상호은행은 한국전쟁 중 자금난을 겪다가 파산했다. 그 바람에 해방 직후 조선은행의 부실화 규모—한국이 일본에 청구할 수 있었던 인플레이션 비용—를 가늠할 아무 기록도 남지 않게 되었다.

엄밀히 따지자면, 회계기록이 정확히 남아 있었다 해도 조선은행의 실제 부실을 측정하는 데는 한계가 있다. 패전 직후 조선은행의 일본인 간부들이 회계장부에 남기지 않고 여러 가지 부실을 일으켰기 때문이다. 패전 직전인 1945년 8월 14일의 조선은행권 발행액이

48.4억 원이었는데, 1945년 9월 30일에는 86.8억 원으로 80%가 급증했다. 거기에 더하여 일본인 간부들은 조선인 부하 직원의 눈을 피해 지폐 인쇄를 위한 원판을 빼돌려서 야간에 제멋대로 화폐를 발행했다. 빼돌려진 은행권 원판이 1945년 10월에 발생한 조선정판사 사건의 원인이었는데, 그런 일이 횡행했다면 기록되지 않은 조선은행의 부실은 상당했을 것이다.

Ⅳ. 일본의 오류

미 군정청은 조선은행이 작성한 '대일 배상청구 준비자료'를 과도정부로부터 받아서 도쿄의 태평양사령부에 넘겼다. 일본은 태평양사령부를 통해 그 자료를 받았다. 훨씬 일찍 조선은행 청산을 준비하고 있던 일본 정부는 그 자료를 보고 속으로 웃었으리라 추측된다. 그리고 장차 진행될 한일청구권 협상이 땅 짚고 헤엄치기라며 안도했을 것이다. 예상문제가 너무 쉬웠기 때문이다.

그렇다면, 일본 정부가 할 수 있는 최선은 시간 끌기다. 최종적인 금액은 어차피 정치적으로 타협되리라 기대하면서 그 전까지는 실무자들이 한국 측의 논거들을 최대한 냉소적이고 거만한 자세로 반박하여 기를 죽이는 것이다. 실제로 한일회담 과정은 그러했다.

이 자료집에서 나타나는 일본의 자세를 한마디로 표현하자면, 우격다짐이다. 자가당착에 가까운 주장들이 곳곳에서 발견된다. 예를 들어 한국(조선은행)이 보유한 일본 국채로부터 발생한 태평양전쟁 기간 중의 이자 문제가 그러하다. 일본 정부(대장성)는 "전쟁 중의 이자 지급은 중단된다"는 국제법을 들고나왔다. 그리고 여러 나라의 사례를 제시했다. 하지만 그 원칙은 전쟁 당사국에 해당한다. 그런데 태평양전쟁 당시 조선은 일본의 식민지였다. 식민지는 내지(內地)와 마찬가지로 전쟁 중에도 금융기관과 주민 간에 예금과 대출에 대한 이자가 계속 유효했다. 그것을 잘 아는 일본이 국제법을 들고나온 것은 조선이 독립국이었음을 인정하는 셈이 된다. 이처럼 일본은 자국의 국채 이자를 어떻게든 지급하지 않으려는 생각으로 자가당착에 가까운 논리를 내세웠다.

한편, 패전할 때까지 일본은 유럽의 파운드화 블록, 프랑화 블록을 흉내 내어 엔 블록(yen block)을 추구했다. 일본-조선-만주-중국 본토를 하나의 경제권으로 묶은 뒤 기본적으로 일본의 엔화가 기축통화로 유통되는 시스템이다. 그 근본은 1897년에 제정된 화폐법인데, 이에 따르면 '1엔=순금 0.2돈(0.75그램)'의 가치를 가진다. 그리고 엔 블록 안에서는 '1엔(円)=1원(圓)=1위안(元)'의 가치체계를 추구했다.

그런데 현실에서는 그 등식이 전혀 성립하지 않았다. 조선은 굴신발행제도, 만주국은 은본위제도 등을 통해 금본위제도를 일탈했기 때문이다. 그래서 1엔은 5~10원, 1원은 2~10위안 정도로 통용되었다. 그리고 일본은 패망 후 조선은행을 청산할 때 그런 현실을 인정했다. 한국과 청구권을 협상할 때도 그 환율을 적용하려고 했다.

하지만 그 환율을 적용할 경우 조선은행의 부실은 심각하게 증폭된다. 조선은행이 일본정부의 요구로 실시한 만주와 중국에서의 대출채권 가치가 폭락하고, 이는 고스란히 조선은행의 부실로 이어진다. 그렇게 되면 일본이 부담해야 할 금전채무의 규모가 커진다. 따라서 일본은 청구권 협상과정에서 경제적 실체를 외면하고, 회계기록에 집착했다.

그럼에도 한국의 실무위원들은 그에 대해 별다른 이의를 제기하지 않았다. 일제강점기에 상업학교를 졸업하고 조선은행(또는 조선식산은행)에 취직했던 사람들의 한계다. 그들은 주로 경리나 회계 업무를 담당하면서 회계기록의 엄밀성에 대해서 집중적으로 교육을 받았다. 일본 문화가 강조하는 마코토(誠), 즉 성심성의를 다해서 최선을 다하는 정신에 비추어 볼 때 은행원이었던 사람들이 미시적·회계적 문제에 집중하는 것은 전혀 이상한 일이 아니다. 하지만 회계적인 문제에 집중함으로써 경제적 실체를 파악하고 청구권을 점검하려는 거시적 안목은 크게 부족했던 것이 사실이다.

V. 결론

미국의 철학자 조지 산타야나는 "역사를 통해 배우지 않는 사람은 그것을 되풀이하는 저주를 받는다(Those who cannot learn from history are doomed to repeat it)"라고 말했다. 우리가 역사를 통해 배워야 하는 것은 대한제국 시절 일본에 강점당하게 된 과오뿐만 아니라 한일청구권 협상과정의 실수도 있다. 그런 점에서 이 자료집은 후세를 위한 소중한 연구의 출발점이 될 것이다.

1965년 한일 국교정상화는 "무상원조 3억 달러, 정부 차관(유상) 2억 달러, 민간 차관 1억 달러"라는 조건 속에서 이루어졌다. 일본에 받아야 할 금액이 너무 작아서 여러모로 아쉬움이 남는다. 물론 일본의 입장에서는 그 금액도 부담스러웠을 것이다. 도쿄올림픽이 개최되던 1964년 일본의 외환보유액은 20억 달러였고, 1960년대 말까지 그 수준을 크게 넘어서지 않았다.

그런데 일본은 국교정상화와 관련하여 총 6억 달러를 한국에 제공하면서 마치 큰 선심을 쓰는 듯한 태도를 보였다. 그리고 지금까지도 우파들은 "조선 강제병합은 한국의 근대화를 촉진시켰다"라는 주장을 굽히지 않는다. 그 배경에는 일본의 철두철미한 기록관리 습성이 작용한다. 일본은 1954년 조선은행의 자산과 부채를 승계하는 일본부동산은행을 별도로 설립했으며, 그 은행은 일본채권은행을 거쳐 현재 아오조라은행으로 이어지고 있다. 아오조라은행이 갖고 있는 기록은 "조선은행은 일본법에 의해 설립된 견실한 금융기관이었다"는 것을 강조한다. 그 알토란 같은 은행을 한국이 미 군정청의 힘을 빌려 통째로 삼켰다는 것이 일본의 시각이다. 즉 일본은 피해자고, 한국이 가해자다.

그런 황당한 시각을 교정하려면 조선은행이 얼마나 부실했는지, 그래서 한국인들이 어떤 피해(금융 버블)를 보았는지 밝혀야 한다. 그것이 이 자료집 발간에 이어서 연구해야 할 방향이다. 이 자료집은 일본에 대한 청구권 중 금융부문, 특히 그중에서도 조선은행 관련 자산, 조선은행 관련 자산 중에서도 한국은행이 냉큼 인수한 우량자산에 관한 기록과 그에 대한 일본의 논거를 담고 있다.

이 자료집을 통해 제시되는 한국의 청구액은 지나치게 작았다. 그 책임은 당시 위정자에게만 있는 것은 아니다. 자료를 작성하고 실무회의에 참가했던 정부 관료와 금융인들의 과오도 있으니 이를 엄중하게 평가해야 한다. 현재 한국은행에는 조선은행의 청산과 관련한 자료들이 어느 정도 보관되어 있다. 학계와 금융계가 합심해서 그 기록들을 다시 살펴보고 내일의 한일 관계를 위한 밑거름으로 삼아야 할 것이다.

해제

조윤수
동북아역사재단 연구위원

1. 머리말

자료집『일본 정부의 청구권 정책 전모』Ⅱ·Ⅲ은 청구권 교섭에서 한국 정부가 요구한 8항목에 대한 일본 정부의 대응과 전략을 담은 것이다. 일본 정부의 입장에서 작성했기 때문에 현 시점에서는 상당한 위화감이 있다. 대장성 문서는 개인 청구권 문제를 비롯한 식민지 지배에 대한 일본의 인식을 직접적으로 살펴볼 수 있다. 대장성은 청구권 교섭을 담당한 부서로, 한국의 대일청구권에 대해 실질적인 대응책을 주도했다.

먼저 '한국 정부의 대일 8개 항목'은 제1차 회담인 재산 및 청구권 문제 분과위원회 제1차 회의(1952.2.20) 때 한국 정부가 제시한 문건이다. 한국 정부가 내세운 대일 8개 항목의 내역은 다음과 같다. 청구권 교섭을 위해 일본과 어떤 항목을 협의할 것인지 논의한 적은 없다.

제1차 회의 당시 한국 정부의 별첨 문건

항목	요구 사항	내역
1	한국에서 가져간 고서적, 미술품, 골동품, 기타 국보, 지도 원판 및 지금·지은을 반환할 것	1. 고서적(국립도서관 등 국내 12개소 소장분) 2. 미술품, 공예품(도쿄 제실박물관 등 국내 4개소 소장분 및 개인 소유분) 3. 지도 원판(17종) 4. 지금: 1909~1945년까지 조선은행 보유의 지금을 이관한 것 5. 지은: 지금과 같음

2	1945년 8월 9일 현재 일본 정부의 대조선총독부 채무를 변제할 것	1. 조선총독부저금관리국의 일본대장성 예금부에 대한 감정 2. 간이생명보험 적립금 예금부 예금 3. 간이생명보험 여유금 4. 우편연금 적립금 예금부 예금 5. 우편연금 여유금 예금부 예금 6. 대장성 예금부 등록공채
3	1945년 8월 9일 이후 한국에서 이체 또는 송금한 금원을 반환할 것	
4	1945년 8월 9일 현재 한국에 본사(점) 또는 주된 사무소가 있는 법인의 재일 재산을 반환할 것	해당 회사 명부: 조선은행, 조선식산은행, 조선신탁은행, 조선금융조합연합회, 조선총독부 철도국공제조합, 조선장학회유지재단
5	한국 법인 또는 한국 자연인의 일본국 또는 일본 국민에 대한 일본국·공채, 일본 은행권, 피징용 한인 미수금, 기타 청구권을 변제할 것	1. 일본 국채, 일본 지방채, 일본 정부 보증사채, 일본 정부 기관 사채 2. 일본 은행권, 일본 정부 소액 지폐 3. 조선은행의 일본은행에 대한 대월금 및 입체금 4. 태평양전쟁 한인 전몰자 조위금 및 유족 위자료 5. 태평양전쟁 한인 상병자 위자료 및 원호금 6. 태평양전쟁 한인 피징용자 미수금 7. 태평양전쟁 한인 피징용자 위자료 8. 일본 정부 및 조선총독부 한인 공무원 은급 9. 재일한국인 본국 귀환 시의 예탁금 10. 생명보험 계약자에 대한 책임 준비금 및 미경과 보험료 11. 재한 금융기관의 대일 위체수지 차익의 미청산분 12. 조선식량영단의 수출 미곡대금의 미수 기타 미청산금
6	한국 법인 또는 한국 자연인 소유의 일본 법인의 주식 또는 기타 증권을 법적으로 인정할 것	
7	전기 제 재산 또는 청구권에 생(生)한 제 과실을 반환할 것	
8	전기 반환 및 결제는 협정 성립 후 즉시 개시하여 늦어도 6개월 이내에 종료할 것	

대일 8개 항목에 따르면 한일 청구권 교섭은 식민지 시기에 발생한 민사적 재산처리 교섭이다. 청구권은 순수하게 한국이 일본에서 받아야 할 국가 청구권과 개인 청구권으로 구성된다. 제5항은 개인 청구권에 해당되지만 대체적으로 한국 정부의 청구권과 개인 청구권이 섞여 있거나 중복돼 있다. 제5항은 개인 청구권이다. 제3·4항에는 정부와 개인이 엄격하게 구분되지 않은 채 섞여 있다.

이 자료집(Ⅱ·Ⅲ)은 제5·6차 회담에서 한국 정부가 제시한 8개 항목을 대장성의 입장에서 검토한 것이다. Ⅱ권은 제1~5항에 대한 일본 정부의 대응과 전략 수립에 기초가 되는 자료를 모두 첨부했다. 일본 대장성이 어떤 자료를 활용해서 청구권 문제를 해결하려 했는지 살펴볼 수 있다. Ⅲ권은 제6~8항까지 다뤘는데 이 부분은 실질적인 교섭에 들어가지 못했다. 한국과 일본의 입장 차이를 설명했는데, 공개 당시부터 현재까지 많은 부분이 먹칠 상태다. Ⅲ권에는 마지막 제4분책도 수록했다. 미군정 제33호에 한국에 거주한 일본인의 재산 몰수와 귀속에 대한 내용을 검토한 것으로, 한일협정 이후 법적 책임과 보상 문제를 회피하기 위한 일본 정부의 논리가 담겨 있다. 이 부분은 당시 일본 국회에서 한국으로 귀속된 귀속재산에 대한 질의가 다수 있었고 재조 일본인들의 민원이 끊이지 않았기 때문에 대장성 나름대로 정리해 둘 필요가 있다고 판단했던 부분이다.

이 자료집에서 알 수 있듯이 개인 청구권 핵심 내용인 제5항을 검토한 부분은 여전히 먹칠된 부분이 많다. 당시 일본 정부는 한국 정부가 요구한 금액에 대해 근거 자료 제출을 요청했으나, 이미 자체적으로 검토를 마쳤음을 짐작할 수 있다.

대장성은 경제협력 방식으로 정치적 타결이 되더라도 모든 청구권을 소멸시켜야 된다는 입장이었다. 청구권은 총리부 은급국(은급관계), 대장성(총독부사업), 수산청(나포어선관계), 우정성(우편저금관계) 등 일본 내 여러 부처가 관련되어 있는 문제로, 필요하면 국내 입법을 통해 모든 청구권을 소멸시킬 생각이었다. 하지만 대상 범위가 확인되지 않은 것이 많아 국내 입법 처리가 불가능했던 것으로 보인다.[1]

2. 청구권에 대한 한일 양국의 입장 차이

한일 양국은 교섭 상대에 대한 인식부터 달랐다. 한국은 연합국 승전국 입장에서 교섭

---

1 외무성 북동아시아과, 2015-00518, 「佐藤局長, 黒河内福田参事官, '日韓会談尾おける請求権経済協力協定第 2条に関する交渉(追録)'」, 5~12쪽

에 임했지만, 일본은 한국이 해방된 것이 아니라 일본에서 분리되었다는 입장이었다. 일본은 35년 식민지 지배가 불법이라는 인식이 전혀 없었다. 제3차 회담 수석대표 구보타 간이치로(久保田貫一郎)의 '샌프란시스코 강화조약이 발효되지 않은 시점에서 한국이 독립한 것은 불법'이라는 발언은 일본 정치인이나 외무성 관료들의 공통된 인식이었다. 일본은 한국병합을 유효로 하는 틀 안에서 청구권 문제 해결을 요구했다. 즉 일본 국내법으로 문제를 해결할 방침임을 밝혔다.

제1차 회담에서 일본은 '역청구권'을 주장했다. 한국이 식민지 지배의 불법성을 강조하며 막대한 금액을 요구할 것이라 우려했기 때문에 나온 협상전략으로, 일본은 한국으로부터 받아야 할 금액은 140억 엔이고, 한국에 물어줘야 할 금액은 120억 엔이라고 주장하며, 정치적 해결방법으로 청구권을 상계하자고 했다(제3권 126쪽). 가능한 한 소액으로 청구권 문제를 처리하고자 '역청구권'을 주장한 것이다.

미군정 제33호에 따라 한반도 내 일본 정부와 일본인 재산이 한국 정부에 귀속됐다. 일본은 사유재산까지 한국 정부에 귀속된 것은 국제법 위반이라고 주장하면서도 샌프란시스코 강화조약을 수락한 이상 미군정 제33호를 거부할 수 없었다. 당시 일본에서는 한반도에 거주했던 일본인을 중심으로 그들이 조선에 남겨둔 재산처리를 둘러싼 민원이 계속되는 상황이었다. 특히 북한 쪽은 소련이 점령하면서 몰수했다. 한국의 대일청구권을 인정한다면 재조 일본인들의 청구권 민원은 계속될 수 있었다.

한국 정부가 제시한 8개 항목은 제6차 회담에서 본격적으로 논의했는데 대부분 일제강점기 일본이 작성한 자료에 의존해야 했다. 따라서 한국 주장의 근거에 해당하는 자료가 턱없이 부족했다. 특히 6년이라는 시간이 흘렀고, 한국전쟁으로 군인·군속·강제 징용자 총수, 사망자·부상자 총수 등 한국에 남아 있는 자료가 소실되었을 가능성이 컸다. 특히 개인 청구권은 보험 증권, 우편 예금 등의 근거 자료를 당사자가 제시하지 않으면 증명할 길이 없었다.

일본은 교섭 내내 식민지 시기 조선이 일본이었다는 논리와 일본이 아니었다는 논리를 상황에 따라 다르게 폈다. 한국 정부는 자격권을 가지는 한국인에게 은급 지급을 요구했다. 일본 정부는 징용자에 대해 당시 한국인이 아닌 일본인이었기 때문에 군인으로 동원하거나 총독부에서 일하는 데 문제가 없었지만, 현재 시점에서 이들은 일본인이 아닌 외국인이므로 일본인에게만 지급할 수 있는 은급은 지급할 수 없다고 주장했다.

8항목의 교섭 과정 중 양국이 일치하여 합의가 가능한 내용은 거의 없었다. 청구권 교섭의 원칙을 둘러싼 기본적인 내용과 어떻게 금액을 산정할 것인지 대한 환율 문제도 양국의 입장이 달랐다. 청구권의 관할권 문제에 있어서 한국 정부는 청구권의 범위가 한반도 전체에 해당한다고 주장했다. 즉 북한에 대해서도 청구권을 갖는다고 주장했다. 일본은 실질적인 시정권(施政權)이 미치지 않기 때문에 남쪽 지역으로 한정할 것을 주장했다. 그러나 교섭에서 관할권 문제는 금기사항이었다. 일본이 관할권 문제를 제기하면 한국은 교섭에서 퇴장하겠다며 강력히 항의했다. 당시 남북 분단이라는 시대 상황은 남북 대립과 체제 경쟁으로 이어져 일본과의 교섭에서 북한이라는 단어는 금기어에 가까웠다. 또 제5항의 피징용 한국인이 받아야 할 미수금에서 남북한을 구분할 수 없었다. 이는 제5항만의 문제가 아니라 모든 항목에서 나타났다. 예를 들어 이 자료에서는 한국 정부가 요구하는 우편저금을 인구에 비례해 남한 70%, 북한 30%로 정했고, 피징용자에 대해서는 일본 외무성은 남한 출신자가 많았다며 90~95%까지 산정했으나 대장성은 70%로 산정했다.

양국의 대립은 환율 계산 방법에서도 나타났다. 현재도 마찬가지지만 환율에 따라 금액의 차이가 존재한다. 한국은 1945년 당시의 미국 달러화 대 일본 엔화 환율을 1달러당 15엔으로 환산하여 청구했지만, 일본은 일본 채권이 모두 엔화로 발행한 채권이기 때문에 표시 금액 그대로 엔화로 지불하면 충분하다고 주장했다. 양국은 청구권 교섭에 앞서 기본적인 원칙을 협의하지 않고 회담에 임했으므로 애초부터 문제를 해결하기 어려웠다.

이 자료집의 주요 내용인 대일 8개 항목은 제5·6차 회담을 정리한 것으로 양국의 입장을 정리하면 다음 표와 같다.[2]

---

2 합계나 계산된 금액은 필자가 계산한 것이 아니라 원사료에 적시된 금액을 그대로 적었다. 따라서 오류가 있어도 원사료를 그대로 따랐다.

항목	내용	한국의 주장	일본의 주장
1	조선은행을 통해 반출된 지금(地金) 및 지은의 반환을 청구한다.	일본은 35년간 한국에서 생산된 금 대부분을 반출했다. 지금지은의 경제적 기능에서 보면 한국 경제를 일본 경제에 예속시키기 위한 행위이며, 일본의 이익만 고려한 것으로 부당하다. 일본은 법률에 근거한 행위라고 하나 이 입법 자체가 부당하다. 지금 약 249톤, 지은 약 67톤(모두 현물)	지금·지은 매매는 조선은행법에 따른 업무에 속하는 행위였고, 동법에 따르면 조선은행이 지금·지은을 전액 보유할 필요는 없었다. 따라서 부당하다고 볼 수 없다. 가격도 당시 내선일체에 따르고 있어 부당하게 저렴한 가격은 아니었다. 이 점에서도 부당성은 없다.
2	1954년 8월 9일 현재 일본 정부의 대조선총독부의 반제(返濟)를 청구한다.		
	체신국 관계 ⓐ 우편저금, 대체저금, 위체(爲替)저금(우편환) 등	1,197,725,743,107엔	2억 5천 8백만 엔 ※ 위 계산은 1945년 9월 15일의 잔고이며, 남북한 인구 구성비에 따라 외무성과 대장성의 차이가 존재함. 이자(연 3.6%)를 포함한 1961년 당시 숫자임.
	ⓑ 국채 및 저축채권 등	제5항에 포함하여 토의	
	ⓒ 간이생명보험 및 우편연금 관계	조선 간이생명보험 및 우편연금 특별회계에서 예금부로 예입된 1945년 9월 15일 현재 잔고 중 한국인 분에 상응하는 금액의 반환을 청구함. 1억 3천 5백만 원(35,444,445.51엔)	6천 7백만 엔 ① 일본 측 예입금 잔고 1억 2천 4백만 엔(1945년 11월 말 현재)에 일한 비율(간이생명보험은 2:8, 연금은 7:3)을 곱하고, 남북한 인구비(70:30)를 곱해 산정. ② 1961년 9월 현재까지의 이자는 1천 2백만 엔(연이율 1%).
	ⓓ 해외 환저금(채권은 항목 5의 유가증권에 포함)	한국 지역 밖에 거주하던 한국인의 우편저금·대체저금 7천만 엔	준비한 자료가 없는 관계로 위와 관련해 구체적인 내용을 듣지 않으면 이론적으로나 수치적으로나 의견을 표명할 수 없어 현재 입장 표명을 보류 중이다.

항목	내용	한국의 주장	일본의 주장
	ⓔ 동결된 한국 수취금	1945년 9월 16일 이후 한국 정부가 일본 정부에 입금 이체한 우편저금, 대체저금, 우편환 및 은급 금액의 보전을 청구한다. 4천 5백만 엔	미군정 법령 제33호는 1945년 12월 6일 포고·시행되었으므로 일본 재산 몰수는 동일 전까지 소급될 수 없다. 따라서 동일 이전에 이루어진 지불은 한국 정부가 단순히 일본 측 업무를 대행한 것에 불과하니 입금 이체 등에 대하여 들을 이유가 없다.
3	1945년 8월 9일 이후 한국에서 대체 또는 송금된 금원의 반환을 청구한다.	① 조선은행 본점으로부터 일본 도쿄지점에 진체 또는 송금된 금품 ② 8월 9일 이후 재한 금융기관을 통하여 일본에 송금된 금품(제5항목과 겹치는 부분도 있어 토의를 유보함)	
4	1945년 8월 9일 현재 한국에 본사, 본점 또는 주된 사무실이 있던 법인의 재일 재산의 반환을 청구한다.	① 이들 법인은 종전 전부터 한국 법인이었다. 재일 재산은 유형재산을 포함해 해당 법인의 것이므로 반환을 청구한다.	① 이들 법인은 지역적으로나 근거 법령상으로나 일본 법인이며, 재일 재산이 어디에 귀속되는지는 사유재산 존중 원칙과 국제 선례를 기준으로 판단할 필요가 있다. ② 한국 측이 이들 법인의 재산이 한국 측에 귀속된다고 주장하는 근거는 오로지 미군정 법령 제33호밖에 없으며, 미군정 법령의 효력은 한국 영역 밖에 소재하는 재산에는 미치지 않으므로(지역론) 재일 재산에는 미치지 않는다.
	① 연합군 최고사령부 폐쇄기관령에 의거 폐쇄 청산된 한국 내 금융기관의 재일 지점 재산 ② SCAPIN 1965호에 의거 폐쇄된 한국 내 본점 보유 법인의 재일 재산	② 재일 재산의 귀속은 미군정 법령 제33호와는 무관하다. 다만 이들 법인의 일본인 주식은 전부 한국에 있었으므로 미군정 법령 제33호로 전부 몰수되었다고 보는 것이 지당하고, 그 주식이 가분성이 있다고 볼 수 없다. -일본 측의 청산 처리 설명을 들은 다음 실질적인 청구액을 결정하겠다며 명시하지 않음.	③ 전후 SCAPIN에 따라 일본 측은 재일 재산에 관한 청산 명령을 받았고, 회사 대부분이 정리를 완료했다. 따라서 한국 측에 반환해야 할 것이 있다면 구한국인 주주를 위해 유보한 현금 또는 제2회사의 주식이며, 이는 현재 보관 중이다. (부연) 그래서 우리 측은 재일 재산의 반환 청구를 전제로 할 때 재일 재산 청산 상황을 한국 측에 설명할 필요가 없다고 생각되지만, 지장이 없는 선에서 자료를 제공하겠다고 밝혔다. ※ 일본이 유보한 금액은 현금 780만 엔, 주식 액면 31.96엔(71,000주)

<table>
<tr><th>항목</th><th>내용</th><th>한국의 주장</th><th>일본의 주장</th></tr>
<tr><td rowspan="3">5</td><td>한국 법인·자연인의 일본국 또는 일본 국민에 대한 일본 국채, 공채, 일본 은행권, 피징용 한인의 미수금, 보상금 및 기타 청구권 등의 변제를 청구한다.</td><td></td><td></td></tr>
<tr><td rowspan="2">① 일본 유가증권</td><td>
<table>
<tr><th>항목</th><th>금액(괄호 안은 현물)</th></tr>
<tr><td>일본 국채</td><td>73억 7천 1백만 엔(340)</td></tr>
<tr><td>조선식량증권 및 식량증권</td><td>1억 5천 2백만 엔(152)</td></tr>
<tr><td>일본저축권</td><td>1천 8백만 엔(18)</td></tr>
<tr><td>정부보증사채</td><td>8억 3천 3백만 엔(0.5)</td></tr>
<tr><td>일본 지방채
(요코하마시채)</td><td>1백만 엔</td></tr>
<tr><td>일본 사채</td><td>2억 6천 1백만 엔(8)</td></tr>
<tr><td>저축 및
보국 채권</td><td>4백만 엔(4)</td></tr>
<tr><td>기타 증권</td><td>9천 2백만 엔(92)</td></tr>
<tr><td>계</td><td>87억 3천 5백만 엔(617)</td></tr>
</table>
</td><td>
① 등록분
폐쇄기관, 재외회사 소유분은 등록지인 일본에 소재한 재일 재산이며, 미군정 법령 제33호의 효력은 이러한 재산에는 미치지 않으므로(항목 4에서 설명한 바와 같이) 반환은 불필요하다.
② 체신부 소유분
총독부 재산이니 한국 측에 귀속된다고 주장한다면 국제 선례에 반하므로 이의가 있으며, 미군정 법령은 효력이 미치지 않으므로 어느 쪽이든 반환은 불필요하다. 단, 조선 간이생명보험 등 한국인 가입자의 경우 고려함.
③ 현물분
현물 제시를 조건으로 고려한다. 단, 조선은행권 발행 담보
【대장성】
<table>
<tr><th>항목</th><th>금액</th></tr>
<tr><td>등록 국채</td><td>1천 4백만 엔</td></tr>
<tr><td>기타 국채</td><td>1억 9백만 엔</td></tr>
<tr><td>기타 증권</td><td>1억 5백만 엔</td></tr>
<tr><td>계</td><td>2억 2천 8백만 엔</td></tr>
</table>
</td></tr>
<tr><td></td><td>
【외무성】
한국이 주장하는 현물은 사채(社債)를 제외하고 전부 지불한다는 원칙하에 계산함.
<table>
<tr><th>항목</th><th>금액</th></tr>
<tr><td>일본 국채</td><td>3억 4천만 엔</td></tr>
<tr><td>식량증권</td><td>1억 5천 2백만 엔</td></tr>
<tr><td>일본저축권</td><td>1천 9백만 엔</td></tr>
<tr><td>정부 보증 사채</td><td>1백만 엔</td></tr>
<tr><td>저축·보국 채권</td><td>4백만 엔</td></tr>
<tr><td>기타 증권</td><td>9천 2백만 엔</td></tr>
<tr><td>계</td><td>6억 8백만 엔
(이자 3억 8천 9백만 엔)</td></tr>
</table>
</td></tr>
</table>

<table>
<tr><th>항목</th><th>내용</th><th>한국의 주장</th><th>일본의 주장</th></tr>
<tr><td></td><td>② 일본계 통화</td><td>
<table>
<tr><th>항목</th><th>금액</th><th>비고</th></tr>
<tr><td rowspan="2">일본
은행권</td><td>14억 9천 1백만 엔</td><td>(소각분)</td></tr>
<tr><td>6백만 엔</td><td>(현물)</td></tr>
<tr><td rowspan="2">정부 지폐</td><td>2천 3백만 엔</td><td>(소각분)</td></tr>
<tr><td>1백만 엔</td><td>(한국전쟁 중 소각)</td></tr>
<tr><td>일본군표</td><td>2십만 엔</td><td>(소각분)</td></tr>
<tr><td>일본은행
소액 지폐</td><td>2십만 엔</td><td>(한국전쟁 중 소각)</td></tr>
<tr><td>중국 저비
은행권</td><td>1백만 엔</td><td>(소각분)</td></tr>
<tr><td>계</td><td>15억 2천 5백만 엔</td><td></td></tr>
</table>
</td><td>
【대장성】
<table>
<tr><th>항목</th><th>금액</th></tr>
<tr><td>일본은행권, 정부 지폐
(소각분에서 기탁분을 공제)</td><td>15억 1천 1백만 엔</td></tr>
<tr><td>일본은행권, 정부 지폐
(현물은 한국 측 수치)</td><td>6백만 엔</td></tr>
<tr><td>계</td><td>15억 1천 7백만 엔</td></tr>
</table>
【외무성】
<table>
<tr><th>항목</th><th>금액</th></tr>
<tr><td>소각 일본은행권</td><td>14억 9천 1백만 엔</td></tr>
<tr><td>기타 현물 등</td><td>3천만 엔</td></tr>
<tr><td>계</td><td>15억 2천 2백만 엔</td></tr>
</table>
</td></tr>
<tr><td></td><td>③ 피징용 한인 미수금</td><td>① 미수금으로 2억 3천 7백만 엔을 청구한다.
② 본 건의 금액은 1950년 10월 21일 자 사령부 서한에 기재된 금액을 발췌한 것이다.
- 한국 측은 징용자에 군인·군속을 포함함.</td><td>① 사령부 서한은 일본 정부의 보고 수치를 발췌한 것이지만 중복 부분도 있어 순 액수는 14억 3백만 엔(대부분 군인·군속)으로 이 중에서 조련(朝聯) 등에 지급한 3백만 엔은 제할 필요가 있다.
② 남북한 비율 70%를 쓸 경우, 일본 측(대장성) 계산은 9천 8백만 엔(외무성은 징용 노무자의 95%를 남한 출신으로 간주하여 1억 4천 3백만 엔-3백만 엔×95%=1억 3천 3백만 엔)</td></tr>
<tr><td rowspan="2"></td><td rowspan="2">④ 피징용 한인 보상금</td><td>
<table>
<tr><th>항목</th><th>인원수</th><th>금액</th><th>계</th></tr>
<tr><td>생존자</td><td>93만 명</td><td>200달러</td><td>1억 8천
6백만 달러</td></tr>
<tr><td>사망자</td><td>7만 7천 명</td><td>1,650달러</td><td>1억 2천
8백만 달러</td></tr>
<tr><td>부상자</td><td>2만 5천 명</td><td>2,000달러</td><td>5천만 달러</td></tr>
<tr><td>계</td><td></td><td></td><td>3억 6천
4백만 달러</td></tr>
</table>
</td><td>1945년까지 한국인은 일본인과 똑같이 처우할 수밖에 없음.
-생존자에게는 보상하지 않으며 사망자·부상자에게는 미불금이 있는 경우 미수금을 계상함.
-징용자에게 일본인 귀국자와 동일한 취지에서 일정한 원호조치를 한다는 가정하에 계산하면
【대장성】 22억 4천 8백만 엔(남한분을 70%로 가정함)
【외무성】 101억 8천 4백만 엔</td></tr>
<tr><td>
<table>
<tr><th>항목</th><th>인원수</th><th>사망자·
부상자 수</th></tr>
<tr><td>강제 징용자</td><td>66만 7천 명</td><td>1만 9천 명</td></tr>
<tr><td>군인·군속</td><td>36만 5천 명</td><td>8만 3천 명</td></tr>
<tr><td>계</td><td>1백 3만 2천 명</td><td>10만 2천 명</td></tr>
</table>
</td><td>【외무성】 150억 4천 8백만 엔
일반 노무자: 69억 3천 5백만 엔(36만 5천 명×2만 엔×95%)
복원 군인·군속: 26억 8천 8백만 엔(19만 2천 명×2만 엔×70%)
사망 군속: 54억 2천 5백만 엔(15만 5천 명×5만 엔×70%)</td></tr>
</table>

<table>
<tr><th>항목</th><th>내용</th><th>한국의 주장</th><th>일본의 주장</th></tr>
<tr><td rowspan="2"></td><td rowspan="2">⑤ 한국인의 대일본 정부 청구 은급 관계 기타</td><td>
<table>
<tr><th>항목</th><th>인원수</th><th>금액</th></tr>
<tr><td>연금</td><td>35,120명</td><td>2억 8천 9백만 엔</td></tr>
<tr><td>일시금</td><td>20,268명</td><td>1천 6백만 엔</td></tr>
<tr><td>계</td><td>55,388명</td><td>3억 5백만 엔</td></tr>
</table>
</td><td>군인의 경우, 일본 내지의 군인 은급 적용 상황에 맞춰 고려하며, 군속은 미복원자 급여법을 적용할 수밖에 없음.
-일본 측은 샌프란시스코 강화조약 발효까지를 고려함.
【대장성】
<table>
<tr><th>항목</th><th>금액</th></tr>
<tr><td>기재정분</td><td>2억 8천 4백만 엔</td></tr>
<tr><td>미재정분</td><td>2억 8천만 엔</td></tr>
<tr><td>계</td><td>5억 6천 4백만 엔</td></tr>
</table>
【외무성】
<table>
<tr><th></th><th>내용</th></tr>
<tr><td>방침</td><td>① 종전 당시 미재정분을 포함함(위 본문과 동일)
② 지방비 지변을 포함함
③ 실권(失權) 시기(평균 1991년까지)를 지급 기간으로 설정</td></tr>
<tr><td>적산</td><td>11,960백만 엔(이자는 계산하지 않음)</td></tr>
</table>
</td></tr>
<tr><td>귀국 한국인 기탁금
<table>
<tr><th>항목</th><th>금액</th></tr>
<tr><td>세관 예탁 통화류</td><td>10,510,000엔</td></tr>
<tr><td>조선은행권과 교환한 일본은행권</td><td>48,714,000엔</td></tr>
<tr><td>구 조련 기탁분</td><td>54,550,000엔</td></tr>
<tr><td>계</td><td>113,774,000엔</td></tr>
</table>
</td><td>【대장성】
<table>
<tr><th>항목</th><th>금액</th></tr>
<tr><td>기탁 통화류</td><td>14,514,795엔</td></tr>
<tr><td>교환 조선은행권</td><td>48,714,000엔</td></tr>
<tr><td>구 조련</td><td></td></tr>
<tr><td>계</td><td>63,228,795엔</td></tr>
</table>
【외무성】
조련(북한 지지)관계를 제외하고 한국 주장을 인정함(6천만 엔).</td></tr>
<tr><td></td><td>⑥ 한국인의 대일본인 또는 법인청구</td><td>패전 전까지 가입한 한국인의 생명보험 관계 채권을 청산하라. 구체적으로는 가입자의 책임 준비금 4억 3,800만 엔(관계 19개 사)을 청구한다. 당시 반강제로 가입시켰고, 현실적으로 국교 회복 후에는 해결이 어려울 듯하니 정부 대 정부 문제로 그때 청구하겠다.</td><td>개인 대 사기업 관계로 가능하면 한국 주장을 포기시킴.
<table>
<tr><th>① 진출 회사</th><th colspan="2">18개사</th></tr>
<tr><td rowspan="6">② 재조선 (남북한) 자산</td><td>현금·예금·저금</td><td>7,470,000엔</td></tr>
<tr><td>유가증권</td><td>138,905,000엔</td></tr>
<tr><td>부동산·동산</td><td>4,638,000엔</td></tr>
<tr><td>대부금</td><td>3,231,000엔</td></tr>
<tr><td>기타</td><td>4,409,000엔</td></tr>
<tr><td>계</td><td>158,653,000엔</td></tr>
<tr><td>③ 남한인 책임준비금</td><td>4천 5백만 엔 (추정)</td><td>1억 8백만 엔×60%×70%</td></tr>
</table>
</td></tr>
</table>

항목	내용	한국의 주장	일본의 주장
6	한국인(자연인 및 법인)의 일본 정부 또는 일본인(자연인 및 법인)에 대한 권리행사에 관한 원칙	① 항목 1~5에 포함되지 않은 것은 한일회담 성립 후라도 개별적으로 재판 등을 통해 행사할 수 있도록 요구함. ② 이 경우, 국교 정상화 때까지는 시효가 진행되지 않는 것으로 해야 할 것을 요구함.	① 이번 일한회담은 청구권에 관한 전후 처리 일체를 정리하자는 취지 아래 열린 것으로, 지금 이런 유보 사항이 나오는 것은 국교 정상화를 위해서도 달갑지 않으니 거부함. ② 기술적으로도 미군정 법령 제33호와의 관련성, 시효 중단의 불안정성, 사적 채권 취급상의 비일관성 등 문제가 매우 많음.
7	이자를 붙여줘야 한다	한국 주장 없음	없음
8	타결 후 6개월 이내에 완제	한국 주장 없음	없음

제1~3항은 조선총독부, 조선은행, 식산은행, 우체국 등의 금융 자산에 대한 청구권이고, 제4항은 조선에 본점 혹은 사무실을 두었던 기업들의 자산에 대한 청구권이다. 일본은 한국의 금융 자산 청구에 반박하기 위해 다량의 회계 관련 자료를 제시했다. 회계장부를 이용하여 한국의 청구 근거를 무력화하고, 폭압적인 경영을 감추고, 경제적 성과를 부풀려 식민지 시기 한국의 발전상을 부각하려는 의도였다. 하지만 회계장부의 내용과 경제적 실체가 같다고 할 수 없다. 일본이 사업공채를 발행함으로써 한반도에 도로 철도를 건설했다는 점도 강조했다(제Ⅱ권, 137쪽). 또 1910~1945년 군사비 현황을 보면 1910년부터 꾸준히 지출하여 1937년도에 급증했다가 1945년 초에 또 대폭 증가했음을 볼 수 있다. 패전이 눈앞에 다가왔음에도 한반도와 한국인을 동원한 것은 수치로도 증명된다(제Ⅱ권, 140~141쪽).

제5·6항은 개인 청구권에 관련된 내용이다. 현재 일본과 논쟁을 벌이는 항목에는 조선총독부에 근무한 조선인 근로자의 임금과 은급(연금), 징용 한국인에게 발생한 미불 임금, 퇴직금, 보험, 보상금[3] 등이 포함되어 있다. 일본에 동원되었던 대부분의 노동자는 일제의 패전 후 빈손으로 귀국했다. 일본은 1945년까지는 일본인과 똑같이 처우한다는 조건을 내

3 배상은 위법행위에 의해 발생한 손실을 의미한다면 보상은 적법한 행위에 의한 손실인 경우에 사용된다. 국제관계에서는 제1차 세계대전 후에 체결된 베르사유 조약에 따라 전쟁 중에 발생한 전승국의 피해나 손실에 대하여 패전국이 지불하는 '배상'과 전쟁 행위로 민간인이 입은 피해를 회복하는 '보상' 개념이 생겼다. 한국은 배상과 보상을 섞어서 사용하고, 일본은 협상에서 '청구권'이라는 용어만 사용했다.

세우며 생존자에게는 보상하지 않고, 부상자나 사망자에게 미불금이 있는 경우에 미수금을 계산하겠다고 했다.

현재 한일 과거사 처리에 가장 상징적인 문제인 한국인 강제동원 피해자에 대한 보상은 인원수에 따라 금액이 달라진다. 제5항 4번 피징용 한인 미수금의 경우 사망자, 행방불명자, 부상자, 생존자 등을 구분할 만한 정확한 자료가 존재하지 않기 때문에 산정 방법에 따라 결과가 다르게 나온다. 한국 정부는 노무자·군인·군속 중 생존자는 1인당 300달러, 사망자와 부상자는 1인당 1,000달러 내지 1,500달러를 요구했다.[4]

한국 정부의 요구 근거는 1956년 네덜란드가 일본과 평화조약을 맺을 당시 민간인 11만 명을 인도네시아에 억류한 것에 대한 보상으로 1인당 250달러를 청구하고, 일본 정부가 1인당 100달러를 인정한 사례였다. 이에 따라 생존자에 대한 보상금으로 300달러를 요구했으니, 한국 정부는 네덜란드의 요구에 50달러를 더한 것이었다.[5]

제5항 자연인에 관해서는 북한 등에 거주하는 사람들의 청구권까지 포함한 것이었다. 문제는 일본 정부가 관련 자료 대부분에 먹칠을 했기 때문에 어떤 기준으로 계산했는지 명확하지 않다는 점이다. 분명한 것은 구체적인 숫자, 즉 일본이 강제동원한 한국인 명부 등을 가지고 있을 가능성이 높다는 것이다. 피해보상이나 정확한 미수금을 산정하기 위해서는 본인이나 가족 신고 등을 통한 정확한 추적조사가 필요했으나 일본은 구체적인 명부나 관련 자료 발굴 협력에 매우 소극적이었다.

일본은 한국이 주장한 청구권을 대부분 부정하거나 최소한으로 한정하려 했다. 한국의 지금·지은 요구는 사실상 한국 통치의 불법성·부당성과 연관된 요구였다. 일본은 한국병합에 따라 축적된 일본인 재산은 당연히 존중해야 한다는 입장을 고수했다. 가능한 한 자신의 입맛에 맞게 대폭 한정하여 한국이 청구권 교섭을 진행하기 어렵게 만들었다. 일본이 청구권으로 인정한 금액은 극히 적었다. 한국이 주장하는 제1~4항에 대해서는 금액을 인정할 수 없다며 버텼고, 제5항의 극히 일부만 인정했다. 미수금은 한국인 지분을 확인해

---

4 JW-04144, 「한일회담 일반 청구권 소위원회 관계 청훈의 건」, 282~283쪽.

5 장박진, 『미완의 청산』, 622쪽.

야 하고, 노무자 보상에 대한 법적 근거가 없다고 주장했다. 군인·군속에 대한 보상은 평화조약 발효로 실정법상 일본 국적자에게만 한정하기 때문에 지불이 어렵다고 밝혔다. 한국으로서는 청구권의 범위와 금액을 결정하려면 정치적 교섭을 해야 했다.

한편, 현재 일본이 근대 역사·문화 관련 문화유산을 유네스코에 등재하려 할 때마다 강제동원 여부가 쟁점이 되고 있다. 자료집 Ⅱ권의 453쪽(원문 3분책 170~173쪽)에는 '조선인 징용 상황'에 대해 모집은 '자발적 의사에 따른 계약 형태를 취하고 있으나 집단적 모집이며 사회적 압력이 있었음은 상상하기 어렵지 않다'라고 설명하면서 강제성을 인정하고 있다. 당시 상황을 살펴보면 전쟁 초기에는 관 알선이 많았으며, 전쟁이 격화되면서 일본으로 가는 것을 꺼리는 사람들이 속출했다. 조선에서도 식량 증산 및 군 관계 토목 공사가 급증하면서 노무 수급에 차질이 발생하자 동원을 거부하면 제재를 가할 수 있는 징용으로 인력을 송출했다. 대부분의 조선인 노동자는 탄광에 배치되었고, 이들은 굶주림에 시달리고 본인 의사와는 무관하게 계약이 연장되는 등 부당한 처우를 당하다 목숨까지 잃는 경우가 많았다. 현재 일본 정부는 강제노동을 부정하고 있으나, 한일회담 당시에는 조선인 노무자 동원은 모집, 관 알선, 징용 등 3가지 방식으로 이루어졌으며, 이 모두에 '강제'성이 있음을 시사했다.

3. 재조 일본인 청구권 문제

자료집 Ⅲ(136쪽부터)은 한일 청구권 문제 참고자료(제4분책)로 재조 일본인 재산 청구권에 관한 것이다. 제1차 회담에서 일본 정부는 한국 정부에 청구권을 주장했다. 하지만 이는 교섭의 전략일 뿐 실제로 청구할 생각이 없었다. 일본 정부는 일본인 개인 청구권을 포기할 경우 국내 보상 문제가 발생할 수 있기 때문에 학자를 동원하여 법률 검토를 했다(Ⅲ권, 141~155쪽). 재조 일본인 입장에서 한국은 전쟁 상대국이 아니라 식민지였기 때문에 연합군에 몰수된 재산에 대해 일본 정부에 보상을 요구할 수 있다고 판단했다. 일본 정부는 미군정 법령 제33호에 따라 일본인 재산이 귀속되었기 때문에 손실에 책임을 지지 않는다고 주장했다. 즉 일본 정부가 재산을 직접 수용해서 연합국에 인도한 것이 아니라 외국 정부의 조치에 이견을 제시하지 않겠다는 것으로, 재외국민 보호권을 포기한 것에 불과하다고 주장했다.

제1차 회담 당시 조선에서 귀국한 일본인들로부터 재외재산 민원이 쇄도했다. 일본 정부는 이들이 정착할 수 있도록 원호 조치를 실시했으나 턱없이 부족했다. 재조 일본인들은 국가적 보상이 실현될 수 있도록 조직적 운동을 펼치며 각계각층에 호소했다.[6]

1953년 당시 일본 정부는 한국에 있는 일본 국민의 사유재산은 약 120~140억 엔이라고 밝혔다. 이는 대장성의 재외재산조사회(財外財産調査会, 1946년 설치)에 근거한 것이다. 일본 외무성은 청구권을 양국이 서로 포기하는 형태의 안을 만들고자 했다. 협정문에 '청구권'이라는 단어를 사용하면 재조 일본인 재산을 포기했다는 인상을 줄 수 있고 그러면 귀국 일본인들의 재산보상 문제가 발생할 수 있었기 때문이다. 특히 당시 무상 3억, 유상 2억이 청구권에 해당하는 금액이라고 한다면 일본 국회의 비준도 어렵다고 판단했다.

하지만 대장성은 이를 강력히 반대했다. 당시 재산권에 대한 의미가 명확했던 대장성은 정부가 개인의 청구권을 대신 포기할 수 없고, 만약 포기한다면 헌법 제29조에 따라 보상해야 한다고 판단했다. 일본 정부는 귀국 일본인들의 청구권이 정부 보상으로 이어지지 않게 하고자 대책을 검토했는데, 이는 자료집 Ⅲ권의 141쪽부터 살펴볼 수 있다.

4. 맺음말

청구권 교섭은 14년이나 이어졌지만 난항의 연속이었다. 처음부터 협정을 타결하기에는 한계가 존재했다. 대장성은 한국과의 청구권 교섭 내내 소극적인 태도로 임했다. 한국이 주장하는 근거 자료를 가지고 있으면서도 한국이 청구하는 금액에 대해 스스로 증명

6 재조 일본인 청구권에 대한 상세한 내용은 박경민, 2022, 「재조선 일본인 귀환자의 한일청구권 문제, 1945~1965」, 『비교일본학』, 227~247쪽을 참조.

할 것을 요구했다. 이 자료집을 통해 한국 정부가 '대일 8항목 요구'에서 제시한 민사상의 재산권은 법인재산도 포함해 대부분 개인재산의 성격이었다. 일본은 당시 개인 청구권 보호라는 국제법상의 일반적 원칙을 인지하고 있었지만, 재조 일본인들의 청구권을 포기했기 때문에 일부러 교섭 테이블에서 논의하려 하지 않았다. 식민지 시기 일본인으로서 전쟁에 동원된 강제동원 피해자들에 대한 토의에서는 그들이 피해자라는 인식조차 없었다. 일본의 건설 현장에 묻히면서 두 번 다시 조국땅을 밟지 못하게 된 수많은 피해자에 대한 문제 제기는 한국 정부 역시 하지 않았으나, 이에 대한 일본 정부의 책임 의식도 전혀 찾아볼 수 없다.

청구권 문제가 경제협력으로 체결된 후 일본 대장성은 한국의 청구권을 법적으로도 소멸시켜야 한다고 주장했다. 한국이 아닌 일본 점령지에 있었던 한국인들이나 일본에 거주하는 한국인들은 처음부터 교섭 대상이 되지 못했다. 1945년 이후 일본에 거주하던 한국인은 외국인이 되면서 일본인에게 부여된 권리에서 배제되었다.

이 자료에는 여전히 중요한 부분에 먹칠이 되어 있다. 그 내용은 협상 과정에서 일본의 대처 방침, 즉 협상 준비과정에서 이루어진 부처 간 논의 내용, 각 부서에 대한 평가 등이 대부분이다. 특히 청구권 금액 산정 관련 기준도 먹칠이 되어 있다. 북한과의 교섭에서 불리하게 작용할 우려가 있다는 것이 그 이유다.

이 자료집에는 일본이 한국과의 교섭전략에 활용한 자료들이 총정리되어 있다. 이 자료집만큼 일본 정부가 청구권 문제에 어떻게 접근했는지 잘 보여 주는 문서는 없다고 할 수 있다.

제2부

한일청구권 문제 참고자료

(미정고)

1963년 6월

이재국 외채과

2분책

V

한국 측 청구(8개 항목) 내용

청구권 문제는 새로운 방안으로 그 해결을 도모했다. 한일 양국 간에 무상·유상의 경제 협력 공여에 따라 해결하는 것으로 합의를 본 것이다. 그 결과 기존 한국의 청구(이른바 8개 항목의 대일 청구)에 대한 자체 검토는 한일회담의 향후 진전상 불필요해져 단순한 교섭 경위에서 일단락됐다.

그러나 정부는 한일 교섭을 타결하는 날 청구권 문제를 해결하는 것이 얼마나 곤란했는지 국민에게 밝히겠다며 지금까지의 8개 항목 청구 회담에서 나온 토의 내용을 상세히 설명하겠다고 국회 답변에서 누차 확약했다. 그만큼 한일 교섭 타결은 앞으로도 그 의미가 매우 중요하며, 한국의 청구권 소멸에 수반하는 국내 선후 처리 관계도 그 내용과 교섭 경과를 기록할 필요가 있다고 판단했다. 이에 8개 항목 청구를 둘러싼 검토 결과의 개요 및 관련 참고자료를 게재한다.

관련 참고자료는 청구권위원회 토의 시 그때마다 관계 부국에서 제출한 자료를 중심으로 정리했다. 그러나 이 자료집을 정리할 때 특별히 양해를 구할 기회가 없던 점 유감스럽게 생각하며, 이에 관계 부국의 양해를 바란다.

1. 한국의 대일 청구 요강 일람

1. 이하는 제5차 회담 첫머리에 한국이 제출한 것을 기초로 제5차와 제6차 회담 중에 정식으로 제안한 수정을 더한 것이다(※로 표시한 것은 제5차 회담에서 한국이 청구 항목 내용으로 설명하고 일본에 청구한다는 태도를 보였으나, 제6차 회담에서 검토를 보류하고 제출 여부는 향후 추이를 보고 결정한다는 태도로 바꾼 것이다).

2. 한국이 청구한 각 항목의 법적 근거는 복잡하고 다방면에 걸쳐 있다. 따라서 상세 내용은 각 항목의 검토에 맡기겠으나, 대략 분류하면 다음과 같다.

① 군정법령 33호와 무관한 사적 청구권(종전 당시 이미 성립한 채권채무관계의 미이행을 이유로 하는 청구가 주가 된다.)
② 군정법령 33호를 근거로 한국이 취득했음을 이유로 하는 것
③ 정치적 요구(일본의 식민지적 착취를 이유로 함)에 따른 것

우리 태도는 ①의 경우 우선 법적 근거가 있다고 보고 청구권 토의 대상이 될 수 있는 항목(◎ 표시)으로 생각했으나, ②, ③은 전면 거부라는 태도를 취했다(× 표시).

× 요강 1. 조선은행을 통해 반출된 지금과 지은의 반환을 청구한다.
본 항의 청구는 1909년부터 1945년까지 일본이 조선은행을 통해 반출한 것이다.

요강 2. 1945년 8월 9일 현재 일본 정부의 대조선총독부 채권의 변제를 청구한다.
본 항에 포함된 내용 중 일부는 다음과 같다.
(1) 체신국 관계
◎ (a) 우편저금, 대체저금, 환저금 등

◎(b) 국채 및 저축채권 등

◎(c) 조선간이생명보험 및 우편연금 관계

◎(d) 해외환저금 및 채권

×(e) 태평양미국육군총사령부 포고 제3호에 따라 동결된 한국 수취금

※(f) 기타

(2) ※(×) 1945년 8월 9일 이후 일본인이 한국 내 각 은행에서 인출한 예금액

(3) ※(×) 조선에서 수입된 국고금 중 증명이 없는 자금 세출의 한국 수취금 관계

(4) ※(×) 조선총독부 도쿄(東京)사무소의 재산

(5) ※ 기타

요강 3. 1945년 8월 9일 이후 한국에서 이체 및 송금된 금액의 반환을 청구한다.

(1) × 8월 9일 이후 조선은행 본점에서 재일본 도쿄지점으로 대체 및 송금된 금액

(2) ※(×) 8월 9일 이후 재한 금융기관을 통해 일본으로 송금된 금액

(3) ※ 기타

요강 4. 1945년 8월 9일 현재 한국에 본사, 본점 또는 주요 사무소가 있었던 법인의 재일 재산 반환을 청구한다.

본 항의 일부는 아래 사항을 포함한다.

(1) × 연합국 최고사령부 폐쇄기관령으로 폐쇄·청산된 한국 내 금융기관의 재일 지점 재산

(2) × SCAPIN 1965호로 폐쇄된 한국 내 본점 보유 법인의 재일 재산

(3) ※ 기타

요강 5. 한국 법인 또는 한국 일반인의 일본국 또는 일본 국민에 대한 일본 국채, 공채, 일본은행권, 피징용 한인의 미수금, 보상금 및 기타 청구권의 변제를 청구한다.

(1) ◎ 일본 유가증권

(2) ◎ 일본계 통화

(3) ◎ 피징용 한인 미수금

(4) ×(◎) 전쟁으로 인한 피징용자의 피해에 대한 보상

(5) ◎ 한국인의 대일본 정부 청구 연금 관계 기타

(6) × 한국인의 대일본인 또는 법인 청구

(7) ※ 기타

× 요강 6. 한국인(일반인 및 법인)의 일본 정부 또는 일본인(일반인 및 법인)에 대한 권리 행사에 관한 원칙

요강 7. 앞서 기술한 제 재산 또는 청구권에서 발생한 제 과실의 반환을 주장한다.

요강 8. 앞서 기술한 반환 및 결제는 협정 성립 후 즉시 개시하고 늦어도 6개월 이내에 종료할 것

2. 한국이 청구한 원칙적 문제에 관한 양국의 주장

8개 항목의 내용을 검토하기에 앞서 한국 청구의 전제가 되는 다음의 원칙적 제반 문제, 즉 ① 남북한 문제, ② 군정법령 33호의 효력 범위, ③ 미국 해석 문제, ④ 환율 문제 각각에 대한 양국 주장의 대립점을 설명하면 다음과 같다.

1) 남북한 문제(한국 청구권이 미치는 범위)

(1) 한국 주장

한국은 조선의 정통 정부로서 청구권의 범위는 북한까지 포함한 조선 전역에 미친다는 전제에 서 있다. 그런데 일본이 본건 문제를 꺼내려 하자 토의 중단을 암시하는 등 위협적인 태도를 취했다.

(1950년 10월 1일, 유엔군이 38도선을 돌파하면서 38도선은 완전히 철폐됐다. 만약 중공군이 개입하지 않았다면 한국의 행정권은 당연히 현재 북쪽에도 미쳤을 것이다. 한국 정부는 북쪽의 동포를 보호할 정치적, 도의적 책임이 있다. 유엔 결의도 한국의 시정권이 북쪽에 미칠 가능성이 있다고 인정했다. 한국 정부가 한반도 전체를 책임진다는 인식이 일본에 없다면 한일 국교정상화의 의미가 없다.)

(2) 일본 견해

한일 간 청구권 교섭은 평화조약 제4조에 따른 것이다. 일본이 특별 협의를 맺는 것은 동 조약 제2조에 따라 지역을 통치하는 현재 당국이므로 한일 간 특별 협의 대상은 남한 지역과 관련된 청구권에 한정한다.

2) 군정법령 33호의 효력 범위

(1) 한국 주장

1945년 9월 7일 자 태평양미국육군총사령부 포고 제3호는 모든 재한 재산의 해외 이동을 금지했으며, 군정법령 2호에 따라 8월 9일 현재 모든 일본 재산을 동결했다. 그리고 8월 9일 이후 9월 25일까지 성립한 동 재산의 모든 거래는 특별히 허용된 경우 이외에는 전부 무효이다. 이어서 군정법령 33호로 8월 9일 현재 일본 재산은 미군정청에 귀속, 소유됨을 규정했다. 군정법령 33호로 미군정청에 귀속된 일본 재산은 1948년 한미협정에 따라 미군정청이 이미 시행한 처분을 제외하고 모두 한국으로 이양됐다. 또 군정법령 33호 이전에 공포된 제반 포고 및 법령은 군정법령 33호의 이른바 준비 입법임이 명백하고 군정법령의 효과가 8월 9일부터 시작한 것은 자명하다.

(2) 일본 견해

일본은 평화조약 제4조 (b)항에 따라 "합중국 군정부나 그 지령으로 시행된 일본국 및 그 국민의 재산 처리 효력을 승인"했다. 그 의미는 합중국 군정부가 실제로 시행한 재남한 일본 재산의 처리가 유효하다는 사실을 일본이 인정한 것이다. 이러한 처리는 군정법령 33호에 따라 시행했으며, 동 군정법령은 군정부의 관할권 내 모든 일본 재산을 군정부로 귀속시킨 것이다.

위 실제 처리란 1945년 12월 6일에 공포된 군정법령 33호의 공포 자체로 시행된 것이며, 그 외 압류 등 실제 점유를 필요로 하지 않는 것이다. 그러나 동 군정법령은 재조선 미군 사령관의 관할에서만 효력이 있고, 또한 12월 6일 현재 이 지역에 존재한 재산에만 적용한다.

구체적 문제와 관련해 양국의 주장을 간추리면 다음과 같다.

(가) 일자 문제

① 한국 주장

8월 9일로 거슬러 올라가 모든 재한 일본 재산은 몰수된 것이며 군정법령 공포일(12월

6일) 전에 일본으로 반출된 것도 반환 청구권이 있다.

② 일본 견해

일반적으로 법률 효과가 해당 법령의 효력 발생 시에 그 적용 범위 안에 존재하지 않는 대상에 미칠 수 없다는 점은 법률상 당연한 원칙이다. 12월 6일의 군정법령 공포 당시 이미 한국 내에 존재하지 않던 재산, 권리는 접수할 수 없으므로 군정법령을 이유로 관련 반환 청구를 하는 것은 불가능하다.

'8월 9일'이라는 자구는 재산의 '일본성(日本性)'을 정하는 기준으로, 이를 이유로 소급해 몰수한다고 풀이해서는 안 된다.

(나) 지역 문제 - 특히 채권과 관련해

① 한국 주장

군정법령은 일본인의 권리에 대해 채권 등 모든 것을 포괄적으로 몰수한다고 정했고, 재일 일본인(재일 본사 법인)에 대한 채권(등록채, 유가증권)도 당연히 취득했기 때문에 변제를 청구할 수 있다.

② 일본 견해

채권, 등록채, 기명증권(주식) 등은 채무자의 소재지에 소재한다고 볼 수 있으므로, 재일 일본인(법인)을 채무자로 하는 이들 권리는 일본에 소재한다. 군정법령의 효력은 일본에는 미치지 않으므로 이러한 권리를 군정법령에 따라 취득할 수 없다.

(다) 재한 본사 법인 주식 문제

① 한국 주장

군정법령에 따라 재한 본사 법인의 주식이 취득됐으므로 한국이 모든 주식을 소유하게 된 이들 법인의 재일 재산도 당연히 한국 것이다. 따라서 이 재일 재산의 반환을 청구한다.

② 일본 견해

일본인 주식의 명의변경에 따라 재한 본사 법인의 주식이 접수됐어도 접수의 근거는 미군의 군정법령에 있으므로 효과가 그 관할권 밖으로는 미치지 않는다. 즉 취득된 주식은 내용적으로 구 법인의 전 자산에 관한 권리를 표창하지 않으며, 그중 관할권 내에 소재하는 것만을 표창(表彰)하므로 재일 재산까지는 미치지 않는다.

3) 미국 해석 문제

(1) 한국 주장

한국은 미국 해석의 생각을 고려해 일본에 배상적 청구를 제출하지 않았다. 따라서 이른바 미국 해석은 이미 한국이 제출한 안에 포함됐기 때문에 거듭 미국 해석에 따른 공제가 주장될 이유는 없다.

(2) 일본 견해

이른바 한국과 일본은 '미국 해석'으로 "일본이 평화조약 제4조 (b)항에서 효력을 승인한 재한 일본 재산의 처리는 제4조 (a)항에서 정한 특별 협의를 고려할 때 관련이 있다", "한일 간의 특별 협의는 한국 내 일본 자산을 한국 정부가 인수함에 따라 어느 수준까지 한국의 대일청구권이 만족됐다고 인정할 것인가의 결정을 포함하게 될 것"이라고 이미 합의했다. 위 결정은 한국이 일방적으로 결정할 게 아니라 한일 양국 간 교섭으로 결정해야 함을 표명한 것과 다름없다. 또 본건과 관련해 전후 한국이 취득한 구(舊) 일본 재산은 막대하여 한국의 청구권을 충분히 웃돌며, 한국은 제2차 세계대전 중 일본과 교전국도 아니므로 평화조약 제14조의 배상청구권을 가지지 않는다.

4) 환율 문제

(1) 한국 주장

(8개 항목의) 각 항목의 청구는 편의상 엔화로 요구하나, 지급은 1945년의 일본엔 대 미 달러 환율로 환산해 청구한다. 이론적으로는 같은 해 8월 9일 현재의 환율을 적용해야 하나, 종전 직후의 개정 환율 15엔 대 1달러로 청구한다(한일 문제는 16년 전에 해결해야 했으나, 16년간 통화 가치도 바뀌고 국제 정세도 변했다. 이 점을 충분히 고려해야 한다).

(2) 일본 견해

한국의 일본에 대한 청구권은 이미 법적으로 엔화로 계약된 채무이며 모두 달러 또는 금약관(金約款)[1]이 붙어 있지 않다. 따라서 지급을 이행하는 때는 금전 채무에 관한 원칙에 비춰 봐도 해당 채권의 내용 자체에 따라 확정될 엔화 표시 금액 자체를 지급하면 충분하다. 이에 대해 다시 한국이 말하는 환산을 할 이유는 없다.

---

1 화폐 가치 변동으로 인한 손해를 방지하고자 금전채권에 붙인 약관이다. 계약 체결 시 채권액이나 채무액을 금가치로써 결제하도록 약속하는 조항을 말한다.

참고자료

1. 한일 간의 청구권 문제에 관한 고사카(小坂) 외무대신 발언 요지

(1962년 3월 12일)

(주) 본건은 1962년 3월 최·고사카 정치회담에서 제시된 청구권 문제(총론)에 관한 일본의 견해 내용이다.

(1) 한일청구권 문제의 교섭은 평화조약 규정에 따라 추진되고 있음은 두말할 나위도 없다. 평화조약 제4조 (a)항의 규정에 따르면, 일본이 청구권에 관해 특별 협의를 하는 것은 해당 제2조 지역에서 현재 이들 지역을 통치하는 당국이며 특별 협의의 대상은 일본의 경우 "일본국 및 그 국민의 재산으로 해당 지역에 있는 것과 이들 지역을 통치하는 당국 및 그 주민에 대한 일본국 및 그 국민의 청구권"이며, 다른 상대 당국의 경우는 "일본에 있는 이들 당국 및 주민의 재산과 일본국 및 그 국민에 대한 이들 당국 및 그 주민의 청구권"이다. 따라서 위 규정을 현 사태에 대입해 보면, 한일 양국 간에 체결해야 할 특별 협의 대상은 한국이 현재 통치하는 남한 지역의 당국, 즉 한국 정부와 남한 지역 주민의 청구권으로 한정된다. 또한 이 조문에서는 국민과 주민을 구별해 쓰고 있다는 점에도 주의할 필요가 있다.

(주) 다만, 한일 양국 간의 특별 협의 대상이 남한 지역의 당국인 한국 정부와 남한 지역 주민의 청구권으로 한정된다는 점은 한국의 국민감정도 고려해 이를 협정 등에 명기하지 않고 넘어갈 방법이 있는지 충분히 연구해 보고 싶다.

(2) 평화조약 제4조 (b)항에서 일본국은 조선에 대한 "합중국 군정부 또는 그 지령에 따라 시행된 일본국 및 그 국민의 재산 처리 효력을 승인"했다. 조선에서 합중국 군정부는 남한에만 권한을 가지며, 지령의 효력도 일본과 북한에는 미치지 않는다. 그러므로 비록 일본이 조선에 대한 합중국 군정부 법령 제33호의 효력을 평화조약 제4조 (b)항에 따라 승인했어도 그 처리 효력이 북한과 일본에 미치지 않는다는 것은 분명하다.

또 이 군정법령은 몰수 법령이다. 따라서 가령 한국에 본점 또는 주된 사무소가 있던 회사의 주식을 살펴보면, 한 나라 안에 있는 회사의 주식 몰수 효과는 그 나라의 영역 밖에 있는 해당 회사의 재산에는 미치지 않는다고 보는 것이 국제법상 확립된 원칙이므로 한국 내에 있던 회사의 주식 몰수 효과는 해당 회사의 재일 재산에 미치지 않는다는 것이다. 실제 연합국 최고사령관의 이들 재일 재산 처리는 한국 재산이 됐다는 입장에서 시행된 것이 아니며, 군정법령 제33호와는 무관하게 정리된 것이다.

(3) 평화조약 제4조에 대해서는 1957년의 이른바 '미국 해석'이 존재한다. 한일 양국 모두 1957년 12월 31일 합의의사록에서 미국 해석에 제시된 견해와 같은 의견임을 똑똑히 밝혔다. 즉 한일 양국은 "일본이 평화조약 제4조 (b)항에서 효력을 승인한 재한 일본 재산의 처리는 제4조 (a)항에서 정하는 특별 협의를 고려할 때 관련이 있다"는 것이며, 더욱이 "한일 간의 특별 협의는 한국 내 일본 자산을 한국 정부가 인수해서 어느 수준까지 한국의 대일청구권이 소멸했고 또는 만족했다고 인정할 것인가의 결정을 포함하게 될 것"이라는 점에 모두 같은 의견임을 표명했다. 이는 일본에 대한 한국의 청구권이 어느 수준까지 소멸했고 또는 만족했다고 한국이 일방적으로 결정하는 게 아니라 한일 양국 간 교섭으로 결정해야 함을 표명한 것과 다름없다.

본건과 관련해서는 다음의 두 가지를 지적하고 싶다. 첫째는 전후 한국이 취득한 구 일본 재산이 막대하여 한국의 청구권을 충분히 웃돌며, 둘째는 한국은 제2차 세계대전 중 일본의 교전국이 아니며 더욱이 평화조약 제14조의 배상청구권도 가지지 않는다. 따라서 한국은 미국 해석의 생각을 고려해 일본에 배상적 청구를 제출하지 않았다. 그러므로 이른바 미국 해석은 이미 적용이 끝났다는 일방적인 주장에 일본은 승복할 수 없다. 그리고 방금 지적한 두 가지와 관련해 1948년의 「한미협정」에 따라 한국으로 이전된 재산 목록의 제출을 이 기회를 빌려 재차 요구하고 싶다.

(4) 제4조에 언급된 재산과 청구권의 경우, 전부 법률관계와 사실관계가 명백히 입증된 것이 아니면 이 경우의 재산이라 할 수 없고, 또 청구권이라고도 할 수 없음은 명백하다. 또 이들의 입증 책임이 청구하는 측에 있다는 것은 말할 것도 없다. 다만, 종전 후 16년

이상이 지난 지금, 그리고 종전 직후의 혼란과 한국전쟁이 있었다는 사실을 고려할 때 납득할 만한 추정 요소가 포함된 점은 어쩔 수 없으나, 본질적으로 재산이라고 하고 청구권이라고 하는 이상, 법률관계와 사실관계가 모두 충분히 입증되어야 한다고 지적할 수밖에 없다.

(5) 한국이 청구한 일본에 대한 기존 채권은 모두 엔화로 계약을 맺은 채권으로, 달러 또는 금약관이 붙지 않은 것뿐이다. 금전채권에 관한 원칙에서 볼 때 계약 시에 채무 내용으로 정해진 엔 표시 금액은 그대로 오늘날도 타당하며 이를 변경해야 할 어떠한 근거도 없다. 따라서 한국은 실무급 회의에서 1945년 당시 일본 엔 대 미 달러 환율로의 환산, 구체적으로는 15엔을 1달러로 하자고 제안했는데, 일본은 이를 도저히 승복할 수 없다. 실제 전후 우리나라의 각국에 대한 동종 청구권 문제 처리도 이미 전술한 금전채권의 원칙에 따라 해결했다.

(6) 한국이 제시한 청구권 중 남한 지역 및 그 주민의 일본국 및 일본 국민에 대한 것 중 사실 및 법률관계가 명백히 입증된 것은 일본이 지급해야 한다. 그러나 그 지급의 구체적 금액을 결정하는 때는 당연히 앞서 언급한 '미국 해석'에 따라 일본이 재한 일본 재산 처리의 효력을 승인하여 한국의 일본에 대한 청구권이 어느 수준까지 소멸하고 또는 만족하는지를 한일 간에 협의·결정해야 한다고 생각한다.

(7) 이상 전부터 한국이 청구한 제반 항목 중 법적 근거가 있다고 인정된 것은 적고 금액도 소액에 그치며, 더욱이 '미국 해석'을 고려할 경우 액수는 더 줄어든다는 사실을 밝혀 두고 싶다.

2. 한국의 지위에 관한 보충 설명

(1962년 3월 외무성 조약국 법규과)

(주) 이는 위 참고자료 1의 부속자료로 준비한 것이다.

한국이 우리 측 평화조약 제4조 (a)항의 해석론에 근거한 설명에 만족하지 못하고 조선 전체에 주권을 미치는 정통 정부라는 입장을 주장하는 경우에는 이하의 선에서 응수하는 것이 적절하다.

1948년 12월 12일의 유엔 결의 제195(Ⅲ)는 한국 정부를 "유엔 임시 조선위원회가 관찰하고 협의할 수 있었으며 조선 인민 대다수가 거주하는 조선의 부분에 유효한 지배와 관할권을 미치는 합법적인 정부"라고 선언하고, 가맹국 및 기타 국가에 대하여 대한민국과 관계를 설정할 때 이 사실을 고려하도록 요청했다. 따라서 우리나라는 샌프란시스코 평화조약에 따라 조선의 독립을 승낙할 때도 이 유엔 결의의 내용에 따라 한국 정부를 동 결의에서 말하는 의미의 유일한 합법 정부로 승인했다. 또한 동 평화조약 서명국(48개국) 중 유엔 결의에 참가한 곳(40개국)은 모두 동 결의에 찬성표를 행사해 한국 정부가 동 결의에 언급된 성격의 정부임을 전제로 평화조약에 참가했음은 자명하다.

위 유엔 결의에서 언급된 것처럼 한국 정부는 조선의 유일한 합법 정부로, 달리 합법적으로 조선의 부분을 대표할 수 있는 정부는 존재하지 않으나, 동시에 그 유효한 지배와 관할권은 "유엔 임시 조선위원회가 관찰하고 협의할 수 있던 지역의 조선 부분", 즉 남한 부분에만 미친다는 것은 명백하다.

3. 군정법령 제33호의 해석에 대하여

(1961년 3월 외무성 조약국 법규과)

(1) 군정법령 제33호의 법적 효과

이른바 '미국 해석'으로 밝혀진 것처럼 군정법령 제33호(이른바 Vesting Decree)는 대상 재산의 귀속을 변경하고 소유권을 모두 군정부로 이전하는 효과를 가진 입법이라 해석된다. 이 지령은 즉 공포 행위 자체에 의해 법률상(ipso jure)으로 소유권 이전 효과를 발생시키는 특별 입법 조치로서 점령 지역의 법질서 틀 안에서 소유권 이전을 시행하도록 명령한 지령이 아니다. 따라서 지령에 더하여 압류, 기타 방법으로 '실제 점유(물리적 의미의 '실제 처리')'는 불필요하며, 동 군정법령의 적용 대상이 되어 제33호의 효과가 유효하게 미쳤다고 해석되는 재산에 대해서는 전부 '실제 소유권 이전(법적 의미의 '실제 처리')'이 발생했다고 해석하는 것이 정당하다.

(2) 법적 효과가 미치는 범위

(a) 지역적 한계

재조선 미군 사령관(Commanding General USAF in Korea)은 연합국 최고사령관(Supreme Commander for the Allied Powers)의 하부기관이며 일본 정부는 연합국 최고사령관 총사령부 지령 제2호(1945년 9월 3일)에 따라 "위 지휘관(Commander)이 혹은 그 위임에 의거해 발표하는 일체의 명령 및 훈령은 표시되는 구역 내에서는 연합국 최고사령관의 권한으로 간주"한다는 지령을 받았다.

이처럼 재조선 미군 사령관의 권한은 명시적으로 지역적 한정하에 인정되므로 그 권한 행사로 발표하는 명령은 관련 지역 관할 범위 안에서만 효력을 발생하며 이러한 명령의 효과(operative effect)가 일본 본토에 미치지 않는(일본 본토에서 발생할 수 없다) 점은 다툴 수 없다.

(b) 일자 문제

동 군정법령은 ① 1945년 8월 9일 현재 또는 그 이후 일본국 또는 일본 국민이 소유하는 재산에 대하여 ② 이를 9월 25일부로 미군 정부에 귀속시키기 위해 ③ 12월 6일에 공포된 것이다.

이 경우, 동 군정법령의 대상인 재산 소재에 관해서는 "located within the jurisdiction of the Command (of USAF in KOREA)"라는 조건이 붙어 있다. 여기에서 "located"의 인정 기준 시점이 동 군정법령의 효력 발생 시점이라고 보는 것에 문제는 없다(다만, 후술하는 소급효과와의 관련은 별개로 한다). 즉 "located"를 'which were (had been) located'라고 과거의 의미로 해석해 8월 9일 이후 "소재한 적이 있는" 것으로 생각하는 것은 구문상으로도 무리가 있다. "located"라는 표현이 특별히 이 일자에 의해 명시적으로 제한되지 않는 한 논리상으로나 문맥상으로나 채용할 수 없는 해석이다.

위 제반 사항을 구체적으로 고찰하면 다음의 결론을 도출할 수 있다.

(가) 12월 6일 현재 관할 범위 내에 소재했던 재산

이 군정법령 공포 시에 정당하게 군정부의 관할권이 미치는 지역에 존재했던 재산은 법률상(ipso jure) 미군 정부에 귀속한 것으로 해석되며, 그 효과는 ②의 일자 이후 발생한 것만을 간주한다. 따라서 12월 6일 이후 미 군정부의 관할권이 미치는 지역 밖으로 반출된 재산은 이미 미 군정부에 귀속된 것을 반출했으므로, 원소유권자가 소유권을 주장할 수 없다. 다만, 한미협정은 실제로 미 군정부가 소유, 관리하던 재산, 권리만을 한국 정부로 이전했다고 해석될 여지가 있어 12월 6일 이후 일본으로 반출된 재산을 한국에 반환할 의무가 있는지 여부는 한미협정과 관련해 따로 검토하고 싶다.

(나) 8월 9일 현재 관할 범위 내에 소재했던 재산

동 군정법령에 언급된 8월 9일이라는 일자는 군정법령 대상 재산의 '일본성(日本性)'을 결정하기 위한 규준으로 이용한 것에 불과하며, 귀속 행위 자체와는 직접적인 법적 관련이 없다. 즉,

(ⅰ) 이 결과, 8월 9일 이후 9월 25일까지의 기간에 동 군정법령에서 정의하는 '일본성'을 취득 또는 상실한 재산도 12월 6일 현재 군정부의 관할 내에 있는 한, 9월 25일부로 미군정부에 귀속됐다. 그러나 이 경우, 8월 9일이라는 규정의 효과는 단순히 9월 25일 현재 소유권자가 일본인인지 아닌지와 무관하며, 이러한 재산이 귀속 대상이라는 것이다.

(ⅱ) 8월 9일 이후 9월 25일까지 재한 미군 정부의 관할권 범위 밖으로 반출된 재산은 귀속 대상이 아니다. 이는 9월 25일을 귀속 효과 발생일로 보고 있는 동 군정법령의 규정 입법 취지에서 볼 때도 명백하다. 즉 효과 발생일 현재 동 군정법령이 미치는 범위 안(within the jurisdiction of this Command)에 이미 존재하지 않던 재산이 귀속 대상이 되는 것은 법적으로 불가능하다는 점에서 당연하다고 해석된다.

이 점에서 '일본성'이 있는 재산이 8월 9일 이후 동결되어 이를 변동하기 위한 법률 행위는 9월 25일부로 무효로 하는 조치가 취해졌다는(군정법령 제2호) 사실이 문제가 된다. 군정법령 제2호의 효과는 이러한 재산권의 변동을 8월 9일 이후 폐지하고, 이미 시행된 것에 대해서는 이를 무효화하는 것에 있다고 볼 수 있는데, 이 단계에서 원소유자인 일본인의 소유 자체에는 어떠한 변경도 추가되지 않았다. 따라서 군정법령 제33호 공포 후에 동 군정법령에 따라 미군 정부로 귀속된 재산을 반출한 경우(위 (가))와 달리, 소유 관계가 원래대로인 재산 자체를 정당한 소유자가 관할 범위 밖으로 반출하는 행위는 군정법령 제2호 위반이지만 법률상 유효, 무효의 문제를 발생시키지 않는 사실 행위에 불과하다고 해석된다.

(다) 9월 25일 현재 관할 범위 안에 소재한 재산

동 군정법령의 귀속 효과는 9월 25일로 소급하여 발생했다. 따라서 12월 6일에 동 군정법령의 대상이 된 재산은 9월 25일 이후 미군 정부로 귀속되는 재산이 된 것뿐이라고 간주한다.

이때, 9월 25일 현재에는 군정부의 관할 범위 안에 있었고 그 후 이 범위 밖으로 반출되어 군정법령 공포일인 12월 6일 현재 관할 범위 안에 존재하지 않는 재산에 대해서도 귀속 효과가 미친다고 해석할 수 있는지 여부가 문제가 된다. 다음의 이유로 법 이론상으로는 귀속 효과가 미치지 않는다고 해석하는 것이 타당하다.

(ⅰ) 동 군정법령은 귀속 대상 재산에 대해 "본 사령부의 관할에 있는(located within the jurisdiction of this Command)"을 요건으로 규정했는데, 여기에서 'located'의 인정 기준 시점이 동 군정법령의 공포 시점이라는 것은 동 군정법령의 문언만 볼 때도 명백하다는 것은 위에서 기술한 바와 같다. 따라서 동 군정법령의 효과는 12월 6일 현재 미군 정부의 관할 범위 안에 있던 재산을 귀속한 후, 그 귀속 일자를 9월 25일로 소급시킨(따라서 12월 6일 현재 귀속 대상이 된 재산에 대해서만 귀속 법적 효과가 9월 25일까지 소급해 발생했다) 것에 그친다고 해석할 수 있다.

(ⅱ) 일반적으로 법률의 효과(operative effect)는 법령의 효력(validity) 발생 시점에 법령의 적용 범위(속인, 속지적 한정이 없는 경우에는 권한을 가진 기관의 관할 범위) 안에 존재하지 않는 대상에 법률상 미칠 수 없다는 것이 법이론상 당연한 원칙이다[이는 위 (가)의 경우처럼 사실상 미칠 수 없는 경우와 다르다].

여기서 문제 사례의 경우, 설사 입법자의 의도가 동 군정법령의 효력 발생 시점인 12월 6일 현재 그 관할 안에 존재하지 않았던 재산에 대해서도 효과가 미치며 그 목적으로 동 군정법령의 효과를 소급시키는(동 군정법령이 9월 25일에 공포됐더라도 동일 법적 효과를 발생시킨다) 입법 기술을 적용했더라도, 해당 재산이 군정법령 공포 시점 현재, 이미 군정법령이 미쳐야 할 관할 범위 밖에 있으므로 이러한 입법자의 의도—따라서 이를 구체화했다고 해석할 수 있는 군정법령 중의 규정—는 법률적으로 실현되지 못했다고 해석할 수밖에 없다.

그 한도에서 이러한 입법은 법적 효과가 발생할 수 없으며(ineffective) 단순히 입법자의 의도, 나아가 입법 취지를 근거로 이러한 관할권 외의 효과(extra jurisdictional effect)가 해당 재산에 법적으로 미친다고 해석하기 어렵다.

또한 조약 중에 한 나라의 국내 법령 또는 군정법령 등이 언급되어 수용된 경우(incorporation by reference), 이러한 법령은 조약과 한 몸을 이루며 그 해석은 관련이 있는 법원칙에 따라 조약 당사국 간에 확정해야 한다. 따라서 입법자의 의도가 결정적이지 않음은 물론이거니와 입법자의 해석이 법적으로 유권적일 리가 없다. 적어도 이처럼 관할을 초월하는 효과(operative effect)를 우리나라가 승인할 이유는 없다.

(3) 평화조약 제4조 (b)항과의 관계

평화조약 제4조 (b)항과의 관계를 보면, 우리나라가 여기에서 승인한 것은 '실제로 시행된 처리'의 효력과 다름없다고 봐야 한다. 따라서 '법적 의미의 실제 처리'를 시행하지 않았거나 시행할 수 없었던 것은 이 규정의 대상이 아니라고 해석해야 할 것이다[이 해석은 평화조약 제4조 (b)항에서 우리나라가 승인한 것은 '일반 국제법 틀 안에서 합법적으로 한 처리'로 한정된다는 주장—이른바 야마시타(山下) 이론 철회 경위를 참조—과는 법적으로 동일 성격의 문제를 포함하지 않는다].

우리나라는 평화조약 제4조 (b)항에서 '미군 정부가 실제 시행한 처리는 그 처리의 내용(법적 성격) 여하에 상관없이 이 효력을 승인'했다. 따라서 만약 처리가 실제적인 몰수라면 몰수의 효력을 승인한 셈이 된다. 이에 반해 여기에서 문제가 되는 것은 귀속이라는 법률 행위는 법률의 힘(ipso jure)으로 효과를 발생시키므로 그 효력 발생 시에 존재하지 않던 재산의 '처리' 자체가 법리상 불가능하다.

다만, 이 생각에 따르면 9월 25일 현재 귀속된 행위의 법적 효과는 현실적으로 거의 소멸한다. 즉 8월 9일 이후라면 9월 25일 이전이든 이후든 관계없이 ① 일본인에서 조선인에게 소유권이 이전된 재산은 12월 6일 현재 미군 정부로 귀속됐고 ② 미군 정부 관할 밖으로 반출된 것은 전부 귀속 대상이 아니다. 또 군정법령 제2호에 따르면 8월 9일 이후의 일본 재산 이전은 전부 9월 25일 현재에 무효가 됐으므로, 이러한 재산 이전이 시행된 경우의 법률관계는 9월 25일 전과 후가 거의 다르지 않게 된다.

(4) 군정법령 제2호와의 관계

군정법령 제2호는 8월 9일 이후 일본과 기타 추축국 재산의 매매, 이동, 수출 등을 금지하는 동시에 같은 날 이후의 모든 거래가 9월 25일 현재로 무효라고 선언했다. 한국은 이를 들어 "군정법령 제2호 및 제33호의 의도(intent)를 종합적으로 고려하면 군정법령 제33호의 귀속 효과는 8월 9일 이후 조선에서 반출된 재산에 미친다고 해석해야 한다"고 주장할 것이므로 이에 대한 반론을 검토해 둘 필요가 있다. 이 반론으로 생각할 수 있는 것은 다음과 같다.

(가) 군정법령 제2호는 재산의 매매, 이동, 수출 등을 금지했는데, 이를 위반해 소유자가 일본으로 반출한 재산에 대해서는 반출 행위가 군정법령을 위반한 사실은 있지만, 반출 행위 자체는 사실 행위로, 금지를 위반한 행위에 의해 반출 행위 자체의 유효, 무효 문제는 발생할 여지가 없다. 따라서 금지를 위반해 반출한 만큼 해당 재산은 아직 재조선 미군의 관할하에 있다고 생각할 여지는 법률상 있을 수 없다.

(나) 평화조약 제4조 (b)항에 따라 처분 타당성(disposition의 validity)을 인정한 것이 군정법령 제2호에 대해 갖는 의미가 거래 무효인 경우, 9월 25일 현재에 거래를 무효로 보는 ("Void as of this date"로 원시적 무효 "Void ab initio"와 동일 효과를 갖는지는 의문이 든다) 것의 효과를 인정한 것에 그친다. 따라서 거래 결과 일본으로 넘어온 것의 원상회복 의무가 일본 정부에 있다고 해석하기는 어렵다.

(군정법령 제2호에 관한 논의는 우리가 귀속 효과를 12월 6일 이후로 한정하는 이상 직접 한국에 제시할 필요는 없으나, 부서 내에 한정되는 문제점으로 다룬 것이다.)

4. 미국 해석의 검토

[1961년 3월 외무성 조약국 법규과 조사 「한일 일반 청구권문제에 관한 약간의 법률적 문제점」 3. 귀속 법령(Vesting Decree)에 관한 이른바 미국 해석에서 발췌]

1957년 12월 31일 자 구상서에서 우리 정부는 동 일자 「한일청구권 해결에 관한 일본국과의 평화조약 제4조 해석에 대한 미합중국의 견해 표명」을 토대로 우리 재한 재산에 대한 청구권을 철회했다.

(1) 여기서 말하는 '미국 해석'은 12월 31일 자 미 대사관이 제출한 구상서 내용 전체라고 해석된다. 따라서 1952년 4월 29일 자 미 국무장관이 주미한국대사에게 보낸 서한뿐만 아니라 이를 설명, 보충한 부분도 포함한다[미국 해석의 승인은 두말할 나위 없이 위 서한에 제시된 견해의 승인에 그치며, 평화조약 제4조 (b)항에 관해 향후 상시 미합중국의 해석을 인정한다는 뜻이 아니다].

(2) 구상서에서 밝힌 것처럼 우리가 여기서 철회한 것은 "1952년 3월 6일 회담에서 일본 대표가 제기한 재한 재산에 대한 청구권 주장"과 다름없다. 본 구상서에서 미국 해석을 기초로 합의한 결과, 여기에서 "재한 재산에 대한 청구권" 자체를 처음 포기한 것은 아니다(이것은 미국 해석 자체에서도 명백하다).

법률적으로는 군정법령 33호가 미군 해석과 같은 법적 효과를 갖는 조치였다는 것이 확인된 셈이다. 군정법령 33호의 효력은 평화조약 제4조 (b)항에 따라 우리나라가 이미 승인했다. 따라서 동 군정법령의 효과가 적법하게 미치는 범위에서 우리 재산의 소유권이 이전된 사실과 이에 대해 우리나라에는 청구권이 없다는 사실은 평화조약 제4조 (b)항에서 우리나라가 이미 승인한 부분이다.

(3) 미국 해석 자체의 해석에 대해서는 다음의 제반 사항이 문제가 된다.

(가) "대한민국의 관할권 내에 있는 재산(Property within the jurisdiction of the Republic of

Korea)에 대한 일본국 및 일본 국민의 모든 권리, 권원 및 이익이 처분됐다"고 언급했을 뿐, 그 이상 재산의 범위를 특정하지 않았다. 따라서 군정법령 33호가 미칠 수 있는 범위에 관한 우리나라의 입장(앞서 기술한 참고자료 3 참조)은 방해받지 않았다.

(나) 여기서 말하는 처분(divesting)은 최종적 처분 효과를 가진다. 우리나라는 반환청구권도 보상청구권도 없다[다만, 전자는 귀속(vest)이라는 법률 행위에 필연적으로 수반하는 효과로 해석했고, 후자는 법률적으로 당연히 도출되는 귀결은 아니다. 미국은 후자의 청구권을 인정하는 것이 "incompatible with the language, rationale and intent of the vesting decree, the transfer agreement and Article 4 (b) of the Peace Treaty(샌프란시스코 강화조약 제4조 (b)항과 귀속 조항의 이론적 근거 및 의도가 양립할 수 없는)"이라고 해석했다. 우리도 이를 기초로 인정한 결과 군정법령 33호에 따라 귀속 행위가 보상청구권을 수반하지 않는 최종 처분 행위이며, 이러한 것으로 우리나라가 평화조약 제4조 (b)항에서 그 효력을 승인한 것임이 확인됐다고 해석된다].

(다) "이들 자산의 처리는 평화조약 제4조 (a)항에 규정된 협의를 고려할 때 직접적 관련이 있다(relevant)"라는 견해의 해석에 대해서는 ① 법률적 논의로 한일 양국의 상호청구권을 항목별로 개별 검토할 때에 처리된 일본 재산을 법률적 상계 대당액(對當額)으로 이용한다(lump sum 방식으로 특별 협의를 하는 때도 법률적 상계를 위해 이용하는 한 기본적으로는 마찬가지다)고 해석할지, ② 기본적으로 자기자본(equity)에 근거한 논의로서 상호청구권을 검토할 때에 일본 청구권의 대부분을 차지하는 재한 일본 재산이 전부 군정법령 33호 및 한미협정에 따라 이미 한국으로 인도가 완료된 사실을 고려해야 한다고 해석할지 두 가지가 있을 수 있다.

순수하게 법률적으로 생각하면, 이른바 관련 조항(relevant clause)이 법률적 상계론의 근거가 될 수 있다고 해석하는 것은 후술하는 이유로 인해 무리가 있다고 생각되나, 실질적인 상계 목적으로 교섭 기술을 이용하는 것은 가능해 보인다. 관련 조항이 순수하게 법률적 상계를 규정한 것이라는 해석이 문제인 이유는 다음의 두 가지 때문이다.

(a) 미국 해석을 설명한 12월 31일 자 구상서가 "such(Korean) claims had already been met to some degree by the vesting…(한국의 주장은 이미 어느 정도 귀속됐다…)"고 언급한 것은 반대로 법률적 상계가 아님을 시사한다고 해석된다(만약 법률적 상계라면 대당액을 넘는 수취분

은 일본에 남을 가능성이 크다). 또 "take into account the fact…(그 사실을 고려하다…)"라는 표현은 법률적 상계를 뜻한다고 해석하기 어렵다.

(b) 평화조약 제4조 (b)항이 제2조에 언급한 지역의 청구권에 관한 특별 협의를 규정한 제4조 (a)항 다음에 삽입된 것은 (b)항이 (a)항에 대한 특례를 구성한다[즉, 일본은 재한 재산에 대한 반대 주장(counter claim)으로서는 포기한다]는 입장이라고 해석하는 것이 솔직하다.

(라) 1957년 12월 31일 자 합의의사록에는 우리 측 외무대신은 "이 미합중국의 표명이 재산청구권의 상호 포기를 뜻하는 것은 아니라고 이해된다"고 말했고, 한국 대표도 이에 동의했다. 따라서 미국 해석의 "관련 조항"을 근거로 상호 포기를 주장하는 것은 불가능하나, 일본 재산이 처분됐다는 사실을 어느 정도 고려해야 한다는 문제는 이와는 관계가 없다.

◈ 부록

1962년 1월 외무성 조약국 법규과 조사
「한일청구권 처리에 관한 문제점」 2. 미국 해석의 문제에서 발췌

이 "관련 조항(relevant clause)"은 그 의미에 약간 문제가 있으나, 적어도 일본에 유리한 요소를 포함하고 있으므로 이 취를 살린 형태로 협정을 체결할 필요가 있다고 생각된다(국회에서의 정부 견해도 이 선을 강조해 설명했다).

(1) 만약 "관련 조항"의 취지가 법률적 상계에 있다면, 위 재조선 일본 자산 총액은 한국 청구액을 크게 웃돈다. 이 사실에 비추어 볼 때, 청구권 처리에서 일본이 지급해야 할 금액은 한 푼도 없는 결과가 될 수밖에 없으나, 이 해석은 정치적으로 사실상 채택되기 어려워 보인다.

(2) 이에 대해 "관련 조항"의 취지가 군정법령 33호의 효과와 직접 관계가 있는 구체적 항목의 사정에서 형평성의 견지에서 재조선 일본 자산 취득 사실을 고려하는 것에 그친다

면, 구체적으로 다음과 같은 방식을 생각해 볼 수 있다.

(가) 본래 이자를 더해 지급해야 하는 항목에 대한 이자를 떨어뜨리는(drop) 방식

(나) 본래 국가승계이론에 따라 정상적인 국가의 독립이라면 한국에 건네는 것이 합리적인 항목의 재일 재산을 줄이는(drop) 방식

(다) 이번 회담에서 일본이 거부했거나 한국이 토의를 보류한 항목은 재조선 자산분 압류 사실까지 고려해 제외(drop)했다고 설명하는 방식

(3) 다만, 한국이 당초 준비한 배상적 성격을 포함하는 청구가 "관련 조항"으로 인해 제외(drop)됐다고 설명하는 방식은 평화조약 제4조 (a)항의 해석, 미국 해석의 취지 및 제5차 회담의 일본 반론에서 볼 때 채택될 수 없다고 생각한다.

미국 해석은 "제4조 (a)항에 정해져 있는 협의를 고려할 때 관련이 있다"고 말하는바, 제4조 (a)항의 규정은 배상적 성격의 청구와는 전혀 다른 성격의 청구권에 관한 것임이 명백하다. 또한 본래 한국은 우리나라와 전쟁 상태였던 적이 없으므로 배상 청구를 할 만한 법률적 근거가 전혀 없다는 점도 명료하다. 따라서 제4조 (a)항의 대상이 될 수 있는 청구권에 대해 재차 "관련 조항"이 적용된다는 우리 입장에서 볼 때, 위 서술과 같은 설명은 성립할 수 없다. 우리는 이 입장을 한국에 이미 표명했다.

5. 화폐가치 변동과 손해배상채무 및 금전 채무에 대하여

(1961년 12월 이재국 외채과)

(1) 들어가며

한 나라의 타국에 대한 불법 행위로 발생한 손해배상채무 혹은 계약에 따라 금전 채무가 전쟁 등의 불가항력 사유로 이행이 불가능해졌고, 그 후 세월이 흐르면서 인플레이션으로 인해 화폐가치가 하락했다고 가정해 보자. 그때 채무국은 손해 발생 당시의 평가액 또는 계약 채무액을 명목액으로 지급해야 하는지, 아니면 실질적 가치를 지급해야 하는지, 그리고 이와 밀접한 관련이 있는 사항으로 그 기간 중의 이자 지급을 어떻게 해야 하는지의 문제를 학설, 조약 등의 국제 선례, 과거의 청구권(claim) 처리 등에 걸쳐 개괄하겠다.

(2) 불법 행위에 따른 손해배상

불법 행위에 따른 손해배상에서 화폐가치 변동 문제는 ① 불법 행위에 따른 손해배상 방식은 원상회복주의에 따르는지 여부, ② 손해배상액 산정 시기는 언제인지, ③ 또 그 산정을 청구국, 피청구국 또는 제3국 중 어느 통화로 할지의 문제로 나눠 고찰해야 한다.

(가) 원상회복주의

"원상회복이란 위법 행위가 없었다면 존재했을 상태를 회복시킨다는 것이다. … 따라서 원상회복이 가능하다면 그에 따라 그것이 불가능한 경우에 금전 배상 기타 방법이 취해지는 것이 적당할 것이다"[요코타(横田), 『국제법 I』, 304~305쪽]. 또 호르조우공장사건의 판결[2]에서

---

2 제1차 세계대전 후 폴란드에 할양된 구독일령 상부 실레지아에 있는 공장을 폴란드가 취득한 것을 둘러싸고 독일이 상설국제사법재판소에 제소한 사건이다. 재판소는 1925년의 관할권판결(상설국제사법재판소 1925.8.25.판결) 후 1926년의 본 안 판결에서 폴란드의 조치는 수용조건에 대해 규정한 1922년의 상부 실레지아에 관한 독폴 협정 6조 이하에 위반된다는 취지를 판결을 통해 설명했다.

상설국제사법재판소는 다음과 같이 말했다. "불법 행위의 개념에 포함되는 기본 원칙 … 에 따르면, 가능한 한 배상이 불법 행위의 모든 결과를 불식하고 만약 불법 행위가 없었다면 존재했을 상태를 회복하는 것이다. 원상회복을 하거나, 원상회복이 불가능한 경우라면 원상회복에 부합하는 가격에 상당하는 금액을 지급, 나아가 필요하다면 원상회복 또는 그를 대신하는 금전 지급으로 보상할 수 없는 손해의 배상—그것이 국제법을 위반한 행위에 대한 배상 금액을 결정하기 위한 원칙이다."

"이처럼 손해배상은 원칙적으로 원상회복을 수행하며, 그것이 불가능한 경우 등에는 금전 배상이 이루어지나, 금전 배상의 경우 어느 범위까지 손해를 배상할지가 문제이다. 그때 가장 큰 문제점은 직접 손해뿐만 아니라 간접 손해까지도 배상해야 하는가다."

"일반적으로 말하면, 대체로 지금까지 국제재판에서는 위법 행위와의 상당한 인과관계가 명확히 증명되는 경우에 손해 배상을 인정했고, 그 범위에서 배상은 이른바 간접 손해에까지도 미칠 수 있다. … 직접 손해뿐만 아니라 간접 손해의 배상도 인정된다는 점은 호르조우공장사건에 관한 상설국제사법재판소의 판결로 분명히 인정됐다"(요코타, 앞의 책, 308쪽).

"원상회복주의를 채용하고 간접 손해를 인정하는 위 원칙에서 보면, 화폐가치가 하락한 때는 그 손해에 대해서도 상당 인과관계가 인정된다면, 하락 전의 가치와 실질적으로 같은 가치를 배상해야 한다. 그러나 통상적으로 채무자의 이행 지체와 화폐가치 하락 간에는 상당 인과관계가 없다고 해석하는 것이 상식이다. 전술한 호르조우공장사건에 관한 상설국제사법재판소의 판결도 채무자의 이행 지체로 인해 그 사이 발생한 화폐가치 하락으로 배상액이 명목상이 되는 경우에 할증 권리가 있는지에 대해서는 채무자의 이행 지체와 화폐가치 하락 간에 인과관계가 없을 때는 할증 권리가 없다고 보고 있다."

(나) 손해산정 시기

손해산정 시기에 대해서는 손해 발생 시점이 기준이 된다고 해석했다[영국 청구권(claim)에 관한 메이지대(明大) 미야자키(宮崎) 교수 감정서 참조]. 우리나라의 과거 청구권(claim) 처리 선례도 모두 이 방식을 따르고 있다.

국제사법재판소의 판결 사례로는 영국과 알바니아 간의 코르푸해협사건을 들 수 있다.

사건은 1946년 10월, 북코르푸해협에서 영국 구축함 2척이 알바니아 기뢰에 의해 손상을 입고 영국의 해군 군인이 사상한 것으로, 재판소는 함선의 손해액을 상실 당시의 대선 가격으로 평가했다.

또한 우리나라의 국내 재판소도 민법의 적용과 해석에서 손해산정 시기를 손해 발생 시점으로 했다[1926년 5월 22일 연합부(聯合部) 판결].

(다) 손해산정 통화

금전 배상 시의 손해산정을 청구국, 피청구국 중 어느 쪽 통화로 할지에 대해서는 명확한 국제관습법이 확인되지 않는다. 그러나 당사국이 특별히 합의하지 않는 한, 당사국 외의 통화로 산정되는 일은 없다. 국제사법재판소에 제기된 청구 및 그에 대한 판결에서는 통상적으로 청구국의 통화로 손해산정이 이뤄지고 있다. 그러나 그것은 통상적으로 청구국이 청구국 통화로 산정해서 청구한 결과로, 만약 청구국이 피청구국의 통화로 손해를 산정해 청구한 경우, 이를 배제하는 것은 아니라고 해석했다(위 자료, 미야자키 감정서).

(라) 이자

불법 행위로 인해 손해가 발생한 이후 배상 지급까지의 기간에 이자를 붙일 필요가 있는지 여부는 두 시기로 나누어 생각해야 한다.

먼저 손해배상액이 확정되어 배상 의무가 금전 채무로 화체(化體)한 후의 이자는 일반적인 금전 채무와 구별할 이유가 없고 이자를 붙여야 한다고 생각한다. 그러나 "연체이자는 국내법의 경우처럼 이를 인정하는 국제관행은 인정할 수 없다(요코타, 앞의 책)"고 설명했다. 금전 채무의 이자에 대해서는 후에 설명하겠다.

둘째로, 손해 발생 이후 배상액 확정까지 이자, 이른바 배상이자가 문제가 된다. 손해배상채무의 발생이 손해 발생 시점인지 배상액 확정 시점인지에 대해서는 의문이 있으나, 전자로 해석하고 손해 발생 시점(또는 손해청구 시점)부터 이자를 붙여야 한다는 것이 일반적인 견해인 듯하다(주). 그러나 후술하는 것처럼 우리나라의 청구권 처리에서는 배상 이자가 부과된 사례가 없다.

(주) "… 이 경우 이자라 해도 두 경우를 구별할 필요가 있다. 하나는 손해액 자체에 대한 이자로 배상이자라 불리는 것, 또 하나는 배상 부지급(지급하지 아니함)에 근거한 연체이자이다. 우선 배상이자를 보면, 당연히 이자를 붙일 의무가 국제법상 확정됐다고 말하기는 어려우나, 지금까지의 일반적인 사례에서는 보통 이를 고려했다. 그러나 배상액 자체에 손해 발생 이후의 이자를 포함하는 경우가 많다"(앞의 책, 요코타).

"손해배상액에 이자를 붙일 의무가 있는지, 만약 있다면 이자는 언제부터 붙일 수 있는지는 국제법상 확정된 원칙이 없다. 대부분 이자를 붙이는 것이 인정됐다. 이는 정당하다고 생각한다. 왜냐하면 가해국이 유발한 모든 손해를 회복해야 한다는 것은 국제법의 원칙이고 따라서 불법행위가 이루어진 때 또는 손해가 발생한 때에 곧바로 손해배상 의무가 발생한다. 훗날 배상액이 정해져도 이는 배상내용이 정해진 것에 불과하다. 따라서 불법행위가 이루어진 때 또는 손해가 발생한 때로 거슬러 올라가 훗날 정해진 배상액을 지급해야 할 의무가 발생했다고 간주해야 한다. 그러나 배상액 자체에 배상액이 결정될 때까지의 이익손실이 산입된 때에 이자는 배상액 결정 때부터 붙여져야 한다. 이에 반해 배상 청구 제기일을 기점으로 이자를 붙이기 시작해야 한다는 주장이 실제 중재재판에서 인정된 적은 있으나, 근거는 없어 보인다[야마시타 야스오(山下康夫), 『국제법강좌』 제2권, '국제책임']".

(마) 청구권 선례

그러나 우리나라의 청구권(claim) 처리 선례는 앞에서 서술한 (다), (라)와는 처리 방법을 달리한다. 우리나라의 청구권 처리 선례는 꼭 일관된 원칙에 따라 처리되지는 않으나, 대체로 ① 상대국 통화 또는 손해 발생지의 통화로, ② 손해 발생 시점의 시가로, ③ 또 화폐가치 하락을 재평가하지 않고, ④ 어떤 경우에도 이자를 붙이지 않고 있다. 상대국 통화의 하락은 상대국 정부의 책임이지 일본 정부의 소관이 아니며, 또 손해배상채무가 확정된 것은 청구권 처리 약정 체결일이고 그때까지는 이자를 붙일 필요가 없다는 원칙이다. 이를 개별 청구권에 대하여 구체적으로 살펴보면 다음과 같다.

(a) 스위스 청구권

손해를 손해지의 통화(스위스 프랑, 페소, s$, 플로린, 홍콩 달러 등)로 손해 당시의 시가로 평가하고, 이를 당시의 환율로 스위스 프랑으로 환산하여 청구했다. 일본도 이 기초 위에서 사정(査定)했다. 가격상승(인플레이션)은 당연히 없었다.

(b) 스페인 청구권

스페인 청구권은 스페인인이 제2차 세계대전 중 필리핀에서 입은 손해배상청구다. 손해를 페소로 손해 시점의 시가로 평가하고 이를 당시 달러 대비 페소 환율(당시에도 1페소=50센트로 현재 환율과 같다)을 적용해 달러로 환산한 뒤, 이 액수에 대해 연 1%(단리)를 청구했으나, 이자는 인정하지 않았다. 손해를 현지 통화로 평가한 예다.

(c) 덴마크 청구권

덴마크 청구권은 원상회복주의의 입장에 서서 결과적으로 화폐가치 하락에 대한 보상도 인정한 예이다. 즉 일본군이 압수한 선체 보상 등에 대해서는 재취득 가격을, 용선료에 대해서는 현재의 용선료와 비교해 타당한 액수를 지급하는 방침으로 처리됐다. 다만, 덴마크의 청구 중 보험금을 붙인 선박 보험료에 관해 당시 환율로 덴마크 크로네로 환산한 액수와의 차이에 대한 청구는 인정하지 않았다.

(d) 영국 청구권

영국은 손해를 현지 통화(대부분이 상하이달러)로 산출한 뒤 이를 손해 시점의 환율을 적용하여 파운드로 환산해 청구했으며 우리도 이 기초 위에 사정했다. 영국이 청구한 연 6%(단리) 이자는 거부했다.

(3) 계약에 바탕을 둔 금전 채무

(가) 사정변경 원칙

(a) "Pacta sunt servanda"(계약은 지켜져야 한다 - 합의는 구속한다)라는 원칙은 계약법의 기본이나, 이 원칙에서 보면 채무자는 계약 시에 채무 내용으로 정해진 금액을 충실히 지급하면 그 채무가 면해진다. 설사 화폐가치가 하락해도 그 위험은 채권자가 져야 한다. 이는 거래에는 일정 정도 투기성을 동반한다는 점에서 당연한 것으로 여겨지고 있다.

(b) 그러나 이 원칙은 제1차 세계대전 후 독일에서 당사자가 예측하지 못한 물가가 경이적으로 상승한 경우 폭넓게 예외가 인정되었다. 이것이 이른바 '사정변경의 원칙'(clausula rebus sic stantibus)이다. 사정변경(clausula)의 원칙은 당초 독일의 제국재판소가 쌍무계약에 대해 급부와 반대급부의 동가치성이 상실된 때에만 적용했으나, 점차 확장했다. 쌍무계약 해제의 경우뿐만 아니라 금전 채무의 이행 지체로 인한 손해배상 청구권까지 포함해 손해배상, 즉 개인 또는 회사와 국가, 주, 도시 기타 이와 유사한 법인으로 행정상 직능을 가지는 것과의 계약은 제299조의 일반적 실효 규정과 관계없이 그 효력이 존속되고 동 조항 (나)의 적용을 받는다.

'본 조약의 별도 규정'은 제296조, 312조 및 제5관 부속서 등에서 정했다. 제296조는 전쟁 전에 변제기한이 도래한 금전 채무는 해당 동맹국 혹은 연합국의 통화로 변제해야 하며, 금전 채무가 이 이외의 통화로 변제해야 한다고 정한 때에 그 금전 채무는 전쟁 전의 환율 시세(전쟁 개시 직전 달에 그 동맹국 또는 연합국 내에서 이루어진 그 나라와 독일 간의 평균 전신환)로 해당 동맹국 또는 연합국 통화로 변제해야 한다고 정했다. (영토 할양 등으로 탄생한) 신국가(예를 들면 폴란드)에 대해서는 전쟁 전 환율 시세라 해도 전쟁 전에는 독자적인 통화가 없었으므로, 배상위원회에서 환산율을 결정한다고 정했다[296조제2항(라)].

이 규정은 제1차 세계대전 이후 독일 통화의 하락이 연합국(동맹국) 통화 하락보다 극심했던 탓에 ① 전쟁 후의 환율 시세로 해당 연합국(동맹국) 통화로 지급할 경우, 독일 통화의 하락까지 연합국(동맹국)이 부담해야 해서 연합국(동맹국)이 현저히 불리해지며, ② 전쟁 이전 환산율로 해당 금전 채무를 금 가치로 환산하고 이를 전쟁 후의 환산율로 연합국(동맹국) 통화로 환산하는 경우, 전쟁 전의 실질적 가치를 지급하나, 독일이 견디기 어려운 부담을 진다는 점을 감안해 연합국(동맹국)과 독일이 각각 통화 하락의 책임을 분담하는 것으로 양자가 타협한 것은 극히 타당하다.

청구권 일반에 대해서도 계속적 부양료 등에 대해서도 적용했다[고마치야(小町谷), 『화폐 가치의 변동과 계약』].

(c) 조약의 선례로는 우선 베르사유조약 제299조를 들 수 있다. 베르사유조약에서는 교

전국 국민의 일정 계약은 동 조약에 특별한 규정이 없는 한 원칙적으로 실효되나, 당사자 일방에 속하는 동맹국 또는 연합국 정부가 공익을 위해 조약 시행 후 6개월 이내에 이행해야 할 계약은 효력을 잃지 않는다고 정했다. 그리고 이 규정에 따라 효력이 보존된 계약을 이행함에 따라 당사자 일방이 통상(通商) 상태가 변경되어 그 결과 중대한 손해를 입은 때에 재판소(혼합중재재판소)는 피해자에게 형평적인 배상을 부여할 권리가 있다고 보았다.

동 조약에서 말하는 "형평적 배상"이란 무엇인가에 대하여 야마시타 교수는 다음과 같이 설명했다.

> ① 연합국민인 채권자는 사정 변동에 기초한 어떠한 이익도 취득할 수 없도록 배상액을 결정해야 한다. 이는 전시의 이행 지체와 관련해 채무자에게 귀책 사유가 있었다면 그 정도 여하와 관계가 있다.
>
> ② 독일 국민인 채무자가 채무를 이행해도 어떠한 불이익도 받지 않은 듯이 배상이 이루어져야 한다.
>
> 독일·프랑스 혼합중재재판소의 판결에서는 매매계약의 채무이행을 위해 독일인인 채무자가 완전히 새롭게 상품을 조달해야 하는 경우로 계약가격과 시가차액의 85%를 배상금으로 인정했다(야마시타, 「전쟁과 계약」).

이상은 교전국 국민 간의 계약으로 "본 조약에 별도의 규정"이 없는 때만 적용되나, 제299조는 개인과 국가의 계약에도 적용된다고 정했다[제5관 부속서 제1의 (2)의 (마)].

(d) 이어서 이탈리아 평화조약을 살펴보면, 제81조는 전쟁 전에 존재했던 채무 및 계약 그리고 취득된 권리에서 발생하는 금전 채무로 동 조약을 시행하기 전에 지급기일이 도래하는 것은 전쟁으로 인한 영향을 받는다고 볼 수 없다고 정했다. 이 규정은 후술하는 샌프란시스코 평화조약 제18조 등과 마찬가지로 사정변경의 원칙을 인정하지 않았다고 생각한다.

(e) 샌프란시스코 평화조약 제18조 및 일인평화조약(일본과 인도의 평화조약) 제8조는 전쟁 전의 채무 및 계약, 그리고 전쟁 전에 취득한 권리에서 발생하는 금전 채무가 전쟁 상태의 개재에 영향을 받지 않는다고 정했다. 이 규정을 사정변경의 원칙을 부정한다고 해석하는 것도 가능하다.

즉 금전 채무 지급방법, 시기, 장소 및 이자에 관한 모든 부대 약관을 포함한 계약 조항 및 모든 해당 권리의 근거 법령이 모두 유효하게 존속한다고 간주되므로, 계약 또는 기타 권리에 기초한 금전 채무에 대해서는 애초에 정해진 통화로 명목액과 계약 또는 권리에 포함된 부수적 금전 채무액만 지급하면 충분하고, 이를 실질 화폐가치로 지급할 필요는 없다고 해석할 수도 있을 것이다.

(나) 이자

(a) 앞에 서술한 것처럼 우리나라의 평화조약 규정에서 금전 채무는 그 부대 약관까지 포함해 유효하게 존속한다고 해석하므로, 금전 채무에 관해 전쟁 기간 중에는 이자를 붙이지 않아도 된다고 해석하기 어렵다고 생각한다. 또한 우리나라의 민법 419조 2항은 금전 채무의 불이행에 대해 불가항력의 항변을 허용하지 않으며 법정이율 또는 약정이율로 손해배상을 부과한다고 정했다.

이자에 관한 국제 선례, 학설에 대해서는 외무성 조약국 법규과의 인도 청구권에 관한 조서(調書)에 자세히 나오므로 이하 이를 인용한다.

(b) 전쟁 기간 중의 이자에 관한 학설은 두 가지로 나뉜다. 즉 ① 해당 금전 계약 중에 규정하지 않은 한, 전쟁 기간 중 이자는 산입하지 않는다는 설, ② 전쟁 기간 중이라도 다른 때와 마찬가지로 이자를 산입한다는 설이 있다.

① 전쟁 기간 중 이자는 산입하지 않는다는 학설

㉮ 조지 웨버(G. J. Webber)는 관용 계약, 즉 차용인과 대출 기관의 계약에 따라 이자를 지급해야 하지만, 전쟁 중에는 관용이 없으므로 이자 또한 지급할 필요가 없다고 했다("The

Effect of War on Contracts" 1946).

> "The Rule — Interest will not run, subject to the exception below, where debtor and creditor are divided by 'the line of war'. …
>
> This dictum would not apply to a case in which there is a stipulation for interest or where a fiduciary relation exists on dissolution of a partnership. …
>
> Reason of the rule - "Interest is payable 'for the forbearance of money', whereas in time or war, payment cannot be exacted, and there is therfore no forbearance. …"[3]

㉯ 보즈미 시게토오(穗積重遠) 박사는 미국의 1870년 래쉬 대 램버트(Lash v. Lambert) 사건의 판례를 제시하며 "요컨대 미국주의에 의하면 계약상의 이자는 이를 청구할 수 있고, 변제기 이후의 불이행 기간에 대한 연체이자는 청구할 수 없어 지극히 공평하고 합리적이라 할 것이다. 영국법(英法)에는 현재로선 이 점과 관련해 이와 같은 판례가 없어도 같은 취지로 논급되는 판결이 없는 것은 아니다…"(『전쟁과 계약』, 1916, 313~314쪽)라고 주장하고, 뒤벨루아 대 워터파크경(Du Belloix v. Lord waterpark) 사건의 판결(1822)을 들고 있다. 위 ①의 뒤벨루아 대 워터파크경 사건의 판결과 래쉬 대 램버트 사건의 판결을 직접적 근거로 들고 있다.

㉰ 시노부 준페이(信夫淳平)의 『전시(戰時) 국제법 강의』 제1권을 보면 채무 원금은 평화 극복과 함께 부활하나 이자는 협정이 있는 것이어도 전시 중에는 발효하지 않는다. 다만, 이자를 받아야 할 대리인 등이 채무자와 동일국에 거주하는 때는 발효하는 것이 관례라고 설명했다(1019쪽).

---

3 규칙 - 채무자와 채권자가 '전쟁'으로 구분되는 아래의 예외에 따라 이자는 실행되지 않습니다. …
이 격언은 이자에 대한 규정이 있거나 파트너십의 해산에 따라 수탁관계가 존재하는 경우에는 적용하지 않을 것이다. …
규칙의 이유 - "이자는 '돈의 인내를 위해' 지불되는 반면, 시간이나 전쟁에서는 지불을 강요할 수 없으므로 규제적용면제는 없습니다"(번역하면 다음과 같다).

(여기서 "협정이 있는 것이어도"는 이자 자체에 대하여 계약 중에 협정이 있는 것을 가리키는 것은 아니다. 그러한 것이 있으면 의심할 여지 없이 이자가 계산된다. 여기서 말하는 "협정"은 이자 지급 의무의 발효에 관한 협정으로, 그 발효 전에 전쟁이 발발한 경우에 대해 말했다.)

② 전쟁 기간 중이라도 다른 때와 마찬가지로 이자를 산입한다는 설

전쟁 기간 중에도 이자를 산입해야 한다는 설을 채용하는 것으로 맥네어(McNair)의 『전쟁의 법적 효과(Legal Effects of War)』(1948, pp. 105-107)가 있다. 맥네어도 특정 조건이 성립한 때부터(예를 들면 기일의 도래) 이자가 계산되는 계약에서 그 조건이 충족되기 전에 전쟁이 발발한 때는 전쟁 기간 중의 이자를 계산하지 않는다고 설명한다. 그러나 일반적으로는 적인(敵人)인 채무자가 종전 내에 원금을 받을 수 있도록 재산권을 보호하면서 이자만 받을 수 없도록 하는 법률이 영국법에 존재하는지 여부는 의문이라고 논하고, 제1차 세계대전 중의 판례를 들어 이 경우에 이자 지급을 금지하는 것은 각국의 관행에 반한다고 말했다. 다만, 이 문제가 정면으로 영국의 재판소에서 다투어진 적이 한 번도 없어 확실하게 단언하기는 어렵다고 말했다. 또 다른 학자가 인용한 뒤벨루아 대 워터파크 경 사건 판결 등은 방론(傍論)으로서 관련이 있다고 말했으나, 제1차 세계대전 중의 비슷한 판례와 비교하면 거의 가치가 없다고 논했다. 그리고 국제법협회(International Law Association)의 1932년 총회 보고서에 수록된 「계약에 대한 전쟁의 영향에 관한 규칙(Rules on Effect of war on contracts)」에 따르면 "(22) Interest on any sum due, whether subject to suspension or not, should be payable by the debtor at the rate, if any, stated in the contract. If no rate is stated in the contract the rate of 5 percent annum simple interest should apply."[4]라고 하며 이 또한 전쟁 기간 중의 이자는 산입한다는 생각을 제시했다.

(c) 이상의 학설을 소개한 후, 외무성 법규과는 다음의 이유를 들어 전쟁 기간에도 이자

---

4 지급 유예 여부와 관계없이 지급해야 할 금액에 대한 이자는 계약에 명시된 이자율로 채무자가 지불해야 합니다. 계약서에 금리가 명시되지 않은 경우 연 5%의 단순 이자율을 적용해야 합니다.(비공식번역)

를 붙여야 한다는 결론을 도출했다.

① 이자는 산입하지 않는다는 학설은 모두 미국 판례와 영국 옛 판결의 방론을 근거로 논했으나, 맥네어는 마찬가지로 방론이어도 제1차 세계대전 중의 새로운 판결을 근거로 논했다.

② 이자 산입을 부정하는 학설은 그 근거로 전쟁 중 채무자는 지급을 해태(懈怠)한 게 아니라 원금이라도 반환하고 싶지만 반환할 수 없는 상황이므로 원금을 맡아둔 것에 대해 이자를 지급할 이유는 없다고 설명했다. 그러나 제1차 세계대전 이후 대부분의 나라가 적산관리제도를 시행하여 채무 지급을 가능하게 한 점에 주목할 필요가 있다.

③ 미국, 영국 등의 적성국교역법도 그렇지만[미국 50 U.S.C., 영국 "Trading with Enemy Act, 1939, app. §6 Sec. 7, subsec. 1, para. (a) 우리나라의 적산관리법(1941.12.22 법 제99호)에 따라 시행되는 것이 가능했다(동법 제3조, 중앙경제법연구회, 『적산관리의 이론과 실제』, 34~35쪽].

④ 베르사유 평화조약에는 명문으로 "관계국 정부 간에 반대의 특별 협의가 있는 경우를 제외하고 그 밖의 금전 채무에는 다음의 규정에 준거하여 이자를 붙인다. 배당, 이자, 기타 원금의 이자 성질의 정기 지급 금액은 이자를 지급하지 않는다.

연율은 5부로 한다. 다만, 계약, 법령 또는 관습으로 채무자가 별도의 이율로 이자를 지급받아야 할 권리를 갖는 경우에는 해당하지 않는다…"(제296조 부속서 22)고 정했으며, 이는 본건에 관한 중요한 선례로 볼 수 있다.

⑤ 베르사유 평화조약의 당사국이 아닌 미국은 제1차 세계대전 이후 독일과의 전쟁 전 아직 미국이 중립이던 무렵에 독일이 몰수한 재독일 미국 자산의 보상을 요구했다. 이 문제의 해결을 맡은 중재재판소(미국·독일 혼합청구권위원회)는 판결(Administrative decision No. Ⅲ)에서 베르사유조약의 관계 조항을 준용해 미국 자산이 몰수된 때부터 전쟁 기간 중을 포함하여 연 5부의 이자를 보상액에 가산하는 결정을 내렸다.

⑥ 샌프란시스코 평화조약 제18조가 특히 이자에 대하여 전쟁 기간 중은 이를 산입하지 않는다고 규정하지 않은 점.

◎ 이상은 1959년 9월 11일, 조약국 법규과 조사 「적국인에 대한 금전 채무에 전쟁 기

간 중의 이자를 산입해야 하는지 여부에 관한 건」에 따른 것이다.

(다) 전후 우리나라(일본)의 대외 채무 처리 선례

전후 우리나라의 외국에 대한 전쟁 전 금전 채무 처리 선례로는 외화채 처리, 특별엔 처리, 기타 청구권 처리가 있다. 아래에서 각각에 대해 설명하겠다.

(a) 외화채 처리

① 영화채(英貨債)·미화채(米貨債)

원칙적으로(26종목 중 20종목) 액면금액을 지급한다. 파운드 대비 달러 가격의 하락에 대해 가치상승은 하지 않는다. 다만, 확정 환산율 및 지급기일의 환율 시세를 적용하는 통화 선택 약관이 있는 6종목은 일종의 가치상승을 인정했다(예를 들면 확정 환산율이 있는 5부 5리 영화채를 보면, 권면 표시 파운드 액수에 대해 확정 환산율/현행 영미 환율=4.8665/2.80배의 원리금을 지급했다). 이자는 원 계약에서 정한 동 이율의 이자를 지급한다(상환 기일의 조정 기간 중 이자도 같다).

이처럼 영화채·미화채의 처리는 가능한 한 원 계약의 조항을 존중하는 자세를 취했으며 가치상승에 대해서도 원 계약에 규정된 것을 적용했을 뿐이다.

② 불화채(仏貨債)

프랑은 파운드보다도 하락률이 훨씬 컸다. 그 때문에 교섭은 매우 난항이었다. 당초 우리는 액면액을 주장한 반면, 프랑스는 금약관을 근거로 액면의 114배를 곱하자고 주장했다. 후에 우리는 1940년의 영불 환율 시세에서 파운드로 바꾸어 이를 협정발효일의 환율 시세로 프랑으로 지급하는(약 55배가 된다) 안을 제시했고, 프랑스도 타협안으로 동시 발행, 동 목적의 영화채로 지급하는(20~30배가 된다) 안까지 양보했다. IMF 전무 이사 스테인 씨의 중재로 "법률론을 벗어나 실제적이고 형평성이 있는 견지에서" 지급 액면금액에 11배의 가산금을 더하게 됐다(공채의 원금 및 1940년 11월 15일부터 1985년 5월 15일까지 지급기일이 도래하는 이표의 지급은 증권 또는 이표의 권면에 기재된 프랑 금액의 12배에 상당하는 금액으로 이루어진다).

(b) 특별엔 처리

① 이탈리아 특별엔

계정이 결제조건에 따라 5개로 나뉘어 있으므로 각 계정별로 해결방식을 살펴보겠다.

특별 계정 A 및 B 리라화 또는 금으로 결제한다고 정한 계정이다. 이탈리아는 금으로 결제를, 우리는 엔잔고 액면대로의 엔 결제를 주장했으나, 협정기한은 유효하게 만료한 것으로 보고 정금의 선택으로 리라 약관을 적용하여 지급했다.

엔 계정 B 미 달러 예약(100엔=23과 15/25 달러)이 붙은 것이며 이탈리아의 선택으로 엔 또는 달러로 지급하기로 정했다. 이 예약은 1945년 6월 23일까지 반년마다 갱신했지만, 동일 이후에는 갱신하지 않고 실효됐다. 이탈리아는 달러 약관의 유효를, 우리는 무효를 주장했으나 결국 달러 약관을 적용하기로 정하고 그 절반을 1달러=360엔의 현행엔으로 환산하고 다시 이 엔을 현행 1리라=0.576엔으로 리라로 환산하여 지급했다.

보통 엔 계정, 미 달러 계정 각각 엔 잔고 및 달러 잔고를 명목액으로 지급했다.

위와 같이, 이탈리아 특별엔은 리라 약관 또는 달러 약관의 적용으로 인한 가격상승은 있었으나, 이는 어디까지나 특별엔 협정 또는 계약 해석에 의해 실행된 것으로 합의는 준수되어야 한다 (팍타순트세르반다 pacta sunt servanda)는 원칙의 예외는 인정되지 않았다.

② 태국 특별엔

태국 특별엔 계정 잔고는 15억 엔이었다. 처음 우리는 이 명목액만 채무라고 주장한 반면, 태국은 전시 중 1엔=1바트였다는 점을 들어 이를 15억 바트라 주장했다. 또 특별엔 협정에 "특별엔은 이후 스털링 파운드와 똑같이 취급한다"는 문언의 존재를 들어 이 15억 바트를 전쟁 전 환율인 11바트=1파운드로 환산한 금액 135백만 파운드의 40%에 상당하는 54백만 파운드(540억 엔)의 지급을 청구했다(40%라는 것은 필리핀 배상 예에 따른 것이다). 우리는 타협안으로 다음 계산에 의해 54억 엔을 제시했다.

◎ 계정 잔고 15억 엔 중

(i) 금 매각 미실행분 4,400만 엔을 당시의 금 1g=4엔 80전과 현재의 1g=405엔의 비율을 곱해 37억 엔으로 한다.

(ⅱ) 15억 엔에서 금 매각 미실행분을 제한 남은 14.6억 엔을 그대로 명목액으로 지급한다.

(ⅲ) 금괴 미인도분을 1g=405엔으로 평가해 2.3억 엔으로 한다.

(ⅰ), (ⅱ), (ⅲ)을 합하면 54억 엔이다.

그런데도 태국은 150억 엔을 데드라인으로 양보하지 않아 54억 엔을 파운드로 지급하기로 하고 150억 엔과 54억 엔의 차액 96억 엔은 경제협력으로 하기로 정했다. 그러나 경제협력의 해결을 둘러싸고 분쟁이 발생하면서 결국 태국에 96억 엔을 엔으로 지급했고, 태국은 이것으로 일본에서 물자 및 용역을 구입했다.

태국 특별엔에 대해서도 배율 적용 사상은 인정하지 않았으나, 성격이 모호한 96엔이 붙었다.

③ 프랑스령 인도차이나 특별엔

종전 당시의 장부액은 미화 48만 불 및 13억여 엔이었다. 당초 프랑스는 배율 적용을 주장하고 이자의 가산을 요구했으나, 우리는 이를 수락하지 않았다. 결국 13억여 엔을 라운드 피겨(마디가격: 100,500과 같이 딱딱 떨어지는 숫자들)로 해서 15억 엔으로 정하고, 이를 파운드로 지급하거나 미화 48만 불을 장부액으로 지급하는 것으로 해결했다.

<참고>

1달러당 통화(공정 환율)

연월	한국(A)	일본(B)	(A)/(B)
1945.8	(15)	360	1
1949.4	·	360	-
1950.1	900	360	2.5
1950.4	1,800	360	5.0
1950.11	2,500	360	6.94
1951.11	6,000	360	16.67
1953.2(주1)	60(00)	360	0.167(16.67)
1953.12	180(00)	360	0.5(50)
1955.8	500(00)	360	1.38(138.89)
1960.2	650(00)	360	1.80(180.56)
1961.1	1,000(00)	360	2.78(277.78)
1961.2	1,300(00)	360	3.61(361.11)
1962.6(주2)	130(000)	360	0.361(361.11)

(주)

1. 1953년 2월에 한국은 통화개혁을 단행해 1환=100원으로 변경하고 새로운 화폐 단위인 환(圜)을 채용했다.
2. 1962년 6월, 한국 군사정권은 통화개혁을 단행해 1원(엔)=10환으로 하는 화폐단위의 호칭 변경(디노미네이션)을 실시했다.

도매물가지수 비교표

연도	한국(A)	일본(B)	(A)/(B)
1945	100(1)	100	
1946	486	433	0.69
1947	871	1,267	0.69
1948	1,429	3,333	0.43
1949	1957	5,433	0.36
1950	7,286(2)	6,433	1.13
1951	22,800(8)	8,900	2.56
1952	41,400	9,175(100)	4.51
1953	51,856(4)	9,175	5.65
1954	66,469	9,084(99.7)	7.32
1955	120,608(100)	8,992(97.9)	13.41
1956	159,202(131.6)	9,359(102.2)	17.01
1957	184,533(152.9)	9,634(105.3)	19.15
1958	172,432(143.3)	8,992(98.4)	19.18
1959	(146.7)	(99.4)	
1960	(162.5)	(101.3)	
1961	(192.3)	(105.2)	
1962.6	(220.0)	(104.0)	
1962.9	(224.0)	(104.7)	

(주)

(1) 8~12월 평균 (2) 12 (3) 부산 12월 (4) 8~12월 평균

◎ 유엔『세계통계연감』 및 유엔『아시아경제연보』에 따른다.

◎ 괄호 안은 한국은 한국은행 월보(月報) 1962년 10월호, 일본은 일본은행 조사 도매물가지수에 따른다.

관계법령

일본국과의 평화조약(발췌)

1951년 9월 8일 서명

1952년 4월 28일 발효

제2조

(a) 일본국은 조선의 독립을 승인하고 제주도, 거문도 및 울릉도를 포함한 조선에 대한 모든 권리, 권원 및 청구권을 포기한다.

Article 2

(a) Japan, recognizing the independence of Korea, renounces all right, title and claim to Korea, inoluding the island of Quelpart, Port Hamilton and Dagelet.

제4조

(a) 이 조의 (b) 규정에 따라 제2조에 언급된 지역에 있는 일본 및 그 국민의 재산과 그 지역을 현재 관리하는 당국 및 그 주민(법인 포함)에 대한 채무를 포함한 이들의 청구권 및 일본에서의 재산처분, 일본에 있는 이들 당국 및 주민의 재산과 일본 및 그 국민에 대한 이들 당국 및 주민의 청구권(채권을 포함한다)의 처리는 당국 사이의 특별 협정의 대상이 된다. 제2조에 언급된 지역에 있는 연합국 또는 그 국민의 재산은 아직 반환되지 않은 한, 통치하는 당국이 현 상태 그대로 반환해야 한다.

(이 조약에서 사용하는 국민이라는 표현은 언제나 법인을 포함한다)

Article 4

(a) Subject to the provisions of paragraph (b) of this Article, the disposition of property of Japan and of its nationals in the areas referred to in Article 2, and their claims, including debts, against the authorities presently administering such areas and the residents (including juridical persons) thereof, and the disposition in Japan of property of such authorities and resdints, and of claims, including debts, of such authorities and residents against Japan and its nationals, shall be the subjest of special arrangements between Japan and such authorities.

(The term nationals whenever used in the present Treaty includes juridical persons.)

(b) 일본은 제2조 및 제3조에 언급된 모든 분야에서 합중국 정부의 지시에 의해 또는 이에 따라 이루어진 일본 및 일본인의 재산 처리의 효력을 인정한다.

(b) Japan recognizes the validity of dispositions of property of Japan and Japanese nationals made by or pursuant to directives of the United States Military Government in any of the areas referred to in Articles 2 and 3.

제21조

이 조약의 제25조 규정과 관계없이 중국은 제10조 및 제14조 (a) 2의 이익을 받을 권리를 가지며, 조선은 이 조약 제2조, 제4조, 제9조 및 제12조의 이익을 받을 권리를 가진다.

Article 21

Notwithstanding the provisions of Article 25. of the present Treaty, China shall be entitled to the benefits of Articles 10 and 14 (a)2, and Korea to the benefits of Articles 2, 4, 9, and 12 of the present Treaty.

군정법령 33호(Vesting Decree)

재조선 미국 육군 사령부 군정청

법령 제33호

조선 내 소재 일본인 재산권 취득에 관한 건

(본 번역문은 재조선 합중국 군정부 관보에 의함)

제1조 법령 제31호는 관보에 공포하지 않으며, 이에 전연 발령하지 않은 것과 같이 무효로 함.

제2조 1945년 8월 9일 이후 일본 정부, 그 기관 또는 그 국민, 회사, 단체, 조합, 그 정부의 기타 기관 또는 그 정부가 조직 또는 단속하는 단체가 직접, 간접으로 전부 또는 일부를 소유 또는 관리하는 금, 은, 백금, 통화, 증권, 은행계정, 채권, 유가증권과 본 군정청 관할 내에 존재하는 기타 모든 종류의 재산 및 그 수입에 대한 소유권은 1945년 9월 25일부로 조선군정청이 취득하고 조선군정청이 그 재산 전부를 소유함. 누구를 불문하고 군정청 허가 없이 그 재산에 침입 또는 점유하고 그 재산의 이전 또는 그 재산의 가치, 효용을 훼손함을 불법으로 함.

제3조 본령 제2조에 따라 조선군정청이 취득한 재산을 소유, 관리 또는 지배하는 보관자, 관리자, 관리, 은행, 신탁회사, 기타 개인, 단체 또는 조합은 아래의 각 항을 준수할 것.

(가)

(1) 군정청의 지령하에 그 재산을 보지하고 그 지령이 있을 때까지는 그 재산의 이동 또는 다른 방법으로의 처분을 금지할 것.

(2) 그 재산을 보존, 유지, 수호하고 그 재산의 가치, 효용을 훼손하는 행위를 방지할 것.

(3) 정확한 기록과 회계장부를 유지할 것.

(나) 군정장관의 지시가 있은 때는 그 지시에 따라

(1) 전기 재산에 관하여 요구된 자료 및 1945년 8월 9일 이후 그 재산에 관련한 수

입 전부 및 지출을 기술한 보고서를 제출할 것

(2) 그 재산의 보관, 관리권 및 모든 장부, 기록, 회계서류를 인도할 것

(3) 재산과 모든 수입 또는 수익금을 결산할 것

제4조 본령의 조규, 본령에 따라 발령한 허가 또는 규정을 위반한 자는 군정재판소의 판결에 의하여 처벌함.

제5조 본령은 관보에 공포함과 동시에 효력을 발생함.

1945년 12월 6일

재조선미국육군사령관의 지령에 의하여

조선군정장관

미국육군소장 A. V. 아놀드

HEADQUARTERS

UNITED STATES ARMY FORCES IN KOREA

Office of the Military Governor

Seoul, Korea

ORDINANCE

NUMBER33

December 6, 1945

VESTING TITLE OF JAPANESE PROPERTY WITHIN KOREA

SECTION Ⅰ. Ordinance Number 31 having never been published in the Official Gazette is hereby declared null and void as though it were never issued.

SECTION Ⅱ. The title to all gold, silver, platinum, currency, and any other property located within the jurisdiction of this Command, of any type and description, and the proceeds thereof, owned or controlled, directly or indirectly, in whole or part, on or since 9 August 1945, nationals, corporations, societies, associations, or any other organization of such government or incorporated regulated by it is hereby vested in the Military Government of Korea as of 25 September 1945, and all such property is owned by the Military Government of Korea. It is illegal for any person, without the authority of the Military Government of Korea, to enter upon or take possession of any such property, remove any part of such property, or impair the value or utility of any such property.

SECTION Ⅲ. All custodians, curators, officials, banks, trust companies and all other individulas, organizations or associations having possession, custody, or control of property vested in the Military Government of Korea by Section Ⅱ of this ordinance are required:

a.

(1) To hold the same, subject to the directions of the Military Governor, and pending such direction not to transfer or otherwise dispose of the same.

(2) To preserve, maintain and safeguard and to prevent any action which will impair the value or utility of such property.

(3) To maintain accurate records and accounts.

b. When and as directed by the Military Governor:

(1) File reports furnishing such data as may be required with respect to such property and all reseipts and expenditures in connection therewith on and after 9 August 1945.

(2) Deliver custody and control of such property and all books, records and accounts: and

(3) Account for the property and all income and proceeds.

SECTION Ⅳ. Any person violating the provisions of this ordinance or of any license or order issued thereunder, shall, upon conviction by a Military Occupation Court, suffer such punishment as the court shall determine.

SECTION Ⅴ. This ordinance is effective upon publication in the Official Gazette.

BY DIRECTION OF THE COMMANDING GENERAL
UNITED STATES ARMY FORCES IN KOREA

A. V. ARNOLD

Major General, United States Army Military Governor of Korea

한미 재산 이전 협정

아메리카 합중국 정부와 대한민국 정부 간의 재정 및 재산에 관한 최초협정

(1948년 9월 11일 경성에서 서명)

제5조

대한민국 정부는 한국 소재 합중국 육군 군정부의 명령 제33호에 따라 귀속된 전전(戰前) 일본의 공유 및 사유재산의 처분을 한국 소재 합중국 육군 군정부가 이미 행한 것을 승인하고 추인한다. 본 협정 제1조 및 제9조에 포함된 아메리카 합중국 정부의 재산 취득 및 사용에 관한 유보를 제외하고, 현재까지 매각하지 않은 귀속재산, 귀속재산의 임대차 및 매각에 따른 순수입금의 소비되지 않은 금액과 수취계정 일체 및 매각계약은 다음 방법으로 대한민국 정부에 이전한다.

(a) 모든 현금, 은행예금 또는 기타 유동재산은 본 협정 시행일에 이전된다.

(b) 이전될 기타 모든 귀속재산, 입수 가능한 모든 재산 목록, 도면, 증서 또는 기타 소유권 증서는 대차대조표, 운영명세표 및 기타 귀속재산의 회계 기록을 첨부하여 질서 있게 가급적 속히 대한민국 정부에 점차 인도한다. 대한민국 정부는 명령 제33호에 따라 현재까지 귀속된 재산으로 본조의 규정에 따라 대한민국 정부에 이전했거나 이전될 것을 한국 국민의 이익을 위하여 수령하고 관리할 별개의 정부 기관을 설치할 것에 동따른다.

대한민국 정부는 본조에 따라 대한민국 정부가 취득한 한국 소재 전전 일본 재산에 대해 일본과 전쟁 상태에 있던 국가의 국민이 직접 또는 간접적으로 가지는 권리 및 이익을 존중하고, 보존하며, 보호한다. 다만, 이 권리 및 이익이 명령 제33호 시행일 전에 선의의 이전에 의해 합법적으로 취득했어야 한다.

대한민국 정부는 본조에 언급한 재산의 귀속 결정, 관리 및 처분으로 발생한 현재 및 미래의 모든 청구권을 포함하는 모든 책임에서 아메리카 합중국을 해제한다.

INITIAL FINANCIAL AND PROPERTY

SETTEMENT BETWEEN THE GOVERNMENT OF THE UNITED STATES OF AMERICA AND THE GOVERNMENT OF THE REPUBLIC OF KOREA

(Signed at Seoul, September 11, 1948)

ARTICLE V

The Government of the Republic of Korea recognizes and ratifies such disposition of former Japanese public and private property vested under Ordinance No. 33 of the United States Nrmy Military Government in Korea as has already been effected by the United States Army Military Government in Korea. Except for the reservations in respect to the acquisition and use of property by the Government of the United States of America contained in Articles Ⅰ and Ⅸ of this agreement, the remaining vested but unsold property, the net unexpended proceeds from rentals and sales of vested property, together with all accounts receivable and sales contracts, shall be transferred to the Government of the Republic of Korea in the following way:

(a) All cash, bank deposits or other liquid assets are hereby transferred as of the effective date of this agreement:

(b) All other vested property that is to be transferred, together with all available inventories, maps, deeds, or other evidences of ownership, will be turned over progressively to the Government of the Republic of Korea, supported by balance sheets, operating statement, and other financial records relating to vested property, as rapidly as an orderly transfer can be effected. The Government of the Republic of Korea agrees to establish a separate governmental agency to receive and administer for the benefit of the Korean people the property, heretofore vested under Ordinance No. 33, which is or will be transferred to the Government of the

Republic of Korea under the provisions of this Article.

The Government of the Republic of Korea will respect, preserve and protect the rights and interests, direct or indirect, of nationals of countries at war with Japan, in former Japanese property in Korea acquired by the Government of the Republic of Korea in accordance with this Article provided such rights and interests were legally acquired by bona fide transfer prior to the effective date of Ordinance No. 33.

The Government of the Republic of Korea hereby relieves the United States of America of all liability, including all current and future claims arising out of vesting, administration and disposal of the property referred to in this Article.

미국 해석

평화조약 제4조의 해석에 관한 미국 정부의 견해를 전한 주일 미 대사의 구상

아메리카 합중국 대사는 일본국 외무대신 각하에게 경의를 표하는 동시에 일본국과 대한민국 간 청구권 해결에 관한 일본국과의 평화조약 제4조 해석에 대해 아메리카 합중국 정부의 다음과 같은 견해 표명을 통달하는 영광을 가진다.

국무부는 1952년 4월 20일 자 한국 대사 앞으로 보낸 서한에서 일본국과의 평화조약 제4조를 다음과 같이 해석했다.

> 합중국은 일본국과의 평화조약 제4조 (b)항과 주한국 합중국 군정부의 관련 지령 및 조치에 따라 대한민국의 관할권 내 재산에 대한 일본국 및 일본 국민의 모든 권리, 권원 및 이익이 사라졌다는 견해다. 따라서 합중국의 견해에 따르면 일본국은 이들 자산 또는 이들 자산에 관한 이익에 유효한 청구권을 주장할 수 없다. 다만, 일본국이 평화조약 제4조 (b)항에서 효력을 인정한 이들 자산의 처리는 합중국의 견해에 따르며 평화조약 제4조 (a)항에서 정한 협의를 고려할 때 관련이 있다.

합중국 정부는 위 견해를 계속 유지했다. 이 견해 및 평화조약의 해당 조항의 배후에 있는 이유를 설명하는 편이 유익할 듯하다. 조선에 독립 국가를 설립하기 위해 일본국과의 끈을 깨끗하면서도 완전히 끊을 필요가 있다고 보았기 때문에, 합중국 군 정부의 관할권 내 조선 부분 안에 있는 일본 재산의 소속을 변경하고 그 후 대한민국으로 이전했다. 소속 변경명령 및 이전협정이 의도한 바는 한국 당국에 위 재산을 완전히 지배시키는 데에 있다. 권원의 소속 변경과 보상 문제를 구별하는 것은 법적인 관점에서 가능하다고 인정되나, 합중국 정부는 일본국의 보상청구권이 해당 사정 하에서 소속변경명령, 이전협정 및 평화조약 제4조 (b)항의 문언, 이유 및 의도와 양립하지 않는다고 생각한다.

평화조약의 기초자는 일본국 및 일본 국민에 대한 한국의 청구권이 문제가 된 때에 이 청구권이 한국 내 일본 재산의 소속 변경에 의해 이미 일정 수준 만족된 것이 분명한데도 불구하고, 평화조약 안에서 해결하기에는 충분한 사실도, 그리고 적용되는 법리론의 충분한 분석도 없다고 생각했다. 따라서 다른 일본국의 구 영토 사례와 마찬가지로 평화조약의 기초자는 이들 문제를 완전히 관계국 간의 협의에 맡겼다. 평화조약의 기초자는 제4조 (a)항에서 말하는 특별 협의에서 당사국은 한국 내 일본 재산의 소속이 이미 변경된 사실을 고려할 것이라고 보았다. 그래서 이러한 처리가 특별 협정을 고려하는 때에 '관련이 있다'고 위 견해에서 표명했다. 그러므로 한국과 일본국 간의 특별 협정은 한국 내 일본 자산을 한국 정부가 인수함에 따라 한국의 대일청구권을 어느 수준까지 소멸, 또는 만족할 것인지를 인정할 것인가에 대한 결정을 포함한다.

합중국이 1952년 4월 29일에 한국 대사에게 보낸 국무부 서한에서 해석을 제시한 것은 평화조약의 규정에 대한 합중국의 책임에서 볼 때 적절했다고 생각한다. 하지만 평화조약에서 정한 특별 협의의 체결 시에 당사국들이 한국 내 일본 재산의 처리를 실로 얼마나 고려해야 하는지에 대해 합중국이 의견을 표명하는 것은 적절치 않다고 생각한다. 특별 협의는 관계 양 정부 간의 문제이며, 이러한 결정은 당사국 자신 또는 당사국이 그 결정을 위임한 기관만이 당사국이 제시하는 사실과 적용되는 법리론을 충분히 검토한 뒤에 내릴 수 있다.

아메리카 합중국 대사관

1957년 12월 31일 도쿄에서

The Ambassador of the United States of America presents his compliments to His Excellency the Minister of Foreign Affairs and has the honor to transmit the following statement of the position of the Government of the United States of America on the interpretation of Article 4 of the Treaty of Peace with Japan with respect to the settlement of claims between Japan and the Republic of Korea:

In a note to the Ambassador of Korea of April 29, 1952, the Department of State interpreted Article 4(b) of the Treaty of Peace with Japan as follows:

"The United States is of the opinion that by virtue of Article 4(b) of the Treaty of Peace with Japan and the relevant directives and acts of the United States Military Government in Korea all right, title and interest of Japan and of Japanese nationals in property within the jurisdiction of the Republic of Korea have been divested. Accordingly, in the opinion of the United States, valid claim to such assets or to an interest therein cannot be asserted by Japan. The disposition of such assets, which Japan has recognized as valid in Article 4(b) of the Treaty, is relevant, however, in the opinion of the United States, in the consideration of the arrangements contemplated by Article 4(a) of the Treaty."

The United States Government remains of the opinion expressed above. It may be useful to explain the reasoning behind that opinion and the pertinent articles of the Peace Treaty. Japanese properties in that part of Korea within the jurisdiction of the United States Military Government were vested and thereafter transferred to the Republic of Korea because the establishment of an independent state in Korea appeared to require a clean and absolute break of the ties to Japan. It was the intention of the vesting decree and the transfer agreement to put the Korean authorities in full control of the properties, and while from the juridical point of view it is recognized that a distinction is possible between vesting title and the question of compensation, claims by Japan to compensation are regarded by the United States Government in the circumstances as incompatible with the language, rationale and intent of the vesting decree, the transfer agreement, and Article 4(b) of the Peace Treaty.

When it came to Korean claims against Japan and Japanese nationals, the drafters of the Peace Treaty did not consider that they had before them either sufficient facts or sufficient analysis of applicable legal theories to lay down a solution in the Treaty, although it was obvious that such claims had already been met to some degree by the vesting of Japanese-owned property in Korea. Accordingly, as in the case of other former Japanese territories, they left these questions entirely to arrangements to be made by the countries concerned. They contemplated that in the special arrangements referred to in Articla 4(a) the parties would take into account the fact that Japanese-owned properties in Korea had been vested-hence the statement in the above opinion that such disposition was "relevent" in the consideration of the special arrangements. Thus the special arrangements between Korea and Japan would encompass determination of the extent to which Korean claims against Japan should be considered to be extinguished or satisfied by virtue of the take-over by the Korean Governmnet of Japanese assets in Korea.

It was appropriate, it is believed, for the United States to give the interpretation set forth in the Department of State's note of April 29, 1952. to the Korean Ambassador because of the responsibility of the United States for the treaty provisions; but it does not appear appropriate for the United States to express opinions as to just how the disposition of Japanese properties in Korea is to be taken into account by the parties in entering into the special arrangements contemplated by the Treaty. The special arrangements are a matter between the two governments concerned, and such a determination can only be made by the parties themselves or by authority which might be charged by them with doing so and after full examination of the facts and applicable legal theories which the parties might present.

Embassy of the United States of America,

Tokyo, December 31, 1957.

3. 8개 항목의 대일 청구 내용

이하 요강 1~6의 한국 청구에 관해 양국의 주장 및 금액을 간략히 기술하는 동시에 관계 참고자료를 첨부한다. 그 구성은 다음과 같다.

1) 한국 주장

◎ 제6차 회담 청구권 소위원회의 발언을 중심으로 정리했으나, 경우에 따라 제5차 회담의 주장도 삽입했다.

2) 한국 주장액

◎ 제6차 회담에서 한국이 제시한 금액을 게재했다.

3) 일본 견해

◎ 제6차 회담에서 일본이 제시한 견해를 중심으로 정리했다. 이 견해는 제6차 회담 개최 직전인 1961년 10월 17일 대장성 회의에서 토의된 결과를 중심으로 각 회합 전에 외무성과 의견 조율 후 회담 석상에서 청구권위원회 주사(이재국장)가 발언한 것이다. 또한 필요에 따라 제5차 회담의 일본 측 발언도 게재했다.

4) 일본 측 조사액

◎ 제6차 회담이 시작될 무렵, 정부 고위층에 금액에 대한 견적을 제출하라는 강력한 요구가 있었다. 아직 금액을 시산할 단계가 아니었음에도 당시 단계의 조사 결과를 토대로 외채과에서 ① 다소 보수적인 추정(약 3백만 달러), ② 대략적인 추정(1천 5백만 달러), ③ 큰 폭의 대략적인 추정(5천만 달러)이라는 세 가지 시산표를 작성해 1961년 11월 9일의 대장성 회의에 제출한 적이 있다.

이대로 이야기가 흐지부지될 뻔했으나, 1962년 1월, 당시 오히라(大平) 관방장관의 강력한 지시로 외무, 대장 두 성이 금액을 시산해 제출하라고 해서 이재국에서는 위 ② 의 시산 선에서 우선 시산하고(약 1천 6백만 달러) 주계국과도 논의한 뒤 1월 10일, 대장성 시산으로 외무성이 작성한 금액 시산(약 7천만 달러)과 함께 관방장관에게 제출했다. 두 성이 작성한 안의 차이가 커서 어떻게든 조정하라는 지시를 받았으나, 조율되지 않은 채 끝났다(1961년 신문 지면에 실린 것은 이때의 수치다).

이하의 수치는 그때의 시산을 중심으로 그 후 조사를 거쳐 다소 수정을 더한 것이다.

〈참고자료〉

◎ 각 항목에 대해 관계 각 부국이 제출한 자료, 외채과가 정리한 자료를 적절히 나열했다.

요강 1. 지금·지은의 반환 청구

1) 한국 주장

(1) 일본은 이 기간(1909~1945년)에 한국에서 생산된 금의 대부분을 일본으로 반출했는데, 이는 지금·지은의 경제적 기능에 비추어 볼 때 한국 경제를 일본 경제에 예속시키기 위한 행위이고 일본의 이익만을 생각한 것이므로 부당하다.

(2) 이들의 반출이 일단 법률에 따른 행위라고는 하나, 이러한 입법 자체가 부당했고 권력 기구의 비호 아래 합법을 가장한 것이다.

(3) 특히 태평양전쟁 발발 이후에는 헌납, 공출 명목으로 강제로 반출했기에 부당하다.

(주) 한국이 1909년부터라고 한 것은 조선은행의 전신인 한국은행이 설립된 해부터라는 의미인 듯하다(조선은행으로 개칭된 것은 1911년 8월).

<참고> 제5차 회담의 한국 주장

조선은행을 통해 일본으로 반출된 지금·지은은 조선은행의 은행권 발행 준비에 충당해야 할 것이었다. 그에 한국은 당시 일본이 매입한 엔 가격으로 이를 다시 매입할 것을 주장한다고 말했다.

2) 한국 주장액

◎ 지금 249,633,198.61그램

지은 67,541,771.2그램

<비고>

지금 종전 시 평가액(1g=3엔 85전)	62백만 엔
현재 평가액(1g=405엔)	1,012억 엔
지은 현재 평가액(1kg=11천 엔)	748백만 엔

◎ 반출 수량에 관한 상세 내용은 참고자료 4 (1)을 참조할 것.

3) 일본 견해

(1) 지금·지은의 매매는 조선은행법의 규정에 따른 업무의 일환이고, 이에 더해 같은 법에 의하면 조선은행이 조선에서 매입한 지금·지은을 전액 보유할 필요는 없기 때문에 부당하다고 볼 수 없다.

◎ 참고자료 1을 참조할 것.

(2) 매입 가격도 당시 내선일체의 가격에 따른 것이며(전시 중 매입도 마찬가지이다) 부당한 염가는 아니었다. 이 점에서 볼 때도 부당성은 없다(그 후 화폐가치가 변동한 결과만 보고 일본을 부당하다고 단정짓는 것은 옳지 않다).

◎ 참고자료 3을 참조할 것.

(3) 한국이 입법의 부당성 또는 경제 예속을 제기하는 행위는 당시 한일 간에 존재하던 객관적 사실(조선은 일본의 영토였고 틀림없이 일본의 통치권 하에 있었다)을 인정하지 않는 것으로 법률적 청구 범위를 일탈했다고 말하지 않을 수 없다.

4) 일본 측 조사액

(1) 수량은 조선은행의 출판물 등을 참조하면 한국 주장액에 거의 근접한 수량을 조선은행이 매입해 내지(內地: 일본)로 매각했다고 인정된다(자료의 확실성은 미상).

◎ 참고자료 4 (2)를 참조할 것.

(2) 종전 시 조선은행 보유 지금·지은

재국 내 지금·지은(1945년 9월 30일)	510,761엔 30전
경성 본점	3,212천 엔

(주) 1945년 3월 31일 현재 지금·지은 보유액 4,514,674엔 84전

참고자료

1. 조선은행의 업무 관계 설명

(1) 조선은행 업무는 조선은행법 제17조의 규정에 따라 일반은행 업무 외에 지금·지은 매매, 국고 사무 취급, 정부 대상금(貸上金), 공채 응모 및 매입, 지방공공단체에 대한 대출 등의 특수 업무의 영위를 목적으로 했었다.

(2) 발권 업무(조선은행권과 그 발행 준비)

조선은행의 가장 중요한 임무는 중앙은행으로서 발권 업무를 담당하는 것이었다.

(가) 1941년까지는 굴신제한제도[5]를 채용했으나, 동년 이후 최고액 제도로 변경됐다.

(나) 조선은행권의 발행 준비로는 금화, 지금·지은, 일본은행권, 일본은행 예치금, 국채, 기타 확실한 증권 또는 상업어음을 보유해야 한다고 정했다(그중 은지금은 발행 준비 총액의 4분의 1을 넘어서는 안 된다고 제한했으나, 기타 발행 준비는 비율 제한 등의 규정을 두지 않았다).

(3) 조선산 금의 매입 업무

조선은행은 동 은행법 제17조 7항에 따라 지금·지은 매매의 업무를 영위한다고 정했으며, 동행은 이에 따라 조선산 금을 매입하여 경성 본점 외에 있던 정련설비로 정련했다. 그런데 조선은행권의 발행 준비로 일본은행권의 보유가 인정되면서 정화 준비로 굳이 금을 보유할 필요성이 사라져 매입한 지금·지은은 대부분 조폐국에 수납됐다.

(주)

1. 조선은 산금지로서 중요한 위치를 차지했던 관계상, 조선은행은 창립 이래 조선 내에 산금의 증가를 산금의 증대를 촉진하고 그 산일(散逸)을 방지하기 위해 경성, 원산, 평양 3개 지점에 금 정련설비를

---

5 은행권의 발행에 관하여 일정한 한도를 설정하지만, 통화금융상 필요한 경우에는 그 한도를 초과하는 발행, 즉 제한 외 발행을 인정하는 제도

정비하고 지금·지은을 매입하여 정부에 납입했다. 그 후 원산과 평양의 정련설비는 폐지됐으나, 평양은 1938년의 산금국책에 부응해 부활했고, 경성 본점의 제련설비도 크게 확장했다. 제련설비 관계상 직접 매입한 곳은 경성과 평양의 본점과 지점뿐이었으나, 고금(古金)은 동행의 조선 내 지점을 비롯한 전조선 각 금융기관의 협력을 얻어 매입 중개를 받아 그 집중을 도모했다. 매입한 신산금과 고금은 모두 일정 분량을 모아 조폐국으로 보냈고, 분석 뒤 정부에 매각됐다.

2. 동행 지금 수납금액의 조선 지금 수이출(輸移出) 금액에 대한 비율은 1910년의 85.9%에서 1914년에는 93.8%까지 상승했으나, 조선산 금은 대부분 매년 동행을 경유하여 조폐국으로 보내졌다.

◎ 조선은행법(1911.3.29 법 48호)

제17조 (업무) 조선은행은 다음의 업무를 영위한다.

1. 환어음, 기타 상업어음의 할인
2. 평상시 거래하는 제 회사, 은행 또는 상인을 위한 어음금 징수
3. 환율 및 화환어음
4. 확실한 담보가 있는 대부
5. 제 예금 및 당좌대월계정
6. 금은화, 귀금속 및 제 증권의 보호 예치
7. 지금·지은의 매매 및 화폐 교환
8. 신탁 업무

전항 이외에 영업 사정에 의해 국채증권, 지방채증권, 기타 대장대신이 지정하는 확실한 유가증권을 매입할 수 있다.

제21조 (은행권 발행) 조선은행은 은행권을 발행할 수 있다. 다만, 은행권의 양식 및 종류는 대장대신의 인가를 받아야 한다.

전항의 은행권은 조선은행 본점 및 지점에서 영업시간 중 언제라도 일본은행권과 교환할 수 있다. 다만, 지점에서는 본점에서 준비금이 도달할 때까지 교환을 연기할 수 있다.

제22조 (발행 준비) 조선은행은 은행권 발행고에 대해 동액의 금화, 지금은 또는 일본은행권을 두고 그 지급 준비에 충당해야 한다. 다만, 은지금은 지불준비 총액의 4분의

1을 초과할 수 없다.

전항의 지급 준비 외에 조선은행은 특별히 1억 엔에 한하여 국채증권, 기타 확실한 증권 또는 상업어음을 보증으로 은행권을 발행할 수 있다.

전 2항에 규정하는 것 외에 시장의 상황에 따라 은행권을 발행할 경우 대장대신의 인가를 받아 국채증권, 기타 확실한 증권 또는 상업어음을 보증으로 발행할 수 있다. 그 경우에는 정부가 명하는 바에 따라 발행고에 대해 1년 100분의 3을 밑돌지 않는 비율로 발행세를 납부해야 한다(통용 범위).

제23조 조선은행이 발행하는 은행권은 조선총독의 관할 지역 안에서 무제한으로 통용한다.

◎ 조선은행법 및 대만은행법의 임시 특례 건

1941년 3월

법률 15호

제1조 조선은행 및 대만은행은 대장대신이 정하는 금액에 한해 은행권을 발행할 수 있다.

조선은행 및 대만은행은 필요하다고 인정할 때 대장대신의 인가를 받아 전항의 금액을 초과하여 은행권을 발행할 수 있다. 그 경우에 조선은행 및 대만은행은 전항의 금액을 초과하는 발행고에 대해 대장대신이 정하는 비율로 발행세를 납부해야 한다.

그 비율은 연 3부를 밑돌 수 없다.

대장대신이 제1항의 금액을 정한 때는 이를 공시한다.

제2조 조선은행 및 대만은행은 은행권 발행고에 대해 보증으로 동액의 금화, 지금은, 일본은행권, 일본은행에 대한 예치금, 국채증권, 기타 확실한 증권 또는 상업어음을 보유해야 한다.

대장대신이 필요하다고 인정할 때는 조선은행 및 대만은행에 대해 전항의 규정에 따라 보유하는 금화, 지금은, 일본은행권 및 일본은행에 대한 당좌 예치금 총액의 은행권 발행고에 대한 비율에 관해 필요한 명령을 할 수 있다.

제3조 조선은행 및 대만은행은 대장대신이 정하는 바에 의해 은행권 발행고를 관보에

공포해야 한다.

부칙(抄)

조선은행법 제22조 및 제24조와 대만은행법 제9조 및 제25조 제2항의 규정은 당분간 적용하지 않는다.

◎ 조선은행 은행권 발행고 및 금화, 금지금, 은지금 추이표

부동산은행 조사

1929.12.31 ~ 1943.9.30

(단위: 천 엔)

현재	은행권 발행고	금화	금지금	은지금	합계
1929.12.31	118,701	1,528	3,952	5,156	10,638
1930.12.31	90,615	1,549	8,284	8,878	18,712
1931.12.31	100,907	1,565	5,555	8,541	15,662
1932.12.31	124,622	1,565	4,270	16,549	22,249
1933.12.31	148,176	1,565	4,382	18,476	24,433
1934.12.31	192,457	1,565	4,097	18,976	24,639
1935.12.31	147,937	1,565	5,018	7,250	13,833
1936.12.31	210,653	1,565	5,556	6,926	14,048
1937.12.31	279,501	-	2,551	3,948	6,500
1938.12.31	321,977	-	1,131	3,360	4,491
1939.12.31	443,986	-	2,759	3,080	5,839
1940.12.31	580,533	-	8,916	2,772	11,688
1941.12.31	741,606	-	4,748	2,436	7,184
1942.6.30	667,714	-	2,662	2,268	4,930
1943.9.30	995,955	-	2,006	1,764	3,770

2. 일본 금 매입 경위

(1) 우리나라의 정화 관리 체제는 1931년 말의 금 수출 재금지 및 태환 정지에서 볼 수 있듯이, 국제 수지 역조를 배경으로 정화 보유액이 부족해지면서 위기에 직면해 있었다. 이에 적극적인 정화 보호 정책에 착수하여 정화 보호 축적을 위해 다음과 같은 금 매입 집중책을 채택했다.

(주) 1932년까지 금 매입에 대해서는 특별조치를 시행하지 않고 있다(금의 법정 가격 100돈=500엔).

당시 금 매입은 대부분 일본은행이 했었다. 그러나 환율이 금 평가보다 현저히 하락(금 시장 가격이 법정 가격보다 현저히 급등)하자 일본은행의 금지금 매입 기능은 채산이 맞지 않아 정지할 수밖에 없었다. 그런데도 금 매입을 속행한다면 정부가 일본은행의 손실을 보전하든가 정부가 직접 매입해야 한다.

(2) 1932~1933년 금지금 및 수출 절차로 인해 정부의 매입 금 수출이 재금지된 후, 지금의 해외 도피와 신산금의 감소를 방지하고 해외 지급에 충당하기 위해 환율을 기준으로 한 '시가'로 매입한다.

(3) 1934~1936년 일본은행금매입법에 따른 일본은행의 금 매입

상기 매입으로 정부는 상당수의 금을 보유했고, 1932년 이후의 국제 수지 호조에 수반해 해외 지급은 외국환 매상으로 충분해졌다. 그러나 국내 정화 준비를 충실히 하고자 일본은행에 금을 매입하게 하고 이를 보유하게 했다[해외 현송(現送)이 필요한 경우, 국고에 매각시켰다].

(주) 화폐법에 따른 법정 가격과 금매입법에 따른 매입 가격의 차액은 손실액에 상당하는 무이자 차입금 증서를 정부가 일본은행에 교부하고, 일본은행이 이를 은행권 발행 때의 보증준비에 충당하는 것을 허가하는 방법으로 보전했다.

(4) 1937년 이후 산금법 등에 따른 금 자금 특별회계의 금 매입

일화사변(중일전쟁) 이후의 군수 자재 수입과 대 만주 투자 증대 등으로 인해 정화 부족이 극심해졌다. 이에 대외 지급 수단을 확보하고자 산금의 증가, 정부로의 집중을 도모하는 조치를 시행하면서 금 자금이 금 매입에 쓰였다.

(주)

1. 금 자금 특별회계 설치 경위

1937년 8월에 금준비평가법, 금자금특별회계법, 산금법이 동시에 제정됐는데 서로 밀접한 관련이 있다. 금 준비 평가절상으로 부풀려 정화 준비의 명목액을 줄이지 않고 평가 증가분만을 금 자금 특별회계로 옮겨 이를 실현하기 위해 설치된 것이었다.

(a) 금준비평가법에 따라 정화 준비 평가액을 인상하여(종래 순금 750밀리그램=1엔을 290밀리그램=1엔으로 평가절상) 그 결과 발생한 일본은행, 조선은행, 대만은행의 평가익을 정부로 납부시켜 그 자금으로 금 자금 특별회계를 설치했다.

납부금 일본은행	722,238천 엔
조선은행	2,482천 엔
대만은행	25,529천 엔

(b) 금 자금은 일본은행의 정화 준비량을 줄이고 조선은행, 대만은행의 정화 준비 전량을 수매하여 금 보유를 시작했다.

일본은행 분	92,843kg	320,184천 엔
조선, 대만은행 분	13,081kg	45,107천 엔

2. 금 자금 지금 수입 및 지출(1937~1941년)

수입	420,343kg	1,574,952천 엔
지출	417,943kg	1,776,745천 엔
(내·해외 현송)	344,114kg	1,431,170천 엔

1941년 말에는 약 3톤만 보유했었다(1939년 4월부터는 금 자금으로 은을 매입하고, 수출할 만큼 심각한 금 부족에 시달렸다).

3. 산금법은 이전처럼 단순히 금의 매입 가격을 인상함에 따라 산금을 장려하는 것에서 한발 더 나아가 생산과 판매의 전 과정을 강력히 통제하고 금지금의 정부 매각을 의무화하여 금 자금 특별회계로 금의 집중을 촉진했다.

(5) 1941년 7월의 프랑스령 인도차이나 진주를 계기로 연합국과의 경제 교류가 단절된 후에는 엔 블록 내부만의 계획 무역으로 전환된 탓에 수입자금을 확보할 목적의 금 정책

은 그 적극적 의의를 상실한다.

(6) 금 매입 주체는 위와 같이 변화를 겪었으나, 조선에서 금 수입은 종전까지 시종일관 조폐국이 담당했다. 그러나 조선은행의 매입 지금은 대부분 무역수지 차액을 결제(중일전쟁 발발 후에는 특히 군수품 구입을 위해)하는 데 충당되어 해외로 유출됐다.

후술하는 6. '조선 대 일본 자금 유출입'에서 설명하는 것처럼 금은 무역의 조선 측 수출 초과로 일반 화물 무역의 대 일본 수입 초과가 커버됐으므로, 조선은행을 통해 일본으로 반출된 지금·지은을 일본의 식민지 착취의 상징으로 보는 것은 과도하게 편견에 찬 생각이라 말하지 않을 수 없다.

3. 금 가격의 추이(1그램당)

(1) 화폐법 1,333엔(750밀리그램=1엔)

(2) 국고금 계정 매입

(단위: 엔)

연월일	금액	연월일	금액
1932.3.7	1,933	1932.7.18	2,064
1932.3.14	1,986	1932.8.8	2,098
1932.3.21	1,960	1932.8.29	2,256
1932.3.28	1,933	1932.9.19	2,314
1932.4.4	1,914	1932.10.18	2,282
1932.4.11	1,901	1932.11.7	2,373
1932.4.18	1,896	1932.11.28	2,498
1932.4.25	1,914	1932.12.19	2,517
1932.5.2	1,938	1933.1.9	2,488
1932.5.7	1,914	1933.1.30	2,498
1932.5.16	1,938	1933.2.20	2,477
1932.5.23	1,965	1933.3.27	2,466
1932.6.6	1,914	1933.4.24	2,368
1932.6.13	1,938	1933.11.24	2,650
1932.6.20	1,992		

(3) 일본은행금매입법에 따른 매입

(단위: 엔)

1934.4.11	2.950
1935.1.11	3.090
1936.5.6	3.500
1937.5.15	3.770

(4) 산금법에 따른 금 자금 매입

(단위: 엔)

1937.8.25	3.77
1938.5.22	3.85
×××××××	
1946.1.20	17.00

(5) 귀금속 특별회계 매입

(단위: 엔)

1949.7.22	385.00
1953.8.1	405.00

(주)

1. 금 자금의 매입 가격은 1938년 이후 유지되어 감면세, 보조금 교부의 형태로 산금 장려가 시행됐다.

◎ 조선총독부 관계 산금 장려금

(단위: 천 엔)

연도	총독부 산금 장려금 및 관리비	금 자금 특별회계에서 총독부회계로 이월
1937	120	-
1938	10,199	-
1939	20,545	2,975
1940	35,591	17,183
1941	34,430	18,986
1942	27,592	9,516
1943	10,120	9,922
1944	불명	6,800
1945	불명	불명

2. 미국에서는 1934년 이래 금 1온스=35달러(1그램=1.125달러)로 정해진 이후 고정됐다.

4. 조선은행을 통해 일본으로 반출된 지금·지은 수량

(1) 한국 측 제출 자료(1961년 3월 14일 제5차 회담 청구권위원회 제6회 회합)

(단위: kg)

연도	지금	지은	연도	지금	지은
1909	367	216	1928	186	149
1910	5,695	2,665	1929	676	661
1911	5,895	2,845	1930	16,574	1,420
1912	5,432	2,898	1931	26,471	2,281
1913	6,525	3,583	1932	9,794	515
1914	6,804	3,348	1933	3,126	904
1915	7,935	3,664	1934	334	46
1916	9,026	3,614	1935	3,904	322
1917	13,163	2,751	1936	4,598	3,977
1918	2,144	1,342	1937	10,857	3,705
1919	318	278	1938	9,531	4,295
1920	27,415	1,481	1939	10,168	2,994
1921	7,368	290	1940	14,142	2,388
1922	1,092	397	1941	14,671	6,609
1923	2,787	1,211	1942	12,127	1,968
1924	933	270	1943	8,027	3,290
1925	30	20	1944	768	496
1926	175	82	1945	440	407
1927	150	142	(합계)	249,633	67,541

(2) 일본 측 조사(조선은행의 지금 매입 매각액)

(가) 1909 ~ 1927년(자료: 『조선은행 52년사』, 127쪽)

(단위: kg, 천 엔)

연도	매입량	매입액	수납량	수납액
1909년 하반기 1913	41,233	31,896	23,876	31,836
1914 1918	53,231	52,029	39,071	52,099
1919 1923	45,221	51,954	38,981	51,976
1924 1928	2,463	2,066	1,473	2,000
1929 1933	63,597	87,525	56,598	87,662
계	205,743	225,412	160,008	225,412

비고: 매입량 항목에는 금 외에 은 및 잡분을 포함하고 매입 가격에는 은 대금을 포함한다.

(나) 1933 ~ 1945년 3월[자료: 「조선은행 약사(略史)」, 114쪽]

(단위: kg, 천 엔)

연도	매입량	매입액	매각량	매각액
1933	3,208	7,806	3,126	7,633
1934	124	362	334	987
1935	4,593	14,142	3,905	12,063
1936	5,065	17,606	4,662	16,071
1937	10,714	40,088	11,191	41,996
1938	9,210	35,253	9,640	36,901
1939	10,952	42,167	10,484	40,406
1940	15,574	59,960	13,772	53,024
1941	14,014	53,954	15,252	58,722
1942	12,258	47,196	12,747	47,080
1943.1 1943.9	6,724	25,891	7,048	27,144

1943.10 1944.9	1,866	7,186	2,099	8,095
1944.10 1945.3	929	3,577	437	1,683
계	95,231	355,188	94,697	351,840

<참고>

조선 산금량 조사

(단위: kg)

연도	금	은
1926	6,852	1,570
1927	5,341	1,600
1928	5,060	1,744
1929	5,531	1,702
1930	5,846	2,101
1931	5,546	11,404
1932	8,584	18,351
1933	10,203	21,864
1934	10,710	31,287
1935	17,815	39,345
1936	20,247	58,821
1937	24,189	75,568
1938	29,486	88,169
1939	31,173	115,681
1940	25,464	113,886
1941	24,138	109,808
1942	24,129	106,173
1943	(16,642)	불상
1944	6,342	58,464

자료: 1926~1934년은 다이아몬드총서『산금』143쪽, 1935~1944년은「일본인의 해외 활동에 관한 역사적 조사」조선편 제5분책

한국 산금량

(단위: kg)

연도	금	은
1948	108	
1949	152	
1950	462	
1951	237	40
1952	580	353
1953	494	1,624
1954	1,628	1,563
1955	1,483	2,476
1956	1,552	6,109
1957	2,071	8,626
1958	2,242	7,707
1959	2,043	7,524
1960	2,047	10,253
1961	2,599	14,321

자료: 한국은행 통계 월보

주요 산금지

(단위: 천 엔)

1938년 현재 연산 150만 엔 이상의 광산을 게재함			산액
(북)	운산금광	(평북)	7,691
(북)	대유동광산	(평북)	6,695
(남)	금정광산	(경남)	3,945
(북)	옹진광산	(황해)	3,909
(북)	성흥광산	(평남)	3,745
(남)	김제사금광	(전남)	3,200
(남)	광양순천광산	(전남)	2,879
(북)	발은광산	(평북)	2,307
(북)	신연광산	(평북)	2,085
(북)	순안사금광	(평남)	1,927
(북)	의주광산	(평북)	1,632
(남)	낙산광산	(황해)	1,581
(북)	홀동광산	(황해)	1,505

비고: 이상에 관해 남북의 비율을 보면 (남)은 11,605천 엔(37%), (북)은 31,396천 엔(73%)이 된다. 따라서 산금지는 북한에 많았음을 알 수 있다.

자료: 「일본인의 해외 활동에 관한 역사적 조사」 조선 편, 제6분책

5. 한국의 '진의' 추측

(1) 한국이 지금·지은의 '반환'을 요구하는 진의는 과거의 이출 형태 여하를 묻는 것이라기보다는 현재의 한국 화폐제도의 기초를 다지기 위해(현행 한국은행법에서는 통화의 발행 준비에 관한 규정이 없다) 또는 대외 지급 준비를 확보하기 위해 가장 그럴싸한 이유를 붙여 일본으로 반출된 지금·지은을 돌려받고 싶은 것이다(이 생각은 초기의 한국 대일배상 논의 중에 언급됐다).

(2) 또 한국이 지금·지은의 반환을 주장하는 이면에는 다음과 같은 사정이 존재한다. 즉 종전 당시 조선은행을 접수한 미군 담당관이 조선은행 관계자를 신문한 때, 지금·지은에관해 질문한 점, 조선은행권 발행 준비에 일본은행권을 충당한 것에 관심을 보인 점, 그리고 처음에는 조선은행이 산금업자에게 매입한 지금·지은을 그대로 발행 준비로 금고에 저장했다고 믿은 점 등을 볼 때, 한국이 지금·지은을 일본으로 반출한 사실의 '부당성'을 미군 당국이 암시한 것이 아닐까 추측된다.

[『조선은행 약사(略史)』 참조]

6. 조선 대 일본 자금 유출입(流出入)에 대하여

(주) 아래는 요강 1의 검토 시 특히 제5차 회담에서 한국이 지금·지은의 일본 이출을 일본의 식민정책의 표본이라고 발언하자, 당시 일본과 조선 간 자금 유출입 실태를 조사하여 한국 발언의 잘못을 수치상으로 입증할 수 있도록 하라는 당시 니시하라(西原) 이재국장의 명령에 따라 주로 외채과의 이와세(岩瀬) 사무관이 조사한 결과를 정리한 것이다.

(1) 무역수지

(가) 화물무역

(a) 총괄

조선은 1910~1917년까지는 수입 초과이고 1932[6]년까지는 수출 초과인 해가 많다. 그러나 1933년 이후 다시 수입 초과로 전환한다. 조선이 일본에서 이입한 주요 물품은 직물과 기계류이고 이출한 물품은 쌀과 농산물이 압도적이었다. 1910~1944년까지 누계는 다음과 같다.

(단위: 백만 엔)

연도	조선에서 이출	조선에서 이입	출입(△) 초과
1910~1917	242	343	△95
1918~1932	3,844	3,252	584
1933~1944	7,367	10,840	△3,467
누계	11,453	14,435	△2,978

(주)

1. 1933년 이후에 큰 폭의 수입초과가 나타난 것은 이입의 급격한 증가에 이출이 따라가지 못했기 때문이다. 이입의 급격한 증가는 주로 공업제품의 증가(1936년과 1941년을 비교하면 기계는 4배, 금속은 3배)를 배경으로 한다. 이출은 광물, 금속, 음식물, 면사·면포 등이 증가했음에도 불구하고 1926년에는 모든 이출 중 반 이상을 차지한 쌀의 이출이 정체 또는 감소하면서 증가율이 이입에 미치지 못했다.
2. 이상은 통관 통계이므로 이입 중에는 가령 일본 본사 법인이 조선에 공장을 짓기 위해 일본에서 자재를 대량으로 구입하여 조선으로 보낸 것도 포함되어 주의할 필요가 있다.

---

6 원문의 오류. 원문에는 大正 7년(1918년)이지만, 昭和 7년(1932년)이 맞다.

(b) 쌀 이출에 대하여

쌀 이출의 추이는 다음 표에서 알 수 있다.

(단위: 천 엔, %)

연도	이출가액	이출총액에 대한 비율	이출고(移出高)	생산고에 대한 비율
1927	191,141	57.8	6,153	35.6
1935	240,128	49.4	8,466	47.3
1937	231,073	40.4	7,388	27.6
1939	149,341	20.3	4,231	29.5
1941	152,768	19.4	3,519	불명

쌀 생산고가 현저하게 증가했음에도(주1) 일본으로 이출이 감소한 까닭은 조선의 인구가 증가(주2)하고 생활 수준이 향상되면서 1인당 쌀 소비량이 증가(주3)했기 때문으로 생각된다.

(주)

1. 1926~1929년의 평균을 100으로 잡으면, 1935~1939년의 평균은 138, 1940~1941년 평균은 156
2. 1926년을 100으로 잡으면 1941년은 129
3. 1927~1931년 평균 0.496석, 1939년 평균 0.776석

(나)

금은 무역은 일관되게 일방적으로 조선이 수출 초과를 보였으며, 이로써 화물무역 수입 초과가 다소 벌충되었다(금은이란 금화, 금지금, 은화 및 은지금으로, 금은광은 화물무역에 포함된다).

(단위: 백만 엔)

연도	이출	이입	수출 초과
1910~1936 ※누계	593	24	553

비고: ※1937년 이후는 계수 미공표로 인해 알 수 없다.

(다) 무역수지계

(단위: 백만 엔)

연도	이출	이입	출입(△) 초과
1910~1917	329	349	△27
1918~1932	4,017	3,264	718
1933~1944	7,700	10846	△3,116
누계	120,46	14,459	△2,425

비고: 백만 엔 미만은 절사하여 이출, 이입의 차가 출입 초과와 일치하지 않는다.

(2) 국고 자금 수지(유출입)

(가) 조선 측의 일방적 수용 항목

(a) 통감부 시대의 정부 지출의 조선 경영비 및 정부의 대한국 정부 대부

한일합병 이전의 통감부 시대에 발생한 정부 지출이다. 전자는 후의 경비보충금에 해당하며 후자는 예금부 융자 또는 국채 융자에 해당하는 지위를 점했다.

(단위: 천 엔)

항목	1907~1910년도 누계
군사비 지출	46,408
행정비	38,874
소계	105,282
대부금	48,590
합계	153,872

(b) 금자금특별회계 수입

1937년에 금자금특별회계법이 제정된 이후 산금 장려금 등을 매년 조선총독부 특별회계로 이월했다.

◎ 1937~1944년 이월액 누계 65,380천 엔

(c) 일반회계는 수입 내용불명이다. 1918년부터 시작되어 1931년까지 계속됐다.

◎ 누계는 21,455천 엔

(d) 일반회계의 경비보충금

조선총독부에 대한 일반회계의 경비보충금은 1910년 10월 조선총독부 특별회계의 설치와 함께 종래 통감부 등을 위해 일본 정부가 지출한 금액을 목표로 책정됐고, 그 후 재정 독립의 관점에서 경비 절약을 도모해 보충금을 점차 줄여 나갔다(1919년도에는 0).

그러나 1919년의 '만세 소요'[7]가 발발하자 이른바 무단정치를 폐지하고 문화정치를 펼쳐 민심의 안정을 도모한다. 이로써 교육 보급, 산업 개발 등에 거액의 경비가 필요해졌고 이에 보충금제도를 부활(1920년)하여 매년 1,500만 엔 정도(나중에 1,200만 엔 정도가 됨)의 이월이 이루어졌다.

또한 이 항목에는 위 일반 경비보충금 외에 제철 장려금(주), 영화(英貨)흥업채권 손실보상, 석탄 증산 장려금 등이 포함됐다.

(주) 조선산 철재에 대한 장려금은 대부분 일본에서 소비된 까닭에 총독부 특별회계에 대해 일반회계에서 장려금 상당액을 보충했다.
◎ 1910~1945년까지의 누계는 442,659천 엔이다.

(나) 수취 - 지급의 대응 관계에 있는 항목

(a) 은급 지급금 및 은급 분담금

조선총독부의 관리 등으로 은급법에 따라 일반회계에서 은급을 받는 자의 은급 및 이들의 은급에 관해 조선총독부 특별회계가 일반회계에 대해 지는 분담금이다. 분담금 제도는 은급법 성립 당시부터 있었으나, 이월에 관한 법률은 1931년에 제정됐고 이 해부터 이월이 이뤄졌다.

◎ 1944년까지의 누계는 다음과 같다. (단위: 천 엔)

은급 지급(1915~1944)	은급 분담금(1931~1944)	차액(조선 측 지급 초과)
99,933	100,445	△513

---

7 1919년 3·1운동을 말한다. 1960년대 일본에서 '만세 소요'라고 불렀는데 당시 한국에 대한 인식을 알 수 있다.

(b) 군사비의 조선 내 지출 및 임시군사비 특별회계로의 이월

군사비의 조선 내 지출이 조선에 유익했는가의 논의는 차치하고 적어도 조선은 1935년까지 군사비를 한 푼도 부담하지 않았으며, 또 1936년 이후에도 임시군사비의 지출(조선 내 지출)이 임시군사비의 이월을 웃돈 것은 부정할 수 없는 사실이다.

(주) 중일전쟁 발발과 함께 지나사변임시군사비 특별회계가 설치되어 조선총독부 회계에서도 재원을 지출하게 됐고 이후 종전까지 임시군사비 회계로 총독부 특별회계가 이월한 전비(戰費)부담액은 꽤 거액에 달한다. 이월금의 재원은 증세에 기대었고, 증세분의 3분의 1은 총독부 특별회계의 재원이 됐다.

(단위: 천 엔)

연도	(A) 군사비의 조선 내 지출	(B) 임사군사비로의 이월	차액(A-B)
1910~1935	378,094	-	378,094
1936~1945	3,045,315	1,612,804	1,432,511
누계	3,423,409	1,612,804	1,810,605

(c) 국채 자금 유출입

① 기채액(起債額)을 조선으로의 자금 유입, 국채 조정 기금 특별회계로의 이월을 일본으로의 자금 유출로 상정했다. 국채의 대부분을 당시 일본의 금융기관이 인수한 점에서 볼 때 이렇게 생각해도 큰 오류는 없다.

② 조선총독부는 조선사업공채법에 따라 국채를 발행했는데 그 모집, 상환계획, 이자 지급, 상환 등 일체는 국채정리기금 특별회계를 통해 이뤄졌다.

③ 공채모집으로 모인 자금은 주로 조선의 철도건설과 개량에 사용됐다[조선의 공채는 이른바 적자공채(赤字公債) 내지는 군사공채가 아닌 건설공채였다].

(단위: 천 엔)

연도	(A) 기채액	(B) 국채정리기금 이월액	차액(A-B)
1910~1925	474,349	143,171	331,178
1926~1938	385,182	305,321	79,861

1939~1944	2,135,594	277,403	1,858,191
누계	2,995,125	725,895	2,269,230

(d) 예금부 자금 유출입

예금부 원자(原資)로 조선 민중에게서 흡수한 것은 우편저금, 간이생명보험 부금 및 우편연금 부금이다. 이 중 우편연금 부금 수치의 경우, 조선에서는 1943년에 제도가 시작된 탓에 기간이 짧아 통계가 아직 없어 불명이다. 이들 자금은 예금부로 흡수된 후 조선총독부 사업, 조선 지구에 대한 투자 등에 환원 융자됐다.

다음 표는 원자 및 융자의 잔고 추이다. 이를 보면 예금부 예금으로서의 흡수액보다도 환원 융자액이 일관되게 큰 폭으로 컸음을 짐작할 수 있다.

예금부 자금 잔고 추이표 (단위: 천 엔)

연도	원자			융자		
	우편저금	간이생명보험 적립금	계	조선지역 융자	조선총독부 특별회계 대부금	계
1910	3,206		3,206	불명	불명	불명
1911	4,366		4,366	불명	불명	불명
1912	5,084		5,084	불명	12,400	12,400
1913	5,692		5,692	불명	0	0
1914	6,360		6,360	불명	7,640	7,640
1915	8,015		8,015	불명	7,952	7,952
1916	10,188		10,188	불명	7,952	7,952
1917	12,033		12,003	불명	7,952	7,952
1918	14,362		14,362	불명	7,952	7,952
1919	14,926		14,926	불명	7,952	7,952
1920	17,094		17,094	불명	7,641	7,641
1921	17,573		17,573	불명	7,952	7,952
1922	19,873		19,875	불명	18,452	18,452

1923	21,040		21,040	불명	7,000	7,000
1924	21,030		21,030	불명	0	0
1925	21,531		21,531	불명	24,002	24,002
1926	22,469		22,469	32,250	24,002	56,252
1927	26,962		26,962	42,390	24,002	66,392
1928	30,806		30,806	66,959	24,002	90,961
1929	36,290		36,290	71,818	45,721	117,539
1930	38,853		38,853	99,539	45,541	145,080
1931	41,433		41,433	127,700	45,361	173,061
1932	40,939	3,197	44,136	163,585	45,181	208,766
1933	44,807	5,573	50,380	211,839	10,530	*222,369
1934	52,632	8,570	61,202	233,476	9,530	243,006
1935	54,821	12,789	67,610	224,972	7,670	232,642
1936	60,423	18,685	79,108	233,410	3,540	236,950
1937	68,303	25,955	94,258	241,317	1,360	242,677
1938	87,270	31,645	118,915	238,381	880	239,261
1939	106,889	39,335	146,224	260,645	880	261,525
1940	141,377	53,146	194,523	308,419	520	308,939
1941	176,906	66,766	243,672	333,742	340	334,082
1942	216,063	81,626	297,689	422,659	160	422,819

(주)

1. 우편저금은 연도 말의 잔고로 1926년 이후는 대장성 예금부통계서(제8~10회)에 의하며, 1925년까지는 조선금융사항참고서(1923~1925년)에 따른다.
2. 조선간이생명보험(간보) 제도가 생긴 것은 1932년이다. 표의 수치는 연도 말 잔고로 예금부통계서(제8~10회)에 따른다.
3. 조선 지구에 대한 융자는 지방공공단체, 조선은행, 동양척식주식회사 등에 대한 대부 등을 포함한다. 예금부연보(제1~4회)에 따른다.
4. 조선총독부 특별회계에 대한 대부금은 연도 말 잔고로 예금부연보 및 메이지다이쇼 재정사(明治大正財政史)(제4권 예금부 자금)에 따른다.

(다) 국고 자금 종합 수지(유출입)

이상을 종합하면, 조선 측에서 본 국고 자금 수지는 다음과 같다.

(단위: 천 엔)

연도	(A) 조선 측 수취	(B) 조선 측 지급	(A-B) 차액(수취 초과)
1907~1936	1,659,984	381,429	1,248,555
1937~1945	5,541,849	2,059,715	3,484,134
누계	7,201,833	2,439,144	4,762,689

(주) 예금부 자금 유출입은 포함하지 않는다.

조선 대 일본 국고금 유출입표

(단위: 천 엔)

연도	조선 측 수취				
	특별회계 이월		연금	군사비의 조선 내 지출	계
	일반회계의 수입	일반회계의 경비보충금			
1910		2,885		10,193	13,078
1911		12,350		9,652	22,002
1912		12,350		8,984	21,334
1913		10,000		8,233	18,233
1914		9,000	317	7,069	16,386
1915		8,000	372	6,971	15,343
1916		7,000	393	8,737	16,130
1917		5,000	432	10,536	15,968
1918	650	3,000	475	11,189	15,314
1919	650	0	539	15,838	17,027
1920	425	10,000	불명	17,857	28,282
1921	425	15,000	〃	24,587	40,012
1922	1,225	15,600	〃	19,551	36,376

1923	1,225	15,017	1,101	17,369	34,712
1924	4,278	15,021	3,081	15,238	37,618
1925	8,000	16,569	3,669	15,769	44,007
1926	800	19,761	3,574	15,716	39,851
1927	800	15,425	3,714	15,441	35,380

(주) 이 기간은 수취뿐으로 지급은 나타내지 않았다. 따라서 수취가 이대로 입초가 된다.

연도	조선 측 수취					
	특별회계 이월			은급 지급금	군사비의 조선 내 지출	계
	금자금 특별회계 수입	일반회계 수입	일반회계 경비보충금			
1928		800	15,458	3,964	15,873	36,095
1929		800	15,423	4,279	18,559	39,061
1930		800	15,474	4,674	18,648	39,596
1931		577	15,474	5,136	15,070	36,257
1932			12,914	5,738	14,189	32,841
1933			12,854	5,991	16,597	35,442
1934			12,825	6,339	18,077	37,241
1935			12,826	6,434	21,651	40,911
1936			12,918	6,654	25,951	45,523
1937	-		12,914	6,718	111,890	131,522
1938	-		12,909	6,814	65,742	85,465
1939	2,973		12,904	6,447	68,960	91,284
1940	17,183		14,678	6,384	40,627	78,872
1941	18,986		12,944	6,694	222,759	261,383
1942	9,516		12,967	불명	239,427	261,910

1943	9,922		12,957	불명	230,560	253,439
1944	6,800		17,737	불명	605,298	629,835
1945	불명		14,495	불명	1,434,601	1,449,096
(누계)	65,380	21,455	442,659	99,933	3,423,409	4,052,726

연도	조선 측 지불			수불(受拂) 초과 (△지불 초과)
	특별회계에서 일본내 회계로 이월		계	
	임군특별회계로	은급분담금		
1928				36,095
1929				39,061
1930				39,596
1931		2,739	2,739	33,518
1932		3,355	3,355	29,486
1933		3,374	3,374	32,068
1934		5,719	5,719	31,522
1935		6,938	6,938	33,873
1936	1,900	7,286	9,186	36,337
1937	11,033	7,600	18,633	112,889
1938	26,977	7,956	34,933	50,532
1939	41,290	8,046	49,336	41,948
1940	50,481	8,371	58,825	20,020
1941	94,567	8,924	103,491	157,892
1942	163,212	8,370	172,582	89,328
1943	203,058	10,130	213,188	40,251
1944	414,074	10,637	424,711	205,124
1945	606,212	불명	606,212	842,884
(누계)		100,445	1,713,249	2,339,477

(주)
1. 금 자금 특별회계로의 이월은 결산서에 따른다.
2. 일반회계의 수입, 일반회계의 경비보충금(1942년까지)은 조선총독부 통계연보(1910~ 1942년)에 따른다.
3. 은급 지급금은 저금국 통계연보(1923~1941년) 및 환저금국 통계연보(1914~1920년)에 따른다.
4. 일반회계의 경비보충금, 군사비의 조선 내 지출, 조선총독부 특별회계에서 임군(臨軍)특별회계로의 이월 및 은급 분담금은 쇼와(昭和)재정사XVI(구 외지재정, 하)에 따른다.
5. 일반회계의 경비보충금(및 임군 특별회계로의 이월)에서 1944년도, 1945년도는 예산, 그 외는 결산이다.
6. 군사비의 조선 내 지출은 1941년까지는 일반회계의 지출이다(1941년은 양자가 중복된다).
7. 은급 분담금 이월이 1931년부터 시작된 까닭은 같은 해에 은급 분담금의 특별회계에서부터 일반회계 이월에 관한 법률이 제정됐기 때문이다.

◈ 부록

조선은행에 대한 은 예금 문제

본건은 지금·지은의 반환 청구와 유사한 문제다. 한국은 제5차 회담 중 비공식 협의 시에 이 건을 어떻게 생각하는지 일본에 물었다. 이 문제는 본질적으로 조선은행의 일본 채무로 요강 4와 관련지어 고찰해야 하나, 편의상 여기에 게재한다.

(주) 이케다(池田) 총리는 국회 답변에서 한국의 청구 항목을 설명할 때 본건을 두세 차례 언급했다.

◎ 조선은행에 대한 은 예금 문제(1961년 9월 이재국 국고과 조사)

(1) 연혁

1938년 대지나(중국) 차관[화북(華北)정무위원회에 대한 대부]에 사용할 요량으로 정부가 소유한 은괴(13톤)와 원형 은괴(343장)를 일본 지정 예금으로서 조선은행에 예입했다.

(주)

1. 1938년 2월, 중국연합비준은행의 설립에 즈음하여 화북정무위원회의 중국연합준비은행에 대한 출자금 중 일부로 조선은행은 3,500천 엔 상당액의 은을 동 위원회에 대부했다. 이 때문에 일본 정부가 소유한 은지금(일본은행 보관)이 일본은행을 통해 조선에 공여됐다.
2. 조선은행은 위 은을 화북정무위원회에 대부했고, 그 출자를 받은 연은은 또 이를 조선은행에 예입하는 형태가 취해졌고, 조선은행은 그 은을 일본은행에 보관을 의뢰하고 이를 조선은행권의 정화 준비로 삼았다.
3. 그 후 예치금 일부는 변제됐으나, 남은 대부분의 보관된 은 현물은 계속 일본은행 오사카 지점(원형 은괴는 조폐국)에 있었다.

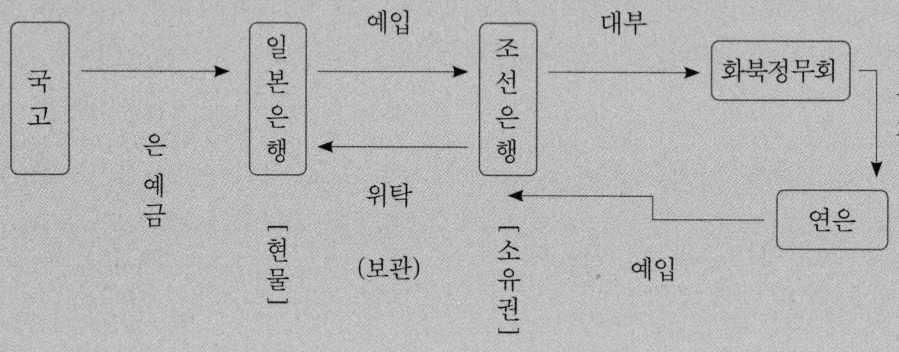

4. 수량

은괴13톤(시가 1억 4,000만 엔)

원형 은괴(은화) 34만 장(시가 8,800만 엔)

본건 일본 지정 예금으로 예입된 은괴들 중 원형 은괴 1,000장이 조선은행 다롄(大連)지점으로 보내져서 종전 당시 중국에 귀속됐으나, 그 밖의 은괴 및 원형 은괴는 일본은행 본점과 오사카 조폐국에 기탁됐었다. 그 후 종전으로 한때 연합군에 접수됐으나, 연합군에서 정부(관재국)로 반환했고, 그 소유권은 지정 예금 관련 채무와 함께 폐쇄기관 조선은행의 잔여재산으로 설립된 일본부동산은행으로 승계됐으므로 1961년 2월 은괴 분 상당의 지정 예금은 동행에서 환수됐다(원형 은괴 분도 관재국의 변제사무가 정리되는 대로 환수 예정).

(2) 한국 주장

한국은 일본은행과 조폐국에 기탁된 은괴 등은 화북정무위원회가 중국 연은을 경유해 조선은행에 예입한 것을, 일본은행 경유로 조폐국에 기탁한 것이라는 점에서 소유권은 원래 조선은행에 있던 것으로 보고 변제를 요구했다.

(3) 반론

본건의 소유권이 조선은행에 있었다 해도 이는 본국 내 자산으로 소유했었고, 또 정부의 은으로 일본 지정 예금 채무에 어상반하는 것이었으므로 한국의 청구권이 미치지 않는 것이다.

요강 2. 일본 정부의 대 조선총독부 채무의 변제 청구

1. 제6차 회담에서는 본 요강 중 (1) 체신국 관계만을 다루고 (2) 이하의 토의를 유보했으나, 제5차 회담에서 모든 내용을 토의한 때에 한국은 본 요강이 반드시 총독부 전체의 대일 채권을 포괄하지 않으며 체신사업에서 일본 정부에 대한 채권이 거의 대부분이고 이에 더하여 1945년 8월 9일 이후, 일본인이 군정법령 33호를 위반하여 재산을 이동한 것에 대한 반환 청구 등을 포함한다고 설명했다.

2. 표제에 '8월 9일 현재'가 들어간 것은 한국이 처음 본 요강의 청구 기초를 군정법령 33호로 취득한 것에 두었기 때문이라 생각한다.

참고자료

조선총독부 관계 설명

1. 조선총독부 기구에 대하여

(1) 연혁

(가) 한일병합

1897년, 조선은 '대한제국'으로 국호를 변경했다. 그러나 열강의 대립 속에서 간신히 지위를 유지하던 조선 정부는 일본이 러시아를 물리치고 일본의 지배가 결정적이 되자 그 존재조차 허락되지 않았다. 러일전쟁 후, 조선 정국의 움직임은 일본의 독점적 지배의 확립, 병합으로 가는 여정이었다.

1904년 1월, 러일 간에 전운이 감도는 가운데 러시아, 미국, 영국, 이탈리아의 열강 군대는 경성으로 들어왔고, 조선 정계는 심상치 않은 살기로 가득 찼다. 조선은 러시아의 승리를 예상하며 국외 중립을 선언하나, 2월 9일에 일본군이 인천에 상륙, 곧 경성으로 들어가 그 후의 전세가 일본에 유리해지자 친일로 태도를 바꾸었다. 그리고 2월 23일, 일본의 군사적 압력하에 일본군에 적극적으로 협력하고 "군략상 필요 1지점을 임기 수용할 수 있다"는 조항을 포함하는 「한일의정서」에 조인했다. 8월 23일에는 「제1한일협약」을 맺고 조선 정부의 재무, 외교 부문에 일본 정부가 추천하는 고문을 채용하고 조약과 기타 중요 외교 문제에 대해 일본 정부와 협의할 것을 승인했다.

1905년 9월에 일러평화조약을 일본의 승리하에 체결했고 이제는 조선에서 일본이 정치적, 경제적, 군사적으로 탁월한 지위를 가진다고 국제적으로 승인받았다. 같은 해 11월에 「제2한일협약」을 체결했다. 조선의 외교에 관한 모든 사무는 도쿄의 일본 외무성이 지휘 감리하며, 조선은 일본의 중개 없이 외국과 조약·약속을 일절 맺을 수 없으며, 일본 정부의 대표자인 통감을 한국에 두고 외교를 관리하는 사항 등의 협정을 맺었다.

이에 따라 이듬해인 1906년 2월 1일부터 경성에 '통감부'가 설치됐고 초대 통감으로 원로 이토 히로부미(伊藤博文)가 취임했다.

1907년 7월에는 황제가 퇴위당하고 군대가 해산됐다. 같은 해 11월, 「한일신협약」이 체결되어 조선의 내정 개선, 법령 제정, 고등관리 임면, 중요한 행정상의 처분 등은 모두 통감의 승인이 필요해졌다. 1909년 7월, 사법 및 감옥의 사무를 일본에 위탁하고 1910년 6월, 경찰 사무를 일본에 위탁하면서 일본의 헌병 경찰이 공공연히 권력을 휘둘렀다.

조선의 외교·내정·군사·경찰은 모두 일본의 지배하로 이행되어 보호정치로 불렸으나, 조선을 완전히 지배하려면 조선의 명목적 독립조차도 불안하므로 조선을 일본제국의 영토로 편입해야 했다. 1910년 8월, 한국병합에 관한 조약이 체결되어 명실상부하게 조선은 일본의 절대적 지배 아래에 놓이게 됐다[하타다 다카시(旗田巍), 『조선사』(이와나미전서) 194~196쪽].

(나) 영유 초기의 시설

1910년 8월 29일, 한국병합과 동시에 칙령 318호 「한국의 국호를 고쳐 조선으로 칭하는 건」 및 칙령 319호 「조선총독부 설치에 관한 건」이 공포됐으나, 당분간 통감부와 그 소속 관서(1906년 12월 설치)를 존치하고 조선총독의 직무는 얼마간 통감이 수행했다. 한국 정부에 속한 모든 관청은 내각과 표훈원(表勳院)을 제외하고 나머지는 모두 총독부 소속 관서로 간주해 정무 집행을 맡겼다.

한편 같은 날 긴급 칙령 324호 「조선에 시행할 법령에 관한 건」이 공포되어 조선에서 법제가 명확해졌으나, 본령에 따라 조선총독부의 설치와 함께 종래의 한국 법령 및 통감부령 등의 명의로 반포된 일본국 법령은 실효되어야 했다. 그러나 법령 교체로 인한 일시적 혼란을 피하고자 동일자 위 긴급 칙령에 의거한 조선총독의 명령인 제령 제1호로 「조선에서의 법령의 효력에 관한 건」을 반포하고 전기의 종전 법령은 당분간 조선총독이 발표한 명령으로 취급했다. 같은 해 9월 30일, 조선총독부 관제 및 소속 관서의 제반 관제를 공포하고 10월 1일부터 시행했다.

(2) 행정기구 및 중앙 정부와의 관계

(가) 행정

당초 조선총독은 육해군 대장이 맡았고(친임관), 천황에 직례(直隸)하여 내각총리대신 또는 각 성(省) 대신의 일반적 지휘·감독을 받지 않는다고 정했다.

총독은 위임 범위 내에서 육·해군을 통솔하고 조선 방비를 맡는 동시에 조선의 제반 정무를 통괄했다. 그리고 경무 기관으로 중앙에는 경무총감부를, 지방청인 도에는 경무부를 두어 헌병사령관이 경무총장을, 헌병대장이 도경무부장을 겸직하고 지방행정기관 밖에 특립(特立)하여 일반 경찰 위생 사무의 통리(統理)·집행을 맡겼다.

1919년 8월 개정으로 총독의 무관 자격 제한을 철폐하고 총독에 대한 육·해군 통솔권 위임 조항을 삭제했으며 조선에서 육·해군 사령관에 대한 출병을 청구할 수 있는 권한을 부여하는 동시에 헌병경찰제도를 폐지하여 이른바 문화정치로의 전환을 꾀했다.

1942년 이후 내외지 행정 일체화의 견지에서 총리대신 및 각 성 대신은 주관 사무에 관해 감독권(필요 한도 내의), 지시권을 인정받았다. 내무대신은 총독부의 사무 통리상 필요한 한도 내에서 지시권을 가졌다.

지방 행정에 대해 살펴보면, 조선 전국을 13도로 나누고 나아가 이를 재차 21부, 218군, 2도, 114읍, 2,211면(1942년 현재)으로 나누었다. 이곳에 도지사, 부윤(府尹), 군수, 도사(島司), 읍면장을 두고 관청 사무 집행자로 삼는 동시에 공공단체 사무의 집행을 맡겼고, 도에는 지사관방, 내무부, 산업부, 경찰부를 두어 각 소장 사무를 정했다.

총독부의 행정조직

조선총독부	총독부 소속 관서
총독관방	중추원
사정국	체신국 - 저금관리소 우편국
재무국	
식산국	철도국

농림국	전매국
법무국	도 - 군 - 읍 면
학무국	세무감독국 - 세무서
경무국	세관
후생국	재판소, 검사국
기획국	형무소
	기타

(주) 1943년의 관제 개정으로 상기 기구는 변경됐다.

(나) 입법

조선총독에는 위임입법[총독은 그 명령으로 법률이 필요한 사항을 규정할 수 있다. 다만, 사전에 총리대신을 거쳐 칙재(勅裁)를 구할 것]을 인정했다[이를 제령(制令)이라 칭한다]. 제령은 법률 칙령을 위배할 수 없다.

또 일반 법률은 조선에 당연히 적용되지 않았으며 필요한 경우에는 칙령으로 정했다.

◎ 조선에 시행할 법령에 관한 건(1911년 3월 25일, 법률 30호)

제1조 조선에서는 법률을 요하는 사항은 조선총독의 명령으로 이를 규정할 수 있다.

제2조 전조의 명령은 내각총리대신을 거쳐 칙재를 청해야 한다.

제3조 임시 긴급을 요하는 경우에 조선총독은 즉시 제1조의 명령을 발할 수 있다.

전항의 명령은 발포 후 즉시 칙재를 청한다. 혹여 칙재를 받지 못하면 조선총독은 즉시 명령이 장래에 있어 효력이 없음을 공포해야 한다.

제4조 법률의 전부 또는 일부를 조선에 시행할 필요가 있는 것은 칙령으로 이를 정한다.

제5조 제1조의 명령은 제4조에 따라 조선에 시행하는 법률이나 특별히 조선에 시행할 목적으로 제정한 법률 및 칙령을 위배할 수 없다.

제6조 제1조의 명령은 제령이라 칭한다.

부칙 본법은 공포일부터 시행한다.

(다) 예산

총독부 및 그 소관 사업의 예산은 특별회계로 편성하고 정부는 매년 총예산과 함께 의회에 제출하여 그 협찬(協贊)을 거쳐야 했다(총독부 특별회계에 대해서는 참고자료 2를 참조할 것).

(라) 사법

조선의 사법기관은 일본의 사법기관과는 별개의 계통에 속했고, 사법 행정은 조선총독 소관이었다.

(3) 종전 후의 상황

(가) 소련군의 침입과 북한 상황

1945년 8월 9일, 나진항의 공습을 계기로 소련군은 하늘과 땅에서 압박을 이어갔고 8월 15일 이후에도 계속해서 침입했다. 21일에는 원산에 상륙했고 그 후 평양, 해주부터 개성 북부에까지 닿으며, 38도선을 경계로 엄중한 경계선을 펼쳤다.

행정권의 접수는 평남, 평북, 황해도 등 모두 8월 23일부터 27일 사이에 이뤄졌다. 당초 소련군 장교는 도의 행정을 현행 도청기구가 계속 운영하며 치안에 특별히 책임을 져야 한다고 명령했다. 이 방침에 따라 준비했으나, 이삼일 후에 돌연 행정권 일체를 인민위원회에 인계하라는 지시가 있었고, 지사 이하 일본인 간부 특히 경찰관을 꽤 많은 하급자까지 아무런 이유 없이 억류, 구속시켰다. 인민위원회의 접수는 비단 행정권에 그치지 않고 중요 공장, 사업장, 금융기관에까지 미쳤으며, 시설 탈취, 일본인 종업원의 추방, 주택 점거 등이 진행되어 피난 일본인은 집, 가재도구, 예금, 현금 일체를 약탈당해 맨몸뚱이만 남은 비참한 상태에 빠졌다.

(나) 미군의 진주와 남한 상황

① 8월 15일의 종전 조칙과 함께 조선인은 민족독립의 환희에 흥분하여 가두시위운동을 벌였고 그 기세를 타고 폭동화 낌새를 보였으나, 경찰력의 무력화(일본인 경찰관은 소집에 응한 자가 많아 70% 이상을 점한 조선인 경관은 단속에 무력)로 치안력을 상실했던 탓에 거의 단속을 할 수 없는 지경이었다. 이렇듯 종전과 함께 조선총독부의 시정 침투력은 급격히 약화한다.

② 9월 2일 자 육·해군 일반명령 제1호(지령 제1호)에 따라 38도선 이남 조선에 있는 일본 군대는 미국 태평양 육군부대 최고사령관에게 항복해야 한다는 명령을 받았다. 9월 6일에 미 제24군 선발대 해리스(Charles S. Harris) 준장 일행이 경성에 도착, 조선군 항복에 대한 예비교섭을 진행했다. 9월 9일, 하지(John R. Hodge) 중장 및 킨케이드 대장 그리고 고즈키(上月) 조선군 사령관, 야마구치(山口) 진해경비부 사령관, 아베(阿部) 조선총독은 항복문서에 조인했다.

③ 9월 10일부터 총독부 각 부국은 미군 담당 장교에게 사무를 인계했고, 아베 총독을 대신해 조선총독의 권한 행사 권리를 부여받은 군정장관 아놀드 소장은 12일부로 모든 행정직원에게 그 직책을 계속하고, 공적 기관의 기록을 보존하라는 명령을 발표했다.

2. 조선총독부 특별회계에 대하여

(1) 근거 법령

◎ 1910년 9월 30일 칙령 406호「조선총독부 특별회계에 관한 건」

◎ 1910년 9월 30일 칙령 407호「조선총독부 특별회계 규칙」

◎ 일본 회계법의 조선에 대한 시행(1910년 9월 30일 칙령 412호)

(2) 총독부 특별회계의 지위

(가) 총독부 '특별회계'는 일본국 예산의 일반회계에 대한 호칭으로, 본질은 국가 재정에 대한 지방재정이나 완전한 독립 재정 제도가 아니어서 예산은 제국의회에서 의결했고 조선 내 주민의 참여권은 인정되지 않았다. 기채(起債)와 같은 것은 제국의회가 결정하고 조세도 일본 세법에 준거해 조선총독이 위임해 조선의 특수 사정을 감안하여 시행했다.

(나) 총독부 특별회계에는 군사비가 포함되지 않았다(다만, 1937년 이후에는 총독부 회계의 임시비 회계 이월분이 있다). 또 공채는 전부 사업 공채로 이른바 적자 공채가 아니었고 그 기채는 일본에서 소화됐다.

1. 1941년도 예산 1인당 평균

조선	41.63엔
일본(일반회계만)	109.35엔
(일반회계+임군비)	189.92엔
대만	54.67엔

2. 1939년도 국세, 지방세 1인당 평균 부담액

조선	9.53엔
일본	47.10엔
대만	12.89엔

(3) 총독부 회계와 일본 회계의 관계

이에 대해서는 요강 1 참고자료 6 '조선 대 일본 자금 유출입'의 (2) (가), (나)를 참조할 것.

(4) 종전 후의 처리 상황

조선총독부 특별회계 및 기타 조선 관계 특별회계(주1)는 여타 외지 관계 특별회계와 함께 전부 1946년 9월 13일 법 21호「정부 출자 특별회계법 외 21 법령의 폐지 등에 관한 법률」에 따라 폐지됐다. 그러나 이들 특별회계의 1944년도 및 1945년도 결산 정리는 동법에 따라 유보되어 특별회계의 폐지에 관한 필요 사항은 칙령으로 정하도록 규정했으나, 아직 정해지지 않았다(주2).

(주)

1. 조선철도용품자금 특별회계(근거 법령 1925년 법 18호)
   조선간이생명보험 및 우편연금 특별회계(동 1943년 법 18호)
   조선식량관리 특별회계(동 1943년 법 91호)

2. 정부 출자 특별회계법 외 21 법령의 폐지 등에 관한 법률(抄)

제12조 정부 출자, 영선 용품 자금, 육군 조병창, 육군 제융창(製絨廠), 해군 공창 자금(海軍工廠資金), 해군 화약창, 해군 연료창, 조선총독부, 조선철도용품자금, 조선간이생명보험 및 우편연금, 조선식량관리, 대만총독부, 대만식량관리, 대만사업용품자금, 가라후토청(樺太廳), 관동국(關東局) 및 남양청(南洋廳)의 각 특별회계의 1944년도분 세입 세출 결산 및 1945년도분 세입 세출 출납 및 결산 등에 대하여 구법은 이 법률 시행 후에도 또한 그 효력을 가진다.

제13조 정부 출자, 영선 용품 자금, 육군 조병창, 육군 제융창, 해군 공창 자금, 해군 화약창 및 해군 연료창의 각 특별회계 폐지 시에 이들의 특별회계에 속하는 결산상의 잉여 혹은 부족, 자본 혹은 자금 또는 권리 의무는 일반회계로 귀속시킨다.

제14조 조선총독부, 조선철도용품자금, 조선간이생명보험 및 우편연금, 조선식량관리, 대만총독부, 대만식량관리, 대만사업용품자금, 가라후토청, 관동국 및 남양청의 각 특별회계 폐지에 관하여 필요한 규정은 칙령으로 정한다.

제15조 전 조항에 규정하는 각 특별회계의 1944년도 또는 1945년도의 세입 세출 결산의 회계 검사원에 대한 송부 및 제국의회에 대한 제출은 당분간 연기할 수 있다.

<부속 통계>

총독부 세계(歲計) 추이(결산)

(단위: 천 엔)

연도	세입	세출	연도	세입	세출
1911년	52,284	46,172	1929년	240,579	224,740
1912년	62,126	51,781	1930년	218,210	208,724
1913년	63,093	53,454	1931년	214,954	207,782
1914년	62,047	55,099	1932년	220,300	214,494
1915년	62,722	56,869	1933년	252,073	229,224
1916년	68,202	57,562	1934년	300,942	268,349
1917년	74,903	51,171	1935년	330,219	283,958
1918년	100,101	64,062	1936년	384,493	324,472
1919년	125,803	93,026	1937년	470,708	407,029
1920년	146,343	122,221	1938년	590,275	500,526
1921년	175,134	148,414	1939년	800,695	680,066
1922년	169,360	155,113	1940년	995,263	813,516
1923년	152,713	144,768	1941년	1,085,391	931,809
1924년	143,006	134,810	1942년	1,312,885	1,155,791
1925년	184,901	171,763	1943년	1,878,647	1,671,965
1926년	211,708	189,470	1944년	2,441,706	2,441,706
1927년	234,243	210,852	1945년	3,117,107	3,117,107
1928년	238,152	217,690			

(주) 1944 · 1945년도는 예산액

총독부 세입 내역

(단위: 천 엔, 괄호안 %)

연도	경상부			임시부			
	세 및 인지	관업(官業) 및 관업재산	기타	공채차입금	전년도 잉여금	보충금	기타
1910	212,822 (31.9)	164,889 (24.5)		103,536 (15.4)		66,700 (9.9)	
1919							
1918	34,806	22,288	2,276	13,098	23,731	3,000	910
1921	49,616	42,027	3,772	37,219	24,122	15,000	5,375
1924	47,446	48,995	3,357	10,872	7,945	15,021	9,366
1927	54,465	116,406	2,124	18,372	22,238	15,425	5,211
1930	53,711	114,403	2,585	12,505	15,838	15,473	3,690
1933	61,522	135,193	2,702	32,648	5,805	12,853	1,346
1936	95,245 (24.8)	198,141 (51.5)	3,680 (1.0)	26,121 (6.8)	46,260 (10.8)	12,918 (3.4)	2,125 (0.6)
1939	140,107 (17.4)	375,491 (46.9)	5,250 (0.7)	134,017 (16.7)	89,749 (11.2)	15,878 (2.0)	40,201 (5.0)
1942	305,136 (32.2)	577,576 (44.0)	18,632 (1.4)	166,673 (12.7)	153,581 (11.7)	22,483 (1.7)	68,742 (5.2)
1945	648,215 (20.8)	1,276,644 (41.0)	43,605 (1.4)	574,788 (18.4)	211,765 (6.8)	246,713 (7.9)	114,770 (3.7)

(주) 1945년도는 예산액, 기타 연도는 결산액

총독부 세출 예산 목적별 (단위: 천 엔)

항목	1933년	1936년	1939년	1942년	1945년
이왕가 세비	1,800	1,800	1,800	1,800	1,800
중앙행정비	3,120	3,212	7,216	55,071	248,110
법무비	7,875	9,496	13,571	18,262	26,893
지방행정비	9,794	7,738	17,206	21,353	49,709
경무비	20,229	21,341	27,166	37,215	75,099
의무위생비	1,756	2,015	2,990	3,065	3,603
문교비	7,802	13,822	19,570	35,948	89,319
재무비	2,026	6,182	8,011	13,886	35,649
권업비	14,766	17,135	49,136	92,697	582,648
관업비	28,616	40,428	57,229	105,480	217,523
교통통신비	88,720	138,394	357,056	407,533	753,085
복리시설비	633	1,380	2,762	7,678	48,221
국채제비	24,633	31,012	35,219	54,542	109,167
토목비	11,319	19,525	31,310	46,394	63,888
섭외시설비	2,400	1,809	2,663	8,165	2,110
재해복구비			23,056	480	0
기타제비	6,530	14,890	58,003	215,143	770,278
총계	232,026	329,645	707,984	1,124,717	3,117,107

(주) 1945년도는 예산액, 기타 연도는 결산액

3. 조선 지방채 및 공사채에 대하여

(1) 국채(의 형식인 것)

(가) 조선사업공채법에 따른 공채

1944년도 현재 (단위: 백만 엔)

기채 한도액	2,995
사업별 발행 제한액(주요한 것)	
철도 건설 및 개량비	2,183
도로 수축(修築) 개량비	85
항만 수축 개량비	156
금산 송전선 시설비	56
토목 개량 사업비 보조	175
토목비 보조	210

(주) 위 계수는 1944년도 이후 수년에 걸친 계속비를 포함했다. 따라서 최근 연도까지 발행되어 실제 총독부의 부담에 속하는 공채액은 2,323백만 엔이었다(뒤에 게재하는 참고 통계를 참조할 것).

(나) 기타(전부 총독부 부담 공채 또는 차입금)

① 사설(私設) 철도 매수 교부 공채 총액 114백만 엔

② 행정 정리에 의한 하사금에 필요한 교부 공채(계수 불명)

③ 전쟁 중 조선의 미맥(米麥) 생산을 확보하기 위한 보급금 및 기업 정비 관계자에게 교부하는 재원을 위한 공채 310백만 엔 등이 있었다.

(다) 공채 발행과 상환

조선 관계 국채는 대장성에서 여타 공채와 함께 모집했고, 원리 상환도 대장성에서 일본은행과 연락하여 전부 처리했다. 따라서 조선은 단순히 그 부담에 속하는 원리 상환을

국채정리기금 특별회계로 이월했을 뿐이었다.

◎ 이월액(1910~1944년 누계) 725백만 엔

(라) 조선 재정에서의 공채의 성격

조선 재정에서 공채는 이른바 적자 공채가 아니라 원칙적으로 사업 공채에 국한되었고 생산과 개발을 위해 쓰였다. 일반적으로 조선에서는 조선 개발에 필요한 공채의 소화 능력이 부족하여 거의 절반을 일본 자금에 의존했다고 할 수 있다.

(주) 조선총독부 특별회계가 부담하던 국채 2,323,321천 엔[위 (가)]은 1945년도 이후 일반회계로 승계됐다.

(2) 지방채

도(道), 부(府)에서도 거액의 재원이 필요했고, 더욱이 생산적인 사업은 기채를 통해 시행하는 방침을 취했었다.

외지 지방채 현재고(1947년 3월 흥은 대외 처리부 조사) (단위: 천 엔)

	도채	부채	계
채권 발행			
예금부 간보 인수	96,604	29,313	125,918
공모	104,431	74,220	178,651
계	201,035	103,534	304,569
증서 발행			
예금부 간보 인수	52,159	2,786	54,946
일반	-	15,221	15,221
계	52,159	17,997	70,157
합계	253,195	121,531	374,726

(3) 공사채

조선의 공사채는 자금 일부는 지방 단체 사업에 할당됐고(식산채권의 경우), 나머지는 조선의 사업 개발을 위해 쓰였다.

외지 공사채 발행 현재고 조사(1947년 2월 8일 현재) (단위: 천 엔)

	미상환 총액	일본 발행액	식민지 발행액
금융채	1,133,628	733,895	399,733
(중 식산채권)	1,062,983	702,983	360,000
영단채 (營團債)	132,757	0	132,757
회사채	1,196,023	1,161,523	34,500
(중 동양척식)	687,095	687,095	0
계	2,462,408	1,895,418	566,990

국채 자금 수불(受拂)표 (1) (단위: 천 엔)

연도	조선총독부 특별회계 차입 국채				국채정리기금 특별회계로의 이월액
	종별(차입처)	상환 연한	기채액	연말 누계 현재고	
1910	제1회 사분리(四分利) 공채	6년	1,053	19,081	957
1911				31,175	1,348
1912				44,958	1,999
1913	조선사업비 국고채권	4년	3,000	56,516	5,030
1914	(대장성 예금부)	3년	5,000	62,657	4,752
1915	(동) (일반회계)	동 동	2,952 5,500	69,102	6,242
1916	(일본흥업은행) (일반회계)	1년 3년	1,000 11,134	78,687	4,759
1917	(동) (대장성 예금부) 조선사업비 국고채권	동 동 5년	2,585 5,000 45,000	93,388	4,710

1918	(대장성 예금부) (일반회계) 오분리 국고채권	3년 동 5년	2,952 5,500 13,236	104,923	7,675
1919	(일반회계) 오분리 국고채권	3년 동	11,134 14,435	119,358	6,033

국채 자금 수불표 (2)

(단위: 천 엔)

연도	조선총독부 특별회계 차입 국채				국채정리 기금 특별회계로의 이월액	공채금 수입 중 조선총독부 이월분
	종별(차입처)	상환 연도	기채액	연말 누계 현재고		
1920	(일반회계) (대장성 예금부) 오분리(五分利) 국고채권	동 동 동	2,585 5,000 23,213	147,568	7,202	
1921	(일반회계) (대장성 예금부) 오분리 국고채권 및 공채	동 동 55년	5,500 311 23,549	131,413 (190,323)	9,217	37,219
1922	(일반회계) 오분리 국고채권 및 공채	3년 55년 또는 3년	11,134 108,641	176,730 (227,366)	11,701	21,125
1923	(일반회계) 오분리국고채권 및 공채	5년 1년~7년	2,585 58,721	181,332 (253,905)	12,663	6,595
1924	(대장성 예금부) 오분리 국고채권	6월~6년 1년~7년	21,800 32,750	212,565 (265,158)	13,282	9,000
1925	(대장성 예금부) 오분리 국고채권	5년 7년~11년	3,750 57,744	227,425 (283,738)	14,599	9,000
1926	오분리 공채	55년	15,003	242,434 (298,746)	15,121	13,383
1927	오분리 국고채권 및 공채	13년~20년	42,423	269,780 (325,956)	16,691	17,819

국채 자금 수불표 (3)

(단위: 천 엔)

연도	조선총독부 특별회계 차입금		국채정리기금 특별회계로의 이월액	공채금 수입 중 조선 총독부 이월분
	기채액	연말 누계 현재고		
1928	17,819	297,072	17,554	13,747
1929	16,247	318,451	18,585	11,505
1930	12,505	329,665	23,349	13,214
1931	13,214	348,671	24,517	14,035
1932	23,035	373,731	22,658	25,648
1933	32,645	462,495	24,364	27,926
1934	27,926	489,480	25,022	20,922
1935	20,922	509,038	27,015	26,121
1936	26,121	546,191	31,011	51,003
1937	51,003	592,286	29,670	86,319
1938	86,319	673,968	29,755	134,017
1939	134,017	803,097	32,198	156,886
1940	156,886	963,610	37,087	149,108
1941	149,108	1,106,294	43,411	166,673
1942	166,673	1,265,113	50,312	366,546
1943	366,546	1,652,963	63,228	588,356
1944	588,344	2,323,321	82,178	
1945				
누계			675,188 (1921~1943 누계) 725,895 (1910~1944 누계)	1,966,167

(주)

1. 조선총독부 특별회계 차입 국채, 1927년까지는 『조선금융사항참고서 1929년판』에 따른다. 1928년 이후의 연말 누계 현재고는 『쇼와(昭和)재정사VI 국채』에 따른다.
전자는 차입금을 포함한다(1921~1927년의 괄호 안 수치는 쇼와재정사의 수치다).
2. 기채액은 1927년까지는 「일본인의 해외 활동에 관한 역사적 조사」에 따른다. 전자는 차입금을 포함하며 후자는 조선사업공채법에 따른 것뿐이다.
3. 국채정리기금 특별회계로의 이월액은 「일본인의 해외 활동에 관한 역사적 조사」 조선 편, 제7분책에 따른다.
4. 공채금 수입 중 조선총독부 총독부 이월분은 『쇼와재정사VI 국채』에 따른다.

4. 국가승계이론의 문제

(1962년 1월 12일 일 외무성 조약국 법규과 조사 「한일청구권 처리에 관한 문제점」에서 발췌)

정상적인 관계에서 새로운 국가가 분리 독립할 때는 국제법상 국가승계이론에 따라 재산권 처리에서 비교적 일치된 방식을 채용하는 것이 통례다. 구체적, 개별적 문제는 당사국 간의 교섭 결과로 꽤 신축성(Flexible) 있게 처리하는 경우가 있으나, 원칙적으로 일치된 관행으로 굳어진 점을 본건 청구권과의 관계에서 보면 다음과 같은 부분이 문제다(국가승계이론은 두말할 나위도 없이 국가 상속의 모든 문제와 관련되고 오로지 재산권 처리에만 관련되지 않으나, 여기에서는 그 면만이 문제가 된다).

(가) 분리지역에 존재하는 사유재산은 존중되어야 한다.

(나) 분리지역에 존재하는 국유, 준국유재산은 원칙적으로 신 영유국에 귀속된다.

(다) 분리지역 밖에 존재하는 국유, 준국유재산으로 분리지역에 속하는 행정재산의 성격을 가진 것은 신 영유국으로 인도하는 것이 통례이다.

(라) 분리지역에서 유통되는 통화의 보증준비는 통화 발행 채무에 대한 보증으로 여겨지며, 발권 채무가 신 영유국으로 계승되는 때는 보증준비도 인도하는 것이 통례이다.

그러나 한일 간에는 군정법령 33호로 인해 (가)의 원칙이 깨지고 있다. 따라서 (다), (라)의 원칙에 대해서는 관련조항(relevant clause)의 대상으로 인도에 응하지 않는 태도를 취하는 것은 이유가 있다고 생각한다[오스트리아는 국가조약 제23조 (3)에서 (라)에 속하는 청구권을 포기했는데, 이는 재오스트리아 독일 재산 취득 사실을 고려한 것으로 해석된다].

다만, 미국 해석에서 관련조항의 취지를 법률적 상계가 아닌 가치적(equity) 사상에 있다고 생각하면, 법률적으로는 평화조약 제4조 (b)항의 규정이 의미하는 것은 통상적인 국가승계이론에 따라 인도되어야 하는 것 이외에 우리나라는 추가 부담(additional burden)으로 사유재산 몰수를 인정했고 일반국제법상의 국가승계원칙의 적용은 하등 저해되지 않는다는 입장도 성립할 여지가 있다.

(주) 본건과 남북한의 관계를 함께 고려하면 구체적으로 문제가 되는 것은 다음 부분이다.

총독부 관계, 조선은행 관계 등 이른바 국유재산이 상속적 성격을 갖는 것에 대해서 한국 정부를 '정통 정부'로 볼 때는 전부 지급하나, '유일한 합법 정부'에 그친다고 볼 때는 전부 지급할 수 없다.
통화 발행 채무로서의 발권 준비 인도 문제는 상술한 국유재산 상속과는 별개로 승계이론의 대상이 될 수 있으나, 이 경우 조선 지역에서 유통되던 조선은행권 총액 중 현재 남한 지역에서 유통되던 부분의 비율에 맞추어 조선은행 발권 준비금 중 그 비율에 어상반(於相半)하는 준비금 인도로 충분하다고 생각한다.

<참고> 영토 분리 경우의 재산권 처리 조약 선례

분리지역에 있는 양도국 재산의 취급 선례

재산 종류	이탈리아조약	베르사유조약	생제르맹조약	「이탈리아」 및 「베르사유」 양 조약의 비교
국유 공유재산	계승국 또는 트리에스테 자유지역(Territorio Libero di Trieste)에 무상 양도 (지방 관헌, 공유시설, 공유 회사 및 조합 등의 재산을 포함함) (제14 부속서 1) (할양지) (제10 부속서 1) (트리에스테)	양수국은 동 지역에 있는 독일국 및 각 방(邦)의 재산을 취득한다. 배상위원회가 재산의 가격을 결정하고 독일 정부의 대변계정에 산입한다. (제256조 제1항) 다만, 다음 할양지역에 대해서는 무상양도로 결정됐다. (가) 알자스로렌 (Alsace-Lorraine) (제256조 제3항 및 제56조) (나) 벨기에국으로의 할양지 (제256조 제3항) (다) 위임통치지 (제25조, 제120조)	제208조에서 베르사유조약과 동일한 취지를 규정했다.	(1) 「이탈리아」조약의 경우, 재 할양지 공유재산의 무상 승계는 영토 할양에 부수한 당연한 관념에서 왔으며, 「베르사유」조약의 경우와 같은 배상 개념과는 별개의 범주다. (2) 「이탈리아」와 「베르사유」를 비교하면 후자의 재산 범위가 좁다. (3) 위 「이탈리아」조약에서는 재 할양지 사유재산 존중 입장을 채용하여 사유재산의 범위를 엄격히 제한했다.

사유재산 자연인 재산	(1) 조약 시행일에 영주하는 이탈리아인 재산은 처분하지 않는다. (2) 상기 이외의 이탈리아인의 재산은 일반 외국인과 같다. (제14 부속서 9)	재 연합국 재산과 마찬가지로 청산된다. [제197조 (나)]	제249조에서 베르사유조약과 동일한 취지를 규정했다.	「베르사유」조약에서는 할양지에 정주하는 구 독일인의 재산에 대해서는 대체로 「이탈리아」조약과 동일하다. 다만, (1) 알자스로렌에 대해서는 국적 선택권을 엄중히 제한하고 프랑스는 독일인 재산을 청산하는 권리를 가졌다(제53조, 제74조). (2) 독일 구 식민지의 계승국은 동 지역에 있는 독일인 재산을 청산하는 권리를 가졌다(제297조). 위와 같은 규정 때문에 「이탈리아」조약과 비교해 가혹하다.
사(私)적 법인 재산	이탈리아국 법인 재산은 일반 외국 법인과 같다. (제14 부속서 9)	독일인이 관리하는 회사의 재산은 청산한다.	제249조에서 베르사유조약과 동일한 취지를 규정했다.	「베르사유」조약에서는 분리지 소재 법인의 귀속 결정에 관해 기준을 회사의 국적에도 회사의 주소(본점 소재지)에도 두지 않고 관리주의를 채용했다. 「이탈리아」조약의 경우, 본점을 이탈리아로 이전하지 않은 회사는 당연히 계승국의 국적을 취하는 것으로 해석된다.

영토 분리 경우의 채무 관계 처리의 선례

	베르사유조약	생제르맹조약	트리아농조약	로잔느조약	이탈리아조약
1. 공채					
(1) 평시(平時) 공채	지방채를 포함해 양도 지역과 독일 영토의 수입을 기초로 한 비율에 따라 계승국이 책임을 분담한다(제254조).	(1) 베르사유조약과 같다.(203조 2절)	생제르맹 조약과 같음	(1) 발칸전쟁 전의 공채는 터키와 영토 양수국이 분담한다.(46조) (2) 대전 참전 당시, 터키가 보유하던 공채는 본 조약에 따라 터키 영토를 계승한 국가와 터키가 분담한다.(50조)	(1) 이탈리아 정부에 지급 의무가 있다.(제14 부속6)(제10 부속5) (2) 다만, 위 지역의 이익이 되는 비군사적 공공 및 민생사업 관계 공채로 할양지역 또는 트리에스테에 계속 거주하는 개인, 법인(본점이나 주된 영업소가 있는 것에 한함)이 소유하는 것을 계승국 또는 트리에스테는 책임을 진다.(제10 부속서 제5항 및 제14 부속서 제6항) 실시 방법은 별도 협의에 따른다. (3) 특별히 규정은 없으나, (가)와 마찬가지로 이탈리아 정부에 인수 의무가 있다고 해석된다.
(3) 군사 공채	전시 중 발행한 공채는 독일이 책임을 진다(296조). 비고 (1) 관유재산을 위해 소요된 지출에 해당한다고 인정된 공채는 할당에서 제외한다(제255조 3). (2) 독일이 알자스로렌을 획득한 당시(1871년), 프랑스 공채를 인수하지 않은 것을 이유로 프랑스는 위 지역에 관한 독일 공채를 인수하지 않았다(제255조).	존재 장소의 여하를 불문하고 오스트리아도 계승국도 모두 책임을 지지 않는다(205조).			

	(3) 폴란드는 독일의 식민정책에 기인하는 공채를 인수하지 않았다(제255조). (4) 위임통치 수임국은 독일의 공채를 일절 인수하지 않는다(257조).				
(4) 담보부 공채 (5) 담보부 지방채		담보 물건이 존재하는 지역을 계승한 국가는 전전 발행 공채 중 취득한 담보 물건에 맞는 부분을 인수한다.(203조 1절 1항)(철도 기타 물건의 매수에 관한 공채는 담보부 공채로 간주된다.) 취득한 담보 물건에 상응한 부분을 양수국은 인수한다.			

1. 체신국 관계

1) 우편저금, 대체저금, 우편환

(주) 8개 항목 일람의 표제에는 '우편저금, 대체저금, 환저금 등'이라 적혀 있었으나, 제5차 회담 당시 한국이 '환저금'은 '우편환'의 잘못이라고 설명했다.

(1) 한국 주장

한국인이 우편저금, 대체저금, 우편환으로 일본 정부에 예입한 분의 지급을 청구한다[구체적으로는 우편저금, 대체저금, 우편환에 관해 경성 체신국에서 중앙(일본)으로 집중된 금액의 1945년 9월 15일 현재(이날에 재조선 우편국의 업무가 이전된 것으로 한다) 잔고를 추계하여 그중 한국인분(북한도 포함한다. 이하 같다)을 당시의 일본·조선 인구비, 계좌 수, 실적을 고려하여 정하고 그 해당분의 지급을 청구했다].

<참고> 제5차 회담의 한국 주장

한국에 있던 우편국의 종전 당시 과초금(過超金)으로 일본으로 보낸 금액의 반환을 청구한다. 그 근거는 군정법령에 따른 접수채권이라고 주장했다.

(2) 한국 주장액

한국인분 잔고

우편저금	1,019,633,809엔 327전
대체저금	111,054,064엔 022전
우편환	67,037,869엔 758전
(계)	1,197,725,743엔 109전

<산정 근거>

① 계수는 경성 저금관리소에 있던「환, 저금 및 세입세출 총 결산표」를 기초로 했다.

외환 저금 및 세입세출금 잔고표(1945년 9월 말 현재)

(단위: 엔)

과목		대변 계정(貸邊計定)		차변 계정(借邊計定)	
◎ 우편환		74,843,664	187		
◎ 우편저금		1,243,995,199	258		
입체금(立替金)		57,670	230		
가수금(假受金		4,384,532	959		
체신관서세입금		21,990,045	397		
잡부금		68,715	960		
역환금		18,147,981	000		
◎대체저금		122,536,940	670		
조선보험회계		19,762,302	960		
逓송금	납부금			16,119,163	330
	교부금			23,692,980	000
	회납금			25,672,372	800
가불금				6,890,599	978
사고금				1,673,680	220
체신관서세출금				76,272,360	393
우편우표저금				57	000
증권				12,936,720	330
중앙				1,340,572,398	240
체신관서현금				1,956,720	330
합계		1,505,787,052	621	1,505,787,052	621

② 1945년 9월 15일 잔고를 다음과 같이 추계했다.

(단위: 엔)

종류	1945년 9월 말 현재고(A)		9월 중 순증고(B)		1945년(A-B×1/2) 9월 15일 현재 추정액(C)	
우편저금	1,243,995,199	258	170,640,831	864	1,158,674,783	326
대체저금	122,536,940	670	△ 7,321,718	710	126,197,800	025
우편환	74,843,664	187	△ 2,671,466	530	76,179,397	452

③ 위 금액에 대한 일본인분 및 한국인분(조선 전체분을 뜻한다)의 비율을 다음과 같이 추정했다.

(가) 계좌 총수(1945년 9월 말)

계좌 수	15,418,092
현재고	1,158,674,783엔 326전
1계좌당 평균	75엔 15전

(나) 인구(1944년 통계에 의함)

한국인	25,513,352명 (0.94)
일본인	712,583명 (0.06)

15,418,092엔(계좌 평균 잔고)×0.06(일본인 비율)=925,085(일본인 추정 계좌 수) (a)

75엔 15전(1계좌 평균 잔고)×2(일본인 잔고를 평균 잔고의 배로 추산)=150엔 30전(일본인 1계좌당 추정 평균 잔고) (b)

139,040,275엔 500전(일본인 현재고 추정 산출액)÷1,158,674,783(1945년 9월 15일 현재 우편저금 현재고)=0.12(전체 현재고에 대한 일본인 비율)

따라서 한국인분의 비율은 0.88이 된다.

④ 따라서 우편저금, 대체저금, 우편환의 한국인분은 각각 다음과 같이 산출된다.

우편저금

1,158,674,783엔 326전(현재고)×0.88(한국인 비율)=1,019,633,809엔 327전

대체저금

126,197,800엔 025전(현재고)×0.88(한국인 비율)=111,054,064엔 022전

우편환

76,179,397엔 452전(현재고)×0.88(한국인 비율)=67,037,869엔 758전

(3) 일본 견해

한국인의 예입 잔고를 확인 후 지급을 고려하겠다.

<참고>

제5차 회담에서 제기된 한국의 '과초금 반환 청구'에 대한 일본의 견해는 다음과 같다('과초금'에 대해서는 참고자료 4를 참조할 것).

① 단순히 우편국의 자금적인 잉여액인 과초금으로 우편저금에 대한 청구로 하는 것은 불합리하다.

② 만약 과초금을 채권적인 것으로 생각했다고 해도 과초금에 관한 '채권'은 채무자인 우정성이 있는 일본에 소재하므로 해당 법령의 효과는 이에 미치지 않으므로 거부한다. 또 이와 관련해 8월 9일 이후의 과초금 송금을 문제로 삼는다면 12월 6일 이전임을 주장하여 거부한다.

③ 한국인의 우편저금 지급이라면 고려의 여지가 있다.

(4) 일본 조사액

① 한국인분 잔고(우편저금, 대체저금 계) 258백만 엔

② 위에 대한 1961년 8월까지 이자

(연 3.96% 반년 복리) 196백만 엔

<산정 근거> (우정성 저금국 조사의 추정을 기초로 함)

(가) 우편저금의 조선인분 추정 방법

종전 당시의 우편저금 현재고(1945년 9월 말)에 대해 귀국 일본인 등에 대한 기(旣)지급분을 공제한 미지급 잔고를 구하고, 이 미지급 잔고에서 일본인 미지급분을 다시 공제해 조선인에 대한 미지급분을 산출했다.

① 종전 당시 현재 잔고(1945년 9월 말)

16,135,744계좌 1,202,182,389엔 (A)

(가) 1945년 10월 1일 이후 귀국 일본인에 대한 지급 총액

1,109,293계좌 974,301,540엔 (B)

(나) 상동의 지급 시까지 이자 상당액(추정)

37,130,875엔 (C)

(다) 상동의 1945년 9월 말 현재의 원금 상당액(B-C)

937,170,665엔 (D)

(라) 1945년 10월 1일 이후 조선 현지에서 취급된 일본인에 대한 예입환급 차액

4,968,149엔 (E)

예입금 34,120,731엔

환급금 29,152,582엔

(마) (D)-(E)(9월 말 현재 잔고에 대응하는 환급액)

932,202,516엔 (F)

(바) 미지급 잔고(A-F)

269,979,873엔 (G)

② 일본인 1인당 평균 예금액 산정

(가) 일본인에 대한 지급 총 계좌 수

1,109,293계좌 중 전부 지급 668,661계좌, 일부 지급 440,632계좌

(나) 일부 지급된 것의 잔고(이자 제외) 추정

1계좌　평균 50엔(실적조사에 의해 추정)

합계액　50엔×440,632(계좌)=22,031,600엔 (H)

(다) 일본인 1계좌당 예금액

937,170,665엔(D)+22,031,600엔(H)÷1,109,293(구)(지급 총 계좌 수)

=865엔 (I)

<참고> 종전 시 일본 1계좌당 예금액 190엔

③ 일본인 1인당 평균 계좌 수 추정

종전 당시 일본의 인구 1인당 계좌 수는 2.5계좌였으나, 위 ② 와 같이 종전 당시 조선의 일본인 1구당 추정 금액이 일본의 1구당 예금액보다 훨씬 많았고 또 저금법에 따라 예금자는 통장이 원칙적으로 1개(1계좌)로 제한되었다는 점 등을 감안하여 다음과 같이 추정했다. 일본인 1인당 1.1계좌

④ 일본인분 총액 종전 당시 재조선 일반 일본인 712,583명

일본 군인 군속

319,431명

일본인 총 계좌 수

1.1계좌×(712,583명+319,431명)=1,135,215계좌 (J)

일본인 예금 총액

865엔(I)×1,135,215계좌(J)=981,960,975엔 (K)

⑤ 조선인분 총액(A-K)

1,202,182,389엔-981,960,975엔=220,221,414엔

<참고>

조선인 총 계좌 수

6,135,744계좌-1,135,215계좌(J)=15,000,529계좌

조선인 1인당 평균 예금액

220,221,414엔÷15,000,529계좌=14엔 68전

조선인 1인당 평균 계좌 수

15,000,529계좌÷25,133,352(명)(종전 시 조선지역 조선인 인구)=0.6계좌

(나) 우편대체저금

우편대체저금의 시산 시에는 이용 실태 등을 감안하여 법인단체와 개인(일반인), 이용자로 분류하여 산출했다. 전자인 법인단체는 재조선 법인 수(일본계 회사, 조선계 회사 별도), 후자인 개인은 법인단체 관계 분을 총액에서 공제한 부분을 인구 비율에 따라 안분(按分)한다.

① 종전 당시 현재고 및 종전 후 일본인에 대한 지급액 등

(가) 1945년 9월 말 현재 총액

64,043계좌 179,539,500엔

(나) 1945년 10월 1일 이후 귀국 일본인에 대한 지급 총액

350계좌 3,522,282엔

② 법인단체의 가입 관계

(가) 법인단체 가입자의 1계좌당 평균 현재고 7,214엔(실적에 의해 산정)

(나) 법인단체 수[외무성이 의뢰한 민간인 조사(1938년)]

일본계 법인단체	3,136사	58%
조선계 법인단체	2,278사	42%
합계	5,414사	

(다) 법인단체 분의 추정액

일본 분 3,136(사)×7,214엔=22,623,104엔

조선 분 2,278(사)×7,214엔=16,433,492엔

합계 39,056,596엔

> (주) 법인단체 가입에는 위 외에 관공서 가입 7,787계좌가 있으나, 계좌 현재 잔고를 전혀 알 수 없어 위 산정 요소에는 포함하지 않았다.

③ 개인(일반인)의 가입 관계

(가) 개인 가입자(일본, 조선 합산)의 총액

179,539,500엔(종전 당시 현재 잔고)-39,056,596엔(법인단체 현재 잔고)

=140,482,904엔

(나) 일본, 조선 인구 비율(총독부 조사)

일본인(외국인 등 포함) 784,529명(3%)

조선인 25,133,352명(97%)

계 25,917,881명

(다) 개인 가입자의 계좌 수

64,043(총 계좌 수)-5,414(법인단체 계좌 수)=58,629계좌

(라) 개인 가입자의 1계좌 평균 현재 잔고

140,482,904엔÷58,629(계좌)=2,396엔

(마) 개인분의 추정 현재 잔고

일본인 3,518(계좌)(개인 총 계좌 수의 6% / 3%×2)×2,396엔(1계좌 평균)

=8,429,128엔

조선인(개인 총액에서 일본인 분을 제외한 분) 132,053,776엔

> (주) 일본인 개인의 가입률은 조선인 가입률의 2배로 추정했다.

④ 일본인분, 조선인분의 총액

일본인분 2,623,104엔+8,429,128엔=31,052,232엔

조선인분 6,433,492엔+132,053,776엔=148,487,268엔

(다) 한국인분의 추정

1. 조선인분 잔고

우편저금	220,221,414엔
대체저금	148,487,268엔
계	368,708,682엔

2. 한국인분은 위의 70%(남북한의 인구 비율에 따른 남한분)로 본다.

368백만 엔×70%=258백만 엔

(라) 우편환은 계산 미비로 인해 산정하지 않았다.

(5) 조선인 우편저금의 취급

현재의 취급은 우정성의 행정 해석에 따라 재조선 우편국으로 예입된 조선인의 저금에 대해서는 평화조약의 규정에 비추어 양국 간의 특별 협의로 해결되어야 한다는 이유로 조선인 개인이 직접 청구해도 이를 거부하도록 했다. 실제로도 군사우편저금 등 특별처리법에 따른 새 통장의 교부 청구에 대해서는(주민등록증 제시 등으로) 본인이라는 증명을 요구하고 이름이 조선 이름이면 거부했다. 따라서 조선인과 관계된 재조선 우편 예입 저금이 환급될 일은 없다고 생각한다.

참고자료

1. 제6차 회담 때 제출한 우편저금 계수
(1961년 11월 30일 청구권 임시소위 제2회 회합에서 제출)

시산 방법

조선 지역의 우편저금의 원부는 현지에 남겨둔 상태다. 조선 지역의 우편국에서는 매일 우편저금의 예입액과 환급액을 현금출납일보로 각 저금관리소(경성, 부산, 전주, 평양, 함흥)에 보고하고 저금관리소는 매월 예입액을 정리하여 우편저금정산월표를 작성한 뒤 이를 당시의 체신성 저금국에 송부했다. 이 밖에 각 저금관리소에서는 매일 예입액과 환급액을 정리하여 환저금수불금계산서(일계표)를 작성한 뒤 체신성 저금국에 송부했다.

이들 자료는 종전 후의 통신 혼란 등으로 인해 전부 도착하지 않았으나, 입수한 자료를 중심으로 종전 후의 현재 잔고를 시산했다.

◎ 우편저금 등 현재 잔고 조서(1961년 11월 29일 우정성 저금국)

(1) 1945년 9월 15일 현재 우편저금 등 현재 잔고 (단위: 천 계좌, 천 엔)

구분	계좌 수	금액
우편저금	15,093	1,099,325
특별거치저금	1,043	23,858
우편대체저금	64	176,809
우편환	-	1,671

(2) 위의 표 (1) 중 1945년 10월 1일 이후의 일본인에 대한 지급 완료액 (단위: 천 계좌, 천 엔)

구분	계좌 수	금액
우편저금	1,100	937,171
우편대체저금	350	3,520
우편환	-	12,672

(3) 해외환저금(1945년 9월 15일 현재)

(단위: 천 계좌, 천 엔)

구분	계좌 수	금액	비고
우편저금	38	4,824	군인, 군속 및 탄광노무자 등의 우편저금

(4) 1945년 10월 1일 이후 현지에서 취급된 일본인의 우편저금 예입환급액

(단위: 천 엔)

예입금	환급금	차감
34,121	29,153	4,968

(5) 1945년 9월 15일 현재 현지의 우편국 보관 현금 및 우편국 상호 운송 도중 현금

(단위: 천 엔)

우편국 보관 현금	운송 도중 현금	계
56,881	275,189	332,070

◎ (참고) 한일 간의 우편저금 등의 총액에 대한 검토 결과(1961년 12월 우정성 저금국)

(1) 한일 양국의 수치 비교

(a) 1945년 9월 말일 현재

우편저금	일본 측	1,202,182,388엔 612
	한국 측	1,243,995,199엔 258
	차감	△ 41,812,810엔 646
우편대체저금	일본 측	179,539,500엔 110
	한국 측	122,536,940엔 670
	차감	57,002,559엔 440
우편환	일본 측	△ 2,861,475엔 530
	한국 측	74,843,664엔 187
	차감	△ 77,705,139엔 717
총액 전체	일본 측	1,378,860,413엔 192
	한국 측	1,441,375,804엔 115
	차감	△ 62,515,390엔 923

(b) 1945년 9월 15일 현재

우편저금	일본 측	1,123,183천 엔
	한국 측	1,158,675천 엔
	차감	△ 35,492천 엔
우편대체저금	일본 측	176,809천 엔
	한국 측	126,198천 엔
	차감	50,611천 엔
우편환	일본 측	1,671천 엔
	한국 측	76,179천 엔
	차감	△59,389천 엔

(2) 한일 양국이 교환한 총액 수치는 위 (1)과 같이 다소 차이가 있으나, 종전 얼마 전부터 일계표가 다소 도착하지 않은 점을 감안하면 한국 측 수치가 '보다 정확'한 듯 보인다. 그러나 한국 측이 환산 내역표 등을 지참하지 않은 점 등의 이유로 증빙자료를 대조하지 못하는 만큼 한국 측 수치가 '정확하다'고 단정할 수 없다.

(3) 또 우편환은 그 절대치에서 양자 간에 큰 차이가 있으나, 원래 우편환의 잔금비율이 평소 그리 많지 않고 한국 측이 제시한 액수는 상식적인 수치라고 생각할 수 없다.

(4) 위와 같이 총체적 수치에서 의견의 일치를 보지 못한 탓에 일본인분, 한국인분의 시산은 일본 측의 총액에 기초하여 실시하기로 했다.

또한 한국 측은 1945년 9월 15일 현재 잔고(現在高)로 시산했으나, 일본 측은 보다 정확성을 기하는 의미에서 9월 30일의 현재고로 시산했다.

2. 체신국 및 조선의 우편저금

(1) 체신국 관계 법령

◎ 조선총독부 체신관서관제(1912년 칙령 30호)

◎ 조선총독부 체신국사무분장규정

◎ 조선총독부 저금관리소사무분장규정

◎ 조선총독부 우편국, 전신국 및 전화국사무분장규정

◎ 조선총독부 우편, 전신 및 전화국소취급사무

이들 법령에 따라 우편환저금 업무 및 조선간이생명보험과 우편연금 사업은 체신국 및 하부의 우편국 등이 소관했다.

(2) 우편환저금 업무

1907년에 종래 체신성이 담당하던 조선의 우편저금, 우편환 관리사무를 통감부 체신국이 맡아 처리하게 됐고, 이후 총독부 체신국이 인계했다.

◎ 업무 종류

국내 우편환, 외국 우편환, 일만(日滿) 우편환, 우편저금, 우편대체저금, 일만우편대체, 연금 은급 교부, 국고금의 수불(受払)

(3) 조선의 우편저금

(가) 조선의 우편저금 제도는 1880년 8월, 부산 일본 우편국에서 취급한 것이 시작이다. 이후 조선에서는 저축기관 부족과 다년간에 걸친 가렴주구(苛斂誅求) 결과, 민중의 저축 관념이 떨어져 조선인의 예금과 관련된 것은 1908년 3월 말에 고작 4,200여 명, 금액 30,700여 엔에 불과한 상황이었다.

이후 제도 개선, 기관 확충, 저축 관념 보급 등을 도모한 결과, 조선의 경제 발전에 수반해 매해 저금액과 저금자가 증가하여 1944년 말의 예금 인원은 병합 시의 107배, 금액은 203배에 달했다. 그러나 조선인 1인당 평균 예금액은 병합 시 일본인 예금액의 18%,

1935년 말에는 6%에 불과했다. 이는 조선인의 낮은 저축률을 보여주는 한 지표라 볼 수 있다.

조선에서 수입된 우편저금은 일단 대장성 예금부에서 취급했고, 다시 적당한 기관을 경유하여 조선으로 환원됐다. 즉 1941년 말에 예금부 자금의 조선 환원액 합계는 446백만 엔에 달했는데, 이는 같은 시기 조선우편저금액 161백만 엔의 약 3배 정도에 상당한다. 이 점에서 우리는 조선에 대한 일본의 금융정책이 시종일관 꼭 착취만은 아니었다는 사례를 하나 볼 수 있다.(「일본인의 해외 활동에 관한 역사적 조사」 조선 편 제7분책 44 ~ 45쪽)

◎ 우편국 수 979곳(1938년도 말)

◎ 저금관리소 5곳(경성, 부산, 평양, 원산, 함흥)

(나) 우편저금 관계 법령

◎ 조선에 시행할 법령에 관한 건(1911년 3월 법 30호)

제4조 법률의 전부 또는 일부를 조선에 시행할 필요가 있는 것은 칙령으로 정한다.

◎ 조선에 시행할 법률에 관한 건(1910년 9월 칙령 412호)

다음의 법률은 이를 조선에 시행한다.

一. 우편법

一. 우편환법

一. 우편저금법

◎ 우편저금법(1905년 2월 법 23호)

제1조 우편저금은 정부가 이를 관장한다.

◎ 우편저금규칙(1911년 3월 총령 31호)

◎ 우편대체저금규칙(1909년 12월 총령 69호)

◎ 우편, 전신전화관서(官署), 현금, 출납, 계산 규정(1907년)

(다) 조선우편저금 관계 계수

◎ 조선우편저금 잔고 추이

연도	합계		조선인		(B)/(A) (%)
	명수(천 명)	금액(A)(천 엔)	명수(천 명)	금액(B)(천 엔)	
1910년도 말	139	3,206	35	190	5.9
1920년도 말	1,383	17,093	1,077	2,326	13.6
1935년도 말	3,571	54,820	2,732	9,082	16.5
1940년도 말	6,827	141,377			
1944년도 말		609,718			
1945년 4월 말		641,736			
1945년 5월 말		671,596			
1945년 6월 말		706,798			
1945년 7월 말		750,820			
1945년 8월 말		1,020,671			

◎ 조선우편대체저금 잔고 추이

연도	명수(명)	금액(천 엔)	연도	금액(천 엔)
1910년	461	186	1945년 4월 말	189,549
1932년	27	4,487	1945년 5월 말	201,282
1935년	32	6,250	1945년 6월 말	198,598
1940년	49	18,827	1945년 7월 말	180,664
1944년		189,959	1945년 8월 말	174,253

자료: 1940년도 말까지는 총독부 통계연보, 조선금융사항참고서에 따른다. 1944년도 말 이후에는 1961년 3월 우정성 저금국 조사에 따른다.

3. 조선의 종전 후 환저금 업무 취급 사항(1953년 9월 우정성 조사)

지구별 / 사항별	남한			북한	
	경성	부산	전주	평양	함흥
1. 종전 후 시행된 특별조치	조선인 직원에게 업무를 인계하고 조기에 철수할 수 있도록 하라고 총독부 체신국이 연락한 정도로, 업무상의 특별조치는 없었다.	부산 저금관리소 총무과장의 회신이 있었을 뿐으로, 상세 사항은 알 수 없으나, 상황은 경성과 대체로 비슷하다고 생각된다. 또한 일본인 직원은 무단 귀국한 자가 많아 관리소 내 사무는 혼란스러운 모양새였다.	경성과의 통신 두절로 연락 없음.	좌동	1945년 8월 17일 체신국과 전화가 연결되어 조기 철수 방법, 연락이 있었을 뿐이다.
2. 대체저금 수불 상황	1. 계수 서류는 반출할 수 없었다. 2. 우편저금은 일본으로 반출하라는 총독부 재무국장의 방송이 있었기 때문에 9월 하순부터 약 10일간 은행예금 교환 등으로 1일 1억 엔의 순수 증가가 있었다. 그러나 그 후 통장반출금지명령이 발표되고 예금인출이 증가하면서, 1인 500엔으로 제한됐다. 그래서 통장에 도장까지 붙여 조선인에게 투매하는 일본인이 꽤 많았다.		1. 상동 2. 수불 상황은 경성과 마찬가지다. 다만, 통장을 조선인에게 투매한 예는 없다.	1. 상동 2. 저금관리소에서 증거서(證據書)를 받은 것은 1945년 8월 20일경이다. 또한 인민위원회로 인계한 당시 현재고는 다음과 같다. 저금 3,531,526구 152,241,213엔 대체저금 8,721구 10,545,583엔	1. 상동 2. 불명
3. 일본 정부 사업으로서의 환저금 업무폐쇄 연월일	일정 시기를 정하여 행정권의 인수가 이루어지지 않아 각 관서에서 구마다 조선인 직원에게 인수인계했다. 저금관리소에서는 1945년 10월 31일부로 일본인 직원은 해임되고 조선인에게 인수인계됐다. 체신국, 우편국에서는 1945년 10월 22일경 인계했다.		1945년 10월 25일, 라디오 방송에 따라 조선인 직원과 교체하여 업무를 수시로 인계하고 1945년 10월 31일 해임했다.	저금관리소는 1945년 8월 29일에 평안남도 인민정치위원회로 인계됐고, 일본인 직원은 즉시 퇴소를 명받았다. 인계는 장부와 확인하고 엄격했다.	1945년 8월 17일, 소련군이 진주하면서 즉시 우편국을 접수했고 일본인은 사무를 보지 않았다.

4. 저금원장, 대체계좌표 등 증거서류 처리 상황	종전대로 인계했으나, 한국전쟁 탓에 소실됐을지 모른다.		인계 조서를 작성해 인계했으나, 그 후 일본인 원장은 따로 격납한 듯하다.	인계 후, 수일이 지나고 점령군이 불필요하다고 옥외로 반출할 때 흩어지면서 잃어버린 듯하다.	인계는 조서를 작성해 엄중히 실시했다. 인계 후, 소련군이 파기한 듯하다.
5. 부내의 범죄사고	1. 저금관리소에서는 직원의 90%가 조선인이었기 때문에 통제력이 풀린 때를 틈타 인수인계 전에 사고가 있었을지도 모르나, 인수인계까지 판명된 것은 2~3건에 불과하다. 2. 우편국에서는 조선인 국원이 수취인과 결탁하여 통장면 이상으로 지급한 일이 상당수 있던 듯하다.		부내 범죄 사례는 기억나는 일이 없다.	상동	상동
6. 우편국의 보관현금 및 자산 과초금 처리 상황	조선인 직원에게 인계됐다. 또 송금 중의 도난은 없었다.		불명	불명	불명
7. 일본은행 경성대리점에 대한 예탁금 계좌	최종 납입은 1945년 9월 15일. 잔고 처리 상황은 불명.				

4. 과초금에 대하여(1961년 5월 이재국 자금관리관 조사)

(주) 이하의 설명은 제5차 회담 당시 한국 측이 우편저금 관계 청구에 대하여 '과초금 반환 청구'라는 구성을 취했기 때문에 이에 대처하기 위해 조사한 것이다.

(1) 과초금이란 조선의 각 우편국이 각종 수불을 한 자금 잔고를 도쿄 우정 본성 주임관에게 송부할 목적으로 조선은행(일본은행 대리점)에 납부한 현금이다(일본은행은 그 액수만 조선에서 예금을 인출한다. 따라서 과초금이 있다는 것은 일본은행의 입장에서 보면 반대로 청구권이 있다는 말이다).

(2) 그러나 이 과초금에 대한 조선은행과 일본은행 본점의 결제 관계를 보면, 결제는 단순히 과초금에 대해서만 이루어지지는 않았다.

(가) 조선은행은 과초금이 납부되면 이를 일본은행의 예치금(일본은행 예금)으로 수입하는데, 그 외에 국고금을 지급한 것이 있으면 이를 일본은행 예금의 불출에 계산해 넣는다.

(나) 이러한 결과 잔고가 적자가 되지 않고 또 잉여자금이 남지 않도록(예탁금 한도액은 300만 엔), 조선은행과 일본은행 간에 부단히 일본은행 예금(일본은행의 입장에서 보면 대리점 예금)의 예입 또는 인출이 이루어졌다.

(다) 이 대조선 대리점 예금은[후술하는 (3) 근거 자금이 없는 세출 항 참조] 일본은행 계산상 최종적으로는 126만 엔의 잔고 부족 상태였다.

따라서 설령 과초금이 있다 해도 대리점 예금이 잔고 부족이 됐다는 것은 이 결제가 종료된 것을 보여주며, 만약 그 결제가 종료되지 않았다면 반대로 일본은행의 입장에서는 채권이 있다는 사실을 보여준다. 단순히 우편국의 자금적인 잉여액 과초금 액수로 우편저금 등의 액수를 추정할 수는 없다.

(3) 따라서 우편저금, 대체저금 등에 대한 청구는 과초금 송부액이라는 형태로 청구할 게 아니라, 구체적인 우편저금, 대체저금 등으로 청구해야 할 것이다.

<참고> 조선 관계 자금 과초금 수수에 의한 자금 결제 요령

[조선 측]

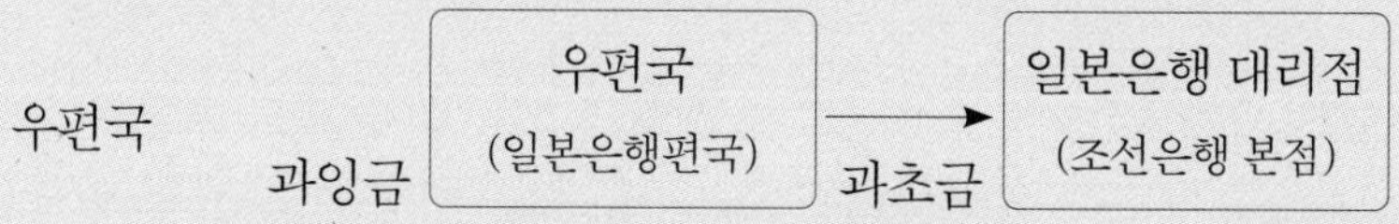

① 과초금 수입

은행권	
100	

② 일본은행과의 자금 결제

본·지점(도쿄지점)	
	100

[일본 측]

(a) 조선은행 도쿄지점

당좌예금(또는 다른 자산 a/c)	
	② 100

본점(경성 본점)	
② 100	

일본은행 예금	
② 100	① 과초금 100

(b) 일본은행 본점

<table>
<tr><th colspan="3">국고 a/c</th></tr>
<tr><th>차변</th><th>과목</th><th>대변</th></tr>
<tr><td rowspan="2">② 100
② 100</td><td>국고 내 환</td><td>① 100</td></tr>
<tr><td>우정성 예탁금</td><td>② 100</td></tr>
<tr><td>① 100</td><td>정부 예탁금</td><td></td></tr>
</table>

<table>
<tr><th colspan="2">영업 a/c</th></tr>
<tr><td>① 대리점 예탁 100</td><td>① 정부 예금 100</td></tr>
<tr><td>② 일본은행권 100</td><td>② 대리점 예금 100</td></tr>
</table>

◎ 설명

①은 과초금 수입에 의해 조선은행 도쿄지점, 구 은행 본점에 통지, 조선은행 본점은 과초금 수입으로 은행권(조선은행권)이 환수되어 채무가 감소한다[동시에 도쿄지점에서는 일본은행 예금(대리점 예금) 채무를 진다].

②는 과초금 수입 통지를 일본은행 본점과 조선은행 도쿄지점이 받으면, 자금 결제를 한다.

(a) 조선은행 도쿄지점은 일본은행 예금(부채)에 계산해 넣는 동시에 일본은행 당좌예금(또는 다른 자산)을 내어 본점에 대한 대출을 계산해 넣고 이로써 일본은행 예금 채무가 감소한다.

(b) 일본은행 본점은 국고 계좌(a/c)로는 국고 내 환의 수입이 되고 같은 액수를 정부 예금으로 계산해 입금, 영업 계좌(a/c)로는 대리점 예금 수입(자산 증가)과 정부 예금 채무를 계산해 넣고 조선은행 도쿄지점에서 예금을 납부(일본은행 예금 지출)받음에 따라 은행권 채무(또는 당좌예금 채무)가 감소하고 대리점 예금(자산)이 감소한다.

5. 환저금 업무에 관한 일본 및 조선 간 채권 · 채무 조서

(1961년 3월 우정성 저금국 조사)

A. 일본 측 채권

종별	금액	적요
1. 종전 시 조선우편국 보관 현금	58,739,294엔 001	조선에서 우정성으로 도착한 계산서를 기초로 한 추정액으로, 1945년 9월 말의 금액이다.
2. 종전 시 조선우편국 상호 간 운송금		
(1) 자금	24,890,845엔 900	
(2) 과초금	219,621,173엔 710	
3. 종전 후 일본인 저금 예입고	26,734,414엔 000	1945년 10월 1일 이후 조선의 우편국으로 예입된 저금으로 종전 후 본국에서 지급한 것이다.
4. 종전 후 조선 발행 환 본국 지급액	10,265,487엔 000	종전 후 조선에서 발행된 우편환의 본국 지급액이다.
※5. 중앙회송금 미결제액	125,967,000엔 000	종전 전 조선의 우정관서가 과초금을 우정성으로 송부하기 위해 현지의 일본은행 경성지점에 납부한 분 중 일본은행 본점과 미결제 처리된 것으로 1945년 9월 말 분이다. 또한 본 계수는 조선에서 우정성으로 도착한 계산서 등을 토대로 산출했다.
※6. 종전 전에 조선 우편국에서 원리금을 지급 또는 수매 완료한 증권 현물	8,341,504엔 350	일본은행 또는 권업은행에 대해 증권 수매 등의 대금을 청구하는 자료로 수매한 증권 현물을 반환받을 필요가 있다.
합계	474,559,718엔 961	

B. 일본 측 채무

<table>
<tr><th>종별</th><th>금액</th><th>적요</th></tr>
<tr><td>1.
조선인 저금 잔고</td><td>8,159,781엔 000</td><td>전시 중 탄광 노무자 등으로 일본에 건너온 조선인이 종전 후 귀국 시 사업소에 잔치한 저금통장 등을 토대로 조사한 추정액으로, 1961년 1월 말 금액이다. 기타분은 불명이다.</td></tr>
<tr><td>2.
조선인 증권 잔고</td><td>3,550,240엔 000</td><td>우정관서에서 보관 중이던 우편저금 예금자의 증권을 1949년 9월에 일제히 매각하여 그 매각대금을 우편저금에 산입한 것 중 조선인으로 인정되는 것의 추정액이다.</td></tr>
<tr><td>3.
조선인 은급 미지급액</td><td>158,593,758엔 000</td><td>조선인으로 인정되는 은급의 수급자원부를 토대로 조사한 1945년 8월부터 1952년 4월까지의 미지급 총액이다.</td></tr>
<tr><td>※4.
종전 시 현지 일본은행 대리점 등의 차입금 미결제고</td><td>11,404,808엔 000</td><td rowspan="2">종전 전후로 일본은행 등에서 자금을 수입했으나, 미결제 처리된 것으로 1945년 9월 말 금액이다. 본 계수는 조선에서 우정성으로 도착한 계산서 등을 토대로 산출했다.</td></tr>
<tr><td>※5.
종전 시 현지 민간은행의 차입금 미결제고</td><td>63,456,066엔 200</td></tr>
<tr><td>합계</td><td>245,164,653엔 200</td><td></td></tr>
</table>

비고: 본 자료는 일본 조선 간의 통상적인 채권·채무 청산 관계를 전제로 작성된 것으로, 군정법령에 따른 일본 측 채권 접수 효과 등은 고려 대상에서 제외했다. 재한 재산의 몰수 등이라는 이례적인 사태가 없었다면, 한일 우편저금 관계 채권·채무 처리는 위와 같았을 것이라는 참고자료다.

(주) 본 조서 중의 ※표시는 그 상대방이 일본은행 등으로 엄밀히 따지면 일본조선 간의 대차액은 아니나, 우정성으로서 미결제로 되어 일단 본 표에 계산해 넣었다.

6. 외지 우편저금의 취급(귀국 일본인에 대한 지급 상황)

(1961년 11월 우정성 저금국 조사)

◎ 군사 우편저금 등의 지급 제한 연혁

연월일	군사우편저금	외지우편저금	우편대체, 우편환	근거 법령 등
1945.10.15	해외에서 취급된 우편환저금의 지급이 전면 금지됐다.			칙령 제578호 대장성령 제88호
1945.11.1		남양(南洋), 가라후토(樺太) 및 오키나와에서 예입된 저금의 지급하기 시작했다.		대장성 고시 제371호
1945.12.4			환증서 등 1945년 9월 23일 이전에 본국에 도착한 것에 한해 1,000엔을 한도로 지급하기 시작했다.	대장성 고시 제399호
1945.12.6		조선, 대만, 관동주, 화북에서 예입된 저금은 1개월 500엔을 한도로 지급하기 시작했다.		대장성 고시 제400호
1946.1.17	예입 시기를 묻지 않고 1명당 1,000엔을 한도로 지급하기 시작했다.			대장성 고시 제6호
1946.5.18		(1) 조선, 대만, 관동주, 화북, 가라후토, 남양, 오키나와 등에서 예입된 저금은 1945년 9월 30일 이전의 저금에 한해 지급했다. (2) 조선, 대만, 관동주 및 화북에서 예입된 저금은 1개월 인출 한도를 500엔으로 정했다.		대장성 고시 제343호
1948.6.5		일본 정부가 발행한 우편저금 통장에 만주에서 예입된 저금은 1945년 9월 30일 이전의 예입금에 한해 1개월 500엔을 한도로 지급하기 시작했다		대장성 고시 제173호

1948.6.10	종전의 지급 제한을 완화해 1945년 8월 15일 이전에 예입된 저금은 전액, 같은 해 8월 15일 이후에 예입된 저금은 1명당 1,500엔까지 지급했다.			대장성 고시 제177호
1949.6.3		조선, 대만, 관동주, 화북 및 만주에서 예입된 저금으로 1945년 9월 30일 이전에 예입된 저금에 대한 1개월 500엔 지급 제한을 철폐했다.		대장성 고시 제374호
1954.5.15	군사우편저금 등 특별처리법의 시행에 수반해 종래의 지급 제한이 전면 폐지되고 별표에 따라 환산한 뒤 지급하기 시작했다.			법률 제108호

<별표>

취급 기관 소재 지역으로 구(舊) 야전우편국 및 구(舊) 해군군용우편소는 최종 소재 지역	환산율 (1엔에 대한 표시금액)		
	갑	을	병
조선 및 대만	1엔	1엔	1.5엔
관동주	1엔	1엔	1.6엔
화북	1엔	11엔	100엔
화중 및 화남	1엔	11엔	432엔
홍콩 및 하이난(海南)섬	1엔	10엔	10엔
말레이 및 버마(현 미얀마)	1엔	11엔	432엔
구 네덜란드령 동인도 제도 (북보르네오 포함)	1엔	1엔	6엔
기타 지역	1엔	1엔	1엔

(주)

1. 외지 우편저금 및 우편대체저금의 환산

1945년 10월 1일 이후 예입된 외지 우편저금의 현재고 및 동일 이후 납부된 외지 우편대체저금(계좌에 수입된 것은 그 현재 잔고)에 대하여

① 표시금액이 별표2에 게재된 환산율로 환산한 금액이 5,000엔까지인 부분에 대하여
… 별표 을란의 환산율

② 표시금액이 별표2에 게재된 환산율로 환산한 금액이 5,000엔을 초과하는 부분에 대하여
… 별표 병란의 환산율

2. 외지 우편환의 환산

1945년 10월 1일 이후 발행 청구가 있은 외지 우편환에 대하여

① 표시금액 1,000엔까지인 분에 대하여 … 별표 갑란의 환산율

② 표시금액 1,000엔을 초과하는 부분에 대하여 … 별표 을란의 환산율

2) 국채 및 저축채권

제6차 회담에서 한국 측은 요강 5 (1)의 유가증권에 포함해 청구한다고 말했다.

(주) 제5차 회담에서는 (종전) 당시 체신국 관계로 보유하던 등록국채, 저축채권을 지목해 상환을 청구한다고 주장했다.

3) 조선간이생명보험 및 우편연금

(1) 한국 주장

조선간이생명보험 및 우편연금 특별회계에서 대장성 예금부로 예입된 금액은 실질적으로 개인 계약자의 부금 적립으로, 이 예입금 중 한국인분의 반환을 청구한다(1945년 9월 15일 현재의 예입금 잔고 중 한국인분을 동년 8월의 수납보험료 비율로 정해 이의 지급을 청구).

<비고> 제5차 회담에서 한국은 군정법령에 따른 접수를 근거로 조선간보연금회계에서 대장성 예금부로 예입된 금액 전체의 반환을 주장했다.

(2) 한국 주장액

한국인분 135,444,445엔 51전

<산정 근거>

① 조선간이생명보험 및 우편연금의 예금부 예금(1945년 9월 15일 현재)

	가입자 수	보험료 월액	합계
적립금	116,945,340엔 032	10,164,709엔 980	127,110,050엔 012
여유금	20,330,000엔 000	1,400,000엔 000	21,730,000엔 000
계	137,275,340엔 032	11,564,709엔 980	148,840,000엔 012

② 조선간이생명보험 한일인 비율(1945년 8월 말 현재)

	가입자 수	보험료(월액)	보험금액
한국인	10,518,829 (93%)	12,967,545엔 400 (91%)	2,438,810,366엔 200 (92%)
일본인	719,332 (7%)	1,170,806엔 700 (9%)	196,626,458엔 000 (8%)
합계	11,238,161	14,138,352엔 100	2,635,436,824엔 200

③ 조선간이생명보험 및 우편연금 한일인별 금액

한국인　148,840,052엔 012×0.91=135,444,445엔 510전

일본인　148,840,052엔 012×0.09=13,395,604엔 502전

(3) 일본 견해

한국인 개인 계약자의 청구를 만족시키고자 동 회계에서 예금부로 들어간 금액 중 한국인에 해당하는 부분을 합리적으로 산정해 그 부분의 반환을 고려한다.

<비고> 제5차 회담의 한국 주장에 대한 우리 측 견해는 다음과 같다.

① 예금부 예입분은 이에 관한 채권이 채무자(대장성) 소재지에 있어 군정법령의 효과가 미치지 않는다고 보고 거부한다.

② 한국인 부금의 반환 청구라면 일단 이해가 되는 내용이다(하지만 조선간보연금사업은 우편저금 업무와는 달리 총독부가 독립적으로 운영했으니 현지 자산으로 정리해야 한다는 견해도 있으나, 이 점에 대해서는 일본 통치시대의 통치 기구로 한국에 대항하면 상대가 납득하지 못할 것이라는 비판이 나올 듯 하다).

(4) 일본 측 조사액

① 한국인분 69,481천 엔

② 위에 대한 1945년 9월 ~ 1961년 8월까지 이자

1% 복리: 예금부 예금 보통예금분 11,991천 엔

<산정 근거>

이재국 자금 관리관 조사 및 우정성 간이보험국 담당관 조사 자료를 토대로 추정했다.

(가) 조선간이생명보험 및 우편연금의 예금부 예금 조사(일본은행 본점 계산에 따른다. 1945년 11월 30일 현재)

적립금 111,017,343엔 762전

여유금 13,522,033엔 370전

합계 124,539,377엔 132전

<비고>

① 국고 계산상 일반부 '전시 미정리' 과목 중 구 예금부 예금 액수(1945년 11월 30일 현재)

(단위: 엔)

	보험 계정	연금 계정	합계
적립금 예금	181,914,466	3,344,857	185,259,323
여유금 예금	99,418,668	9,668,897	109,087,565
합계	281,333,134	13,013,754	294,346,888

② 우정성 간이보험국 호시나(保科) 씨(구 조선간보에 근무. 1947년 귀국)의 자료를 토대로 한 구 예금부 예입금 액수(1945년 11월 30일 현재)

(단위: 엔)

	보험 계정	연금 계정	합계
적립금 예금	268,995,341	11,829,513	280,824,854
여유금 예금	12,337,793	1,184,241	13,522,034
합계	281,333,144	13,013,754	294,346,888

(주) ① , ② 양자의 계수가 적립금 예금, 여유금 예금별로 다르나 합계액이 일치하는 이유는 동시에 다른 회계가 1944년도 결산을 한(일본 측에서는 미결산) 결과, 여유금을 적립금으로 대체한 것으로 생각된다(호시나 씨도 결산했다고 발언했다).

③ 호시나 씨의 자료를 토대로 한 조선 측의 적립금 운용 상황

(단위: 엔)

	공공대부	지방채인수	채권보유	예금부 예금	계
보험 계정	42,417,024	79,018,590	30,547,900	117,011,827	268,995,341
연금 계정	1,654,000			10,175,513	11,829,513
계	44,071,024	79,018,590	30,547,900	127,187,340	280,824,854

④ 대장성 자료 위 ① 을 호시나 씨 자료의 계수로 바꾼 액수

(단위: 엔)

적립금	공공대부	44,778,560	44,778,560
	지방채인수	94,814,079	94,814,099
	채권인수	30,214,900	30,214,900
	예금부 예금	15,451,784	111,017,315
	소계	185,259,323	280,824,854
여유금 예금부 예금		109,087,565	13,522,034
합계		294,346,888	294,346,888

(나) 호시나 씨의 계산을 토대로 한 일본 조선 비율의 추정

간이보험은 1944년도 말의 계약 연도별 계약준비금과 신계약 보험료에 대한 일본조선 가입 비율을 이용하여 계산하고, 우편연금은 1944년도 말의 종류별 계약준비금과 1944년도 말 현재 보유 계약의 부금액을 종류별로 본 일본 조선 가입비를 이용하여 계산하면, 1944년도 말 현재의 일본 조선 비율은 다음과 같이 추정된다.

간이보험 일본인 17.40% 조선인 82.60%

우편연금 일본인 69.86% 조선인 30.14%

(다) 한국인분 금액 산정

① 조선인분 추정

	예입금 총액		간보연금 비율		조선인분 비율		
간이생명보험	124,539천 엔	×	$\frac{281,333}{294,346}$	×	82%	=	97,607천 엔
우편연금	124,539천 엔	×	$\frac{13,013}{294,346}$	×	30%	=	1,652천 엔
계							99,259천 엔

② 한국인분 추정 99,259천 엔 × 70%(남한분) = 69,481천 엔

참고자료

1. 조선간이생명보험 및 우편연금에 대하여

(1) 조선간이생명보험 및 우편연금은 타 지역의 간이생명보험이나 우편연금과는 사뭇 다른 체계로 짜여 있었다. 즉 근거법은 조선간이생명보험령(1929년 제령 제5호) 및 조선연금령(1943년 제령 33호)에 따랐고, 회계는 조선간이생명보험 우편연금 특별회계, 그리고 실시 관청은 조선총독부가 독립적으로 운영했기 때문에 종전 후 어떠한 처리도 없이 현재에 이르렀다.

(주) 조선을 제외한 구 식민지의 간이생명보험 및 우편연금사업은 본국과 완전히 동일한 법률[구 간이생명보험법(1916년법 42호) 및 구 우편연금법(1926년법 39호)], 동일 회계(간이생명보험 및 우편연금 특별회계), 동일 관청(구 운수통신성)에 의해 운영됐기 때문에, 이들 구 외지에 거주하던 보험 계약자는 본국 귀국 후에도 지급국의 변경 절차로 보험 계약 또는 연금 계약을 손쉽게 유지할 수 있었다.

(2) 조선간이생명보험은 1929년 10월에 신설됐는데, 사업 성적은 매년 뚜렷하게 증가해 신설 당시 11만 8천 건, 보험금액 24,879천 엔에서 1944년 5월에는 7,637천 건, 보험금액 1,536,909천 엔(1건 평균 보험금액 201엔)으로 불어났다. 가입자는 1944년 5월 현재 조선인이 대다수를 차지(91%)했었다.

우편연금은 1943년 10월에 신설됐는데, 사업 성적을 보면 1944년도 말 계약 건수는 10.3천 건, 자금은 11,849천 엔이었다. 가입자는 일본인이 대다수를 차지(84%)했었다.

보험 및 연금 관계는 종전으로 인해 사실상 끊겼고, 그 특별회계는 1946년법 21호(주)에 따라 폐지됐다. 그러나 동 특별회계 폐지에 관한 필요 사항은 정령으로 정한다고 규정했으나 아직 정해지지 않은 상태이며, 특별회계의 1944년도 및 1945년도 결산 정리도 같은 법에 따라 유보됐다.

(주) 정부 출자 특별회계법 외 21 법령의 폐지 등에 관한 법률

(3) 이상의 간이생명보험 및 우편연금의 적립금은 조선총독부가 관리했으며, 계약자에 대부하는 경우를 제외하고 나머지는 국채로 보유하거나 대장성 예금부로 예입했다[조선간이생명보험 및 우편연금운용규칙(1943년 제령 491호)].

(주) 예입금의 현재 상황
예금부 예입금은 현재 정부 당좌예금(국고예산) 일반부의 1개 항목인 '전시 말 정리 예산' 중 하나로 계상했다(동 계정의 대변 잔고)[1951년의 예금부 제도 개정 당시, 1951년 3월 31일 자 장리(藏理) 제1505호에 따라 예금부 식민지 관계 계정은 일반부의 전시 말 정리 예산으로 옮겨졌다].

(4) 외무성의 조사 자료에 따르면, 1952년 이후 외무성에 신청한 조선간보연금 계약자는 간이보험이 250명 766건, 우편연금이 73명 98건에 달했다. 또 대장성 외채과에도 1954~1959년에 걸쳐 12건의 계약자가 조회했는데, 이에 대해 외채과는 "조선간이생명보험은 우리나라의 간이생명보험과는 완전히 다른 것이고 조선총독부가 독립적으로 운영했기 때문에 우리나라가 지급할 방법이 없다"라고 답했다.

(5) 조선간이생명보험 및 우편연금사업은 조선 지역의 주민을 대상으로 조선총독부가 시행했다. 하지만 이 경우 조선총독부는 단순히 지방 공공단체가 아닌 국가 기관의 지위에서 시행했다. 즉 조선간이생명보험령 제1조에는 "조선간이생명보험은 정부가 관장한다"라고 규정됐고, 연금에 대하여도 같은 규정을 두었다. 비록 조선총독부가 시행했다 하나 해당 사업에서 발생하는 채권·채무는 일본 정부로 귀속됐다고 해석할 수 있다. 따라서 해당 사업이 특별 협의로 한국 정부로 확실히 승계된다고 결정될 때까지는 우리나라 정부의 채권·채무 관계로 본다.

(6) 조선간이생명보험 및 우편연금 특별회계에 속하는 재한 자산은 전부 군정법령 33호에 따라 미군 정부로 접수했고, 그 후 한미협정에 따라 한국 정부로 양도했다. 이 효력은 평화조약 제4조 (b)항의 규정에 따라 승인됐으나, 동 조항 (a)항의 특별 협의 시에는 이른바 관련 조항(relevant clause)으로 협의 대상이다.

(7) 본건은 한일 교섭과 밀접한 관계가 있는 만큼, 현재 아직 처리할 단계는 아니다(주계국 법규과 조사「이른바 재외 채무 처리에 대하여」에 따른다).

2. 종전 당시의 조선 간보 및 연금 상황

(1961년 12월 우정성 간이생명보험국 호시나 씨 자료에 의함)

(주) 호시나 씨는 종전을 맞을 때까지 조선간보연금사업 관계 부서(총독부 체신국 보험감리과)에 근무했었기 때문에, 종전 당시 조선총독부 체신국이 미군에 인계할 문서를 작성할 때도 관여했다. 따라서 본 항목을 검토하면서 호시나 씨가 많은 도움을 주셨다(현재 야스다신탁은행으로 전근했다).

(1) 간이보험

① 보유 계약(1945년 3월 31일 현재)

(단위: 천 건, 천 엔)

	건수	보험금액	계약준비금	적립금
총수	9,408	2,005,027	249,098	288,464
일본인	713	186,955	43,348	-
조선인	8,695	1,818,072	205,750	-

(주) 1. 계약준비금이란 책임준비금·금리저하준비금·보험료반환준비금을 총칭한 것이다.
2. 일본인, 조선인별 추산에 따른다(부표 2 참조).

② 운용 상황(1945년 8월 15일 현재)

공공대부	42,417,024엔 630
지방채인수	79,018,590엔 360
채권인수	30,547,900엔 000
국채보유	17,440,085엔 000
계약자대부	2,028,121엔 180
예금부 예금	117,011,827엔 532
총액	288,463,548엔 702

③ 여유금(1945.11.30. 현재) 20,330,000엔

(2) 우편연금

① 보유 계약(1945년 3월 31일 현재) (단위: 천 건, 천 엔)

	건수	연금액	계약준비금	적립금
총수	10,3	-	11,849	11,899
일본인	5,3	-	8,278	-
조선인	5,0	-	3,571	-

(주) 1. 계약준비금이란 책임준비금과 연금지급준비금을 총칭한 것이다.
2. 일본인, 조선인별은 추산에 따른다(부표 2 참조).

② 운용 상황(1945년 8월 15일 현재)

공공대부	1,654,000엔 000
지방채인수	-
채권인수	-
국채보유	-
계약자대부	69,476엔 000
예금부예금	10,175,513엔 980
총액	11,898,989엔 980

③ 여유금(1945.11.30. 현재)

1,400,000엔

<부표>

1. 조선간이생명보험 1944년도 말 계약준비금의 일본인, 조선인 비율(추산)

(1961.12.5. 우정성 조사) (단위: 엔)

계약 연도	1944년도 말 계약준비금 ①	⑧/⑨ ②	①×② ③	신계약					
				건수 보험료					
				일본인④	조선인⑤	계⑥	일본인⑦	조선인⑧	계⑨
1929	6,445,645엔 902	0.3699	2,384,244	68,950	56,179	125,129	93,033.5	54,619.9	147,653.4
1930	7,247,743.149	0.5954	4,314,711	58,513	117,990	176,503	73,294.2	107,876.1	181,170.3
1931	6,284,177.654	0.6388	4,014,333	47,758	122,908	170,666	58,560.7	103,588.6	162,149.3
1932	6,908,461.977	0.6600	4,559,585	47,751	142,924	190,675	60,047.7	116,585.2	176,632.9
1933	7,404,786.892	0.6873	5,089,310	44,205	151,508	195,713	57,175.3	125,687.3	182,862.6
1934	8,324,961.173	0.7396	6,157,141	40,868	165,361	206,229	52,225.3	148,358.3	200,583.6
1935	10,658,965.309	0.7564	8,062,441	45,433	193,117	238,550	60,703.7	188.503.7	249,207.4
1936	10,148,485.445	0.7547	7,659,062	44,504	192,232	236,736	62,441.7	192,120.7	254,562.4
1937	14,081,118.459	0.7524	10,594,634	64,691	290,235	354,926	94,025.3	285,699.7	379,725.0
1938	26,223,498.706	0.8070	21,162,363	125,808	744,922	870,730	150,873.6	631,009.1	781,882.7
1939	69,926,622.066	0.8346	16,630,759	92,269	720,719	812,988	117,160.7	591,050.8	708,211.5
1940	22,625,227.297	0.8599	19,455,433	76,533	802,903	879,436	137,001.6	841,187.0	978,188.6
1941	26,872,087.757	0.9092	24,432,102	82,547	1,312,779	1,395,326	136,217.8	1,363,180.7	1,499,398.5
1942	31,791,057.319	0.9223	29,320,892	76,905	1,763,887	1,840,792	154,486.3	1,834,614.5	1,989,100.8
1943	25,935,577.867	0.9483	24,594,708	59,235	2,061,805	2,121,040	122,317.7	2,243,962.0	2,366,279.7
1944	18,220,159.360	0.9505	17,318,261	76,330	3,093,860	3,770,190	222,120.0	4,264,420.0	4,486,540.0
계	249,097,576.332		205,749,979						

조선인 비율 $\frac{205,749,979}{249,097,576} = 0.8260$

일본인 비율 1 - 0.8260 = 0.1740

(주) 계약준비금은 책임준비금·금리저하준비금 및 보험료반환준비금을 총칭한 것이다.

2. 조선 우편연금 1944년도 말 계약준비금의 일본인 조선인 비율(추계)

종류	① 1944년도 말 계약준비금	② ⑧/⑨	③ ①×②	1944년도 말 현재					
				건수			부금액		
				일본인④	조선인⑤	계⑥	일본인⑦	조선인⑧	계⑨
즉시연금	5,459,134.371	0.2132	1,163,887	891	463	1,354	4,736,818.37	1,283,918.44	6,020,736.81
거치연금	1,970,709.026	(A) 0.3436	677,136	757	865	1,622	1,349,919.31	706,575.55	2,056,494.87
정기연금	4,274,797.138	(B) 0.3927	1,678,713	3,701	3,629	7,330	2,596,964.31	1,679,580.64	4,276,544.95
부금 미결제 거치	91,322.581	(A) 0.3436	31,378						
부금 미결제 정기	48,956.679	(B) 0.3927	19,225						
보증기간 내 사망	4,171.716	0.2464	1,028					(1,283,918.44 706,575.56)	(6,020,736.81 2,056,494.87)
계	11,849,091.511		3,571,367	5,349	4,957	10,306	8,683,701.99	3,670,074.64	12,353,776.63

조선인 비율 $\frac{3,571,367}{11,849,092} = 0.3014$

일본인 비율 1 - 0.3014 = 0.6986

(주) 계약준비금은 책임준비금과 연금지급준비금을 총칭한 것이다.

3. 한국 측 제출 자료 검토(1961년 12월 이재국 자금관리관 조사에 따른다.)

(1) 한국 측 요구액 중 여유금(본문 2. 한국 주장 액수 산정 근거 ① 및 아래 표 ⓐ 참조)이 호시나 씨 지참 자료를 토대로 한 여 유금 액수(아래 표 ⓑ)와 우연히도 일치하는 점에서 볼 때, 한국 측의 요구액은 호시나(保科) 씨의 것과 동일 자료를 토대로 한 것으로 생각한다.

(2) 호시나 씨의 예금부 예금 총액(본문 4. 일본 측 조사 액수 산정 근거 비고 ② 참조)이 대장성 측의 예금부 예금 총액(동 ①)과 일치하는 점에서 볼 때 일단 정당한 자료로 추정되나, 한국 측의 요구액 중 여유금 예금 액수(아래 표 ⓐ 22,730천 엔)[8]와 호시나 씨의 자료를 토대로 한 여유금 예금 액수(본문 4. 비고 ②) 간에는 여전히 8,208천 엔의 차이가 있다.

(3) 한국 측 요구액 148,840,050엔(아래 표 ⓐ)은 얼핏 일본 측 계수 294,346,888엔(본문 4. 비고 ①)에 비해 현저히 적다. 그러나 이는 예금부 예금에 따른 조선의 운용자산(대부금, 지방채 및 채권) 형태인 것[호시나 씨의 자료(본문 4. 비고 ③)-적립금 내역 중 예금부 예금 이외의 것]을 빼고(이는 이들 운용이 조선 간보로 조선에 대한 환원 융자로 이루어졌음을 보여준다) 예금부로서 독자적으로 운용된 부분을 추출한 탓에 소액에 그친 셈이다. 하지만 뺀 부분도 형식적으로는 예금부 자산(재건정비하여 손실로 계상했다)이며, 향후 이 공제분을 한국이 청구 대상에 넣지 않는다고 해도 여전히 적립금 액수에서 16,092,735엔(1,227,110,050엔-111,075,315엔), 여유금 예금 액수에서 8,207,966엔(21,730,000엔-13,522,034엔), 합계 24,300,701엔을 과다하게 요구했다.

---

8 표에 따르면 21,730천 엔이나 원문에는 22,730으로 되어 있기 때문에 표나 본문의 오류로 보인다.

자산 구분 \ 자료별		a 한국 측 요구액	b 호시나 씨 자료의 한국 측 요구액 산정액	대장성 자료의 예금부 예금 액수	
				c 대장성 예금액을 기초로 한 액수	d 대장성 자료를 호시나 씨 자료의 계수로 바꾼 액수
적립금	공공대부	0	44,071,024	44,778,560	44,778,560
	지방채인수	0	79,018,590	94,814,079	94,814,079
	채권인수	0	30,547,900	30,214,900	30,214,900
	예금부예금	127,110,050	27,187,340	15,451,784	111,017,315
	소계	127,110,050	80,824,854	185,159,323	280,824,854
여유금 예금부 예금		21,730,000	21,730,000[9]	109,087,565	13,522,034
합계		148,840,050	302,554,854	294,346,888	294,346,888

(4) 한국 측 요구액이 과다해진 사정과 그 고찰

(가) 조선은행(경성대리점)은 종전 후 재조선 군정청의 명령에 따라 1945년 8월 9일부터 10월 25일(대리점을 폐쇄하고, 한국에 업무를 인계한 날)까지 국고금 수불액(受拂額) 및 잔고를 다음과 같이 보고했다. 즉 호시나 씨 자료의 한국 적립금 및 여유금 액수(위의 표 ⓑ)와 거의 일치한다. 한국 측 요구액(위의 표 ⓐ)의 여유금 예금 액수가 호시나 씨 자료의 액수(위의 표 ⓑ)와 일치한다는 점에서 한국 요구액은 이 군정청 보고액을 토대로 한 것이다.

(단위: 엔)

예금부 예금 구분 \ 자료별		조선의 군정청에 대한 보고액	호시나 씨 자료에 따른 액수
보험계정	적립금	268,995,342	268,995,341
	여유금	20,330,000	20,330,000
	소계	289,325,342	289,325,341
연금계정	적립금	11,818,709	11,829,513
	여유금	1,400,000	1,400,000
	소계	13,218,709	13,229,533
합계		302,544,051	302,554,854[10]

9 숫자는 원문 번역에 따른 것이나 계산하면 b의 합계액은 202,554,854이며 예금부 예금은 121,730,000이다. 원문 오류로 보인다.

10 원문은 302,554,854 이나 계산은 302,554,874가 맞다.

(나) 이 군정청에 보고된 예금부 예금 잔고에는 전후 예입액이 포함됐으므로, 한국 측의 요구액이 이렇듯 과다해졌다고 생각되나, 이 전후 예입액은 국고로 계산해 넣지 않은 것으로 일본 정부는 수입 처리를 하지 않았다. 바꿔 말하면, 이는 한국 자금(조선은행 환수)으로 한국에 남은 것이기 때문에 일본 정부가 한국에 돌려줘야 할 이유가 없다.

따라서 일본 정부는 어디까지나 국고 계상액에 따른 예금액(적립금 111,017,315엔[11]), 여유금(13,522,034엔)을 토대로 반환 교섭에 임해야 한다고 생각한다.

(다) 한국 측 요구액의 추계와 이에 대한 운용부의 추계 (단위: 천 엔)

호시나 씨의 자료로 추정한 한국 측 요구					운용부 추계(결산 후)			
자료별 / 운용 내역		호시나 씨의 자료로 추정한 한국 측 요구액			운용부 추계(결산 후)			
		보험계정	연금계정	계	보험계정	연금계정	계	
적립금	공공대부	42,417	1,654	44,071			44,778	
	지방채인수	79,019	-	79,019			94,814	
	채권인수	30,548	-	30,548			30,215	
	예금부예금	117,012	10,176	127,188			111,017	16,171
	소계	268,996	11,830	280,826	268,995	11,829	280,824	
여유금		20,330	1,400	21,730	12,337	1,184	13,521	8,209
합계		289,326	13,230	302,556	281,332	13,013	294,345	24,380

① 운용부 자료만을 기초로 하면 약 2,400만 엔을 과다하게 요구한 셈이 된다.

② 적립금 총액이 일치하는 점에서 대부금, 증권 등의 내용이 한국 측 수치(호시나 씨의 자료가 된다)와 같다면 단순히 8백만 엔을 과다하게 요구(전후 1945년 10월 25일 대리점 폐쇄까지의 여유금 예입액으로 추정)한 것이 된다.

11 209쪽 적립금 표에서 예금부 예금액을 말한다.

4. 조선간이생명보험 및 우편연금에 관한 문제점

(1961년 12월 이재국 외채과)

(1) 한국은 조선간보연금 관계 개인 계약자와 관련된 청구라고 주장하면서 조선간보연금 회계에서 예금부로 들어간 예금액의 인도를 요구했다.

한국 주장은 위 예입금이 실질적으로는 개인 계약자의 부금 적립금으로 이루어진 것으로, 이 반환의 요구는 계약자의 채권을 만족시키기 위한 당연한 조치라는 견해에 서 있다.

(2) 그러나 위 예입금은 총독부 사업인 간보 및 연금 특별회계의 세입세출 차액인 잉여금이며, 본질적으로 사업 운영에서 발생하는 잉여금으로 계약자 개개인 부금의 적립금과는 직접적인 관련이 없다.

개인 청구에 대한 반환이라는 관점을 관철한다면, 개인의 부금 중 장래 만기금 지급을 위해 적립한 금액(보험회계에서는 '책임준비금'이라 한다)을 반환하는 것이 타당하고, 이 적립금은 위 예입금 중 중요한 부분을 구성하는 것에 불과하다.

(3) 그에 본건 해결방식으로는 대략 다음의 세 가지를 생각할 수 있다.

(가) 어디까지나 계약자 개인 청구를 만족시킨다는 방침을 관철해 보험료 중 9월 15일(가정)의 한국인분에 상당하는 잔고를 반환한다.

① 이 경우, 단순히 예금부 입금뿐만 아니라 국채 형태로 보유한 것도 있으므로 이를 함께 반환할 필요가 있다.

② 금액 산정은 절대 쉽지 않으나, 우정성 협력 등을 얻으면 일정한 가설 아래 추정할 수도 있을 것이다.

③ 이 경우, 난점은 이론상으로는 분명히 일관되나 현실적으로 조선간보사업은 전후에도 계속되고 있고 계약자의 개인 청구를 만족시킨다 해도 의제적이므로 결국 조선간보사업의 경영 기반을 반환하는 것에는 변함이 없고 구체적으로는 특히 계약자에게 귀속되어야 할 책임준비금을 반환하는 셈이 된다.

(나) 계약자 개인 청구를 만족시킨다는 논법을 대신하여 조선간보사업의 경영 기반으로 일본에 예입한 금액의 잔고를 반환한다.

① 이 경우, 전체 계수에는 거의 문제가 없다.

② 난점은 다음의 두 가지이다.

ⓐ 개인 청구권이라는 방침을 완전히 벗어나게 되는데, 이는 체신국 관계에 대한 종래 기조(개인 청구권이라면 고려하겠다는 방침)에 맞지 않게 된다.

ⓑ 간보사업의 경영 기반 중 하나를 반환할 경우, 한국인분을 어떻게 산정할지의 문제가 남는다.

(다) 위 (가), (나)를 절충해 실제로 반환한다면 간보사업의 경영 기반 중 하나인 예입금을 반환하는데, 이는 한국인 계약자의 이익을 만족시키려는 조치임을 설명한다.

① 전체 계수에는 우선 문제가 없고, 한국인분의 구분 논리도 통할 것이다.

② 간보사업의 경영 기반을 반환한다는 뉘앙스도 쉽게 납득될 것이다.

③ 다만, 다음의 난점은 있다.

ⓐ 국내에 제목과 내용의 차이를 어떻게 설명할 것인가.

ⓑ 국채에 따른 책임준비금의 운용분을 어떻게 할 것인가.

(주)

조선간이생명보험 및 우편연금 특별회계 예금부 예입액(1945년 11월 현재)

(단위: 엔)

보험계정 적립금 예금	181,914,466
보험계정 여유금 예금	99,418,668
연금계정 적립금 예금	3,344,857
연금계정 여유금 예금	9,668,897
계	294,346,888

◎ 조선간이생명보험령(1929년 5월 제령 제5호)

제9조 보험료는 다음의 기초에 의하여 계산한다.

1. 1912년 내각 통계국이 발표한 제2표의 남자 사망률에 2할을 더하여 작성한 사망·생존표
2. 연 4부 5리의 예정이율

피보험자를 위하여 적립하는 금액은 전항의 기초에 의하여 순보험료 식으로 계산한다.

◎ 조선간이생명보험 특별회계법(1929년 5월 법률 제65호)

제2조 본 회계에서는 보험료, 적립금에서 발생하는 수입, 매년도 예산이 정하는 바에 따라 조선총독부 특별회계에서 편입된 금액 및 부속 잡수입을 세입으로 하고 보험금, 환부금, 사업 취급비, 영선비 기타 제비를 세출로 한다.

제3조 본 회계의 세입총액이 세출총액을 초과하는 금액은 적립해야 한다.

본 회계의 세계가 부족하면 적립금에서 이를 보충해야 한다.

제4조 본 회계에서 지불상 현금에 여유가 있으면 이를 대장성 예금부에 예입할 수 있다.

◎ 조선간이생명보험 특별회계규칙(1929년 5월 제령 제106호)

제6조 매년도 세입의 수입 완료액에서 세출의 지출 완료액을 공제한 과잉액은 적립금에 편입해야 한다.

전항 세입의 수입 완료액이 세출의 지출 완료액에 대하여 부족한 때는 적립금에서 이를 보충해야 한다.

◎ 조선간이생명보험 및 우편연금적립금운용규칙(1943년 6월 제령 제491호)

제2조 적립금은 조선간이생명보험령에 따른다고 정한 간이생명보험법 제26조 규정에 따라 보험계약자에게 대부하는 경우 또는 조선우편연금령 제19조의 규정에 따라 연금계약자, 연금수취인 혹은 연금 계속 수취인에게 대부하는 경우를 제외하고 나머지는 외국채로 보유하거나 대장성 예금부에 예입해야 한다.

제3조 조선총독부는 부하 관리에게 명하여 보험계정 및 연금계정 적립금의 출납을 집행할 수 있다.

5. 예금부 조선 관계 자산 부채

◎ 조선 관계 대장성 예금부 손실 특별 처리 상황(이재국 자금관리관 조사)(1961년 3월 31일 현재)

(단위: 엔)

구분	1946.8.11. 현재 손실처리액	회수액	잔고[12]
지방공공단체채권	150,875,816.34	1,556,721.59	149,319,094.75
지방공공단체대부금	60,635,569.70	339,279.72	60,296,289.98
조선은행대부금	13,055,000	0	13,055,000
조선식산은행채권	194,693,900	99,072,444	105,621,456
조선식산은행대부금	14,128,300	14,123,300	0
조선금융연합회채권	30,912,000	30,912,000	0
조선금융연합회대부금	9,750,000	9,750,000	0
조선식량영단대부금	40,000,000	0	40,000,000
조선전업(주)채권	7,383,700	0	7,383,700
조선농지개발영단채권	16,000,000	0	16,000,000
조선농지개발영단대부금	25,000,000	0	25,000,000
조선주택영단채권	42,757,000	0	42,757,000
조선중요물자영단채권	5,000,000	0	5,000,000
조선중요물자영단대부금	5,000,000	0	5,000,000
동양척식(주)채권	37,441,300	32,700	37,358,600
동양척식(주)대부금	12,964,000	12,964,000	0
계	665,596,636.04[13]	158,805,445.31[14]	506,791,190.73

(주) 1. 예금부 채무로 확인할 수 있는 것은 다음과 같으나, 현재는 일반부 미정리에 수입됐다.

조선간보 및 우편연금 예금	294,346,889엔 87전
조선식량관리 예금	4,300,000엔
계	298,646,889엔 87전

2. 위 자산액(손실처리액)은 회수불능채권이 되어 1946년의 예금부 재건 정비 때에 없어졌으나(손실을 일반회계에서 보전), 그 후 위와 같이 158,805천 엔이 폐쇄기관 기타에서 회수됐다.
3. 부채액에는 게재하지 않았으나, 자금 유출입 관계에서 볼 때 부채에 조선우편저금 예탁금 부분을 더해야 한다.

---

12 잔고의 4, 5, 15항은 원문의 오류로 보인다. 합계도 원문은 506,791,190.73이나 496,846,140.73이 맞다.

13 원문의 오류로 보인다. 원문은 665,596,636.04이나 계산은 665,596,586.04가 맞다.

14 원문의 오류로 보인다. 원문은 158,805,445.31이나 계산은 168,750,445.31이 맞다.

4) 해외 환저금

(1) 한국 주장

한국 지역 밖에 거주하던 한국인의 우편저금, 대체저금, 우편환, 간이생명보험 및 우편연금의 지급을 청구한다.

<비고> 본 항의 채권에 대해서는 요강 5에서 토의한다.

(2) 한국 주장액

합계 금액 69,987,800엔 78전

내역	우편환	8,280,921.910
	우편저금	59,185,773.590
	대체저금	2,004,385.530
	간이생명보험	506,914.300
	우편연금	9,805.450
	합계	69,987,800.780

◎ 한국 주장액은 조선 지역 외 구 일본 영토에서 귀국할 때 통장을 사업소 또는 일부 세관에 두고 간 사람 중 한국인으로 확실히 식별할 수 있는 사람의 통장 금액으로, 대부분 탄광 노무자이며, 이것은 급료의 공제 저금 같은 것이 아니었다고 생각해 종전 후 두 차례에 걸쳐 신고를 받았다고 설명했다.

(3) 일본 견해

◎ 태도 보류[우편저금 등의 경우에 준하여 고려해야 하나, 우리 측에 자료가 없어 이론적으로나 계수적으로나 의견을 표명하기 어렵다. 한국 측의 설명을 음미하면 요강 5 (3) 미수금과 중복되는 미심쩍은 점이 있다].

(4) 일본 측 조사액

계수는 자료가 없어 불명.

5) 미군 포고에 의해 동결된 한국 수취금

(1) 한국 주장

(1945년 9월 16일 이후에는 모든 한국 내 우편국이 일본 정부의 관할을 벗어났다. 따라서 그 보유자금도 일본 정부의 것이 아니게 되어 한국 측에 귀속됐다고 주장하고, 이를 전제로) 1945년 9월 16일 이후, 한국 정부가 일본 정부를 위해 대지급(代支給)한 우편저금, 대체저금, 우편환 및 지급은급의 손실 보전을 청구한다(9월 16일 이후에는 미군 포고에 의해 해외 거래가 금지되면서 한국 측의 자금으로 대지급할 수밖에 없었다고 한다).

(2) 한국 주장액

합계 금액　　45,516,884엔 80전

내역	우편환	13,731,612.460
	우편저금	31,241,262.620
	대체저금	76,189.300
	연금은급	467,820.420
	합계	45,516,884.800

(3) 일본 견해

재한 일본 재산의 몰수(재조선 우편국 자금도 포함)를 규정한 미 군정법령 33호는 1945년 12월 6일 공포시행 이전으로 거슬러 올라가 효력을 가질 수 없다고 생각하므로, 한국 측이 자국에 귀속됐다고 주장하는 자금(본건 청구액보다도 많다)은 군정법령 33호의 발령 전에 여전히 일본 정부의 자금이었다. 따라서 12월 6일 이전에 지급한 건은 한국 정부가 단순히 일본 측의 사무를 대행한 것에 지나지 않으므로 대지급을 들을 이유가 없다.

(4) 일본 측 조사액

계수 자료가 없는 관계로 불명

<비고>

종전 시 재조선 우편국 자금(우정성 조사)

1. 종전 시 조선우편국 보관 현금	58,739,294엔 001전
2. 종전 시 조선우편국 상호 간 운송금	244,512,019엔 610전
계	303,251,313엔 611전

(주) 조선에서 우정성으로 도착한 계산서를 토대로 한 추정액으로, 1945년 9월 말 수치이다.

참고법령

태평양 미국 육군 총사령부 포고 제3호

통화

조선주민에게 고함.

태평양미국육군최고지휘관의 이름으로 아래와 같이 포고함.

제1조 법화

1. 점령군에 의하여 발행된 'A' 印의 보조군표 원 지폐는 조선의 북위 38도 이남 지역에서 공사의 변제에 사용하는 법화로 정함.
2. 점령군에 의하여 발행된 'A' 印의 보조군표 원 지폐 및 조선의 북위 38도 이남 지역에서 현재 통용 중인 법화인 원 지폐는 일본은행과 대만은행의 태환권을 제외하고 액면대로 타 통화와 교환 가능함.
3. 위 이외의 통화는 조선의 북위 38도 이남 지역에서는 법화로 인정하지 않음.

제2조 일본군 군표 엔 지폐

4. 해외에서 일본 제국정부 및 일본 육해군에 의하여 발행된 군표 및 해외에서 일본 점령군이 사용한 통화는 모두 무효, 무가치하고, 이와 같은 통화의 유통은 어떠한 거래에서도 이를 금함.

제3조 통화의 수출입금지

5. 지폐, 화폐 및 채권의 수출입을 포함한 대외금융거래는 본관의 허가가 없는 한 전부 금함.
6. 금융거래는 조선의 북위 38도 이남 지역에서만 시행하는 것을 제외하고 전부 대외금융거래로 간주함.

제4조 다른 통화에 관한 법규

조선의 북위 38도 이남 지역에서 현재 통용 중인 법화인 보조군표 및 원 통화 이외의 통화는 본관의 허가 없이는 이것을 금함.

제5조 처벌

이상의 군정 조항을 범한 자로서 점령군군율회의에서 유죄가 인정된 자는 동 회의의 정한 바에 따라 이를 처벌함.

1945년 9월 7일

요코하마에서

태평양미국육군최고지휘관

미국육군대장

더글라스 맥아더

2. 종전 후 일본인의 예금 인출(제6차 회담 토의 보류)

1) 한국 주장(제5차 회담)

재조선 미 군정법령 2호 및 33호에 따라 8월 9일 이후 일본인의 금융거래를 금지했음에도 일본인이 예금(우편저금을 포함함)을 인출했으므로, 그 인출액의 환원 조치를 요구한다(총독부 관계에 이 항목을 넣은 이유에 대해서는 "이러한 행위를 방치함으로써 인플레이션을 유발한 총독부의 '행정 책임'을 묻는 것"이라고 말했다).

2) 한국 주장액

3) 일본 견해

(1) 군정법령의 효과는 1945년 12월 6일 이후의 것이므로 그 이전에 인출한 건은 일본 측에 책임이 없다. 즉 9월 25일의 금융거래금지명령(군정법령 2호)은 저금 소유권의 이전을 규정한 것이 아니라 단순히 거래 금지 행정 명령이다. 따라서 동일 이후 12월 6일까지의 예금 인출 건은 군정부의 행정 아래 이루어진 만큼, 일본 측이 책임을 질 이유가 없다.

(2) 12월 6일 이후의 인출 건도 군정법령 발령자(군정부)의 관리하에 이루어진 것으로 우리 쪽에 책임이 없다고 거부하는 것도 한 방안이나, 종래의 교섭에서는 군정법령 발효 시점을 12월 6일로 강하게 주장하여 12월 6일 이후의 인출분은 청구를 인정할 생각도 있다[다만, 이 경우에도 군정부 은행지령 제6호(1946년 2월 27일)에서 인정된 범위의 금액(생활비 등)은 제외해야 한다].

(주) 군정법령 33호의 해석에 대해서는 원칙 문제, 참고자료 3을 참조할 것.

4) 일본 측 조사액

계수 자료가 없는 관계로 불명

참고자료

1. 법령 관계(군정법령 2호 등)

◎ 재조선미국군사령부군정청 법령 제2호

제1조 1945년 8월 9일 이후 일본, 독일, 이탈리아, 불가리아, 루마니아, 헝가리, 태국 등 각국의 정부 기타 대리기관 또는 그 국민, 회사, 단체, 조합, 기타 기관 혹은 그 정부 등이 조직 또는 조정하는 기관에 직접, 간접 혹은 전부 또는 일부를 소유하거나 관리하는 금, 은, 백금, 통화, 증권, 예금, 채권, 유가증권, 기타 재산을 매매, 취득, 이동, 지불, 인출, 처분, 수입, 수출 기타 취급 및 권리, 권력, 특권의 행사는 이 법령에 규정한 이외에는 이를 금지함.

제2조 제1조에 언급한 제반 정부에 직속된 재산을 소유, 관리 또는 지배하는 보관자, 관리자, 관리 은행, 신탁회사, 개인 또는 관계 있는 국(局), 과(課) 혹은 그 대리기관이나 전기 정부의 관리지도, 감독을 받는 회사, 단체, 조합, 기타 기관 중에 상술한 제반 정부, 조선 정부 또는 그 대리기관, 회사, 조합 및 보조기관으로 직접, 간접, 기정적, 임시적으로 재정상 이해관계를 가진 기관 및 대일본정치회, 대정익찬회(大政翼贊會) 및 그 가입 단체, 대리기관 또는 계승기관, 대일본부인회연맹, 기타 일본의 극단국수주의적, 폭력적 비밀결사 및 그 가입단체에 대해 아래 각 항의 준수를 요함.

1. (가) 군정청의 지시에 응하여 전기 재산을 보지하며 그 지시가 유효한 기간에는 그 재산을 이전하거나 다른 방법으로 처분하는 것을 금함.

(나) 전기 재산을 보존, 유지, 수호하고 그 가치 및 효용의 파손 행위를 방지할 것

(다) 정확한 기록문서 및 회계장부를 유지할 것

2. 군정청의 지시가 있는 때는 그 지시에 따라

(가) 1945년 8월 9일 이후 전기 재산에 관하여 필요한 자료를 제공하는 보고서류 및 전기 재산에 관한 영수증, 지출증서 등을 정비할 것

(나) 전기 재산의 보관과 관리 및 장부, 기록, 회계서류 등을 인도할 것

(다) 재산과 모든 수입 및 수익금을 증명할 것

제3조 재산에 관한 거래로 제2조의 소정 범위에 포함되지 않는 것은 아래 제반 사항의 조건하에 허가함.

1. 조선 국민, 연합국 국민 또는 그 정부의 대리기관, 회사, 단체, 조합 및 그 정부의 기관 혹은 그 정부가 조직 또는 조정하는 기관의 이익이 되거나 또는 이익을 위하여 거래하는 것
2. 조선 정부가 정식으로 설립한 대행기관이 훗날 결정할 적당한 보수를 지불하는 것
3. 이러한 거래가 성립되기 전에 매주(賣主)는 반드시 그 거래 내부와 그 재산의 소재지 및 그 재산을 소유한 회사, 단체, 조합 기타 조직체의 내용을 명기하여 조선 정부에 서류로 보고할 것
4. 제3항의 보고를 제출한 후 60일 이내에 조선 정부 또는 기타 대행기관에서 금지명령이 없는 한 그 거래는 성립된 것으로 함
5. 이러한 매매는 그 거래 성립과 동시에 그 수입금을 즉시 조선은행 및 그의 최근 대리기관에 조선 정부의 회계로 이를 인도할 것. 조선은행에서 인수하는 동 재산은 전소유자에게 적당히 회계하기 위하여 조선 정부가 이를 보관함
6. 이러한 보관자금의 인출은 그 재산관계인의 적당한 생활비에 한하여 이를 허가함

제4조 본 법령에서 설명한 종류의 거래로 1945년 8월 9일 이후에 성립된 것은 금일부로 전부 무효로 함. 다만, 조선 정부에 대하여 유효신청 및 거래에 관한 명세서, 지불한 보수금 및 인물, 재산, 기타 관계 사실을 제출하면 당해 거래는 유효할 수 있음.

제5조 본령은 발표 즉시 시행함.

제6조 본령을 위반한 자로 군정재판에서 유죄판결을 받은 자는 그 재판소의 소정 형벌에 처함.

1945년 9월 25일

재조선 미국 육군 사령관의 지령에 의함

조선 군정장관

미국 육군 소장 A.V.아놀드(Archibald V. Arnold)

◎ 재무국 훈령 제1호(법령 2호의 시행 규칙)

제5 이 훈령에 따라 설정된 계좌에 한하여 조선 내에서 예금 인출은 아래의 목적에 한하여 허가한다.

갑. 일본 국민으로 즉시 귀국의 정식 허가서 소유자에게는 성인 1명에 대하여 일본은행권으로 1,000엔까지 이를 허가한다.

을. 일본 국민으로 조선에 체류하는 동안 그 생활비로서 성인 1명에 대하여 매주 조선은행권으로 500엔까지 이를 허가한다.

1945년 9월 25일

◎ 재조선 미군정청 은행지령 제6호

일본 국민의 예금 소유권은 1945년 12월 6일 자 군정법령 제33호 제2호에 따라 1945년 9월 25일부로 조선군정청에 귀속됐다.

일본인이 과거 소유한 예금의 인출을 아래와 같이 제위에 지령한다.

가. 즉시 귀국하는 정식허가장을 소유한 일본 국민은 각 세대원(귀국 정식 허가를 받은)에게 일본은행권으로 일금 1,000엔을 인출할 수 있다.

나. 조선에 체류하는 호주인 일본 국민은 그 생활비로 성인 1인에게 매주 조선은행권으로 일금 500원을 인출할 수 있다.

1946년 2월 27일

재무국장 찰스 고든

2. 당시 상황에 대한 관계 자료

(1) 귀국자(인양자) 단체의 자료(「재조선 일본인 개인 재산 조사 설명 보충」)에 따르면,

(가) 재조선 금융기관의 남한 지구에 있던 예·저금의 1945년 7월 말과 8월 말을 비교해 보면 다음과 같다.

(단위: 천 엔)

	7월 말 현재	8월 말 현재	비교 증감
특별은행	1,995,228	1,737,029	△ 258,199
저축은행	458,758	99,743	△ 359,015
지역보통은행	1,282,789	594,767	△ 668,022
신닥회사	166,224	155,039	△ 11,185
무진회사(無盡會社)	45,657	27,625	△ 18,032
계	3,948,656	2,614,203	△ 1,334,433[15]

그리고 금융조합과 동양척식주식회사의 동향이 불명확하나, 모두 격감하는 것은 틀림없으므로 이를 집계하면 감소액은 더욱 커질 것이다.

(주) 조선은행 조사 월보(1947년 6월 발행)에는 다음과 같이 기술됐다.

예금 인출액 22억 엔

국고금 인출 기타 15억 엔

(나) 종전 시 재조선 예·저금 일본인 개인분 2,171,083천 엔 중

① 남한 지구에서는 예·저금을 무제한으로 인출했으며, 오직 기한 미도래 정기예금만 3만 엔을 한도로 정했었기 때문에 1,411,203천 엔의 60%에 해당하는 846,721천 엔이 인출된 것으로 추측된다.

15 원문의 오류로 보인다. 원문은 1,334,433이나 계산은 1,334,453이 맞다.

② 북한에서는 지급 자금 부족으로 인해 각종 예·저금 모두 고작 300엔을 한도로만 지급하여 인출액은 그리 많지 않았다고 생각된다.

③ 예금 인출 중에는 법인 예금의 인출, 조선인 예금의 인출도 있고, 더불어 조선에서 일본으로 보낸 송금환으로 종전 후 일본 국내 조치로 동결된 분이 합계 976,265천 엔이므로 개인 예금 인출을 8억 4~5천 엔으로 추정한 것은 타당한 수치라고 생각된다.

(주)

1. 총독부 관계자의 메모에 따르면, 8.15~9.28 기간의 예금 불출(拂出) 초과액은 25~26억 엔(이 중 조선인을 합쳐서)으로 예상된다. 그 중 현금 지급액은 19억 3천만 엔, 일본 송금액은 7억 엔으로 보고 있다.
2. 한국 측의 비공식 자료에서는 일본인의 예금 거치액을 22억 엔, 본국 송금을 16억 엔이라고 말했다(조선은행 조사 월보 1947년 7월호「대일 은행환 청산 시론」).

(2)

한국 측이 주장하는 총독부의 '인플레이션 책임'과 관련해 당시 상황을 보면, 종전 후 8월 15일부터 9월 28일 사이에 조선은행권은 33억 6천만 엔의 발행 초과(약 80% 증가)를 보인다. 그사이 당국은 최대한 인플레를 억제하려는 조치를 시행하는데, 종전이라는 이례적인 사태를 맞이해 이 정도의 발행 증가는 일단 부득이한 만큼 특별히 '인플레 책임'에 대하여 거센 비난을 받을 이유는 없다고 생각한다(한국 측으로 옮겨간 이후의 인플레 급등 모습과 대비될 것이다).

<비고>

1. 종전 후 조선통화 사정 및 발행 초과 요인[총독부 관계자 메모(당시 미즈타(水田) 조선총독부 재무국장)에 의함]

(가) 조선은행 발행고

1945년 8월 15일	49억 7천만 엔
1945년 9월 28일	86억 5천만 엔

발행 초과 37억여 엔 중 3억 2천여만 엔은 관동주 관련, 조선 관계는 33억 6천만 엔의 발

행 초과를 보였다.

(나) 발행 초과 요인

(1) 국고금의 지급 초과	11억 8,000만 엔
a) 총독부 관계 6억	5,100만 엔
b) 조선군 관계 국고금 지출 등	5억 2,900만 엔
(2) 금융기관의 대출 초과	2억 5,000만 엔
a) 융자 명령(주)	1억 9,000만 엔

(주) 일본인 회사 사업의 급여, 퇴직금 지급, 기타 채무 변제 자금에 대해 총독부가 채무 보증을 하고 은행에 융자 명령을 내려 자금을 방출하게 했다.

b) 기타 일반 대출	6,000만 엔
(3) 현금 지급액	19억 3,000만 엔

(예금의 인출 초과액 25~26억 엔 중 7억 엔은 송금수표로 일본에 송금한 것이며 나머지가 현금 지급액이다.)

2. 종전 당시 당국, 관계자의 인플레이션 억제 노력에 대하여(위 총독부 관계자 메모)

(가) 민심 안정을 위해 "미국군이 와도 조선은행권은 무효가 되지 않는다. 은행도 망하는 일이 없고 가게를 닫는 일도 없다. 안심하고 불필요한 인출을 하지 않는 편이 좋다"라고 호소했다.

(나) 귀국 일본인에게는 현금을 서둘러 인출하지 말고 은행 송금 방법을 추천했다.

(다) 회사 등에 대한 융자는 필요 한도에 억제하기 위해 충분히 사정한 뒤 융자 명령을 내렸다(기타 일반 대출은 억제했다).

(라) 은행권 증쇄(增刷)는 도리어 뱅크 런으로 인한 금융 혼란을 방지하기 위해서였다. 또한 통화 증발의 주된 요인이 된 퇴직금 지급은 조선인의 협박에 못 이겨 부득이하게 지급한 예도 많다.

조선은행권의 발행 상황(연말 발행고)

(단위: 천 엔)

연도	금액	연월	금액
1935	220,777	1945.3.	3,574,418
1937	279,501	1945.7.	4,698,183
1939	443,987	1945.8.	7,987,783
1941	741,607	1945.12.	8,620,000
1942	908,646	1946.12.	16,573,000
1943	1,466,776	1947.6.	17,742,000
1944	3,136,092		

<참고>

한국 통화량(연말 발행고)

(단위: 억 환)

연도	금액	연도	금액
1950	28	1957	1,452
1951	73	1958	1,926
1952	143	1959	2,099
1953	303	1960	2,191
1954	581	1961	3,122
1955	935	1962.11.	3,740
1956	1,209		

3. 증명이 없는 자금의 국고금 지출(제6차 회담 토의 보류)

1) 한국 주장(제5차 회담)

(가) **총독부 관계** 군정법령에 따라 자금이 동결됐음에도 지출됐거나 혹은 수입을 훨씬 초과하여 지출됐는데, 이는 지급 자금의 조치 없이 지출한 것이다.

(나) **재한 일본군의 경우** 종전의 정리비로 지출한 것 중 일본은행에서 자금 조치를 하지 않은 것이 있다. 따라서 이들 (가), (나)의 지출에 대한 자금(반환)을 요구한다.

2) 한국 주장액

제시하지 않음

(주) 제2차 회담의 비공식 제안에는 "전쟁 종결 직후 조선은행이 대지급(代支給)한 일본 정부 일반회계 세출 국고금 742,859천 엔 및 일본은행에 대한 대월금 158,889천 엔"이라는 항목이 있다.

3) 일본 견해

(1) 총독부 및 재조선 일본군 지출에 대해서는 군정법령의 효력이 미치는 것은 12월 6일 이후로 책임이 없다.

(2) 재조선 국고금 지출에서 조선의 세입을 초과한 부분 중 조선은행 본점(경성대리점)에 대한 송금 절차가 이루어지지 않은 분은 조선은행 본점의 일본은행 대리점 예금이 차월됐으나, 일본은행에서 조선은행 도쿄지점으로 지급하여 해결했다[대조선 국고금의 송금 방법은 일본은행에서 조선은행 도쿄지점에 대한 납부 형태를 띠었고, 이 도쿄지점의 자산을 담보로 조선에서 조선은행권의 국고금 지급이 이루어졌다. 위 해결 방법에 따르면 조선은행 본·지점 간의 관계 문제로 남아 본건은 조선은행 재일 지점 재산 처리 문제(요강 4)로 귀결된다].

4) 일본 측 조사액

불명

참고자료

1. 조선은행의 국고금 출납 결과 문제(1961년 9월 이재국 국고과)

(1) 연혁

종전 당시, 조선의 국고금 지급 증대가 예상되자 일본은행은 조선은행에 대리점 예금의 예입 절차를 밟았으나, 당시의 혼란스러운 통신 사정으로 인해 4계좌분 4억 7,000만 엔이 예입되지 않았고 이 결과, 조선은행의 대예(代預)는 1억 2,600만 엔의 잔고 부족 상태가 됐다.

(주) 전후, 조선은행의 본국 내 자산 부채가 정리됐으나, 본건 대예의 잔고 부족은 형식상 재외 채권이었어도 실질적으로는 재내 채권과 동일시해야 하는 것으로서, 폐쇄기관령 제2조제2항제13호의 규정에 따른 대장대신의 지정을 진행하여 1956년 9월부로 일본은행은 폐쇄기관 조선은행에 동행 장부의 위 잔고 부족 상당액 126,465,485엔을 지급하여 결제했다.

(주) 종전 전후 조선은행 도쿄지점 수입 경성 국고 대리점에 대한 송금 상황

1. 송금 상황

1945년 8월~9월 24일　누계 1,736,517천 엔

(단위: 천 엔)

날짜	금액	날짜	금액
1945.8.8	※30,000	1945.8.27	309,000
1945.8.16	5,500	1945.8.30	※40,000
1945.8.24	17	1945.9.4	852,000
1945.9.8	100,000	1945.9.24	※100,000
1945.9.11	※300,000		

2. 이중 전신 미착(未着)으로 인해(상기 ※표시분) 일본은행이 총사령부의 승인을 받아 폐쇄기관 조선은행에서 1948년에 반환받은 액수는 470,000천 엔이었다.

3. 이보다 앞서 일본은행의 조선은행 본점에 대한 대리점 예금은 343,544천 엔의 대월(貸越)이 되었으나, 위 반환을 받으면서 대리점 예금 잔고 부족 126,455천 엔이 발생했다.

(2) 한국 주장 및 검토

(가) 대예의 잔고 부족

본건 대예의 잔고 부족을 보전해 달라고 요구했는데(주), 이를 일본은행이 지급해야 하는지, 일본은행에서 대임 변제를 받은 일본부동산은행이 지급해야 하는지 검토 여지도 있으나, 한국에 지급할 필요가 없다고 주장할 만한 특별한 이유는 발견하지 못했다. 다만, 본건 잔고 부족 금액은 일본은행 장부에 1억 2,600만 엔 남짓인 데 반해, 한국은 1억 6,500만 엔으로 다소 차이가 난다. 그 이유는 11가지 정도다. 모두 증표증거가 부족하거나 국고금의 정당한 입출금으로 승복하기 어렵다. 일본은행 장부 금액을 따르는 게 적당하다고 생각한다.

(주) 종전 후 조선 측 조선은행은 국고금 지급의 체당금액으로 재조선 미군과 총사령부를 통해 일본은행에 대한 대월액 165,259천 엔과 조선 측에 귀속되어야 하는 것[후술하는 (나)]으로 742,859천 엔, 합계 908,118천 엔의 지급을 요구했다.

(나) 일본 국고 계정의 잔고

한국은 위 대예의 잔고 부족분 외에도 1946년 3월, 재한 미군을 통해 일본은행에 대해 다음과 같이 요구했다. 곧 한국 측은 1946년 7월 25일 현재 조선의 국고금 대차대조표를 작성하여 각 계정의 수불 및 잔고를 조선 a/c와 일본 a/c로 구분하여, 조선 a/c의 잔고 계 6억 4,400만 엔에 약간의 조정항목을 가감한 7억 4,200만 엔의 지급을 일본 정부와 일본은행에 대한 한국 채권으로 요구했다. 일본은행은 본건과 관련해 대예 문제가 아니라는 이유로 향후 한일회담에서 처리해야 한다고 일단 미군에 회신했다.

본건은 이번 증명이 없는 자금 지출 관련 요구와는 다른 문제라고 생각되나, 위 청구분은 현실의 금전이 아닌 단순한 계정상의 국고금 금액을 한국 측이 일방적인 기준으로 일본 a/c와 조선 a/c로 구분한 뒤, 대차대조표상의 현재고 계정 잔고를 고려하지 않고 국고 계정의 잔고에서 약간의 가감을 해서 산출한 것이다.

우리는 이 구분에 대한 기준이 납득하기 어렵다. 그리고 설령 이 요구를 받아들인다 해도 예금부 자금의 지급 등과 같이 다른 요구와 중복될 우려도 충분히 있다.

2. 증명이 없는 자금 세출이라는 주장에 대한 반론

(1) 총독부는 미군의 진주 이전 여전히 조선 통치의 권한을 가지고 있었다. 따라서 세입 세출에 관한 권한도 있었다(군정법령을 이유로 거슬러 올라가 이러한 권한이 없었던 양 주장하는 것에는 승복할 수 없다).

(주)

1. 미군은 9월 7일에 인천에 상륙했고, 9월 8일에 경성으로 진주했다.
2. 9월 9일, 재조선 미군 사령관 하지 중장과 조선총독 아베 노부유키(阿部信行) 간에 항복문서가 조인됐다.

(2) 만약 부당한 지출이 있었다면, 미군의 진주 후 미군이 관계자의 처리 기타 조치를 했고, 기타 지출은 추인(설사 묵인의 형태라도)됐으므로 그로써 해결된 터이다.

(3) 세입세출은 시기에 따라 차이가 있는 것은 당연하며, 하물며 종전과 같은 비정상적인 시기에 지출이 커지는 것은 부득이하다 할 것이다[전술한 (2) 예금인출 참고자료 2 (2), 총독부의 '인플레이션 책임' 항을 참조할 것].

<비고>

1. 종전 후의 총독부 관계 지출

1945년도의 총독부 예산은 31억 1,710만 엔이고 종전 후 1개월 반 정도 사이에 대략 6억 엔 남짓을 지출하고 전쟁 예산의 중단을 시행했다. 지출 중 주요한 것은 계약 공사에 대한 능률급 지급, 관공리에 대한 8, 9월분 급여 지급 등이다(퇴직금은 점령군이 진주한 후로는 지급을 금지했다).

◎ 총독부 관계자 메모에 따르면, 1945년 8월 15일 ~ 9월 28일 사이에

국고금 지급 초과 11억 8,000만 엔 중

총독부 관계　　651엔

군 관계 기타　　529엔

2. 임시군사비 면에서는 1945년 8~9월 조선의 육해군성 관계 지출 권능액(權能額)은 6억 9,000만 엔이다(실제 지급액은 불명).

◎ 조선은행 약사(略史)에 따르면, 종전 후 각 군부대의 자금 인출(대부분은 병대의 귀국, 귀환 여비)은 거액에 달했고, 예입금액이 없어도 예산액이 있으면 지급을 거부할 수 없던 탓에 매일 같이 일본은행에 지급 자금을 전보로 청구했다고 기술됐다.

4. 총독부 도쿄사무소의 재산(제6차 회담 토의 보류)

1) 한국 주장(제5차 회담)

청구 대상으로 보이는 것은 총독부 교통국공제조합의 재산[미나토(港)구 시바타무라(芝田村)정 구(舊) 퍼시픽빌딩]이나, 한국은 지금까지 총독부 자체 재산으로 보고(실제로는 총독부가 임차) 청구했다.

2) 현황

해당 재산은 점령군 지령에 따라 처분이 완료됐다.

<참고> 교통국공제조합 재산의 처리에 대하여

(1) 1951년 1월 8일 자 연합국 총사령부 지령 SCAPIN 2135에 의해 일본 정부는 현재 일본 영토 안에 있는 교통국공제조합의 재산 일체를 정리하라는 지령을 받았다.

(2) 이에 바탕한 1951년 정령 40호「조선총독부 교통국공제조합의 본방 내에 있는 재산의 정리에 관한 정령」이 제정되어 교통국공제조합 재산의 정리를 시행했다.

◎ 공제조합의 일본 재산

1945년 9월 14일

현재 평가액 3,386천 엔

처분가액 46,520천 엔

(3) 위 처분 매각대금 중 조합원에 대한 연금, 분배금 등으로 33,735천 엔이 지급됐다.

(4) 총사령부에서는 공제조합의 재외자산이 외국의 채권자에게 지급하는 데에 충분하다고 보증한 후에 일본 국내 채권자, 조합원에게 지급하도록 요구했는데,

◎ 1945년 9월 14일 현재

재외 자산 23,611천 엔

일본 자산 2,432천 엔

(※ 재산의 범위가 달라 위 3,386천 엔이 최종 계수이다)이었고, 한편 조합원 수는

일본인　29,223명

조선인　58,939명

로 일본인의 약 2배인 조선인 조합원에게 약 10배(최종 계수로는 약 7배)의 재산을 남기고 있으므로, 위 지령의 요구를 충족했다고 생각된다.

(주) 정령으로는 일본인 조합원에게만 지급했는데, 위 수치를 볼 때 조선인에게 지급되지 않은 것에 문제는 없다고 생각된다.

관계법령

1951년 1월 5일 연합국군 최고사령관 총사령부

일본 정부 앞

조선철도 종사원 공제조합 정리에 관한 건

1. 연합국군 최고사령관 총사령부에서 일본 정부 앞으로 보낸 다음 각서를 참조할 것.
   a. 1950년 1월 1일자 AGO 10.ESS/FTC.SCAPIN 2070「외국환 및 외국무역의 규제에 관한 건」
   b. 1949년 1월 18일자 AG 602.CPC/FP.SCAPIN 1965「해외에 주된 사무소가 있는 상사의 일본에 있는 재산 정리에 관한 건」
   c. 1949년 3월 8일자 AG 602.CPC/FP.SCAPIN 1965「해외에 주된 사무소가 있는 상사의 일본에 있는 재산 정리에 관한 건」
   d. 1949년 6월 1일자 AG 602.CPC/FP.SCAPIN 1965「구 일본점령지역에 주된 사무소가 있는 상사 또는 개인의 일본에 있는 재산 처리에 관한 건」
   e. 1949년 8월 2일자 AG 602.CPC/FP.SCAPIN 1965「구 일본점령지역에 주된 사무소가 있는 상사의 일본에 있는 재산에 관한 건」
   f. 1950년 6월 8일자 AG 602.CPC/FP.SCAPIN 1965「구 일본점령지역에 주된 사무소가 있는 상사 또는 개인의 일본에 있는 재산 처리에 관한 건」
2. 전조 a 호의 관계 각서 규정에도 불구하고 일본 정부는 조선철도 종사원 공제조합의 현재 일본 영토 안에 있는 모든 재산의 정리를 실시하고 더불어 이에 대하여 완전히 책임을 지도록 지령을 받았다.
3. 일본 정부 대장성은 공평하고 한쪽에 치우치지 않는 적임자를 본 재산의 청산인으로 임명하며 또 그 청산인은 의무의 충실한 수행과 관련하여 일본 정부에 대하여 전면적 책임을 져야 한다.

   청산인의 임명과 동시에 일본 정부는 1945년 8월 15일 현재 또는 그 이후 계속해서 신분을 보유하는 공제조합원을 위하여 위임 시에 조선철도 종사원 공제조합에서 청산인에게 재산 소유권을 이전한다.

이 청산인은 제1조 a, b, c, d, e, f의 각호 관계 조항과 일본 정부 대장성의 관계 법령을 준용하여 신속히 본 청산을 실시하고 완료할 의무를 진다.

4. 일본 정부는 현재 일본 영토 밖에 있는 재산이 외국 채권자에게 그 지급을 하는 데에 충분하다는 점을 보증한 후 일본에서 다음 청구에 응한다.

일본의 공제조합의 상거래에서 발생한 일본의 채권

일본인 공제조합원의 제반 급부 청구권

5. 전조의 채권을 지급한 후의 잔여 재산은 전부 제1조에 인용한 일련의 SCAPIN 1965에 따라 청산인에 의해 처리되어야 한다.

6. 일본 정부 대장대신은 본 각서의 발출일에서 30일 이내에 일본 각서와 이행 조치를 연합국군 최고사령관 총사령부 민간재산 관리국에 보고해야 한다.

청산 진척 상황에 관한 그 후의 보고는 연합국군 최고사령관 총사령부에 제출할 필요는 없다.

최고사령관 대리

부관 K.B.부시 준장

부록

특수한 재일 재산의 반환 청구

총독부 도쿄사무소 재산과 유사한 성격을 가진 것으로, 다음과 같은 재일 재산을 들 수 있다. 이들은 제5차, 제6차 회담에서 한국 측이 청구하지는 않았으나, 제2차 회담의 비공식 제안(Aide-memo)에 게재됐다.

◎ 조선장학회유지재단 재일 재산 현황에 관한 조회의 건

◎ 조선어업조합연합회 중앙 재일 자산 등 반환 방법에 관한 일본 측 의견 조회의 건

1. 조선장학회유지재단의 재일 재산

(1) 대상 재산

제2차 회담에서 문제가 된 것은 신주쿠(新宿) 쓰노하즈(角筈)의 토지 건물인데 이 건물은 조선교육재단 소유로 조선장학회의 사용 재산이다.

(2) 경위

(가) 장학회 등의 관계

① 1925년, 조선재단법인인 조선교육회는 일본에 장학부를 설치하고 일본 재주 조선인 학생의 원호 지도를 시행해 왔다.

② 1926년, 조선교육회를 원조하기 위해 조선민사령(朝鮮民事令)에 따른 재단법인 조선교육재단이 설립됐고, 신주쿠 쓰노하즈의 토지를 취득하여 1935년에 이곳에 장학부 사무소를 신축하여 교육재단 명의로 등기했다.

③ 1941년, 장학부는 발전적 해소가 진행되어 조선장학회로 바뀌었고, 이를 원조하기 위해 조선민사령에 따라 재단법인 조선장학회유지재단이 설립됐다. 유지재단은 교육재단에서 쓰노하즈의 토지, 건물을 무상으로 대여받아 장학회가 이를 사용했었다.

④ 장학회는 1943년에 일본민법의 재단법인이 됐으나, 교육재단과 유지재단은 전후 조

선민사령의 실효에 수반해 기능을 상실했다. 하지만 쓰노하즈의 토지 건물의 귀속에 대해서는 법률적으로 유효한 조치가 취해지지 않았다.

⑤ 1950년, 조선장학회는 문부성 관할로 편입되어 기부행위를 변경했다.

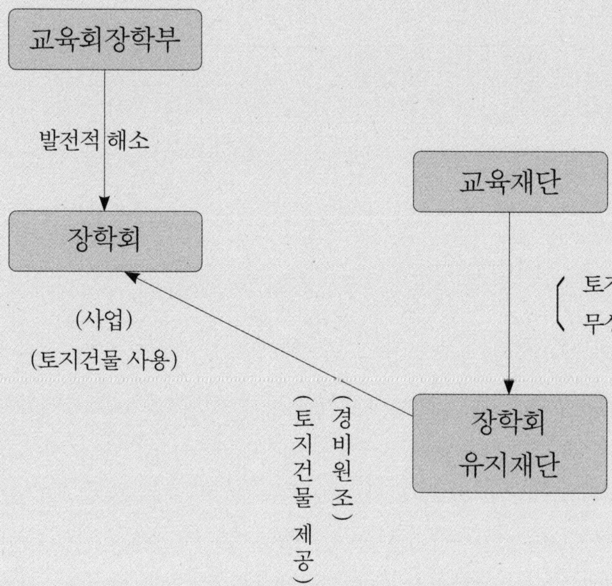

(나) 신주쿠 쓰노하즈의 토지, 건물에 대하여

① 1946년 이후 조선학생동맹은 사무소를 장학회 안으로 옮기나, 1949년 5월에 이 동맹은 내분으로 인해 조선학생동맹과 한국학생동맹으로 분열하고 만다. 그리고 그 사이 쓰노하즈의 건물 점거를 둘러싸고 양 파간에 난투극이 벌어졌다. 그 결과, 점령군의 지시에 따라 학생동맹을 그곳에서 퇴거시키고 이후 요도바시(淀橋)경찰서가 이의 경비를 맡고 있었다.

② 1953년, 조선장학회의 최용연 대표이사는 이사회의 결의도 없이 쓰노하즈의 토지(250평)에 관해 다나카 진키치(田中甚吉)와 매매계약을 맺었다[그 후 다나카는 이 권리를 김규회(金奎會)에게 양도했다]. 그러나 이 토지 소유권이 동 회에 없던 탓에 계약이 불이행되어 계쟁 사건으로 번졌다(한때 김규회가 토지를 점유했다).

③ 1958년, 장학회와 김규회 간에 화해가 성립되어 동 회는 토지 점유를 회복했다.

④ 쓰노하즈의 토지 건물은 현재 아파트 등으로 사용되고 있다.

(3) 장학회유지재단의 재일 재산

(가) 기본재산

① 일본질소 주식 63,050주

(주) 전후 기업재건법을 바탕으로 신일본질소(주)를 설립했다.
a. 1951년 12월 구주 63,050주에 대해 신주 23,950주 할당
b. 1951년 12월 신주에 대해 2:1로 증자 할당 11,975주
◎ a, b 모두 신일본질소가 대위(代位) 납입하여 보류했으나, 조선장학회가 이를 인계했다. 지급 시에 장학회는 지급 능력이 부족해 위 주식 중 25,925주를 1,762천 엔에 매각했다.

② 토지 시부야(渋谷)구 요요기산야(代々木山谷)정 소재의 택지 1,321평(구입가격 170천 엔)
◎ 토지는 1950년 장학회에 이전등기된 후 여자 기숙사 용지를 남기고 매각됐고, 그 자금은 여자 기숙사 건축에 쓰였다.

③ 건물 위 토지와 같은 번지
◎ 건물은 부속 건물 9평을 남기고 전쟁으로 전부 소실됐다.

(나) 보통재산

① 일본질소 주식 25,750주
◎ 이 중 25,600주는 1948년에 매각되어 현재 50주만 남아 있다.

② 예금 특수예금 65,000엔(전재보험금)
보통예금 6,094엔

(4) 문제점

(가) 한국이 신주쿠 쓰노하즈의 토지 건물을 장학회유지재단의 자산으로 보는 것은 잘못된 생각이나, 만약 한국이 조선교육재단의 재일 재산 반환 청구라는 형태로 청구해도 일본은(일본민법에 바탕한 재단법인) 조선장학회의 소유관리(이를 통해 조선인의 교육에 이바지한 것)는 인정하되 한국에 대한 반환에는 응할 수 없다고 생각한다(거부 이유는 전반적으로 요강

4의 재일재산 처리와 같다).

(나) 장학회유지재단의 재일 재산[위 (3)의 재산]은 재일 재산 처리와 같이 거부해야 한다고 생각한다.

2. 조선어련중앙회의 재일 재산

(1) 대상 재산

시모노세키(下関)시 다케자키(竹崎)정 429번지 3 소재의 전 조선수산업회 시모노세키출장소 사용 재산(소유자는 함경남도 어업조합연합회로 조선수산업회가 빌리고 있던 것)

◎ 창고 149평, 사무소 49평(가옥대장상의 소유자 명의인은 조선어업조합중앙회)

택지 261평의 등록부상의 소유자 명의인은 함경남도 어업조합연합회이다.

(2) 경위

(가) 조선수산업회(1944년 조선어련이 개칭)는 본건 재산을 시모노세키 출장소로 사용하던 중 종전을 맞았는데, 종전 후 수년간 동 출장소 주임이던 윤동명(尹東明)이 관리했고 대성수산 주식회사(조선수산개발 K. K.의 귀국사원을 중심으로 함)의 사무소로 사용했다(동시에 윤동명은 이 회사의 판매과장이 된다).

(나) 그 후 북한 함경남도 어업조합연합회 재일재산관리위원회(대성수산이 도쿄로 이전한 뒤, 위 재산의 관리를 위해 설립했다)가 이 관리를 윤동명에게 위임하는 모양새가 됐다. 하지만 윤동명의 사후(1957년), 조수(朝水)의 주간(主幹)인 노가타(野方直一)가 주한일국대표부의 출장자와 내통하여 윤동명의 미망인 정자(政子, 1959년 사망)를 재산 관리인으로 지정하고 자신은 감시역에 앉아 대한수산중앙회 시모노세키출장소라는 문패를 내걸고 종래 함경남도 어조련 관리위와 임대차 계약을 맺고 있던 입주자에게 대한중앙수산회 시모노세키출장소와 강제로 계약을 맺게 했다.

(다) 본 재산의 등록부상 명의인은 대한수산중앙회이나, 이는 대한수산중앙회를 조선

수산업회의 후신으로 인정한 한국 법인 등록부를 가지고 한국 측이 건물 보존 등록을 신청한 것을 등기 관리가 수리(1959년 9월)했기 때문이다.

(주) 조선어업조합연합회(재단법인, 경성)
1944년 조선수산업회로 명칭 변경
1949년 한국수산업회로 명칭 변경
1952년 대한수산업회로 명칭 변경

(4)[16] 문제점

(가) 한국 주장의 근거에는 군정법령 33호가 있다고 생각된다(요강 4의 문제).

(나) 그러나 등기가 일단 대한수산업회로 된 이상 이의 말소 등기를 청구하는 행위는 한국 측을 심히 자극할 것이라 예상되므로 상책이 아니다. 따라서 한국 측이 당당하게 반환 청구를 해오면 당연히 반론을 제기하겠지만, 그렇지 않은 때는 현 상황을 묵허해야 한다고 생각한다.

16 원문에도 (4)로 되어 있으나 (3)이 맞다.

요강 3. 1945년 8월 9일 이후 한국에서 대체 또는 송금된 금원의 반환 청구

(주) 본 요강에 대해서는 군정법령 33호의 일자에 관한 문제를 다룬 위 二. 원칙 문제의 참고자료 3 군정법령 33호의 해석을 참조할 것.

1. 8월 9일 이후 조선은행 본점에 대체 송금된 금원, 즉 등록국채의 대체분

(주) 제6차 회담에서 한국은 요강 5의 (1) 일본 유가증권을 포함하여 해당 대목에서 청구했으나, 본건 특유의 문제를 둘러싼 양국의 주장을 여기에 싣는다.

1) 한국 주장

원래 조선은행 본점이 보유했던 등록국채 45억여 엔을 일본 측이 전후 혼란 시기를 틈타 1945년 8월 25일부로 도쿄지점으로 대체한 것의 반환 청구인데

(1) 이 대체는 미군 포고 3호, 군정법령 2호(대외거래 및 일본인 재산의 이전을 금지)에 비추어 무효다.

(2) 설사 유효했다고 해도 본·지점 간에 45억 엔의 채권채무관계가 남을 터다.

(3) 본건 국채가 일본 측의 것이라면 조선은행권의 발행 담보가 존재하지 않게 되며 또한 요강 1의 지금·지은 대금 중 대부분이 국채로 바뀐 것을 고려하면 일본 측은 금을 무상으로 반출한 셈이 된다. 이렇듯 일본 측이 부당이득을 취득하는 결과로 이어지는 것은 이론상 시인되어서는 안 된다.

2) 일본 견해

[본건 등록국채는 원래 조선은행의 재산으로 일본은행 본점에 등록된 것이었으므로, 일본국 안에 소재하는 재산임(채권의 소재지 원칙에 따라)은 명백하며, 폐쇄기관 조선은행을 청산할 때에 국내 재산으로

처리됐으나] 이하의 이유로 청구를 인정할 수 없다.

(1) 도쿄지점에 대체는 포고 3호, 군정법령 2호의 공포(전자는 9월 7일, 후자는 9월 25일) 전에 이루어졌으므로 이들 법령을 위반한 것이 아니다(일자 문제의 원칙에서).

(2) 일본 법인인 조선은행 내부의 경리 관계에 대하여 한국 측이 이를 자국의 채권이라고 주장하는 것은 얼토당토않다. 한국 측에 권리가 있다면 그 이유로 들 수 있는 것은 군정법령 33호뿐이나, 동 군정법령은 일본에 소재하는 권리에는 효력을 미치지 않으므로 그 권리의 취득은 불가능하다.

(3) 부당이득과 같은 경제적 득실을 문제시한다면 재한 일본 재산의 접수 등 한일 간에 발생한 사태를 종합적으로 고려해야 하고, 이들을 무시하고 사안의 한 면만을 들어 주장하는 것은 이상하다.

<참고>

외무성에서는 본건 조선 보유 등록국채에 대해서는 국가승계이론에 서서 발권 채무 보증으로 생각할 수 있는 때는 지급에 응할 여지가 있다고 했다.

(요강 2 총독부 참고자료 4 국가승계이론의 문제 참조)

참고자료

1. 조선은행 등록국채 대체 관계 자료(1961년 9월 관재국 관리과 조사)

(단위: 엔)

등록명의	조선은행	조선은행 도쿄지점	조선은행 상하이지점	합계
금액	4,835,157,167.61	724,000,000.00	739,000.00	5,649,946,167.61[17]
적요	별지 총계정원장 차감 잔고 대장대로 아래와 같이 조선은행 도쿄지점의 유가증권 계정으로 대체됐다. (1945.8.25자) 4,375,157,167엔 62 (1945.8.31자) (주) 490,000,000엔 00 (주) '조선은행' 명의로 신규 매입된 것이다.	별지 총계정원장 차감 잔고 대장대로 아래와 같이 '조선은행 도쿄지점' 명의로 신규 매입된 것이다. (1945.9.7자) 490,000,000엔 00 (1945.9.11자) 294,000,000엔 00	폐쇄기관령 제2조 제2항제8호의 규정에 의거하여 본방 안에 있는 재산으로 간주되는 것은 1955년 5월 26일부로 대장대신의 승인을 받아 청산해야 할 국내 재산에 포함했다.	

〈별지〉 총계좌원장 차감 잔고 대장을 토대로 작성

(단위: 엔)

일자	잔고			비고
	차변	과목	대변	
1945.8.9 ~ 1945.8.24	0	유가증권계정 본지점(本支店)계정	494,340,476.97	※1
	0	유가증권계정 본지점계정	607,327,978.83	※2
1945.8.25	4,701,209,589.21 4,375,157,167.61 1,327,500.00 56,010,190.20 245,742,451.60 22,972,279.80	유가증권계정 국채 지방채 외국증권 사채 주식 본지점계정	5,161,542,241.95	전일과의 변화 차 4,554,214,263.12
1945.8.26 ~ 1945.8.30				

17 원문의 오류로 보인다. 원문은 5,649,946,167.61이나 계산은 5,559,896,167.61이 맞다.

1945.8.31	5,191,209,589.21 4,865,157,167.61 326,052,421.60	유가증권계정 국채 기타 증권 본지점계정	(변화 없음) 5,433,185,837.34	1. 국채증가 이유 (8.3. 자 신규 매입분) 49,000천 엔 (8.8. 자 신규 매입분) 49,000천 엔 (8.28. 자 신규 매입분) 98,000천 엔 (8.28. 자 신규 매입분) 294,000천 엔 합계 490,000천 엔 2. 위 국채는 '조선은행' 명의로 매입된 것이다. 3. '조선은행' 명의의 위 국채는 조선은행 도쿄지점의 유가증권계정에 대체된 것이다.
1945.9.1 ~ 1945.9.6				
1945.9.7	5,681,209,589.21 5,355,157,167.61 326,052,421.60	유가증권계정 국채 기타 증권 본지점계정	(변화 없음) 5,994,398,362.57	1. 국채 증가 이유 신규 매입분 490,000천 엔 ※3 2. 위 국채는 '조선은행 도쿄지점' 명의로 매입된 것이다.
1945.9.8 ~ 1945.9.10				
1945.9.11	5,975,209,589.21 5,649,157,167.61 326,052,421.60	유가증권계정 국채 기타 증권 본지점계정	(변화 없음) 6,227,254,500.83	1. 국채 증가 이유 신규 매입분 ※4 294,000천 엔 2. 위 국채는 '조선은행 도쿄지점' 명의로 매입된 것이다.
1945.9.12 ~ 1945.9.28				

1945.9.29	5,974,321,369.21 5,649,157,167.61 1,327,500.00 55,121,970.20 245,742,451.60 22,972,279.80	유가증권계정 국채 지방채 외국증권 사채 주식 본지점계정	 6,220,609,988.32	 감소(사채의 상환) 888,220엔 ※5

(주) ※1, ※2는 본점과 지점계정 유가증권계정 이외의 자산 계정과 부채 계정의 차액이다.
1945년 9월 7일 및 11일의 국채 신규 매입은 조선은행 도쿄지점의 자금으로 매입한 것이고, 1945년 9월 29일의 외국증권 감소는 사채 상환으로 인한 감소이다.
※3, ※4, ※5의 본지점계정의 변화는 유가증권계정 이외의 자산 계정과 부채 계정의 변화에 따른다.

◎ 설명서

1954년 3월 조선은행 전 부총재 호시노 기요지(星野喜代治)
전 이사 사쿠라자와 슈지로(桜沢秀次郎)

조선은행 소유 유가증권은 은행권의 관계 및 상시 그 가격이 변동하는 관계로 사무상 은행 본부(본점 영업부가 아님)의 계정에 기장(記帳) 정리됐었고, 등록 및 현물은 주로 도쿄에 존재했으나 이 기장을 도쿄지점 계정으로 옮기는 것은 언제든지 가능해서 전부터 현안이 되고 있었다.

그런데 1945년 8월 9일, 소련의 대일 선전포고와 함께 북한 방면을 소련군이 공격하자 경성의 중역회는 8월 10일에 다음의 결정을 내린다.

◎ 본부 계정의 유가증권은 소유지별로 소속 점을 나누어 대체 정리할 것.

위 결정은 즉시 당시의 도쿠지호리(德地屋) 계리부장에게 명하여 그 절차를 밟게 했다. 그때의 대체 가격은 국채는 매입가격으로 기타 증권은 대체로 시가로 환 대체가 이루어졌고 장부가격과의 차액은 도쿄 및 경성 본부에서 각각 가수금(假受金)을 넣도록 했다.

그런데 종전 전후의 교통통신 혼란으로 인해 도쿄와 연락이 닿지 않아 도쿄의 기산은 1945년 8월 25일에 실행됐다.

유가증권의 상황(1945년 8월 25일 사쿠라자와 이사 보고용)

7월 말의 소유 유가증권은 합계 4,786,069,741엔 38전으로

이 중 식량 증권 72,168,877엔 62전 본점 계정

기타 4,613,900,863엔 76전 본부 계정이다.

8월에 들어 본부 계정 중 도쿄에서 매각한 만철(滿鐵)사채액면 32만 엔, 장부가격 304,000엔의 대체를 정리했고, 또 8월 3일에는 조선광업진흥주의 제3회 납입 78,125엔을 실시하여 차감한 8월 24일의 장부가격은 4,613,674,988엔 76전이 됐다. 이 중 일본 국내 소재분은 도쿄지점 계정으로 이관하라는 명을 받아 25일에 다음과 같이 분할 대체했다.

(단위: 엔)

	도쿄로 이동	본부에 남긴 분	합계
국채	4,249,876,372.85	15,992,180.00	4,265,868,552.85
지방채	1,327,500.00	569,380.00	1,896,880.00
외국증권	53,410,070.20	649,30	53,410,719.50
사채	243,208,433.60	-	243,208,433.60
주식	17,968,780.65	31,321,622.16	49,290.402.81
계	4,565,791,157.30	47,883,831.46	4,613,674,988.76

그리고 장부가격은 이를 시가까지 올리고 대금은 가수금에 예입하게 됐고, 본부에서는 3,417,930엔 50전을 가수금에 편입하고 도쿄지점에는 135,418,431엔 91전을 가수금에 편입하라고 통지했다.

시가 이익 내역은 다음과 같다.

(1945년 8월 현재)

	도쿄지점	본부분	합계
국채	125,280,794.76	1,379,760.00	126,660,554.76
지방채	-	38,820.00	38,820.00
외국증권	2,600,120.00	-	2,600,120.00
사채	2,534,018.00	-	2,534,018.00
주식	5,003,499.15	1,999,350.50	7,002,849.65
계	135,418,431.91	3,417,930.50	138,836,362.41

위 평가익의 상세 내용은 7월 말 소유 유가증권명세 및 동 운용내역표의 시가 비교란을 참조했다. 다만, 동 표의 비교 이익 총계는 138,850,762엔 41전이나 전기 제50회 만철사채 액면 320,000엔의 매각으로 14,400엔은 이미 매각익으로 대체됐으므로 평가 이익 총계는 상기와 같이 138,836,362엔 41전이 된다.

위 결과, 신 장부가격은 다음과 같다.

	도쿄지점	본부	합계
국채	4,375,157,167.61	17,371,940.00	4,392,529,107.61
지방채	1,327,500.00	608,200.00	1,935,700.00
외국증권	56,010,190.20	649.30	56,010,839.50
사권	245,742,451.60	-	245,742,451.60
주식	22,972,279.80	33,320,972.66	56,293,252.46
계	4,701,209,589.21	51,301,761.96	4,752,511,351.17

2. 조선은행권 발행 준비와의 관계

(1) 한국 주장

한국은 본건 대체와 관련하여 조선은행 보유 등록국채에 대하여 특히 그것이 조선은행의 은행권 발행 준비에 충당됐다고 언급했다.

<참고>

한국은 제2차 회담 추가 메모에서 '조선은행권 발행 준비 일본분의 반환'이라는 항목을 제시했다. 이러한 주장은 등록국채에 대해 조선은행의 재일 재산 반환이라는 일반적 청구와는 별개로 조선은행권 발행 준비라는 특수한 면에서 파악한 것이다.

(2) 사실관계

(가) 조선은행권과 그 발행 준비

조선은행권의 발행 제도는 조선은행법에 따라 굴신제한제도를 채용했으나, 1941년 「조선은행법 및 대만은행법의 임시 특례」에 따라 일본은행과 마찬가지로 최고발행액제도로 변경된 상태에서 종전을 맞이했다.

(i) 조선은행법 제22조에 따르면, 조선은행은 은행권 발행고에 대하여 동액의 금화, 지금·지은 또는 일본은행권을 두어 그 지급 준비에 충당할 수 있었고(다만, 은지은은 지급 준비 총액의 4분을 1을 초과할 수 없다), 또 보증준비로 국채증권 기타 확실한 증권 또는 상업 어음을 보증준비에 충당하는 것이 일정 금액에 한해 인정됐다.

(ii) 1941년 특례법 제2조는 은행권 발행고에 대하여 보증으로 동액의 금화, 지금·지은, 일본은행권, 일본은행예금, 국채증권 기타 확실한 증권 또는 상업 어음을 보유해야 한다고 정했다.

◎ 조선은행권 연말 발행고 및 발행 준비(1944, 1945년 3월 말)

(단위: 엔)

연도	발행고	정화 준비	보증준비
1932년	124,622	74,789	49,833
1933년	148,176	98,753	49,423
1934년	192,457	113,799	78,658
1935년	220,777	172,518	48,258
1936년	210,653	123,269	87,384
1937년	279,501	168,787	110,714
1938년	321,977	200,298	121,679
1939년	443,986	235,176	208,810
1940년	580,533	290,399	290,134
1941년	741,606	255,753	485,852
1942년	908,646	311,078	597,567
1944년	1,572,384	265,439	1,306,945
1945년	3,574,418	27,500	3,546,918

(주)

1. 1941년 이후에는 정화 준비와 보증준비를 구별하지 않았으나, 종전과 같은 구분으로 계산해 넣었다.
2. 최고발행액은 1942년 4월 7억 5천만 엔, 그 후 개정되지 않은 채 1943년 이후에는 제한 외 발행이 이어졌다.
3. 제한 외 발행의 인가 한도는 1945년 1~3월은 31억 엔
4. 1945년 3월 말 이후의 보증준비 내용은 불명이다.

◎ 1945년 3월 말의 조선은행권 발행고 및 보증준비 내용

조선은행권 발행고 3,574,418,246엔 90전(중 제한 외 발행고 2,824,418,246.90)

보증준비

지금·지은 1,754,000엔

일본은행권 25,746,000엔

국고채권 2,303,000,000엔

상업어음 1,126,918,246엔 90전

기타 공사채 117,000,000엔

계 3,574,418,246엔 90전

※ 보증준비의 내역은 국채가 대다수를 차지했음을 알 수 있다.

(나) 등록국채의 취득 경로

일화사변(중일전쟁) 후 해마다 거액의 군사비가 일본은행에서 조선은행 도쿄지점을 통해 경성 본점 및 베이징지점으로 송금됐으나,

(i) 경성 본점으로 향하는 국고 송금은 조선은행권의 증발(增發)을 수반했으므로 그 발행 준비로 도쿄지점에서 국채를 매입했다(조선으로 향하는 국고 송금의 구조는 요강 2 참조).

(ii) 베이징지점에 대한 송금분(주)은 그대로 도쿄지점의 여유금이 되어 국채의 매입, 콜론(call loan)의 방출 등에 활용됐다.

(주) 북지나군(北支那軍)에게 인도할 송금 대금은 베이징지점과 연은의 '예합' 계약으로 별도 조달됐다. 이는 조선은행 화북 각 지점이 연은권 자금이 필요한 때는 조선은행 베이징지점이 연은의 일본 엔 예금 계정을 대기(貸記)하면 연은은 위 금액에 상당하는 금액을 자행의 연은권 예금 계정에 대기하는 형태를 따르고 있었다(조선은행은 도쿄지점 수입금으로 공채를 구입하고 맡긴 엔 예금은 1943년 이후 자금의 운용익으로 연은에 반환하여 최종적으로는 1945년 8월의 대 지나 금 조작을 통해 예합 채무를 결제했다). 도쿄지점의 보유 등록국채는 이러한 경로로 취득된 것이며, 단순히 조선은행권의 발행 준비로 볼 수 없다.

◎ 도쿄지점 폐쇄 시까지의 국채 취득 상황(누적액) (단위: 천 엔)

연월	금액	연월	금액
1941	511,417	1945.3	3,116,179
1942	1,365,252	1945.8	4,935,267
1943	1,857,567	폐쇄 시	5,649,946
1944	2,976,175		

◎ 폐쇄기관 조선은행의 폐쇄일 현재(1945년 9월 30일)의 보유 유가증권

(자료 「폐쇄기관과 그 특수 청산」) (단위: 천 엔)

국내 점포 자산	금액
국채	5,649,946
주식	909
사채 기타	56,403
재외 불환가(不換價) 자산	**금액**
공사채	245,847
주식	22,105
자산 합계	6,801,907

(3) 본건에 관한 논의

(가) 발행 준비의 의미

발행 준비는 담보가 아니라 은행권에 신용을 부여하기 위한 한 수단으로, 그 공채는 은행권과 직접적인 관계가 없다(특히 중국으로 향하는 송금 자산을 도쿄에서 운용하기 위해 공채를 매입한 경우에는 조선은행권과 전혀 관계가 없는 공채이다).

설사 국채가 발행 준비로 기장 정리됐다 해도, 도쿄에 있는 일본 국채는 조선, 중국, 일본, 기타 일반적 청구권의 공통 대상으로 생각할 수 있어도 은행권만의 준비라는 의미에서는 청구 대상이 될 수 없다. 결국 보증준비의 소재 장소에는 특별히 제한이 없었고, 보증준비에 충당된 국채의 종목 번호 등이 특정됐던 것도 아니므로 일본에 있는 국채의 어느 부분이 보증 물건으로 특정됐었다고 말할 수 없다. 따라서 조선은행권의 발행 준비로서의 반환 청구는 의미가 없다고 생각된다.

(나) 청산과의 관계

조선의 업무 일체를 그쪽에 인계해 버렸고, 일본은 일본에서 점령군의 명령에 따라 정리한 청산 방법을 볼 때, 재일본 자산은 은행권과의 관계가 끊겼다는 전제 아래 시행했다고 생각해야 한다(요강 4 재일 재산에 관한 논의를 참조할 것).

3. 국제법으로 본 은행권 발행채무 문제

[1961년 2월 19일 나고야대학 교수 야마시타 야스오(山下康雄)]

문제

일본국 정부 또는 조선은행은 조선은행권 발행채무에 대하여 보상 또는 배상 의무를 지는가.

의견

일본국 정부 또는 조선은행은 조선은행권 발행채무에 대하여 보상 의무를 지지 않는다. 국제법 또는 국제관례에서 볼 때 이렇게 생각하는 것이 적당하다.

이유

(1) 최근의 국제관례

최근의 국제관례에 의해서도 위의 '의견'과 같다고 할 수 있다.

(가) 아마미(奄美)섬 복귀 당시 미국군 군표는 일본은행권과 교환됐다. 이 경우 미국은 아무런 배상도 지급하지 않았고 일본 정부에 군표를 회수시켰다.

(나) 오스트리아가 독립을 회복한 당시, 1955년 5월 15일 빈에서 조인된 「독립적·민주적 오스트리아의 재건을 위한 국가조약」은 통화 교환에 관해 오스트리아 국민은 배상 권리를 가지지 않는다고 정했다. 동(同) 조약 제23조제3항은 "…이 포기(독일국 및 독일 국민에 대한 오스트리아국 및 오스트리아 국민의 청구권 포기)에는 오스트리아가 병합된 기간에 독일국이 시행한 법률행위에 관한 청구권 일체, 특히 오스트리아국 정부 또는 오스트리아 국민이 소지하는 독일국 국채 및 통화 교환 때에 회수된 통화에 관한 청구권 일체가 포함된 것으로 간주한다. 위 통화는 이 조약이 발효한 때에 폐기되어야 한다"고 규정하고, 구 독일 통화에 대한 독일의 배상 의무를 부정했다.

(다) 1949년의 이탈리아평화조약은 제14 부속서(제5조)에서 "계승국은 할양지역에 계

속해서 거주하는 자 또는 그곳에서 계속해서 업무를 수행하는 법인이 위 지역 안에서 보유하는 이탈리아국의 통화를 자국의 통화로 교환하기 위하여 준비해야 한다…"라고 하고, 할양국을 계승하는 국가에 통화 교환을 의무화했으나, 1949년 8월 31일에 로마에서 조인된 「경제협력 및 이탈리아평화조약에서 발생하는 제(諸) 문제의 해결에 관한 이탈리아국과 그리스국 간의 협정」 제35조는 "평화조약 제14 부속서 제5조에 따라 유통에서 회수된 이탈리아국 통화는 그리스국 정부가 이탈리아국 정부에 반환해야 한다"라며 회수된 통화의 반환을 규정하고 배상 의무를 일절 지우고 있지 않다.

(2) 조선은행권의 특이성

그러나 제1차 세계전쟁 이후의 평화조약을 보면, 할양지에서 소유하는 구 영유국의 은행권에 관해 구 영유국에 배상의무가 있는 실례가 극히 적지만 존재한다. 예를 들면 에스토니아는 러시아에서 독립한 나라인데, 러시아의 평화조약(1920년 2월 2일) 제12조 제1항에 따라 에스토니아에서 보유한 루블 지폐에 대한 배상으로 15백만 루블의 금을 수취했다. 폴란드도 러시아에서 독립한 나라로 1921년 3월 18일에 체결한 평화조약 제180조에 따라 마찬가지로 러시아에서 30백만 루블의 금을 수취했다. 리투아니아도 라트비아도 마찬가지다(1920년 7월 12일의 러시아·리투아니아 간 조약 제12조, 1920년 8월 1일의 러시아·라트비아 간 조약 제16조).

그러나 이들 선례를 조선은행에 대입할 수 없다. 그 이유는 다음과 같다.

(가) 위 경우 전부 신 독립국에서는 과거 구 소유국의 중앙발권은행(러시아국립은행 Banque d'État Russe)의 통화가 유통됐다. 즉 조선의 경우처럼 중앙발권은행(일본은행)의 통화 외에 지방적 발권은행(조선은행)의 은행권이 통용되고 있지 않았다. 따라서 이들 선례는 일본은행권의 선례는 될 수 있어도 조선은행권의 선례는 될 수 없다. 실제로 핀란드는 러시아령이던 무렵부터 특별히 통화자주권(Monetary Autonomy)을 부여받은 핀란드은행권 유통지역이었기 때문에 독립 때도 대러시아 배상권 문제에서 통화 관련 문제는 발생하지 않았다.

(나) 위 선례는 금본위제를 전제로 했다. 당시의 러시아국립은행의 은행권은 이러한 제도 위에 서 있었다. 따라서 이들 선례는 조선은행권의 선례가 될 수 없을뿐더러 일본은행

권의 선례도 될 수 없다. 왜냐하면 조선은행권과 대만은행권은 1941년 3월 법 15호「조선은행법 및 대만은행법의 임시 특례에 관한 법률」에 따라, 일본은행권은 동년 동월 법 14호에 따라 모두 불환지폐(不換紙幣)가 되어 관리통화가 됐기 때문이다.

요컨대 할양지에 발권은행이 소재하고 더욱이 발행된 은행권이 관리통화인 예는 국제 선례에서 찾을 수 없다. 따라서 조선은행의 발행채무에 대해서는 후술하는 것처럼 일반국제법의 법리에서 고찰할 필요가 있다.

(3) 발행채무의 성질

발행채무는 사적 채무가 아닌 공적 성질을 가지고 있다. 과거에는 국제법 학자도 순연한 사적 채무로 생각했다. 가령 영토 할양을 둘러싼 국제법상의 문제와 관련하여 지금도 종종 인용되는 막스 후버(Max Huber)의 『미국 성공자(*Die Staatensuccession* 1898)』에서는 다음과 같이 설명했다.

> "국립은행권은 전체적으로 보면 하나의 채무와 다름없으므로 채무 승계에 관한 일반 원칙이 적용된다. 은행권의 채무자는 준비기금 전부를 보유하는 자이다. 은행권 소지인의 지위는 일람출급 상업 어음 소유인의 지위와 별반 다르지 않다"(108쪽).

이는 발행채무를 순연한 사적 채무로 보는 생각이다. 그러나 알렉산더 나훔 색(Alexander Nahum Sack, Aleksandr Naumovich Zak)의 『국채 나누기(Partage des dettes de l'Etat, Berlin, 1923)』는 발행채무를 사적 채무 이상으로 보고, 신 영유국과 구 영유국은 서로 함께 발권은행에 대한 국고로서 보증을 서로 나누어야 한다고 말했다(90쪽 이하). 그 생각은 꼭 명확하지는 않으나, 어떤 의미에서 사적 채무 이상으로 생각했음은 자명하다.

실제로 은행권 발행 업무는 공공 서비스이다. 은행권은 법적 통화로 모든 지급 특히 수납금을 지급하는 정부에는 무제한 적용된다. 이러한 강제 통용력을 부여한 것은 국가로 영토 할양 시에도 국가가 그 처리에 대하여 일부 책임을 져야 한다. 국가에 배상책임을 지우고 있는 위 선례는 발행채무를 단순히 발권은행과 은행권 소지인 간의 순연한 사적 채무로 보는 관점에서는 설명할 수 없다.

그런데 발권채무에 대한 국가의 책임분담은 무엇에 근거할까. 두말할 나위도 없이 국가의 화폐주권(Monatary Sovereignty), 즉 강제 통용력을 가진 통화를 결정하는 권리와 능력에 있다[화폐주권의 본질에 대해서는 보리스 놀드(Boris Nolde), 『국제법 조폐국 강의록』(La Monnaie en droit international, Recueil des cours, Tome 27. P. 247ets 1929)를 참조]. 이 권리능력에는 통화 가치를 결정하고 유지하는 것도 포함된다. 따라서 평화조약에 따라 일본이 조선의 독립을 승인한 행위는 한국의 화폐주권을 승인했음을 뜻하며, 화폐주권의 이양은 동시에 조선의 통화 처리 책임이 한국으로 이전됐음을 뜻한다. 특히 종전 당시 조선은행권은 완전히 관리통화였고 그 통화로서의 가치는 이미 태환성에도 보증준비에도 의존하지 않고 오로지 국가의 권위와 신용을 근거로 했다. 따라서 조선의 독립과 함께 조선은행권에 근거한 채무는 한국 정부와 한국은행으로 이전됐으며, 조선은행권이 가지고 있는 통화로서의 가치는 한국의 권위와 신용에 의존한다고 보아야 한다. 최근의 국제 선례가 통화 교환에 기초하여 회수된 구 통화에 대한 배상 책임을 면제한 것은 실로 (1) 화폐 주권의 이전에 수반하여 신 영유권이 향유하기에 이른 이익과 (2) 태환성을 상실한 20세기 은행권의 특질을 고려한 결과라고 단언할 수 있다.

특히 (1)의 한국은행은 조선은행의 자산 대부분을 취득했고 종전 시의 발행채무를 포함해도 자산의 재평가나 일본인 예금의 인출로 명백히 자산 초과였다. (2) 종전 시의 발행채무 금액도 한국 외에 소재하는 조선은행권이 사실상 가치가 사라졌고 통화 교환에 참여하지 않아 현저히 감소했다고 예상된다. 그런데도 조선은행권의 보상과 배상을 일본 측에 요구한다면 이는 불합리하다.

2. 8월 9일 이후 재한 금융기관을 통해 일본으로 송금된 금원
(제6차 회담 토의 보류)

1) 한국 주장(제5차 회담)

8월 9일 이후 일본인이 재한 금융기관(우편국을 포함한다)을 통해 본국으로 송금한 금원은 군정법령을 위반하고 송금된 것이므로 반환을 청구한다.

2) 한국 주장액

제시하지 않음

3) 일본 견해

(1) 군정법령 33호의 효과는 12월 6일 이후에 발생한 것으로 그 이전의 송금 건에는 그 효과가 미치지 않으므로 반환할 필요가 없다. 또 9월 25일의 금융거래금지명령(군정법령 2호)이 송금을 금지했더라도 동일 이후 12월 6일까지의 송금은 군정부의 행정 아래 이루어진 만큼 우리 쪽이 그 책임을 질 이유가 없다.

(2) 12월 6일 이후의 송금 건은 군정법령 발령자(군 정부)의 관리 아래 이뤄진 것이고 우리 쪽에 책임은 없다고 거부하는 것도 한 방안이나, 종래의 교섭에서는 12월 6일을 군정법령 발효 시점으로 주장하여 동일 이후의 송금분은 청구를 인정할 생각도 있다(이러한 유의 금액은 근소하다고 생각된다).

(3) 실질적으로는 일본 송금 결과, 일본 금융기관은 대한국 금융기관에 환끝으로 수취계정이 발생한 것이므로 이 수취 계정을 삭감했다고 하고 그 원인이 된 행위가 옳지 않다며 청구만을 주장하는 것은 지나치게 일방적인 요구라서 납득할 수 없다.

4) 일본 측 조사액

정확한 자료가 없어 불명

참고자료

1. 일본 송금액에 대하여

(1) 귀국자 단체의 조사 자료에 따르면, 조선에서 일본에 보낸 은행 송금은 종전 후 일본에서 동결된 채 미지급 상태로 남아 있는 것이 976백만 엔(그중 5억 엔은 조선은행)이라고 적혀 있다.

(단위: 천 엔)

야스다은행	120,886
제국은행	293,000
미쓰비시은행	8
산와은행	62,371
조선은행	500,000
계	976,265

따라서 송금액은 적어도 이 이상이 되는 셈이다.

(2) 총독부 관계자의 메모에는 예금 인출액 중 송금된 금액은 7억 엔(현금 자체를 송금한 것은 적다)으로 적혀 있다.

(3) 한국 자료에 따르면, 일본인의 본국 송금액은 16억 엔이다.

2. 일본 송금 취급 상황

(1) 종전 당시 송금 상황

종전 직후의 사태에 신속 대응하여 총독부 당국은 뱅크런으로 인한 은행권 팽창을 방지하고 현금 보유에 수반되는 위험을 막기 위하여 일본인에게 은행 송금 등의 방법을 권장했다.

(2) 일본 및 조선의 환거래 등 금지 관계 법령

(가) 일본

◎ 1945년 9월 23일자 SCAP 각서

(i) 금, 은, 증권 및 금융증서의 수출입 통제에 관한 건(AG 091.3)

(ii) 금융 거래의 통제에 관한 건(AG 130)

1945년 10월 15일

◎ 칙령 제578호(금, 은 또는 백금의 지금 또는 합금의 수입 제한 금지에 관한 건)

◎ 대장성령 제88호(금, 은, 유가증권 등의 수출입에 관한 금융 거래 단속에 관한 건)

(나) 조선

1945년 9월 7일

◎ 태평양미국육군총사령부 포고 제3호(일본은행권의 무효 및 현금 예저금 등의 수출입 금지 등을 규정)

1945년 9월 25일

◎ 미군정청령 제2호(8월 9일 이후의 일본인 관계 거래는 무효, 다시 추인 절차가 필요)

(3) 식민지(조선, 타이완 등) 발행 은행송금환의 일본 취급 상황

(가) 종전 후의 지급 정지 상황

(a) 1945년 9월 23일 이전에 일본에 도착한 것

(i) 1945년 9월 23일 이전에 일본 은행에 제시한 것은 전액 지급

(ii) 1945년 9월 24일 이후 1946년 8월 11일(경리응급조치법에 따른 신·구 계정 분리일)까지는 1,000엔을 한도로 지급

(iii) 1946년 8월 11일 이후 금융기관 경리응급조치법의 규정에 따라 재외 채무로 지급되어 지급 금지

(b) 1945년 9월 24일 이후 일본에 도착한 것

(i) 대장성령 제88호에 따라 지급하고 휴대 수입을 금함

(ii) (동 성령 폐지 후) 신외환관리법에 따라 계속해서 지급하고 휴대 수입을 금함

(iii) 1953년 9월 1일(외환관리령의 규정에 따름) 대장성 고시 제1651호(귀국자 지급 수단의 수출입 제한 면제 등)에 따라 송금환의 수입이 인정된다.

(나) 1954년 5월 15일 금융기관재건정비법의 개정으로

(i) 미지급 송금환은 1건 5만 엔까지 우선 지급

(ii) 5만 엔 초과분은 예금과 같은 순위로 변제

(재외자산으로 지급 자금이 부족한 경우, 조정계정에서 이월)

(주)

1. 위 (2)의 외환 관리상의 이유로 수입 지급이 금지된 것은 대장성 고시 제823호(귀환자 관련 송금환, 외화예금 등의 지급에 관한 제한 면제)에 따라 해제됐다.
2. 폐쇄기관, 재외회사의 미지급 송금환도 1954년에 마찬가지로 지급을 인정했으나, 이들의 경우 위와 같은 우선 지급 규정은 없다.

◎ 폐쇄기관령(1954.5.15 법 105호에 따라 개정)

◎ 구 일본 점령지역에 본점이 있는 회사의 본국 내에 있는 재산 정리에 관한 정령 (1954.5.15 법 107호에 따라 개정)

(4) 식민지 발행 우편환의 일본 취급 상황

(가) 1945년 9월 23일 이전에 일본 우편국에 제출한 것은 전액 지급

(나) 1945년 9월 24일 이후 대장성령 제88호에 따라 지급 및 수입이 금지됨

(다) 1945년 12월 4일 대장성 고시 제399호(환 대금 지급 제한의 일부 해제)에 따라 1945년 9월 23일 이전에 일본에 도착한 것에 한해 1계좌 1,000엔을 한도로 지급을 인정한다.

(9월 24일 이후 도착한 것과 9월 23일 이전이어도 1,000엔을 초과하는 것은 지급을 유보했다.)

(라) 1954년 5월 15일 이후에는 일반적으로 지급 가능해짐

◎ 군사우편저금 등 특별처리법(1954.5.15 법 108호)

요강 4. 1945년 8월 9일 현재 한국에 본사·본점 또는 주요 사무소가 있던 법인의 재일 재산 반환 청구

1. 폐쇄기관 관계　　2. 재외회사 관계

1) 한국 주장

(1) 한국에 본사(점)가 있던 법인은 종전 전부터 한국 법인이고(일본 본토와 한국은 종전 전부터 법역이 달랐으며, 위 법인은 모두 한국에서만 시행된 법률에 따라 설립되어 한국에 본점을 둔 법인이다) 그 재일 재산은 한국 법인인 상기 법인의 소유로 그 반환을 청구한다.

(2) (제5차 회담에서는 군정법령 33호 등에 따라 재한 본사 법인의 주주권 접수를 첫 번째 이유로 들었으나) 재일 재산의 귀속은 군정법령 33호와는 무관하다.

다만, 이들 법인의 일본인 소유 주식은 전부 한국에 있었으므로 군정법령 33호로 전부 몰수됐다고 보는 것이 지당하며(일본 측 주장과 같이) 그 주식이 가분성(可分性)이 있다고는 생각할 수 없다.

2) 한국 주장액

불명(재일 재산의 범위, 청산 상황, 잔여 재산 처리 방침을 들은 후에 한국 측 청구 내용을 결정하겠다고 말함.)

3) 일본 견해

(1) 아래의 이유로 한국 측의 청구에는 응할 수 없다.

① 한국이 독립하기 이전 한국 지역은 일본국 영역의 일부였고 일본법의 체계 아래에 있었다는 사실은 명백하다. 따라서 이들 법인은 지역적으로나 근거법령 상으로나 일본 법인으로 종전 전부터 한국 법인이었다는 주장에는 동의할 수 없다.

또 한국의 독립으로 당연히 위 법인은 재일 재산까지 한국 법인이 됐다는 의견에도 동의할 수 없다. 따라서 한국 법인이라는 요인에 근거한 재일 재산의 반환 청구는 이유가 없다.

② 따라서 한국 측이 이들 법인의 재산이 한국 측에 귀속된다는 주장의 근거가 군정법령 33호와 다름없다고 보이나, 군정법령은 그 성격에서 볼 때 한국 지역 밖에 소재하는 재산까지 미친다고는 생각할 수 없으므로 재일 재산 반환의 근거는 되지 않는다.

③ (한국 측이 일본인 주식의 접수로 이들 재한 본사 법인 주식이 100% 한국 측의 것이 됐고, 재일 재산까지 해당 법인의 재산은 한국 측의 것이 됐다고 주장하는 경우)일본인 주식의 명의변경으로 재한 본사 법인의 주식이 소속 변경됐더라도 그 근거는 군정법령에 있으므로 당연히 효과도 관할 지역인 한국 밖에까지는 미칠 수 없다. 즉 취득된 주식은 한국 내에 소재하는 해당 법인 자산에만 지배권을 표창할 뿐으로 재일 재산까지 미치지 않는다.

④ 한편 전후 SCAPIN에 따라 일본 측은 폐쇄기관과 재외회사의 재일 재산에 관한 청산, 정리를 명받았고 회사 대부분은 정리를 완료했다.

(2) 따라서 한국 측에 반환할 것이 있다면 이들 법인의 구 한국인 주주를 위해 유보한 현금 또는 제2회사의 주식이며 이들은 현재 보관 중이다.

(주) 현재 조선인 주주에 대한 지급은 양국 간 특별 협의로 정해야 할 문제이므로 신청이 있어도 거부했다.

4) 일본 측 조사액

(1) 재일 재산 자체의 반환 청구에는 응할 수 없다.

(2) 원래 한국인 주주에 대한 폐쇄기관, 재외회사의 잔여 재산 분배금 유보분

29,478천 엔

위에 대한 이자 (공탁 시기가 각기 다르나 일단 1955년 이후 6년간은 연 5%(민사법정) 단리) 8,843엔

<산정 근거>

① 폐쇄기관, 재외회사 중 재조선 본사 법인의 잔여 자산 중 구 조선인에 대한 분배·유보액

	현금	주식		
		주(株)수	액면금액	계
25개사 계	7,855,771엔	71,987	31,965,000엔	39,820,771엔

② 조선 이외의 지역에 본사가 있는 법인이 변제 공탁(신탁 포함)한 것으로
조선인으로 추정되는 분
15개사 계 234,461엔

③ 위 ①, ② 의 합계액을 조선인분 유보액으로 보고 이에 남북한 비율을 곱하여
한국인분을 산출했다.
(39,820천 엔+234천 엔)×70%=29,478천 엔

<비고>

재조선 본사 폐쇄기관, 재외회사의 국내 자산 부채 상황

① 폐쇄기관 4개사(조선은행, 조선식산은행, 조선신탁주식회사, 조선금융조합연합회)

② 재외회사 349개사

◎ 이중 일본 국내에 재산이 없는 161개사는 지정을 해제하고 이를 제외한 188개사에 대하여 정리를 진행하여 이중 이미 184개사의 정리가 끝나 현재 정리 중인 것은 4개사다 (정리가 끝난 184개사 중 9개사는 재외자산 부채 관계가 불분명해 잔여 재산은 유보 중이다).

(단위: 백만 엔)

	폐쇄기관	재외회사	계
국내자산	13,013	1,858	14,870
국내부채	7,846	1,454	9,300
세금 공제 후 잔여 재산	1,857	403	2,260

참고자료

1. 한국 측 청구 요강 4에 관한 일본 측 견해

[1961년 12월 7일 청구권위원회 제6회 회합 미야카와(宮川) 주사 발언 요지]

지난번 소위원회 회합에서 한국 측은 요강 4에 관해 청구하면서 청구 법적 근거를 이들 요강 4의 대상 법인이 전부 '한국 법인'이므로 그 재일 재산을 청구하는 것이라고 설명했습니다.

한국 측이 이들 재한 법인을 '한국 법인'으로 본 이유는 아직 불분명합니다만, 한국 측의 논거가 구체적으로 어떠한 것이든 재일 재산에 대한 주장은 성립할 수 없다고 생각합니다. 즉

(1) 애초에 사유재산 존중의 원칙은 국제법상 확립된 원칙입니다. 즉 영역 분리 할양의 경우에도 그 분리 할양된 지역에 존재하는 사유재산은 어떠한 영향도 받지 않으며 신 영유국은 이전과 같이 이를 존중할 의무가 있습니다. 따라서 한국의 영역이 일본의 통치하에서 분리됐다는 것을 이유로 재한 법인 재산의 소유권이 한국에 이전됐다는 주장은 성립할 여지가 없습니다. 또 법인의 국적 문제에서 봐도 국적이 어떤 국가였어도 법인의 재산은 직접적으로는 법인 자체, 궁극적으로는 그 구성원인 주주 등에게 귀속된다고 생각할 수밖에 없습니다. 즉 법인의 국적이 설사 한국으로 변경되어도 이를 이유로 그 법인 재산의 귀속도 함께 변경됐다고 할 수 없습니다.

위와 같이 한국 측이 어떤 논거를 제시해도 재한 법인 소재지의 독립이나 재한 법인 국적의 이동을 이유로 이들 법인의 재일 재산에 대하여 한국 정부가 청구권을 주장할 이유가 전혀 없다고 생각합니다.

(2) 다음으로 한국 측의 주장이 군정법령 제33호에 따라 한국 정부가 이들 법인의 주식을 취득했다고 보고 이러한 주주권에 근거해 그 재일 재산을 청구하는 것이라고 한다면, 군정법령 제33호에 따른 해당 법인의 주식 취득 내용이 문제가 됩니다.

본래 군정법령 제33호에 따른 미군 정부의 재한 일본 재산 처리는 정당한 보상을 수반하지 않는 외국인 사유재산의 수용으로 국제법상 몰수(confiscation)에 상당하는 조치였습니다.

(가) 일반국제법상 이러한 몰수 법령의 효과는 한 나라의 관할권이 미치는 범위에 있는 재산에 한정되고 이 범위를 넘어서는 효과는 직접적이든 간접적이든 주장할 수 없다는 사실은 확립된 원칙입니다(territoriality의 원칙).

(나) 또 군정법령 제33호를 구체적으로 살펴보면 제5차 회담에서 저희 측이 설명했듯이, 재조선 미군 사령관의 권능은 연합국 최고사령관의 하부기관으로 그 관할구역이 한정되며(Office of the SCAP Directive No. 2. 제3항), 이러한 지역 안에서의 권리에 기초하여 발표된 군정법령의 대상은 당연히 관할 지역에 있는 재산에만 해당된다는 것이 명백합니다. 그뿐만 아니라 동 군정법령도 조문에 그 대상을 "본 군정청 관할 내에 존재하는 재산"(property located within the jurisdiction of this command)으로 규정했습니다. 따라서 동 군정법령의 효과로 미군 정부가 명백히 그 관할 범위 밖에 소재하는 재산에 대한 권리를 취득하는 것은 불가능합니다.

(다) 더욱이 SCAP 지령에 따라 시행된 재일 재산의 실제 처리도 이러한 국제법의 기본 원칙에 근거한 법률적 입장이 뒷받침됐습니다. 즉 폐쇄기관과 재외회사를 대상으로 발표된 각종 SCAPIN은 이들 법인의 이전 주주 관계를 전제로 재일 재산에 관한 청산 조치를 지령한 것입니다. 만약 한국 주장과 같이, 군정법령 제33호에 따른 주식 접수 효과가 재일 재산에까지 미친다면, 재일 재산의 정리도 모두 한국 재산으로 보는 입장에서 이루어졌을 것이나 실제로 처리는 이뤄지지 않았고 이러한 사실에서 이들 법인의 재일 재산은 재조선 미군 정부가 취한 조치와 전혀 무관하다고 말하지 않을 수 없습니다.

이상의 원칙과 기본 사실에서 볼 때 한국 측이 미군 정부의 관할 범위 밖에 소재하는 본건 재일 재산에 대하여 군정법령의 효과로 어떠한 권리도 취득하지 못한 것은 명백하다고 생각합니다.

2. 한국 측 반론

[1961년 12월 15일 청구권위원회 제7회 회합 김(金) 수석위원의 발언 요지]

지난번 소위원회 회합에서 한국 측의 청구 제4항에 관해 일본 측이 밝힌 견해에 대해서는 이미 동 회합에서 한국 측이 일차적으로 견해를 표명했습니다만, 일본 측의 요청에 따라 한국 측 견해를 다음과 같이 재차 밝힙니다.

한일회담의 한국 측 청구 제4항에 관한 한국 주장

(1) 한일회담의 한국 청구 제4항은 한국에 본점, 본사 기타 주요 사무소가 있던 법인의 재일 재산을 청구하는 것으로, 이를 한국 법인이라고 보는 것은 같은 법인의 구성원(주주 등)의 국적이 한국이기 때문이 아닙니다. 법인의 국적 문제는 그 구성원과는 전혀 별개의 개념이고 일본 본토와 한국(구 조선)은 종전 전에도 법역이 서로 달랐던 만큼, 위 법인은 모두 한국(구 조선)에서만 시행된 법에 따라 설립된 법인일뿐더러 주요 사무소가 한국(구조선)에 설치됐던 법인입니다. 게다가 특히 조선은행은 구 한국의 중앙은행인 구 한국은행을 계승한 법인으로, 이상의 법인이 전부 한국 법인임에는 이론의 여지가 없다고 생각합니다.

그리고 이 결론은 미 군정법령 제33호의 적용 결과가 아닙니다. 따라서 위 법인의 재일 재산에 대한 소유권은 동 군정법령에 따라 취득된 것이 아닌 동시에 동 군정법령에 따라 좌우되지도 않습니다. 즉 동 군정법령의 적용 대상은 법인 자체가 아니라 동 법인의 일본인 소유 주식에 불과하고, 동 법인의 재일 재산에 대한 소유권은 종전 전후를 통틀어 적어도 변동이 없습니다. 법인의 재산이 주주가 있는 곳에 속한다는 점은 그저 경제적 관념에 의해서만 이해된다고 생각합니다.

(2) 그리고 군정법령 제33호에 따라 일본인 소유 주식이 귀속(vest)된 것을 시인하면서 그 내용에 문제가 있다는 견해는 잘 이해가 가지 않습니다. 일본 측의 견해대로라면 위 각 법인의 재일 재산이 원래 동 법인의 소유였음에도 불구하고 군정법령 제33호가 발표된 탓에 소유권을 상실한 셈인데, 이 주장은 ① 명문상 근거가 없고 ② 동 군정법령의 목적이 일본이 한국의 손실에 따른 이득을 취하는 것에 있지 않고 모든 일본적 요소를 한국에서 불

식하는 것이라는 입법 취지에 반하며 ③ 한국 주장이 국제법상의 제반 원칙에 비추어 조금도 위배되지 않기 때문입니다.

(3) 일본 측은 전기 재일 재산이 SCAP에 따라 청산된 사실을 일본 견해의 한 근거로 세우고 있는 듯한데, SCAP가 특정 기관의 폐쇄 또는 청산을 명한 것은 동 기관이 전쟁 수행에 협력했기에 이러한 조치를 시행한 것에 불과하다. 한국 측 재산으로 일본 측의 이득을 기도한 것이 아니므로, 이 사실을 들어 전기 재일 재산이 일본의 소유에 귀속된다고 주장할 수 없다고 생각합니다.

3. 폐쇄기관 및 재외회사가 일본 국내에 보유한 재산의 처리에 대하여

(1961년 12월 15일 미야카와 주사 발언 요지)

이른바 폐쇄기관 및 재외회사가 일본 국내에 보유하던 재산을 어떻게 처리했는지 알고 싶다는 요청에 대해 다음과 같이 설명합니다.

(1) 법적 근거

(가) 폐쇄기관에 대해서는 SCAPIN 74호 등 일련의 연합국 최고사령관의 명령 및 이에 근거해 제정된「폐쇄기관령」등 일련의 일본 법령.

(나) 재외회사에 대해서는 SCAPIN 1965호 일련의 연합국 최고사령관 명령 및 이에 근거해 제정된「구(舊) 일본 점령지역에 본점을 둔 회사가 소유한 일본 안에 있는 재산 정리에 관한 정령」(이하 "재외회사령"이라 한다) 등 일련의 일본 법령이 근거가 되고 있습니다.

(2) 대상 재산

구 조선 지역에 본점이 있던 법인으로 폐쇄기관으로 지정된 곳은 4개사(조선은행, 조선식산은행, 조선신탁주식회사 및 조선금융조합연합회), 재외회사로 지정된 곳은 조선금융조합연합회의 단위조합인 금융조합 및 산업조합 외 348개사(북한에 본점을 두고 있던 법인을 포함한다. 이 중 161개사는 일본 국내에 재산이 없어 지정을 해제됐다)로, 이들 법인이 일본 국내에 소유하는 재산 일체입니다.

(가) 폐쇄기관에 대하여 SCAPIN 74호는 이들 기관의 일본 국내의 모든 자산을 압류하도록, 그리고 SCAPIN 163호와 SCAPIN 1253호는 그 청산을 명했습니다. 즉「폐쇄기관의 채무 지급 절차에 관한 폐쇄기관정리위원회 및 일본은행 앞으로 보낸 지령」('Instructions to CILC and Bank of Japan of Procedure for Payment of claims of Closed Institutions' 11, July, 1947)은 "국내 재산은 국내 채무의 지급에 충당한다. 이 결과, 재외 채무는 청산 절차에 들어가지 않는다"(Domestic assets are to be used for payment of Domestic claims and corollary thereof is that foreign claims will not enter into this procedure)라 명시했습니다. 그리고 이 밖에 점령군의 승인을 받아

제정된 폐쇄기관령도 제1조에 "그 본방 내의 업무를 정지하여 그 본방 내에 있는 재산을 청산해야 하는 것"으로 명백히 규정했습니다.

(나) 재외회사에 대하여도 SCAPIN 1965호는 "구 일본 점령지역에 본점을 둔 회사가 본방 내에 소유한 모든 재산의 청산을 실시할 것"("effect the liquidation of all property in Japan of Companies with head office in areas formerly occupied by Japan")을 규정했고 또 SCAPIN 1965/1은 "구 일본 점령지역에 본점을 둔 회사가 본방 내에 소유한 재산에는 본방 내에서 재외 본점이 소유하거나 청구권을 가진 모든 재산이 포함된다"("property in Japan of companies with head offices in areas of former Japanese occupation will include all property located in Japan owned or claimed by the head office abroad")라고 명기했습니다. 또한 점령군의 승인을 받아 제정된 재외회사령 제1조는 "본방 내에 있는 재산"을 정리한다고 명백히 정했습니다.

(3) 청산 절차

위와 같이 국내 재산과 국외 재산을 분리하고 국내 재산을 청산 대상으로 정했으며, 이러한 채권자 변제, 주주에 대한 잔여 재산의 분배를 시행하는 것이 취지입니다.

그리고 잔여 재산의 분배는 일본국법에 따라 합법적으로 주식을 취득한 모든 주주에 대해 시행하는 것이 원칙이며, 주주에 대한 잔여 재산의 분배분 중 아직 분배가 끝나지 않은 분은 현재 보관 또는 공탁 중입니다.

(4) 청산 결과

(가) 폐쇄기관

① 조선은행은 잔여 재산으로 신 회사 일본부동산은행을 설립하고 청산을 종료했습니다. 조선은행의 주주에게는 잔여 재산 분배를 현금으로 대신해서 신 회사인 일본부동산은행의 주식을 교부했고, 아직 교부를 완료하지 않은 신 회사의 주식은 신 회사인 일본부동산은행이 해당 주권을 보관 중입니다.

② 조선식산은행은 일부 사채를 지급하여 청산을 종료했습니다. 따라서 잔여 재산을 분배할 수단이 없습니다.

③ 조선신탁주식회사는 잔여 재산을 분배하고 청산을 종료했습니다. 주주에 대한 분배금으로 아직 분배를 완료하지 않은 분은 보관 중입니다.

④ 조선금융조합연합회는 자료 부족으로 아직 청산이 끝나지 않은 상태입니다.

(나) 재외회사

일본 국내에 재산을 가진 184개사의 정리를 종료했고, 현재 정리 중인 것은 조선금융조합연합회의 단위조합인 금융조합 및 산업조합(금융조합은 614개, 산업조합은 21개 있었다고 한다) 외 3개사입니다.

재외회사도 잔여 재산을 처리할 때에 신 회사를 설립하고 현금으로 분배를 대신해 신 회사의 주식을 분배했는데, 이러한 회사나 그렇지 않은 회사나 아직 분배가 끝나지 않은 분은 공탁 중입니다.

4. 조선에 본거지가 있던 법인의 재일 재산에 대한 한국 청구에 대하여

(1961년 12월 외무성 조약국 법규과)

(1) 한국 측 청구 내용

1945년 12월 6일자 군정법령 제33호에 따라 동년 8월 9일 현재 또는 이후 일본국이나 국민(법인 포함)이 직접, 간접적으로 전부 또는 일부를 소유하거나 관리하는 재산으로, 재조선 미군 정부의 관할 내에 존재하는 것에 대한 권원은 모두 동년 9월 25일부로 미군 정부로 소속이 변경되어 소유하게 됐다.

미군 정부는 동 군정법령의 대상 재산이 일본국 또는 국민이 소유하는 재조선(미군 정부 관할 내) 본점 법인의 모든 일본인 명의 주식을 포함한다는 관점에 서서 처리했고(후술 처리 개요를 참조할 것), 이들 소속 변경 주식은 1948년 9월 11일자 한미재산협정에 따라 한국 정부로 이전됐다고 해석된다. 한국 측 청구의 실체는 아직 불명확하나,

(a) 이들 한국에 본거지가 있던 법인은 '한국 법인'이므로 한국은 한국 법인의 재일 재산을 청구할 권리가 있다.

(b) 군정법령 제33호 및 이에 이어지는 위 조치의 결과, 한국 정부가 모든 주식을 소유하게 된 법인의 재산에 대한 권리는 해당 법인에 귀속된 만큼 일본에 소유하는 자산도 한국 정부의 청구 대상이 된다는 근거에 서서 이들 법인의 재일 재산의 인도를 요구했다고 생각된다.

(2) 해당 주식의 처리 개요

(1) 1945년 12월 14일자 미군정부관재령 제2호에 따라 재조선 미군 정부는 귀속한 일본인 명의 주식을 자산관리국의 관할하에 두었다.

(2) 1946년 4월 27일자 미군정부부장관지령 TFYMG 386.2는 군정법령 제33호에 따라 일본 국민 소유의 "주식 또는 기타 소유권"은 미군 정부로 귀속하되, 해당 법인의 자산에 대한 권원은 여전히 해당 법인에 따른다는 해석을 밝히고 있다.

동 지령은 군정법령 제33호와의 관계를 토대로 접수 법인을 다음과 같이 3종류로 나누

고, 각각 귀속 당시의 수취 계정(receivables) 범위 안에서 채무(debt unpaid) 변제를 명했다.

(가) 소유가 확정된 기업(Vested Companies): 주식의 전부 또는 대부분이 소유가 확정된 곳

(나) 징발 기업(Requisitioned Companies): 주식의 일부가 소유 확정됐으나 군정부가 기업 경영권을 행사하는 곳

(다) 일본 기업의 귀속 재산(Vested property of Japanese Companies): 일본 본점 법인의 재조선 재산을 접수하여 이를 기업으로써 운영하는 곳

(3) 1948년 4월 24일자 조선임시정부 법령(Ordinance) 제185호에 따라

(가) 자산관리국에서 군정부로 귀속된 주식의 주주명 및 특별히 소유권을 기재한 증서를 교부받은 법인은 주주명부에서 일본인 주주 명의의 등록을 말소하고 군 정부 명의를 기재할 것.

(나) 귀속된 모든 주식에 대하여 1945년 8월 9일자 신주권을 발행하여 군 정부에 교부할 것.

(다) 주식 전부가 귀속된 주식회사는 독립 법인(a separate Legal entity)으로서 존속할 것.

이 지령됐다.

(4) 1948년 9월 11일자 한미협정에 근거하여 군정법령 제33호에 따라 귀속된 모든 재산은 원칙적으로 한국 정부로 이전했으나, 이들 법인이 당시 그리고 그 후에 어떻게 처리됐는지는 불분명하다.

(3) 한국 주장의 법률적 검토

(A) '한국 법인'의 재산 인도 주장

(1) 한국 측의 이른바 '한국 법인'의 의미 및 성격은 극히 불명확하나, 군정법령 제33호에 따른 해당 법인의 주식 취득 주장과는 독립된 주장으로 생각되는데 그 이유로 다음의 두 가지를 들 수 있다.

(가) 조선의 분리(또는 독립) 결과, 당연히(ipso facto) 법인은 한국 법인이 됐고 소유권은 한

국에 이전됐기에 한국 정부는 재일 재산을 청구한다.

(나) 해당 법인은 일본 국적을 상실하고 한국 국적을 취득했으므로 한국 정부는 이들 한국 국적 법인을 위해 그 재일 재산을 청구한다.

(2) 이에 대한 반론은 다음과 같다.

(가) (1)(가)에 대해서는 국제법상 사유재산 존중 원칙이 확립됐음을 지적하면 충분하다. 즉 영역의 분리, 할양의 경우에도 해당 지역에 존재하는 사유재산은 어떠한 영향도 받지 않으며, 신 영유국은 이전처럼 이를 존중할 의무가 있다(P.C.I.J. 'German Settlers in Poland' case). 따라서 해당 법인 재산은 군정법령 제33호에 따른 일본 재산 몰수가 없었다면 조선의 분리(또는 독립) 사실에 어떠한 영향도 받지 않을 터로 그 소유권이 당연히 한국에 이전됐다는 주장은 인정할 여지가 없다.

(나) (1)(나)에 대해서는 법인 국적 문제는 재산의 귀속 문제와는 무관함을 지적하면 충분하다. 즉 법인의 재산은 직접적으로는 법인 자체, 궁극적으로는 그 구성원인 주주(ete.)에게 귀속되는 것으로, 이른바 법인의 국적과는 무관하다. 따라서 만약 군정법령 제33호에 따른 몰수가 시행되지 않고 이들 법인이 행정 분리 당시와 동일한 실체로 존속했다면 그 국적 여하를 불문하고 재한 재산 및 재일 재산은 법인 재산으로 존속할 터이므로 한국 정부가 이에 대해 청구할 이유가 전혀 없다.

(이론적으로는 재일 재산에 대해 일본 정부가 취한 조치를 둘러싸고 외교 보호권 행사 문제가 발생할 수 있으나, 이는 오히려 원 한국인 주주의 보호 문제로 귀결된다.)

(B) 군정법령 제33호에 따른 주식 취득 주장

(1) 본건 한국 주장의 부당함을 검토하는 때는 군정법령 제33호에 따른 미군 정부의 재한 일본 재산 처리가 정당한 보상을 수반하지 않는 외국인 사유재산의 수용으로 국제법상 몰수(Confiscation)에 상당하는 조치라는 사실이 기본이 된다고 생각된다.

(가) 일반국제법상 이러한 몰수 법령의 효과는 한 나라의 관할권이 미치는 범위에 있는 재산에 한정되고 타국의 승인이 없는 한 당연히 이 범위를 넘어서는 치외법권(extraterritorial) 효과는 직간접적 형태를 불문하고 주장할 수 없다는 원칙이 확립됐다(territoriality 원칙).

(나) 또한 군정법령 제33호는 연합국 최고사령관의 하부기관인 재조선 미군 사령관이 명시적으로 남한 지역에 한정된 권능(Office of the SCAP Directive No. 2. 제3항)에 따라 공표한 것이므로, 대상이 당연히 관할 지역에 있는 재산에 한정됨은 자명할 뿐만 아니라 군정법령의 규정에도 "이 명령의 관할 내에 위치한 재산(Property located within the jurisdiction of this Command)"이라고 명기됐다. 따라서 동 군정법령의 효과로서 미군 정부가 분명히 그 관할 지역 외에 소재하는 재산에 대해 권리를 취득할 수 없다고 말하지 않을 수 없다.

(다) 더 나아가 SCAP의 지령에 근거하여 시행된 재일 재산의 실제 처리 측면에서 보더라도, 위 법률적 입장은 지지된다. 곧 폐쇄기관과 재외회사에 대해 청산 조치를 지령한 각종 SCAPIN은 해당 법인에 본래 존재하던 주주권 관계의 존속을 전제로 재일 재산에 대해 제반 조치(예를 들면 재외회사에 관한 pro rata basis의 잔여 재산 분배)를 지령했다고 해석된다. 만약 한국 측의 주장대로 군정법령 제33호에 따른 주식 취득 효과가 재일 재산에 미친다고 한다면, 재일 재산의 정리는 이러한 신 주주권 관계에 기초하여 전부 한국 정부의 재산으로 한다는 입장에서 이루어졌을 터이다. 실제 이러한 처리가 없었다는 사실은 SCAP 스스로가 이들 법인의 재일 재산이 재조선 미군 정부가 취한 조치와 무관하다는 입장이었음을 보여준다.

또한 1957년 12월 31일자 이른바 미국 해석은 군정법령 제33호에 따른 재조선 일본 재산의 몰수가 "조선에 독립국을 세우기 위해서는 일본과의 끈을 깨끗하면서도 완전히 끊기" 위해 시행됐다고 밝혔는데, 이 점을 보더라도 본건 재한 법인을 몰수할 당시 입법자의 의도가 당시 군정부의 관할 구역인 조선에 있던 회사, 법인을 일본 사이에 존재하던 모든 유대관계를 끊고 독립시키는 것이었고, 이들 법인이 일본 본토와의 사이에 계루(係累)를 존속하는 것을 전혀 고려하지 않았음은 분명하다.

이상의 기본 사실을 볼 때, 군정법령의 효과로 한국 측이 미군 정부의 관할 범위 밖에 소재한 본건 재일 재산에 대해 어떠한 권리도 취득할 수 없다는 것은 자명하다고 결론 내릴 수 있다.

(2) 그러나 본건 재일 재산에 대한 한국 주장은 해당 법인의 주식 취득이라는 기술적 방법으로 간접적인 재산 지배권 취득의 형태를 띠고 있다. 이를 위해 직접적인 법인 재산 압류로 통상적인 몰수 사례와 법적 차이가 있는 결과를 인정해야 하는 게 아닌가 하는 문제가 생길 수 있다. 이 점을 재차 기술적으로 논하면 다음과 같다.

(가) 대상 재산에 대한 지배 확립을 목적으로 하는 점에서는 주식 몰수로 법인 재산을 지배하나 직접적 압류로 지배하나 같고, 그 효과가 미치는 범위의 차이를 인정하는 것은 조리에 맞지 않는 것이 분명하다. 따라서 몰수법이라는 관점에서 보면 양자 간에 법적인 차이가 없으며, 그 효과가 재외 재산에 미치는지 여부는 상술한 몰수법에 관한 국제법의 일반 원칙으로 결정한다.

학설 중 이러한 단순화된 형태로만 논하는 것은 적으나(Niboyet), 또 다른 학설도 기본적으로는 이러한 전제에서 출발하며 이를 보다 상세하게 기술적 논의로 설명하는 형태를 띠고 있다고 생각된다. 판례는 양자를 동일시하여 영역(Territoriality)의 원칙을 적용한 것이 많다(1953.1.14자 및 1954.2.3자 오스트리아 최고재판소 판결, 1955.9.14자 오스트리아 행정재판소 판결, 1951.3.24자 벨기에, 브뤼셀 지방재판소 판결).

(나) 원래 주권은 발행에 의해 주주권이 발생하지 않고 주주인 지위를 표창하는 증서에 불과하므로 그 자체는 종이 한 장(piece of paper)에 지나지 않는다는 것이 국제사법상의 원칙으로 재산권의 소재(situs)에 관한 국제사법의 원칙에 따르면 주식(기명)은 주권의 물리적 소재 여하와 관계없이 법인 설립지인 본점 소재지에 있다는 것이 통설이다.

(이 원칙은 본래 주식에 관한 권리 이전의 준거법 결정을 위한 준칙이나, 적산관리, 수용 기타 정상적인 법 관계의 권리 이전 외의 경우에도 적용된 예가 많다.)

예를 들면 실제로 주식의 무효화, 신주권의 발행, 기타 조치는 오로지 법인 본거지에서 실시되며 실제 주권의 소재 또는 법인 재산의 소재와는 무관하게 실시되는 경우가 많다.[제2차 세계대전 중 각국은 재외 주권을 무효화하는 조치를 시행했고, 제2차 세계대전 후 서독은 재동독 주권을 무효화하고 이를 대신하는 주권(Ersatzaktien)을 발행하는 법률을 제정했다.]

또 제1차 세계대전 후 베르사유조약에서 독일은 동맹국·연합국에 대하여 "그 영역...에 있는 독일 국민 또는 그 관리하는 회사에 속하는 모든 재산, 권리 및 이익을 유치하고 청산할 권리"를 인정했는데[제297조 (b)항], 이 규정을 시행하기 위해 독일국은 독일 국민이 가진 권원 증서로 연합국 영토 안에 있는 재산, 권리 또는 이익에 관한 것(연합국 법령에 근거하여 설립된 회사의 주권, 지분, 사채권, 사채지분증권 기타 채권 포함한다)을 각 연합국에 인도할 의무를 졌다(동조 부속서 10). 이 인도 조치는 제297조 (b)항에 따라 청산권에 따라야 하는 재산을 실제 쉽게 청산하기 위한 기술적 방법에 불과하고 동조의 범위를 넘어서는 신설 조치는 아님이 분명하나(1919년 6월 연합국각서), 이 경우에도 본점 소재지가 연합국 영역 안에 있는 한 주권의 물리적 소재는 무관하다는 근거에 선 것으로 해석된다.

이처럼 법인 본거지의 주식 취득은 절차상 일단 가능하다고 생각할 수 있으나, 한편 이러한 주식 취득은 구 법인 재산 전체에 대한 주주의 지배권을 뜻하지 않고 이러한 취득 주식이 나타내는 것은 몰수국의 관할권이 미치는 지역적 범위에 있는 재산에 한정된다고 논할 수 있다(학설로서는 Serick).

즉 주식 몰수에 의해 해당 법인에 대한 주주의 지배권 및 자산 자체를 취득하는 방법은 위에서 말한 것처럼 정상적인 법 관계에서 인정되는 유효한 주식 취득이 아니며, 법인 설립의 준거법은 특별 입법으로 이를 유효화하는 한도에서만 효과를 인정받을 수 있다. 따라서 입법자의 관할 범위 안에서는 이러한 주권 행위에 기초한 조치가 유효한 법 관계를 신설했더라도, 그 효과가 관할 범위 밖까지 미칠 수 없다고 해야 한다. 이는 단순한 재산 몰수의 경우와 마찬가지로 주권 행위에 수반하는 속지성(屬地性) 원칙의 제약을 면할 수 없기 때문이다.

이렇게 본다면, 분명 입법자의 관할 범위 안의 본점 소재지에서 이루어진 주식의 소속 변경 행위의 유효성은 인정될 수밖에 없으나[일반국제법상 점령군이 점령지에서 이러한 주권적 행위를 시행할 수 있는지 여부의 문제는 평화조약 제4조 (b)항의 규정에 따라 현실적 의미를 상실한다고 해석된다], 이렇게 취득된 주식은 내용적으로 구 법인의 전 자산에 관한 권리(소재 여하를 불문하고)를 표창하지 않고 그중 관할 지역 내에 소재하는 것을 표창하고 그에 대해서만 지배권을 대표한다고 생각하지 않을 수 없다.

(다) 또한 주주권의 실체에서 이 점을 고찰해 보면, 몰수 법규의 목적이 방법 여하를 막론하고 법인 재산의 취득에 있는 이상, 현실의 법인 재산 소재가 문제가 되고 적어도 몰수법의 대상이 되는 재산권의 소재에 대해서는 일반 국제사법의 원칙이 완전히 적용될 수 없다고 볼 수도 있다(학설로서는 Hohenveldern, Wengler). 즉 법인 재산에 대한 처분권리(Verfügungsberechtigte) 면에서 본 주주권은 법인 재산이 소재하는 전 지역에 존재하는 것으로 정상적인 경우에는 이들을 분할되어야 할 권리의 총체가 법인의 본거지에 있다고 의제(擬制)되고 그곳에서 행사되고 있는데 그친다. 따라서 법인 본거지의 주주권 몰수의 경우에도 적어도 법인 재산에 대한 처분권 면에서 본 주주권은 본거지에 소재하는 재산에 대한 것에 한정되며, 몰수 결과로 이러한 처분권 성격을 가진 주주권은 분할되게 된다(Spaltungstheorie).

또한 이 분할론의 입장은 절대적으로 엄밀한 의미의 법인 분리론과 일치하지 않으나, 실제로는 이러한 분할의 직접적 효과로 몰수 대상이 될 수 없는 재산의 운명 결정은 구 주주권자의 결정에 맡겨지며, 이 경우 통상적인 청산 조치 외에 신 자산에 걸맞은 신주식의 발행으로 신 법인을 설립할 수도 있다는 점에서 법인 분리와 일맥상통한다고 볼 수 있다.

또 이 관념이 채택된 최근의 선례로는 독일, 오스트리아 내의 재오스트리아, 독일 재산의 처리를 들 수 있다. 곧 재오스트리아 구 독일 재산(국제조약 제22조의 규정에 따라 연합국이 취득한 것을 오스트리아로 이전했다)에 관해서는 오스트리아에 소재하는 법인이 독일연방공화국 또는 베를린주에 보유한 재산을 둘러싸고 본건과 동일한 종류의 문제가 발생했다. 그래서 1957년 6월 15일에 독일 연방공화국과 오스트리아 간에 서명된 「재산권 관계를 규제하는 조약」은 "국가조약 및 오스트리아공화국에 의해 '당해' 법인에 대한 독일인 사원의 지분권에 관하여 국내적으로 취해진 조치는 이 재산에는 적용하지 않는다"라는 취지의 규정을 두고 있다[제87조 (1)]. 이 규정은 위에서 설명한 일반 원칙을 확인한 것이라고 볼 수 있다(다만, 실제로는 이들 법인의 동일성을 유지하고 법인으로 하여금 이들 국외 재산에 대한 권리를 유지하게 하는 편의상의 고려에 근거하여 이들 재산에 대한 권리는 계속해서 해당 법인에 있음을 인정하고 다른 한편으로 지분권을 가진 독일인 사원에 대하여 국외 재산에 관한 지분을 둘러싸고 재산 분할을 해야 한다고 정했다).

(주) 법인 본거지의 주식 몰수를 부정하는 입장
재산권의 의미를 가진 주주권은 주권으로 체화(體化)되어 현실의 주권을 취득하지 않는 한 주주권을 행사할 수 없다. 이러한 입장에서 법인 본거지에서의 주식 몰수 가능성 자체를 부정하는 생각은 주권 자체가 유가증권으로 이리저리 유통되는 현실에는 그때그때의 상황에 응하고 있으나, 적어도 국제법적으로는 채용할 수 있는 생각이 아니다(학설로는 존재하지 않고 단순히 판례만 존재하다. 가령 1925년의 Disconto-Gesellschaft v. US Steel의 美 대법원 판결을 들 수 있다).

(라) 위에서 설명한 주식의 소재지(situs)에 관한 원칙이 가령 완전한 형태로 법인의 주주권 몰수의 경우에 적용된다면, 법인의 본거지에서 그 설립 준거법을 구성하는 법체계(특별법으로서의 몰수법을 포함한다)에 따라 정당하게 취득된 주식의 이전 효과는 원칙적으로 이를 부정할 수 없다는 생각이 논리적으로는 가능하다. 이때, 몰수 행위는 형식상 주식의 소재지인 법인 본거지에서 완료된 것이 되며 재외 재산에 대한 지배의 주장은 기술적으로 해당 재산에 대한 치외법권 몰수(extraterritorial confiscation)가 아니라 새로운 주주의 지위에 근거한 정상적인 주장에 불과하다.

이러한 입장을 인정하는 학설도 전혀 없지는 않다(Lewald). 그러나 이 경우에도 그 효과가 간접적으로 치외법권이 되는 것을 공공질서(ordre public, public policy)의 원칙을 원용함에 따라 부정할 수 있다(학설로는 Raape). 일반적으로 공공정책(public policy)의 원칙은 국제사법상 준거법의 일반 원칙에 따르면 외국법을 적용해야 함에도 적용 시 국내의 미풍양속을 해치는 경우 이 적용을 배제하게 된다. 따라서 본건과 관련해서 보면, 주식 몰수의 효과가 원래대로라면 간접적으로 재일 재산에 미친다는 것을 전제로 한 후 한 나라의 주권 행위로서 이 적용을 거부하게 된다. 이 입장은 일반적으로 몰수 법규의 국외 적용에 관해 자주 채용되고 있어 우리는 위 (가), (나)에 대한 대안 (alternative)을 주장할 수 있다. 다만, 본건의 경우에는 평화조약 제4조 (b)항에 따른 처리 효력의 승인 효과로 우리나라에는 공공질서 원칙의 원용이 허용되지 않는다는 반론이 제기될 수 있음에 유의할 필요가 있다.

[점령하 독일에서 재구(在舊) 독일 영토 내에 존재하는 독일 재산의 배상 목적을 위한 몰수를 규정한 관리법령의 결과 체코 몰수법의 독일 국내 적용과 관련해서는 공공질서의 원칙을 원용할 수 없다는 해석이 채용된 판례가 있다(1953.1.29자), 서독 최고재판소 판결].

5. 재조선 본사 법인에 관한 기본적 생각
(1961년 12월 5일 이재국 외채과)

(1) 구 조선 지역에 본사, 본점 또는 주요 사무소를 두고 있던 법인은 그 설립과 운영 근거를 당시 적정하게 시행되고 있던 일본 법령(가령 조선은행법과 같은 특별법 외에 조선민사령에 따른 일본 상법 및 일본 민법의 적용)에 두고 있던 만큼 이들은 전부 일본 법인이다.

(가) 법인의 국적은 그 준거 법령이 어떠한 나라의 입법인가에 따라 결정되며 주소지 여하에 따라 결정되지 않는다.
물론 통상적인 예에서는 그 소재지를 관할하는 국가의 법령이 가장 중요하므로 해당 주소지에 적용되는 것이 일반적이다. 이러한 주소지에 신설되는 법인은 통상 그 주소지를 관할하는 국가의 법령에 따라야 하며 이에 국적도 해당 관할국에 있는 것이 상례이나, 본 주제와 같이 이미 존립한 법인의 경우 그 후의 주소지가 이전과 다른 국가의 영역이 된 때에 이러한 사실에 의해서만 하등의 법적 절차 없이 당연히 그 법인의 국적이 새로운 국가로 이적된다고는 볼 수 없다.

(나) 예를 들면 전후 한국에서 새로이 제정된 한국은행법에 따라 설립된 한국은행은 한국의 법령으로 설립된 한국 법인이다. 일본 법인인 구 조선은행과는 별개의 인격이다.
한국은행법에 한국은행이 조선은행의 권리 의무를 승계한다는 취지의 규정이 있는 것도 위에서 언급한 바처럼 양자의 근거 법령이 전혀 별개인 이상 한국은행법을 적용하는 때에 조리상 가능한 범위에서 계승했다고 생각해야 하고, 이 한국은행법의 규정으로 조선은행의 국적이 그대로 한국으로 옮겨간 것은 물론 아니거니와 한국은행이 조선은행의 일체를 당연히 상속한다고 할 수 없다.

(2) 미 군정법령 제33호는 일본 정부, 일본 법인, 단체 및 일본 국민의 조선 내에 있는 재산의 귀속에 관하여 규정했으며, 실제로 한국의 영역이 된 조선 지역 안에 본사, 본점 또는 주요 사무소가 있던 일본 법인에도 적용된다고 생각할 수 있다.

그러나 동 군정법령이 그 입법자인 미군 정부의 견해에 의해 대상이 되는 "재산의 모든 권리, 권원 및 이익이 소멸됐다"는 취지라고 한다면, 국제 관례상 이례적인 조치로 제2차 세계대전의 처리 사례에 비춰봐도 동 군정법령을 공포한 미군 정부의 관할 지역 내에 있는 재산을 대상으로 하는 조치로 생각된다.

따라서 한국 내에 본사, 본점 또는 주요 사무소가 있던 일본 법인의 한국 지역 내에 있는 재산은 군정법령 33호에 따라 미군 정부를 거쳐 한국 정부로 귀속됐다고 생각할 수 있다.

또한 이들 법인 소유의 재일 재산은 이 군정법령의 적용 대상 밖이라고 말하지 않을 수 없다.

(가) 미군정법령 제33호는 정문(正文)에서 분명히 일본 법인을 인적 대상으로 정하여 법인 단계에서 군정법령이 적용됐다.

법인은 이를 사실상 조성하는 개인(주주, 조합원 등)의 단순한 집합체가 아닌 별개의 권리 능력을 가진 법률상의 인격이므로 이들 법인에 군정법령을 적용하는 때는 즉시 이를 주주 등 개인에게 분배하는 것은 타당치 않다.

(주) 한국 측이 "재한 본사 법인의 재한 재산 부분은 양해해도 이들 법인의 주주권은 기명 주식이므로 한국 내에 있다고 생각할 수 있어, 이 재한 재산 외에 일본인 개인의 주식도 취득 대상이 됐다고 생각할 수 있다"고 주장한 때는 그 취득됐다고 주장하는 주주권은 주주권의 실질적 의의와 군정법령 적용의 지역적 한계에 비춰 볼 때 당연히 재한 재산에 대한 지배 권능의 범위 안에 한정된다고 주장할 수 있으므로, 결과는 본문에 게재한 것과 마찬가지의 결과로 귀결된다.

(나) 미군정법령의 적용 범위가 재한 재산에 한정된다는 것은 따로 외무성이 입론(立論)하는 바에 미루겠으나, 전후 재일 재산 정리에 관해 공포된 누차에 걸친 지령에 비추어 보아도 자명하다.

따라서 한국에 본점을 두고 있던 폐쇄기관과 재외회사를 어떻게 처리했는가는 한국 측 청구권의 범위 밖이다.

(다) 미군정법령에 따라 이들 법인의 재한 재산이 미군 정부를 거쳐 한국 정부로 귀속됐다

는 것은 주주권의 국적 여하와는 직접적인 관련이 없다.

즉 주주 등은 국적 여하와 관계없이 각각의 지분권에 상응하여 법인 재산에 대한 권리를 주장할 수 있으며, 실제로 재일 재산을 처리할 때도 주주의 지분권에 대해서는 응분의 보호를 도모했으며, 이중 한국인 주주 등에 관한 것은 별도로 그에 적합한 청구 항목에서 검토할 용의가 있다.

(3) 이상 앞서 언급한 바처럼 미 군정법령은 재한 일본 법인의 재한 재산의 처리에 관해 규정한 것으로 재일 재산에는 일절 미치지 않는다. 또 당시 한일 양국 지역을 통할한 연합국군 최고사령부의 일본 정부에 대한 일련의 지령도 재일 재산에 대해서는 재한 재산과는 별도로 독자적으로 처리하도록 명했고, 일본 정부도 이를 받아들여 그 취지에 따라 재산 처리 결과를 올려 왔으며 이는 완전히 일본 정부의 행정권 범위 안의 조치이다. 따라서 본건에 관한 한국 측의 주장에는 이유가 없다고 생각한다.

6. 폐쇄기관 및 재외회사의 국내 재산 처리에 관한 법적 근거

(1961년 12월 20일 관재국 관리과 조사)

A. 연합국 최고사령관의 주요 명령

(1) 폐쇄기관

(가) SCAPIN 74(1945.9.30) 「외지와 외국 은행 및 특별 전시 기관 폐쇄에 관한 건」(Closing of Colonial and Foreign Banks and Special Wartime Institutions)

(나) SCAPIN 163(1945.10.20) 「조선은행, 대만은행, 일불(日佛)은행, 조선식산은행 및 독일동아은행 지점의 청산인 임명에 관한 건」(Appointment of a Liquidator of Branches of:

1. Bank of Chosen
2. Bank of Taiwan
3. Banque Franco-Japonaise
4. Chosen Colonization Bank
5. Deutsche Bank für Ostasien)

(다) SCAPIN 615(1946.1.18) 「1945년 9월 30일자 각서(SCAPIN 74)에 따라 폐쇄된 기관의 보관인위원회의 임명에 관한 건」[Appointment of a Committee of Conservators for Institutions Closed Pursuant to Memorandum of this Headquarters, AG. 091.3(30, Sept. 45) ESS]

(라) SCAPIN 1253(1946.10.5) 「폐쇄기관 대 금융 긴급 조치에 관한 건」(Closed Institutions vs. Emergency Financial Measures)

(마) 「폐쇄기관의 채무 지급 절차에 관한 폐쇄기관 정리위원회 및 일본은행에 대한 지령」(Instructions to CILC and Bank of Japan for Procedure for Payment of Claims of Closed Institutions)(1947.7.11)

(바) SCAPIN 6992-A(1949.12.3) 「구 일본 점령지역에 있는 폐쇄기관 소유 증권에 관한 건」(Securities Owned by Closed Institutions which are Now Held in Areas Formerly Occupied by

Japan)

(사) SCAPIN 7317-A(1950.11.3) 「폐쇄기관의 청산에서 발생한 잉여금에 관한 건」 (Residual Proceeds from Liquidation of Closed Institutions)

(2) 재외회사

(가) SCAPIN 1965(1949.1.18) 「외국에 본점을 둔 회사의 본방 내에 있는 재산의 정리에 관한 건」(Liquidation of Property in Japan of Branches of Companies with Head Offices Outside Japan)

(나) SCAPIN 1965/1(1949.3.8) 「외국에 본점을 둔 회사의 본방 내 재산에 관한 건」 (Property in Japan of Companies with Head Offices Abroad)

(다) SCAPIN 1965/2(1949.6.1) 「구(舊) 일본 점령지역에 본점을 둔 회사의 본방 내 재산 정리에 관한 건」(Disposition of Property in Japan of Companies or Persons with Head Offices in Area Formerly Occupied by the Japanese)

(라) SCAPIN 1965/3(1949.6.18) 「구(舊) 일본 점령지역에 본점을 둔 회사의 본방 내 재산에 관한 건」(Property in Japan of Companies with Head Offices in Area Formerly Occupied by Japan)

(마) SCAPIN 1965/4(1950.6.8) 「구(舊) 일본 점령지역에 본점을 둔 회사 또는 단체의 일본에 있는 재산 처리에 관한 건」(Disposition of Property in Japan of Companies or Persons with Head Offices in Area Formerly Occupied by the Japanese)

(바) SCAPIN 2189(1951.12.12) 「해외에 본점을 둔 회사 등의 일본에 있는 지점 등이 가진 재산 정리에 관한 건」(Liquidation of Property in Japan Belonging to Branches of Companies with Head Offices Outside Japan)

B. 연합국 최고사령관의 명령에 따라 제정된 일본 국내 법령

(1) 폐쇄기관

(가) 폐쇄기관령(1947년 3월 10일 칙령 제74호)

(나) 폐쇄기관에 대한 채권 신청 등에 관한 명령(1947년 8월 12일 총리청령, 대장성령, 외무성령, 상공성령, 운수성령, 농림성령, 후생성령, 사법성령 제1호)

(다) 폐쇄기관의 채무 변제 등에 관한 명령(1947년 11월 17일 총리청령, 대장성령, 외무성령, 상공성령, 운수성령, 농림성령, 후생성령, 사법성령 제4호)

(라) 폐쇄기관이 소유하는 재외 기명증권 등의 처리에 관한 정령(1950년 12월 19일 정령 제356호)

(2) 재외회사

(가) 구(舊) 일본 점령지역에 본점을 둔 회사의 본방 내에 있는 재산 정리에 관한 정령(1949년 8월 1일 정령 제291호)

(나) 구(舊) 일본 점령지역에 본점을 둔 회사의 본방 내에 있는 재산 정리에 관한 정령 시행에 관한 명령(1949년 8월 1일 법무성령, 외무성령, 대장성령, 후생성령, 농림성령, 통상산업성령, 운수성령 제1호)

<참고>

(1) 연합국 총사령부가 폐쇄기관 지령을 발표하게 된 배경에 관한 참고로 1945년 9월 말 연합군 경제과학국장 크레이머(Raymond C. Kramer) 대령이 미 신문기자와 인터뷰한 기록을 싣는다(일본 관리법령연구 제1권 제3호에서 발췌).

"연합국은 세계역사상 거의 전례가 없는 금융적 조작의 자초지종을 밝히려 했다.…예를 들면 조선은행을 지배하던 금융업자는 철저하게 군벌이 실행한 행위와 똑같이 일본 정부에 팽창 정책을 원조하라고 강요했다. 조선은행은 중국 통화의 가치를 저하시키려는 술책을 늘

어놓고 군벌과 밀접한 연계를 맺으면서 영업했다. 대만은행은 남방 정복으로 약탈을 감독했다. 조선 침략 이후 일본 행위의 첨병이 된 금융 방식이 이제야 밝혀진 것이다. 금융의 단물을 제공함으로써 침략의 토대는 완전히 일본이 짠 거미줄 안에 포착됐고 그 이후 군대가 들어와 이들 은행을 누누이 군용 은행으로 이용했다. … 아무런 계획 없이도 군은 이들 각 은행에서 평소 돈을 인출하는 것이 허용됐다.…"(SCAPIN 74가 나오기 전, 1945년 9월 20일에 총사령부는 일본 정부에 재정 금융에 관한 전면적 정보 제출을 명했다).

(2) 재외회사령이 나오기까지의 경위는 다음과 같다(「한국의 대일 배상 청구에 대하여」에서 발췌).

1948년 2월경, C.P.C에서 일본의 재외 재산은 상당하다, 이 정도라면 배상 물건의 철거도 필요 없고 또한 재외회사의 재내(在内) 재산을 해제해도 좋을 듯하며 남한 소재 회사의 재내 재산의 해제를 신청하면 좋겠다는 이야기가 있었는데, 이것이 점차 구체화하여 재외회사령이 나온 것이다.

관계법령

◎ SCAPIN 74

1945년 9월 30일

외지와 외국은행 및 전시 특별 금융기관 폐쇄에 관한 각서

1. 일본 정부는 본 문서 첨부의 별지 1에 열거된 은행 기타 금융기관의 일본에 있는 본점, 지점, 출장소, 대리점을 즉시 폐쇄하고 본 사령부의 지시가 있은 경우를 제외하고 사무 재개를 금한다.
2. 일본 정부는 이들 기관의 건물에 이들 기관이 폐쇄된다는 내용을 선언하는 고시를 즉시 게시한다.
3. 이들 금융기관이 사용하는 건물에는 경비대를 배치한다. 이들 건물에 대한 출입은 본 사령부의 지령이 있은 경우를 제외하고 허용하지 않는다.
4. 이들 기관의 장부, 기록 및 서류로 그 사용 건물 안에 있는 것은 보관하고 본 사령부의 특별 관리에 부속하기 위하여 인도한다.
5. 이들 기관이 사용하는 건물 안에 있는 비등 기관의 모든 금, 은, 통화, 유가증권, 은행권, 담보물건 기타 재산을 압수한다.
6. 일본 정부는 미리 대장성의 허가를 받지 않으면 이들 기관의 모든 재산에 관하여 매매, 양도, 회수, 처분 기타 거래를 방지 및 금지하는 데 필요한 조치를 해야 한다. 이러한 처분은 본 사령부의 승인을 받지 않는 한 대장성이 허가한 것이 아니다.
7. 일본 정부는 본문 부속서 제1호에 지명된 모든 기관의 이사장, 사장, 전무이사 및 고문 및 이 기관에서 위와 같은 지위에 있는 자를 즉시 파면하고, 사무소에서 퇴거시켜야 한다. 그리고 일본 정부는 그들이 관계가 있는 기관에 출입하거나 동 기관을 위하여 행동할 것을 금해야 한다. 일본 정부는 대표권 또는 대리권을 가진 모든 자의 권한을 취소하며 아울러 이 기관을 위하여 행동하는 어떠한 권한 또는 권력도 본 사령부의 승인을 얻지 않고 다른 자에게 부여하는 것을 허용해서는 안 된다. 이러한 기관의

모든 임원, 이사 및 기타 직원은 대기시키며 본 사령부의 허가를 받지 않으면 그 장소를 변경할 수 없다.

8. 가. 일본 정부는 다음의 것을 안전하게 보관하고 현재의 위치에서 이동하는 것을 허용하지 않는다.

(1) 일본은행권, 정부지폐 및 일본 국내에서 사용되는 통화 및 인지 이외의 통화 및 인지의 인쇄에 사용되는 판화 일체

(2) 일본은행권, 정부지폐 및 일본 국내에서 사용되는 통화 및 인지 이외의 기성 통화 및 종이 저장품

(3) 일본은행권, 정부지폐 및 일본 국내에서 사용되는 인지 이외의 통화 및 인지의 제조에 사용되는 모든 입지

나. 일본 정부는 전항 '가'에 기재된 모든 물건의 소재 장소를 1945년 10월 2일 오전 9시까지 본 사령부에 보고한다.

9. 일본 정부는 전기 요구에 응하여 취해지는 행동의 보고를 즉시 본 사령부에 제출한다.

10. 본 각서를 수령했다는 취지의 통지를 요한다.

별지 1

1. 전시금융금고
2. 자금통합은행
3. 조선은행의 일본 내 모든 지점 및 대리점
4. 대만은행의 일본 내 모든 지점 및 대리점
5. 남방개발금고
6. 외자금고
7. 독일동아은행
8. 만주중앙은행의 일본 내 사무소
9. 중앙저비은행의 일본 내 판사처
10. 일불은행

11. 동양척식주식회사
12. 남양척식주식회사
13. 북지나개발주식회사
14. 중지나진흥주식회사
15. 남만주철도주식회사
16. 남방개발주식회사
17. 대만척식주식회사
18. 만주척식주식회사
19. 만주중공업개발주식회사
20. 조선식산은행
21. 전국금융통제회
22. 일본 외 지역의 척식 및 개발사업에 대한 금융 또는 식민지 또는 일본 점령지의 금융 자원을 동원하거나 관리하여 군수생산에 대한 금융을 구성하는 것이 최대 목적인 기타 모든 은행, 개발회사 및 기관

◎ SCAPIN 1965

1949년 1월 18일

일본 정부로 보내는 각서

외국에 본점을 둔 회사의 본방 내 재산 정리에 관한 건

1. 참조

   일본 정부로 보내는 각서 AG130(1945.9.22) SCAPIN 45 제목의 통제에 관한 건

2. 1의 참조 각서의 제반 조건에도 불구하고 일본 정부는 전 일본 점령지역에 본점이 있는 회사의 본방 내 재산 전부를 청산하는 데에 필요한 절차를 만들도록 지령받았다. 재산 중 10%보다 적은 일본인 권익이 포함된 경우, 그 재산은 본 각서의 규정에서 제외된다.

3. 위 절차를 시행하는 때에 일본 정부는 회사의 본방 내 지점의 적당한 직원을 그 재산의 청산인으로 지정할 것. 만약 적당한 직원이 없는 경우, 일본 정부는 그 지점 이외의 분야에서 청산인을 지정하여도 무방하다.

   위 청산인은 일본 정부가 신설하는 절차 아래 청산을 신속하게 진행하여 완료하는 임무에 임할 것. 청산인은 어떠한 재산의 매각도 일본 정부 대장성 및 연합국 최고사령부의 허가 없이 시행할 수 없다.

4. 각 청산인은 청산인으로 지정받은 날에서 90일 이내에 다음의 통보 사항을 제출해야 한다.

   가. 제기된 모든 청구에 다음 범위의 내역을 첨부한 완전한 보고서

   (1) 본방 내 청구 및 외국의 청구로 본방 내에 있는 자산 위에 설정된 유치권에 따라 보증된 것

   (2) 본방 내 청구 및 외국의 청구로 본방 내 지점 혹은 대리점과의 거래에서 발생한

것(본점 청구 혹은 지점 상호 청구는 제외한다).

나. 본방 내 모든 자산의 완전한 재고조사표: 그 표에는 기입 항목의 장부가격 및 시가 전부를 표시할 것. 일본 정부는 위 제반 자료를 수령하면 각 2부를 연합국 최고사령부 민간재산관리부에 제출할 것.

5. 일본 정부 대장성은 모든 보고의 정확성에 대하여 책임을 진다.
6. 각 청산인이 제4항에서 요구된 통보 사항을 제출하면 추가로 모든 청구에 대한 지급과 관련해 준비한 절차를 포함한 계획을 제출할 것. 그러나 어떠한 청구라도 대장성 및 연합국 최고사령부 민간재산관리부의 사전 허가 없이 지급할 수 없다.
7. 본 지령을 수행하기 위하여 연합국 최고사령부 민간재산관리부와 일본 정부 담당성 간의 직접 연락을 허가한다.

7. 폐쇄기관령의 채무 변제 · 잔여 재산 처분 규정의 변천 개요

(관재국 관리과 조사)

<table>
<tr><th rowspan="2">기관령
개정
연월일</th><th colspan="3">재외활동 폐쇄기관
(A) (대장대신이 지정하는 기관, 본점 내·외지에 상관없이 58개 기관)</th><th colspan="3">(A) 외에 외지 점포에 채무가 있는 기관
(B) (이른바 준 재외활동 폐쇄기관 2개 기관)</th><th colspan="3">기타 폐쇄기관
(C) (외지 점포가 없는 기관)</th></tr>
<tr><th>사채</th><th>잔여
재산</th><th>사채 이외
채무</th><th>사채</th><th>잔여재산</th><th>사채 이외
채무</th><th>사채</th><th>잔여
재산</th><th>사채 이외
채무</th></tr>
<tr><td>1947.3.8
제정</td><td colspan="9">변제 대상 채무는 일본 이행지 채무(사채 포함)에 한정되며, 특히 임원의 퇴직수당금 등 외지 점포의 종업원 채무(일본 지급의 내부 규정, 관습이 있는 것은 제외한다), 외지 기인 채무, 외국통화표시채무 등은 채무의 변제 성령 및 동 성령에 근거한 고시에 따라 변제가 금지됐다.
(A), (B), (C)의 구분에 따른 구별은 없다.
또 잔여 재산 처분에 관한 규정은 전혀 없다.</td></tr>
<tr><td>1948.8.21
개정</td><td colspan="9">채무 변제에 관한 규정은 종래와 같음.
잔여 재산에 관한 규정이 새로 삽입(출자 비율에 따라 분배).
(A), (B), (C)의 구분은 없다.</td></tr>
<tr><td>1950.12.26
개정(점포
주의가 됨)</td><td>변제
금지</td><td>처분
금지</td><td>일본 점포 관련 채무 및 본방 내 재산으로 담보된 기타 채무만 변제
외지점포 종업원의 채무 중 일본 지급 관습이 있는 퇴직금을 제외하고 변제 가능</td><td>재외채무 총액을 변제하기에 충분한 재산을 유보한 후에 변제
다만, 일본 본점의 기관만 변제</td><td>사채와 같음.
다만, 본점 내·외지의 구별은 없다.
또 신 회사 설립에 관한 규정은 없다.</td><td>(A) 와
같다.</td><td>점포주의 범위 내 제한 없음.</td><td>위와
같음.

신 회사 설립에 관한 규정은 없음.</td><td>위와
같음.

임원의 퇴직수당금 등은 1952.5.31.까지 지급이 금지됐다.
(A), (B), (C) 모두 같음.</td></tr>
</table>

	사채	잔여재산	사채 이외 채무	사채	잔여 재산	사채 이외 채무
1953.8.1. 개정 (재외활동 폐쇄기관에 관한규정 폐지) (신 회사 설립에 관한 규정 신설)	재외 채무 초과액 및 정령으로 정하는 금액을 유보한 후 변제 다만, 일본 본점의 기관만 변제	사채와 같음. 다만, 본점 내·외지를 불문함. 신 회사 설립에 관한 규정을 신설.	종래의 (A), (B)와 같음.	종래와 같음.	종래와 같음. 다만, 신 회사 설립에 관한 규정을 신설 종래와 같음. 나만, 신 회사 설립에 관한 규정을 신설	종래와 같음.
1954.5.15. 개정 (외지예·송금 채무 지급)	종래와 같음.	종래와 같음.	종래의 일본 점포 관련 채무 외에 외지 예송금 채무를 추가	종래와 같음.	종래와 같음.	종래와 같음.
1956.5.21. 개정 (외지 종업원 일본이행지 채무) (일본이행지 사채)	재외 채무 유보 이전에 변제 가능해짐. 다만, 일본 본점 기관의 사원 및 외지 본점 기관의 일본이행지 사채만.	종래와 같음.	일본 점포에 관련된 채무 외지 점포에 관련된 예·송금 채무 종업원 채무(신) 일본 이행지 채무(신)	종래와 같음.	종래와 같음.	종래와 같음.

8. 폐쇄기관령과 재외회사령의 주요 비교 대조에 대하여

(1960.11.8. 관재국 관리과 조사 자료에서 발췌)

항목	폐쇄기관령	재외회사령
1. 법인격	외국 법인이 아닌 폐쇄기관은 그 지정에 따라 해산되며 지정 업무 및 청산 목적 범위 안 및 본국 내에 있는 재산 이외의 재산에 대한 관계에서 존속한다. (폐쇄기관령 제8조)	규정 없음.
2. 채무 변제	특수 청산인이 폐쇄기관의 채무 변제 등에 관한 명령에 근거하여 원칙적으로 독자적으로 시행할 수 있다.	1. 결정정리계획서에 근거하여 이루어진다. 2. 대장성령 제88호의 허가를 받은 것, 특수 정리 비용 등은 시행할 수 있다. (재외회사령 제22조, 제7조)
3. 이자 부여	폐쇄기관으로 지정된 이후의 이자는 국내 채권 전부를 변제한 후에 재산이 있을 때 혹은 지정 업무 실시 기간에는 이자를 부여한다고 정했다. (폐쇄기관령 제18조, 폐쇄기관에 대한 채권의 지정일 이후의 이자 변제에 관한 성령, 폐쇄기관 채무 변제 등에 관한 명령 제3조)	규정 없음.
4. 잔여 재산 처분 (1) 재외 자산, 부채가 없는 경우 또는 있어도 재외 자산이 초과한 경우	1. 특수청산인이 독자적으로 시행할 수 있다. 2. 귀속 권리자가 없는 경우에는 폐쇄기관의 잔여재산 처분 특례에 관한 성령에 근거하여 시행된다. (폐쇄기관령 제19조, 제19조의 2)	결정정리계획서에 근거하여 시행된다. (재외회사령 제22조)
(2) 재외 부채가 초과한 경우	1. 폐쇄기관의 국내 재산에서 재외 부채 초과액을 충당재산으로 유보하게 하고 잔여 재산으로 처분을 인정했다. 2. 그리고 정령으로 일정 금액을 정한 때는 그 금액을 가산하여 충당재산으로 유보하게 하고 잔여 재산으로 처분을 인정했다. (폐쇄기관령 제19조)	결정정리계획서에 근거하여 재외회사의 국내 재산에서 재외 부채 초과액을 충당재산으로 유보하게 하고 잔여 재산으로 처분을 인정했다. (재외회사령 제28조의 2)

항목	폐쇄기관령	재외회사령
(3) 재외자산, 부채가 불명확한 경우	규정은 없으나, 해석상 잔여 재산 처분은 불가능하다.	잔여 재산 처분은 불가능하다. 잔여 재산 전액을 충당재산으로 한다. (재외회사령 제28조의 2, 제28조의 3)
5. 충당재산	1. 위에 따라 유보된 충당재산은 폐쇄기관에 속하며 폐쇄기관 관리인 또는 대장대신이 관리한다. 2. 충당재산의 처리는 따로 법률로 정했다. (폐쇄기관의 충당재산 관리에 관한 정령, 폐쇄기관령 제24조의 4)	1. 위에 따라 유보된 충당재산은 재외회사에 속하며 관리인이 관리한다. 2. 충당재산 처리는 따로 법률로 정했다. (재외회사령 제28조의 3, 제28조의 8)
6. 신 회사 설립	신 회사를 설립하고 싶은 주주는 그 취지를 기재한 신청서를 특수 청산인에게 제출하며, 특수 청산인은 이를 대장대신에게 보고하는 동시에 신회사 설립 개시 승인을 받아 소요 절차를 거쳐 설립된다. 다만, 재외 자산, 부채가 있는 경우에는 7항의 조건을 충족해야 한다. (폐쇄기관령 제19조의 3 이후)	결정정리계획서에 근거하여 설립된다. (재외회사령 제22조)
7. 지정 해제	1. 특수 청산의 속행이 불필요해진 때에 대장대신은 폐쇄기관 지정을 해제할 수 있다. 2. 재외자산, 부채가 있는 경우에는 7항의 조건을 충족해야 한다. 3. 지정 해제 기관이 주식회사인 때는 상법 제343조의 결의에 따라 회사를 계속할 수 있다. (폐쇄기관령 제20조, 제20조의 8)	특수 정리의 속행이 불필요해진 때는 대장대신 및 행정 소관 대신이 재외회사의 지정을 해제할 수 있으나, 해석상 재외회사의 국내 재산이 없는 경우이거나 특히 이례적인 경우 이외에는 해제하지 않았다. (재외회사령 제34조의 2)

9. 청산(정리) 종료 조선 관계 폐쇄기관 및 재외회사 일람표 (관재국 관리과 조사)

(주) 본 일람표는 1962년 2월 27일 청구권 전문위원회 제4회 회합에서 한국 측에 제출했다.

(1) 청산 종료 폐쇄기관 일람표

법인명	본점 또는 주된 사무소 소재지	청산 종료일
조선은행	경성부 중구	1957.7.24
주식회사 조선식산은행	경성부 중구	1958.9.3
조선신탁주식회사	경성부 중구	1959.7.18

합계 3개 법인

<비고> 조선금융조합연합회는 청산 중

(2) 정리 완결 재외회사 일람표

법인명	본점 또는 주된 사무소 소재지	정리 완결일
아사히(朝日)경금속주식회사	경성부 중구	1956.3.26
고바야시(小林)광업주식회사	경성부 중구	1957.5.14
다이도(大東)광업주식회사	경성부 중구	1951.10.30
다이니치(大日)공업주식회사	함경남도 흥남부	1951.4.20
주식회사 조지아(丁子屋)상점	경성부 중구	1951.6.18
조선우선(朝鮮郵船)주식회사	경성부 중구	1957.11.29
조선유조선주식회사	경성부 중구	1951.9.12
닛치쓰(日窒)광업개발주식회사	경성부 중구	1957.7.15
일본고주파중공업주식회사	경성부 중구	1957.7.15

법인명	본점 또는 주된 사무소 소재지	정리 완결일
미쓰이(三井)경금속주식회사	경성부 종로구	1956.4.11
이시카와(石川)현농업주식회사	전라북도 김제군	1951.5.14
에타닛파이프조선판매주식회사	경성부 중구	1951.3.14
주식회사 오하시(大橋)농장	전라북도 부산군	1951.11.17
교에이(共榮)식산주식회사	함경북도 성진부	1951.7.11
가나이(金井)광업주식회사	경성부 중구	1951.8.16
경성화학공업주식회사	경성부 중구	1951.9.7
경성전기주식회사	경성부 중구	1951.7.11
경인상선주식회사	경성부 중구	1951.5.1
광주산업주식회사	전라남도 광주부	1951.7.11
광덕광산주식회사	경성부 중구	1957.9.2
주식회사 사와야마(沢山)형제상회	부산부	1951.9.7
삼성광업주식회사	경성부 종로구	1951.8.16
삼척개발주식회사	경성부 중구	1957.5.14
쇼요(昭陽)광업주식회사	경성부 중구	1952.3.19
순안광업주식회사	평안남도 평원군	1957.7.15
성환광업주식회사	충청남도 천안군	1952.1.17
청진어량공업주식회사	함경북도 청진부	1959.6.18
대륙중공업주식회사	산부	1951.3.14
다카세(高瀨)합명회사	경성부 중구	1957.7.15
주식회사 다카하시(高橋)상점	경성부 중구	1951.3.14
주식회사 고후쿠(高福)상점	경성부 중구	1951.9.7
다쓰미(辰巳)물산주식회사	경성부 중구	1956.4.6
서풍(瑞豊)철도주식회사	경성부 중구	1951.4.6
중외흥업주식회사	평양부	1952.3.24
조선알루미늄공업주식회사	인천부	1957.5.18

법인명	본점 또는 주된 사무소 소재지	정리 완결일
조선운모개발판매주식회사	경성부 중구	1951.3.14
주식회사조선위생실험소	경성부	1951.3.14
조선압록강수력발전주식회사	경성부 중구	1951.3.14
조선애자주식회사	경상남도 마산부	1956.8.9
조선해륙운송주식회사	경성부 중구	1957.9.6
조선화약제조주식회사	경성부 중구	1951.3.14
주식회사 조선기계제작소	경성부 중구	1951.5.14
조선교학도서주식회사	경성부 종로구	1951.3.14
조선어업합자회사	강원도 고성군	1951.5.14
조선절판판매주식회사	경성부	1957.3.8
합자회사 조선균익무역공사	경성부 영등포구	1951.7.11
조선근해운수주식회사	경성부 중구	1951.7.11
조선쿠레하(朝鮮呉羽)방적주식회사	경성부 중구	1951.3.14
조선경금속주식회사	경성부 종로구	1957.9.7
조선경남철도주식회사	충청남도 천안군	1957.9.2
조선모직주식회사	경상남도 밀양군	1951.4.6
조선광학공업주식회사	경성부 중구	1951.5.14
조선강관판매주식회사	경성부	1956.3.26
조선흥업주식회사	경성부	1956.3.26
조선광업진흥주식회사	경성부 서대문구	1956.3.26
조선산피광(山皮鑛)개발주식회사	경성부 중구	1951.8.16
조선자전차제조주식회사	경성부 중구	1951.9.7
조선중공업주식회사	부산부	1951.4.6
조선식량영단	경성부	1957.3.8
조선신강금속주식회사	경성부 중구	1956.8.1
조선인조석유주식회사	함경북도 경홍군	1957.2.9

법인명	본점 또는 주된 사무소 소재지	정리 완결일
조선수산개발주식회사	경성부 중구	1956.10.22
조선수산화공주식회사	함경북도 청진부	1957.5.14
조선스미토모(住友)경금속주식회사	경성부 종로구	1961.8.16
조선제염공업주식회사	경성부 중구	1951.4.6
조선제철주식회사	경성부 중구	1952.1.17
조선제유주식회사	부산부	1956.3.26
조선석탄주식회사	경성부 중구	1956.10.22
조선석유주식회사	경성부 중구	1951.10.13
조선석유배급주식회사	경성부 서대문구	1951.4.6
조선선박운항통제주식회사	경성부	1951.11.17
조선대도(大陶)공업주식회사	경성부	1951.3.14
조선동해전극주식회사	진남포부	1951.3.14
조선전업주식회사	경성부 중구	1957.11.25
조선전업제철주식회사	경성부 중구	1956.10
조선전공주식회사	경성부	1956.5.29
조선연공업주식회사	인천부	1951.3.14
조선일산화학주식회사	경성부	1951.5.14
조선농약주식회사	경성부	1956.4.6
조선맥주주식회사	경성부	1951.7.11
조선피혁주식회사	경성부 영등포구	1958.8.13
조선물산주식회사	경성부 중구	1957.3.8
조선보국광업주식회사	경성부	1951.8.16
조선방직주식회사	부산부	1957.5.14
조선마쓰시타(松下)전기주식회사	경성부 영등포구	1951.3.14
조선무연탄주식회사	경성부	1957.2.9
조선면화주식회사	목포부	1957.8.31

법인명	본점 또는 주된 사무소 소재지	정리 완결일
조선유지주식회사	경성부 종로구	1957.9.7
조선양지(洋紙)배급주식회사	경성부 중구	1956.3.26
조선이연항공기재주식회사	충청남도 대전부	1951.4.6
조선연탄주식회사	경성부 서대문구	1951.7.11
주식회사 쓰지모토(辻本)상점	경성부	1951.11.17
동우흥업주식회사	충청남도 천안군	1957.5.14
동척광업주식회사	경성부 중구	1957.9.12
동방광업주식회사	경성부	1957.5.14
동면섬유공업주식회사	경성부 중구	1957.2.9
나가오카(永岡)산업주식회사	경성부	1951.3.16
나카가와(中川)광업주식회사	경성부	1951.8.16
남북면업주식회사	경성부 중구	1951.10.13
니시니혼(西日本)기선주식회사	부산부	1951.6.30
닛카이(日海)토지건물주식회사	경성부 중구	1951.3.14
닛코(日硬)산업주식회사	부산부	1951.6.18
닛코(日硬)상사주식회사	부산부	1951.10.30
일본광산주식회사	경성부	1951.8.16
일본정공주식회사	경성부 중구	1956.3.8
일본내화재료주식회사	경성부 중구	1958.11.5
하자마(迫間)흥업주식회사	부산부	1961.2.1
반도농업토목주식회사	경성부 중구	1951.11.17
히로나카(弘中)중공업주식회사	경성부 용산구	1951.9.7
주식회사 후쿠다마타상점(福田又商店)	경성부 중구	1956.12.4
부산진매축주식회사	부산부	1951.5.14
평북철도주식회사	경성부 중구	1951.3.14
호코쿠(豊國)제분주식회사	경성부	1951.5.14

법인명	본점 또는 주된 사무소 소재지	정리 완결일
북선(北鮮)제지화학공업주식회사	함경북도 길주군	1951.3.14
미쓰이(三井)유지화학공업주식회사	경성부 중구	1955.11.4
주식회사 미나카이(三中井)	경성부 중구	1954.8.26
미야모토(宮本)상점주식회사	함경북도 청진부	1951.8.16
합자회사 모리(森)농장	황해도 영해군	1951.9.7
유선(遊仙)광업주식회사	경성부 종로구	1957.3.8
이원철산주식회사	경성부 중구	1952.5.13
용현탄광주식회사	함경북도 종성군	1958.8.13
금천대(金千代)창고주식회사	평양부	1951.5.24
황해농업주식회사	경성부 중구	1951.5.24
사이토(齊藤)합명회사	경성부 중구	1951.5.24
사이토(齊藤)정미주식회사	진남포부	1951.5.24
다테이시(立石)산업주식회사	부산부	1951.11.17
조선비행기공업주식회사	경성부 중구	1957.5.20
울산건설주식회사	부산부	1951.7.11
대원(大原)증권주식회사	경성부 중구	1960.9.8
공동어업주식회사	경성부	1951.7.11
친화목재주식회사	경성부 서대문구	1957.5.18
주식회사 성업사	경성부 중구	1958.11.10
조선화재해상보험주식회사	경성부 중구	1959.4.6
주식회사 조선상업은행	경성부 중구	1960.1.27
주식회사 조선저축은행	경성부 중구	1959.6.17
조선무진주식회사	경성부 중구	1959.12.26
산고(山高)증권주식회사	경성부 중구	1953.5.10
아키타(秋田)수산공업주식회사	함경북도 청진부	1957.5.14
주식회사 조흥은행	경성부 중구	1960.6.21
조선제련주식회사	경성부 중구	1958.8.13

법인명	본점 또는 주된 사무소 소재지	정리 완결일
주식회사 도키와(常盤)양행	신의주구	1957.7.15
삼국석탄공업주식회사	경성부 종로구	1957.5.18
삼림산업주식회사	부산부	1951.10.30
삼옥광업주식회사	경성부 용산구	1952.5.13
승옥증권주식회사	경성부 중구	1952.12.■
조선미곡창고주식회사	경성부 중구	1953.5.21
합자회사 경성일보사	경성부 중구	1956.12.18
경성토목주식회사	경성부	1956.5.31
조선바륨공업주식회사	함경북도 청진부	1957.3.8
마산매축주식회사	마산부	1956.12.7
웅기(雄基)주조주식회사	함경북도 경흥부	1956.4.11
합명회사 아가와구미(阿川組)	경성부	1956.8.21
이가와(井川)공업주식회사	함경북도 청진부	1956.7.9
천덕흥업주식회사	성진부	1956.4.6
조선강재주식회사	경성부	1957.2.9
성진합동목재주식회사	성진부	1957.7.15
적선식산합명회사	경성부	1956.8.1
합명회사 나가이(長井)상점	함경북도 청진부	1957.3.8
주식회사 화신(和信)	경성부	1956.12.4
회령목재공판조합	함경북도 회녕군	1956.12.7
아이자와(藍沢)광업주식회사	충청북도 의주군	1957.2.9
함북창고주식회사	함경북도 청진부	1956.12.7
조선특종제지유한회사	경상남도 진주부	1956.12.7
노로카쓰(野呂克)산업주식회사	경성부 중구	1957.3.8
합자회사 구로카와구미(黒川組)	함경북도 청진부	1957.5.14
북선상사합자회사	나진부	1957.2.9
주식회사 시미즈(清水)정미소	부산부	1957.5.14

법인명	본점 또는 주된 사무소 소재지	정리 완결일
합자회사 에구치(江口)상점	평양부	1957.7.15
청진목재공동판매조합	함경북도 청진부	1957.11.20
조선중앙광업주식회사	경성부 중구	1958.8.13
재단법인 조선식산은행공제회	경성부 중구	1959.4.3
조선단식인쇄(單式印刷)주식회사	경성부 서대문구	1957.9.7
서선실업주식회사	평양부	1957.11.20
부산수산주식회사	부산부	1959.8.8
주식회사 하시구치(橋口)금물점	경성부	1958.11.6
주식회사 하기노(萩野)상점	부산부	1959.4.11
미치모토(道本)합명회사	군산부	1959.4.3
스기야마(杉山)산업합명회사	경성부 중구	1959.3.31
이시이(石井)특수강주식회사	평양부	1958.12.24
국산자동차주식회사	경성부 중구	1960.8.10
주식회사 우치야(內谷)상점	목진부	1959.5.7
청진수산주식회사	함경북도 청진부	1959.6.18
다이쇼(大昌)흥업주식회사	경성부 중구	1960.10.7
다테야마(立山)증권주식회사	경성부 중구	1961.1.11
합계 184개 법인		

<비고> 현재 정리 중인 조선 관계 재외회사 일람표

법인명	본점 또는 주된 사무소 소재지
재단법인 교통강생회	경성부 용산구
일선광업주식회사	함경북도 경성군
아키타(秋田)증권주식회사	경성부 중구
금융조합	조선지구 626개소

10. 폐쇄기관 · 재외회사의 조선인 주주에 대한 잔여 재산 분배액 (관재국 관리과 조사)

A. 폐쇄기관

(1) 재조선 본사 폐쇄기관의 잔여 재산 분배

<table>
<tr><th colspan="4">폐쇄기관명</th><th>조선은행</th><th>조선신탁㈜</th><th>계</th></tr>
<tr><th colspan="4">폐쇄 지정일</th><th>1945.9.30.</th><th>1945.9.30.</th><th></th></tr>
<tr><td rowspan="8">잔여재산분배액</td><td rowspan="3">개인</td><td colspan="2">현금</td><td>-엔</td><td>155,846엔</td><td>155,846엔</td></tr>
<tr><td rowspan="2">주식</td><td>주수</td><td>15,760주</td><td>-주</td><td>15,760주</td></tr>
<tr><td>액면금액</td><td>7,880,000엔</td><td>-엔</td><td>7,880,000엔</td></tr>
<tr><td rowspan="5">법인</td><td colspan="2">구분</td><td>조선계 법인</td><td>조선계 법인</td><td></td></tr>
<tr><td colspan="2">현금</td><td>-엔</td><td>71,028엔</td><td>71,028엔</td></tr>
<tr><td rowspan="2">주식</td><td>주수</td><td>7,810주</td><td>-엔</td><td>7,810주</td></tr>
<tr><td>액면금액</td><td>3,905,000엔</td><td>-엔</td><td>3,905,000엔</td></tr>
</table>

(주)

1. 본 표를 작성하는 때에 자료가 부족하여 다음의 자를 조선인으로 추정했다.
    가) 개인은 이름 등에서 조선인으로 판단되고 아울러 이전 조선에 주소를 가지고 있던 자(구 이왕직 장관 명의의 것[18]을 포함한다.)
    나) 법인은 이전 조선에 주소를 가지고 있으며 아울러 대표자가 조선인 이름인 법인
2. 본 표는 조선인 주주 전부에 대한 것으로, 북한 거주 조선인 주주에 대한 것도 포함한다.
3. 조선인 주주에 대한 ㈜일본부동산은행의 주식 및 이익배당금에 대해서는 ㈜일본부동산은행에서 보관했다.
4. 조선인 주주에 대한 조선신탁㈜의 잔여 재산 분배금은 제일신탁은행㈜에서 보관했다.

18 일제강점기에 조선총독부에서 대한제국 황족의 의전 및 대한제국 황족과 관련된 사무를 담당하던 기구로, 대한제국 시기에 황실 업무를 담당하던 궁내부를 형식적으로 계승한 기구

(2) 정령 제22호에 의거하여 변제 공탁된 것

기관명	공탁액	공탁예상액	종류	비고
후쿠오카(福岡)현 주류판매㈜	1,750엔 50	0엔	잔여재산분배금	폐쇄기관 지정이 해제됐다.
효고(兵庫)현 섬유제품㈜	560.14	0	잔여재산분배금	
효고현 주류판매㈜	2,660.80	0	잔여재산분배금	
카바이트공판㈜	21,751.50	0	잔여재산분배금, 배당금	
전기기계배급㈜	7,441.98	0	채권	
도쿄(東京)도 지방목재㈜	56.00	0	채권	
도카이(東海) 석탄판매㈜	350.00	0	잔여재산분배금	
일본해운협회	47.00	0	불명	
일본생약㈜	9,139.39	0	채권	
대련(大連)기선㈜	879.00	0	퇴직금	
요코하마 정금은행	0	156,911.71	채권	
일본출판배급㈜	34,954.70	0	예치 보증금	
남양흥발㈜	8,954.00	0	퇴직금	
계	88,545.01	156,911.71		

(3) 신탁 관계 법령에 의거하여 공제 신탁된 것

기관명	신탁재산액	신탁처	종류	비고
중앙식량영단	431엔 51	야스다(安田) 신탁은행㈜	잔여재산분배금 배당금	폐쇄기관 지정이 해제됐다.
동아(東亞)해운㈜	145,485.13	㈜다이와(大和)은행 긴자지점	급여, 퇴직금	
계	145,916.64			

(주)

1. 본 표 중 조선인은 국적, 주소가 불명이므로 이름을 보고 조선인이라고 생각되는 자 그리고 이전 조선에 주소가 있던 자를 취했다.
2. 일본출판배급㈜의 공탁액 34,954.70 중 3,077.76은 '국적은 본방인이라 됐으나 주소가 조선에 있는 자'이다.

B. 재외회사

(1) 조선지구

재외 회사명	지정 연월일	분배액						공탁 연월일
		개인			법인			
		현금(엔)	주식		현금	주식		
			주수(주)	액면금(엔)		주수(주)	액면금액(엔)	
고바야시광업㈜	1949.8.1.	100	84	4,200	0	278	13,900	1951.2.27
㈜조지아상점	1949.8.1.	30	16	800	0	0	0	1951.3.27
일본고주파중공업㈜	1949.8.1.	-	6,055	302,750	-	2,387	119,350	1951.2.26
성환광업㈜	1949.8.1.	264.56	-	-	0	-	-	1951.10.5
조선식량영단	1949.8.1.	6,446,400	-	-	0	-	-	1951.8.29 1957.1.16
조선자전차제조㈜	1949.8.1.	768	-	-	0	-	-	1951.7.4
조선석유㈜	1949.8.1.	575,590.24	-	-	294,031.86	-	-	1951.8.10
조선전업㈜	1949.8.1.	6,923	-	-	2,716	-	-	1951.9.13
조선맥주㈜	1949.8.1.	2,457	-	-	0	-	-	1951.4.10
울산건설㈜	1949.12.15.	6,328.36	-	-	0	-	-	1951.5.11
조선방적㈜	1949.8.1.	700.40	-	-	7,622	-	-	1951.6.18 1957.2.5
㈜쓰지모토상점	1949.8.1.	1,202.42	-	-	0	-	-	1951.9.4
동방광업㈜	1949.8.1.	1,220.40	-	-	0	-	-	1951.8.6 1957.3.19
㈜시미즈정미소	1956.11.20.	418	-	-	0	-	-	1957.4.10
닛코산업㈜	1949.8.1.	-	80	4,000	-	0	0	1951.4.7
니시니혼기선㈜	1949.8.1.	247.50	52	2,600	0	0	0	1951.4.6
㈜조선저축은행	1949.12.15.	2,799	819	409,500	333	1,172	586,000	1959.4.30
조선미곡창고㈜	1951.9.5.	23,056.25	-	-	14,301.25	-	-	1953.4.3
국산자동차㈜	1958.2.7.	12,000	-	-	24,000	-	-	1960.7.4
다이쇼(大昌)홍업㈜	1959.3.7.	-	640	320,000	-	0	0	1960.3.22
㈜조흥은행	1950.4.21.	50,730	18,521	9,260,500	1,200	10,271	5,135,500	1960.1.27
㈜조선상업은행	1949.12.15.	97,297	4,414	2,207,000	721	3,628	1,814,000	1959.10.19
하자마공업㈜	1949.8.1.	5,540	-	-	0	-	-	1960.12.12
계		7,234,072.13	30,681	12,511,350	344,925.11	17,736	7,668,750	

(주)
1. 본 표를 작성하는 때에 자료가 부족하여 다음의 자를 조선인으로 추정했다.
  (가) 개인은 이름 등에서 조선인으로 판단되고 아울러 이전 조선에 주소를 가지고 있던 자(구 이왕직 장관 명의의 것 포함)
  (나) 법인은 이전 조선에 주소를 가지고 있었고 아울러 대표자가 조선인 이름인 법인
2. 본 표는 조선인 주주 전부에 대한 것으로 북한 거주 조선인 주주에 대한 것을 포함한다.
3. 조선인 주주에 대한 신 회사 이익 분배금은 신 회사에서 보관했다.

(2) 타 지구

공탁자	채권자	공탁물	
		현금(엔)	주식(주)
㈜만주증권거래소	동아증권㈜ 외 2사	22,889.60	
㈜만주증권거래소	박정희 외 9명	2,612.80	
만주펄프공업㈜	유종택	12.81	
중화연초㈜	다카기(高木德弥) 외 22명	2,874.12	
닛토(日糖)흥업㈜	시라카와(白川俊明)	22.88	대일본제당 주식 50엔 납입 6주
남태평양무역㈜	이사카(伊坂德竜) 외 12명	48,019.05	
계		76,431.26	300

11. 조선 관계 폐쇄기관의 재일 자산 청산 상황(관재국 관리과 조사)

(1) 조선 관계 폐쇄기관의 재일 자산 부채 및 잔여 재산의 총괄표

(단위: 천 엔)

폐쇄기관명	국내재산		잔여재산
	자산	부채	
조선은행	10,404,458	5,998,801	1,854,048
조선식산은행	934,266	1,427,060	0

조선신탁주식회사	71,649	75,174	※1 (2,807)
조선금융조합연합회	1,602,272	344,692	※2 (청산 중)
계	13,012,645	7,845,727	1,856,855

(주)

1. 조선신탁㈜의 잔여 재산은 위 표에서는 부채 초과로 됐으나, 동 기관은 폐쇄기관령 제19조 27의 규정에 따라 대장대신의 지정을 받은 채권(조선은행에 대한 잔여 재산 분배 청구권)을 폐쇄기관의 조정계정 수익권의 신탁 등에 관한 대장성령 제3조의 규정에 따라 대장대신의 허가를 받아 제일신탁은행㈜에 신탁한바, 제일신탁은행㈜은 조흥은행에서 잔여 재산의 분배금을 수령했으므로 동 기관의 미지급된 외지 종업원 채무를 지급하고 또 잔여 재산으로 분배하는 것이 가능해졌다(금액은 예상액이다).
2. 조선금융조합연합회는 현재 청산 중이어서 그 잔여 재산이 불분명하나, 현재 1,085,936천 엔의 자금을 보유 중이다.

(2) 폐쇄기관 조선은행의 특수 청산 상황

본점	경성부 중구 남대문통 3의 110
지점 등(국내만)	도쿄, 오사카(大阪), 나고야(名古屋), 고베(神戸), 시모노세키(下関), 후쿠오카 각 지점, 오사카 니시(西)구 출장소, 모지(門司) 파출소
자본금	공칭 80,000천 엔, 납입 50,000천 엔, 구주(100엔 납입) 400,000주 신주(25엔 납입) 400,000주 계 800,000주
주주 구성	일본인 5,150명 구주 395,282주(구주에 대해 98.82%) 신주 395,302주(신주에 대해 98.83%) 조선인29명 구주 4,718주(구주에 대해 1.18%) 신주 4,698주(신주에 대해 1.17%)
폐쇄기관 지정일	1945년 9월 30일
신 회사 설립일	1957년 4월 1일
특수 청산 종료일	1957년 7월 24일

◎ 특수 청산 상황(1957년 3월 31일 현재)

(단위: 천 엔)

자산 과목	장부가격	환가격	신 회사 인계액	비고
현금·예금	273,537	273,537 (4,484,890)	4,484,890	
폐쇄 후 가불금		(22,548)	22,548	
징수자산	734,904 (369,758)	1,031,517	10,106	대부금
국채	5,649,946 (346,815)	7,739,507	18,310	
유가증권	217,623 (10,397)	178,293	10,751	주식, 사채
고정자산	3,269 (213,950)	53,022	220,735	토지, 건물, 집기
재외불환가자산	251,803	0	0	주식, 사채, 외국증권
잡계정	-	868,680	-	예금이자수입, 배당금수입 등
계	7,131,082	10,144,556 (940,919) (4,507,438) 4,696,199	4,767,340	

부채 과목	장부가격	지급액	신 회사 인계액	비고
미지급세금	403	394	0 (9)	
내·외지 종업원 채무	39,292 (36,367)	75,659	0	
일반 채무	402,709 (614,565)	1,010,921	307 (6,046)	
외지 예·송금채무	(729,576)	729,576	0	
폐쇄 후 이자	(46,843)	54,396	0	
불확정 미지급 채무 등	(535,387)	0	535,387	
청산 비용	-	185,028	-	

부채 과목	장부가격	지급액	신 회사 인계액	비고
잡계정	-	3,407,133	-	납부금 2,993,033 1945년 상기 제세, 잡지출 등 414,099
재평가 차익 가계정	(47,386)	-	47,386※	(주 참조)
본·지점 계정	6,525,299	(-)(1,243,216)	-	
폐쇄 전 잉여금	163,379	-	163,379※	(주 참조)
폐쇄 후 잉여금	-	-	4,020,881※	(주 참조)
계	7,131,082	5,463,107 (2,010,124) (-)(1,243,216) 4,696,199	4,767,340 (6,055)	

(주)

1. 주주 구성은 신 회사 설립 당시의 주주 명의에 따른다. 조선인은 국적, 주소 등이 불분명하여 이름으로 보아 조선인으로 생각되는 자를 취했다.
2. 특수 청산 상황표 중 장부 가격란의 ( ) 안 금액은 폐쇄 후에 증가한 것이다.
3. 잔여 재산 분배액은 다음과 같다.

폐쇄 후 잉여금폐쇄 전 잉여금재평가차익가계정 잔존자산

4,020,881천 엔 + 163,379천 엔 + 47,386천 엔 = 4,231,646천 엔

◎ 청산소득 세금 잔여 재산자본금 자본준비금재평가차익가계정

-2,377,598천 엔 = 1,854,048천 엔 = 1,000,000천 엔 + 806,662천 엔 + 47,386천 엔

◎ 환가액 합계란 설명

※1. 금액은 환가된 자산의 총수입액이다.

※2. 금액은 환가된 자산의 총수입 중 폐쇄 후의 증가분[장부 가격란의 ( )금액의 합계]이다.

※3. 금액은 환가된 자산의 총수입액 중 신 회사에 인계된 금액[환가액란의 ( )금액의 합계]이다.

※4. 금액은 부채의 지급액란의 금액과 균형을 맞춘 금액(환가된 금액의 총수입에서 폐쇄 후의 자산 증가분과 신 회사 인계 금액을 뺀 것)이다.

◎ 지급액 합계란 설명

※1. 금액은 채무 중 총지급액이다.

※2. 금액은 지급된 채무 중 폐쇄 후의 증가분[장부 가격란의 ( )금액]이다.

※3. 금액은 폐쇄 후에 본·지점 계정이 감소한 액수[본·지점 계정의 증가(폐쇄 후의 자산 증가분) 700,655천 엔과 본·지점 계정의 감소(폐쇄 후 채무의 증가분) 1,943,871천 엔의 차액]이다.

※4. 금액은 자산의 환가액란의 금액과 균형을 맞춘 금액(채무의 총 지급액에서 폐쇄 후의 채무 증가분과 본·지점 계정의 감소액과의 차액을 뺀 것)이다.

◎ 부채 부분의 신 회사 인계액 합계란 설명

※ 금액은 채무(장부가격) 중 지급이 필요 없게 된 것이다.

◎ 폐쇄기관 조선은행의 주주 이름 및 지주 수(1945년 6월 1일 현재)

주주	지주			주주	지주		
	구 주주	신 주주	계		구 주주	신 주주	계
조선총독	15,000주	0주	15,000주	기타 주주 5,200명 중 조선인 29명	273,541주	268,769주	542,310주
일본권업은행	6,150	6,150	12,300		4,718	4,698	9,416
조흥은행	20,022	20,022	40,044				
조선상업은행	8,900	8,900	17,800				
조선신탁㈜	16,788	16,778	33,556				
아이치(愛知)합동무진㈜	5,940	5,940	11,880				
조선은행보국회	84	32,906	32,990				
조선금융조합연합회	31,200	15,550	46,750				
이토 요네(伊藤よね)	10,015	12,615	22,630				
하라(原清之助)	12,370	12,370	24,740				
소계 이상 10명	126,459	131,231	257,690	합계	400,000	400,000	800,000

◎ 신 회사 설립 시(1957년 4월 1일 현재)

주주명	지주			주주명	지주		
	구 주주	신 주주	계 주		구 주주	신 주주	계
대장대신	17,600	2,600	20,200	후지(富士)은행	2,500	2,733	5,233
(조선금융조합연합회)	34,408	15,550	49,958	고베이노우에(神戸井上)증권㈜	2,050	3,962	6,012
(주식회사조흥은행)	20,022	20,022	40,044	다이와(大和)증권㈜	2,800	0	2,800
조선신탁㈜	16,778	16,778	33,556	조선저축은행	2,235	2,235	4,470
이토 요네	13,765	16,365	30,130	하사마 미쓰오(迫間光男)	2,680	0	2,680
만주흥업은행	12,370	12,370	24,740	나가이 보타로(永井房太郎)	150	10,048	10,198
선은행우회(鮮銀行友會)	3,234	34,716	37,950	사카이 타다히로(酒井忠博)	2,000	2,000	4,000
조선상업은행	8,900	8,900	17,800	스기사곤(杉本左近)	2,500	0	2,500

주주명	지주			주주명	지주		
	구 주주	신 주주	계 주		구 주주	신 주주	계
야마키치(山吉)증권㈜	6,940	3,325	10,265	소계 이상 21명	167,982	173,234	341,216
일본권업은행	6,050	6,150	12,200	기타 주주 5,158명	232,018	226,766	458,784
중앙상호은행	5,940	5,940	11,880	그중 조선인 주주 29명	(4,718)	(4,698)	(9,416)
니시카와(西川武重郎)	3,020	4,020	7,040				
하자마 가쓰오(迫間一男)	2,040	5,520	7,560	합계	400,000	400,000	800,000

비고: 1. 구주는 액면 100엔 전액 납입, 신주는 액면 100엔에 대해 25엔 납입이다.
2. 조선인 주주는 국적, 주소가 불분명하여 이름으로 보아 조선인으로 생각되는 자를 취했다.

(3) 폐쇄기관 조선식산은행의 특수 청산 상황

본점 경성부 남대문통 2의 140

지점 등(국내만) 도쿄 · 오사카

자본금 공칭 60,000천 엔, 납입 52,500천 엔, 구주(50엔 납입) 600,000주
신주(37엔 50 납입) 600,000주
계 1,200,000주

주주 구성 일본인 4,295명 구주 533,386주(구주에 대해 88.9%)
신주 520,738주(신주에 대해 86.79%)
조선인 848명 구주 66,614주(구주에 대해 11.1%)
신주 79,262주(신주에 대해 13.21%)

폐쇄기관 지정일 1945년 9월 20일

특수 청산 종료일 1958년 9월 3일

◎ 특수 청산 상황

(단위: 천 엔)

자산 과목	장부가격	환가액	적요
현금·예금	44,702	44,702	
징수자산	56,375	56,357	대부금, 가불금, 미수금, 환끝 등
국채	493,872	461,138	
유가증권	16,523	25,213	주식, 사채 등
고정자산	228	771	토지, 건물, 집기 등
잡계정	-	346,085	대부금, 국채, 자금운용 등 이자수입, 주식배당금, 잔여재산 분배금 수입
재외불환가자산	7,997	0	
본·지점계정	737,144	0	
폐쇄 전 결손금	3,273	-	
계	1,360,098	934,266	

부채 과목	장부가격	지급액	적요
담보부채무	127,549	127,549	
미불세금	34	34	
내·외지종업원채무	202,503	202,503	
일반 채무	30,772	30,772	일본예금채무, 가수금 등
외지예·송금채무	68,012	68,012	
일본 이행지 채무	22,685	22,685	
사채	908,543	415,749	지급률은 원본의 45.75%
폐쇄 후 이자	-	15,402	
청산비용	-	51,560	
계	1,360,098	934,266	

(주)

1. 주주 구성은 1944년 5월 15일 현재의 주주명부에 따른다.
2. 주주 구성 중 조선인은 당시 조선에 주소를 가지고 있던 자를 취했다.

◎ 폐쇄기관 조선식산은행 주주 이름 및 지주 수(1944년 5월 15일 현재)

주주명	지주			주주명	지주		
	구주	신주	계		구주	신주	계
궁내성	9,000	9,000	18,000	오카야마(岡山)현 농공은행	10,000	10,000	19,800
우편연금적립금 (관리자 운수통화대신)	10,500	10,000	20,500	하쿠주(百十)은행	2,612	2,612	5,224
간이생명보험적립금 (관리자 운수통신대신)	15,000	8,000	23,000	척식무진㈜	2,500	2,500	6,000
북선저축은행 (北鮮貯蓄銀行)	0	9,300	9,300	메이지(明治) 생명보험㈜	11,000	11,000	22,000
일본권업은행	10,560	10,560	21,120	제일생명보험 상호회사	5,600	5,600	11,200
오사카권업은행	12,000	0	12,000	대일본무진㈜	5,000	5,000	10,000
니가타(新潟)저축은행	4,650	10,600	15,250	일본투자신탁㈜	5,000	0	5,000
다이시(第四)은행	2,700	2,500	5,200	스미토모(住友)신탁㈜	4,612	1,351	5,963
사이타마(埼玉)은행	7,200	8,800	16,000	미야자키(宮崎)무진㈜	2,550	8,540	11,090
가와고에(川越) 저축은행	5,000	3,000	8,000	도아이(同愛) 기념병원재단	2,820	2,820	5,640
이바라기(茨城) 농공은행	5,000	3,000	8,000	니가타현교원호조회	2,000	13,810	15,810
후쿠시마(福島)현 농공은행	10,000	5,000	15,000	사나다(真田尚治)	7,278	2,722	10,000
료우(両羽)은행	3,440	3,075	6,520	재외회사 조선저축은행	46,952	49,300	76,252
아이치현농공은행	3,000	2,200	5,200	재외회사조흥은행	5,492	1,892	7,384
재외회사 조선점업은행 (朝鮮店業銀行)	3,200	3,200	6,400	조선식산조성재단	5,720	3,720	9,440
폐쇄기관조선신탁㈜	22,990	21,100	44,090	하나와 도모지로 (英友次郎)	1,710	1,710	3,420

주주명	지주			주주명	지주		
	구주	신주	계		구주	신주	계
폐쇄기관 조선금융조합연합회	21,492	24,300	45,792	서병조	3,450	3,450	6,900
소계 이상 31명	259,953	250,782	510,735	소계 이상 5명	17,478	21,235	38,713
기타 일본인 지주 4,264명	273,433	269,956	543,389	기타 조선인 주주 843명	49,136	58,027	107,163
계	533,386	520,738	1,054,124	계	66,614	79,262	145,876
조선총독	6,598	0	6,598				
조선식산은행 행우회공조부	0	12,355	12,355	합계	600,000	600,000	1,200,000

비고: 1. 주주명부는 1944년 5월 15일 현재의 것 이외에는 없고 또 청산 결과 잔여 재산도 발생하지 않았기 때문에 주주를 확정한 적도 없다.

2. 구주는 액면 50엔 전액 납입, 신주는 액면 50엔에 대해 37엔 50 납입이다.

3. 조선인 주주는 당시 조선에 주소를 가지고 있던 자를 취했다.

(4) 폐쇄기관 조선신탁주식회사의 특수 청산 상황

본점	경성부 남대문통 2의 30
지점 등(국내만)	도쿄 · 오사카
자본금	공칭 10,000천 엔 2,500천 엔 발행주식(12엔 50 납입) 200,000주
주주 구성	일본인 348명 183,643주(발행주식에 대해 91.82%)
	조선인 176명 16,357주(발행주식에 대해 8.18%)
폐쇄기관 지정일	1945년 9월 30일
특수 청산 종료일	1959년 7월 18일

◎ 특수 청산 상황(단위 천 엔)

자산 과목	장부가격	환가격	적요
현금·예금	128	128	
징수자산	46	46	미수금
국채	14,333	13,778	
유가증권	14,757	10,346	주식, 사채 등
고정자산	12	22	집기
잡계정	-	47,329	신주 인수권 처분익, 주식배당금, 잔여재산분배금 등 수입, 자금운용이자수입
재외불환가자산	20,272	0	
본·지점계정	11,627	0	
계	61,176	71,649	

부채 과목	장부가격	지급액	적요
담보부채무	3,997	3,997	
내·외지종업원채무	7,600	4,075	외지근무종업원에 대한 채무에 대해 53% 지급.
일반 채무	34	34	주식 납입금
외지예금채무	49,545	49,545	
청산비용	-	13,998	
계	61,176	71,649	

(주) 주주 구성 중 조선인은 국적, 주소 등이 불분명하여 이름으로 보아 조선인으로 생각되는 자를 취했다.

◎ 폐쇄기관 조선신탁(주)의 주주 이름 및 지주 수(1945년 3월 31일 현재)

주주명	지주	주주명	지주
조선은행	61,800주	사누이(讃井源輔)	1,050주
조선식산은행	60,000	기시모토 기지로(岸本喜次郎)	1,777
조선상업은행	4,300	모리 기쿠고로(森菊五郎)	1,343
조흥은행	1,813	성영흥업	1,205
가토 다케시(加藤武)	3,860	스기무라 이쓰로(杉村逸楼)	1,070
다니 다키마(谷多喜磨)	1,450	소계 이상 16명	146,658
대일본맥주㈜	1,000	기타 주주 508명	53,342
국사 수(国司守)	1,350	그중 조선인 주주 176명	(16,357)
야마무라 진토(山村仁東)	2,640		
아키모토 히데요시(秋本英吉)	2,000	합계	200,000

◎ 주주 확정일(1959년 4월 30일) 현재

주주명	지주	주주명	지주
일본부동산은행	61,800	스기무라 이쓰로(杉村逸楼)	1,070
식은행우회(殖銀行友会)	60,000	사누이(讃井源輔)	1,050
대창상사(大昌商事)㈜	4,300	대일본맥주(주)	1,000
가토 다케시(加藤武)	3,860	재외회사조흥은행	1,813
야마무라 진토(山村仁東)	2,640	소계 이상 15명	146,658
아키모토 히데요시(秋本英吉)	2,000	기타 주주 508명	53,342
기시모토 기지로(岸本喜次郎)	1,777	그중 조선인 주주 176명	(16,357)
다니 다키마(谷多喜磨)	1,450		
국사 수	1,350		
모리 기쿠고로(森菊五郎)	1,343		
성영흥업㈜	1,205	합계	200,000

(주)

1. 주식은 액면 50엔에 대해 12엔 50 납입이다.

2. 조선인 주주는 국적, 주소가 불분명하여 이름으로 보아 조선인이라고 생각되는 자를 취했다.

(5) 폐쇄기관 조선금융조합연합회의 특수 청산 상황

본점	경성부 서대문구 죽첨정 1의 75
지점 등(국내만)	도쿄 연락사무소
출자금	5,522천 엔(1945년 5월 31일 현재)
출자 구성	
출자자조합 수	금융조합 614개 기관, 조합원 수 2,675,418명(그중 조선인분 불명)
	산업조합 22개 기관, 조합원 수 48,664명(그중 조선인분 불명)
	계 636개 기관, 조합원 수 합계 2,724,082명
출자금	5,531천 엔
폐쇄기관 지정일	1945년 9월 30일

◎ 특수 청산 상황(1961년 3월 31일 현재) (단위: 천 엔)

자산 과목	장부가격	환가액	잔고	적요
현금·예금	15	(1,085,936) 15	1,085,936	
채무변제기금	-	(387)	387	
징수자산	2,208	2,208	0	전도금, 예금 등
국채	285,367	270,212	0	
유가증권	935,031	461,467	30,362	주식, 사채 등
고정자산	34	145	0	건물, 집기 등
재외불환가자산	142,734	0	142,734	미수금, 주식, 사채 등
잡계정	-	695,129	-	배당금, 자금운용이자수입 등
본·지점 제2계정	115,870	-	115,870	
폐쇄 전 결손금	7,741	-	7,741	
계	1,489,000	(1,086,323) 1,429,176	1,383,030	

부채 과목	장부가격	지급액	잔고	적요
담보부채무	82,277	82,277	0	
미불세금	1	1	0	
내 · 외지종업원채무	27,076	25,237	1,839	
일반 채무	15,687	15,687	0	
외지예금 채무	68,818	68,818	0	
일본 이행지 채무	20,181	20,181	0	
사채	30,912	30,912	0	
폐쇄 후 이자	-	58,980	0	
청산비용	-	40,760	-	
본 · 지점계정	1,244,048	-	1,244,048	
폐쇄 후 이익금	-	-	137,143	
계	1,489,000	342,853	1,383,030	

(주) 출자 구성은 1944년 1월 31일 현재 조선금융조합 통계 월보에 따른다.

12. 조선 관계 재외회사의 주주 구성 등(관재국 관리과 조사)

(1) 주요 재외회사의 주주 구성 표

재외회사명	일본인 주주			한국인 주주			발행 총 주수 (주)	종전시 자본금 (공칭) (엔)
	주주 수 (명)	주주 수 (주)	지주 비율 (%)	주주 수 (명)	주주 수 (주)	지주 비율 (%)		
고바야시광업㈜	1,555	983,380	98.3	25	16,620	1.7	1,000,000	50,000,000
일본고주파중공업㈜	5,511	987,414	98.7	132	12,586	1.3	1,000,000	50,000,000
조선자전차제조㈜	90	37,500	93.7	37	2,500	6.3	40,000	2,000,000
조선석유㈜	1,547	973,320	97.3	118	26,680	2.7	1,000,000	50,000,000
소선선업㈜	3,910	6,621,610	96.9	33	212,990	3.1	6,834,600	341,730,000
조선맥주㈜	409	118,245	98.5	12	1,755	1.5	120,000	6,000,000
니시니혼기선㈜	151	119,665	99.7	11	335	0.5	120,000	6,000,000
유선광업㈜	494	288,245	96.1	11	11,755	3.9	300,000	15,000,000
조선무진㈜	1,747	351,823	97.2	182	9,827	2.8	361,650	16,849,500
㈜조선상업은행	613	170,204	85.7	303	28,296	14.3	198,500	9,925,000
㈜조선저축은행	344	97,149	97.1	22	2,851	2.9	100,000	5,000,000
㈜조흥은행	312	138,314	74.8	355	46,686	25.2	185,000	9,250,000
삼국석탄공업㈜	394	293,930	98.0	12	6,070	2.0	300,000	15,000,000
조선미곡창고㈜	239	294,420	98.1	19	5,580	1.9	300,000	15,000,000

비고: 14개 사

(2) 기타 한국인 지주가 있는 재외회사명

재외회사명	일본인 주주			한국인 주주			발행 총주 수	종전시 자본금 (공칭)
	주주 수	지주 수	지주 비율	주주 수	지주 수	지주 비율		
㈜조지아상점	136	49,917	99.9	1	83	0.1	50,000	2,500,000
조선우선(주)	85	297,323	99.1	8	2,677	0.9	300,000	15,000,000
성환광업㈜	271	59,780	99.9	2	20	0.1	60,000	3,000,000
조선제유㈜	27	59,950	99.9	1	50	0.1	60,000	3,000,000
조선석탄㈜	39	174,500	87.3	7	25,500	12.7	200,000	10,000,000
조선피혁㈜	87	59,685	99.5	1	315	0.5	60,000	3,000,000
조선방직㈜	1,112	198,992	99.5	5	1,008	0.5	200,000	10,000,000
㈜쓰지모토상점	12	19,930	99.7	3	70	0.3	20,000	1,000,000
동방광업㈜	425	149,700	99.8	4	300	0.2	150,000	7,500,000
동면섬유공업㈜	12	260,000	81.3	1	60,000	18.7	320,000	16,000,000
닛코산업㈜	296	74,920	99.9	1	80	0.1	75,000	3,750,000
하자마흥업㈜	8	9,800	98.0	2	200	2.0	10,000	500,000
울산건설㈜	28	161,880	99.9	4	120	0.1	162,000	8,100,000
친화목재㈜	366	118,250	98.5	8	1,750	1.5	120,000	6,000,000
㈜시미즈정미소	21	9,962	99.6	4	38	0.4	10,000	500,000
부산수산㈜	204	39,225	98.1	5	745	1.9	40,000	2,000,000
국산자동차㈜	162	47,000	94.0	2	3,000	6.0	50,000	2,500,000
다이쇼흥업㈜	1	38,000	95.0	1	2,000	5.0	40,000	2,000,000

(주) (1), (2) 표는 재외회사 정리 종료일의 주주 구성이다.

(3) 구 조선지구의 재외회사 총수 349개 사에서 위 (1)과 (2)를 제외한 다른 317사 중 일본인으로만 구성된 것이 확실한 회사는 82개 사다. 나머지 235개 사는 주주 구성을 전혀 알 수 없으나 대부분 일본인 주주로 구성됐다고 생각된다.

<참고>

◎ 재외점포 자산, 부채 불명으로 인해 잔여 재산을 충당재산으로 한 재외회사 조사

재외회사명	충당재산액
조선알루미늄공업㈜	120,505.-
조선해륙운수㈜	164,868.-
조선무연탄㈜	1,647,137.-
조선면화㈜	60,382.-
동척광업㈜	166,686.-
유선광업㈜	15,684.-
친화목재㈜	44,980.-
삼국석탄공업㈜	63,098.-
합자회사 경성일보사	1,826,164.-
계 9개 사	4,109,504.-

제3분책*

* 제3분책은 제2분책의 요강 4에 이어서 요강 5부터 시작한다. 요강 5부터 大蔵省, 1963, 『経済協力·韓国27·日韓請求権問題参考資料(第3分册)』에 해당한다.

요강 5. 한국법인, 자연인의 일본국 또는 일본국민에 대한 청구권

1. 일본 유가증권

1) 한국 주장

한국법인(요강 4의 주장에서와 같은 의미), 개인, 총독부(체신국)가 소유한 일본 국채, 식량증권, 정부보증채 및 사채, 지방채, 저축채권·보국채권 등의 변제를 청구한다.

<비고>

이 중 조선은행 보유 등록국채는 요강 3(1) 대체 항을 참고할 것.

2) 한국 주장액

합계 8,765,032,574엔 56전

〈내역〉

	소유자	등록	현물	합계
일본국채	한국법인	7,013,032,799.76	135,764,686.50	
	체신부	17,760,000.00	4,631,625.43	
	개인		200,000,000.00	
	소계	7,030,792,799.76	340,396,311.93	7,371,189,111.69
조선식량증권 및 식량증권	한국법인		152,006,330.08	152,006,330.80
일본저축권	〃		18,673,950.00	18,673,950.00
일본 정부보증사채	〃	832,658,500.00	587,600.00	833,246,100.00
일본지방채	〃	1,327,500.00		1,327,500.00
일본사채	〃	253,040,134.00	8,901,380.00	261,941,514.00
저축 및 보국채권	한국법인		4,350,027.00	4,380,027.50

기타 증권	체신부		4,417,791.29	
	개인		84,000,000.00	
	소계		92,417,791.29	92,417,791.29
합계		8,117,818,933.76	617,363,390.80	8,735,182,324.56

3) 일본 측 주장

한국 측이 청구하는 유가증권에 대해서는 다음과 같이 구별하여 처리해야 할 것이다.

(가) 등록분

(a) 폐쇄 기관, 재외회사 소유분은 등록지인 일본에 소재하는 권리로, 군정법령 33호의 효력은 이에 미치지 않으므로, 반환은 불필요하다(한국법인의 소유라는 주장의 부당성에 관해서는 요강 4를 참조할 것).

(b) 체신국 소유분

① 총독부 재산이므로 당연히 한국 측으로 귀속된다고 주장한다면, 이와 관련하여 한국의 주장이 타당하다고 볼 만한 확립된 국제 선례가 없으므로, 응할 수 없다.

② 군정법령을 이유로 거론한다면, 위 (a)와 마찬가지로 그 효력이 미치지 않으므로 반환 근거는 없다.

③ 그러나 본건 국채는 조선간이생명보험 특별회계가 그 자산을 운용하기 위해 보유했던 것이므로, 이 중 한국인 가입자에 상응하는 부분은 요강 2의 예입금 취급에 준하여 반환을 고려한다.

(c) 기타 건에 대해서는 본래 한국인 소유의 것이면 지급을 고려한다.

(나) 현물분

(현물 자체가 권리를 표창하는 것으로 군정법령에 따른 몰수 대상이 된다고 생각되며 또 현물을 실제로 제시하면 취득 경로를 문제시할 수 없으므로) 현물 제시를 조건으로 지급하는 방법을 고려한다.

(주) 등록물, 현물분의 취급은 재산권의 소재지 이론을 기초로 했다(참고자료 1을 참조할 것).

4) 일본 측 조사액

(가) 대장성 시산

	2억 2,800만 엔
	1945년 9월 ~ 1961년 8월까지 16년간
위에 대한 이자	1억 4,600만 엔
	국채의 이율로 4%, 단리

[19]

19 계산 방법 1쪽 정도가 먹칠되어 있다.

(나) 외무성 시산

(일단 현물 보유분만을 인정한다. 계수는 한국 측의 수치를 그대로 사용했다.)

합계	6억 800만 엔
위에 대한 이자(연 4% 단리)	3억 8,900만 엔

<산정 근거>

◎ 한국 측 제출 수치의 현물분 중

(단위: 백만 엔)

일본국채	340	사채	(거부)
식량증권 등	152	저축, 보국채권	4
저축권	19	기타 증권	92
정부보증채	1	합계	608

<비고>

① 한국 주장액의 등록분 중 한국법인 소유분은 거의 전부 폐쇄기관, 재외회사의 소유분으로 보이며, 이는 일본 재산으로 정리됐다(이론상으로도 군정법령 대상 밖이다).

② 한국 측이 현물분이라 주장하는 조선식량증권(140백만 엔)은 조선은행 보유분이나, 우리 측 조사에 따르면 등록분이며, 조선은행의 청산 과정에서 1956년에 정부가 상환했다(①, ②에 관해서는 각각 참고자료 3을 참조할 것).

참고자료

1. 재산권의 소재지

[1951년 8월 나고야대학 야마시타 야스오(山下康雄) 교수 「재산권의 소재지에 대하여」에서 발췌]

재산권의 소재지는 권리에 의해 화체(化體)된 경제적 가치의 소재지에 있다. 이 원칙에 따라 각종 재산권의 소재지를 검토하면 다음과 같다.

(1) 유형재산

유형물에 관한 권리가 소유권인지 제한물권인지를 불문하고 유형물이 소재하는 곳에 소재한다는 원칙은 명백한 원칙이다.

따라서 샌프란시스코평화조약 초안 제14조 (a)항 (2)(1)의 V가 "일본국에 소재하는 유형재산에 관한 권리, 권한 혹은 이익 또는 이들에 대한 증서"를 청산에서 제외한 것은 당연하다. 이는 재차 거론할 필요도 없이 자명하며, 감히 말한다면 쓸데없는 대목이다. 국회의 사당, 국유철도, 공장설비, 기타 일본에 있는 국유·사유재산을 연합국이 청산한다면 일본은 파산 상태가 된다. 그러나 의구심이 드는 경우가 있다. 일본 국민 소유의 저당증권이 연합국의 영토에서 발견되는 때다. 이 경우, 저당물인 유형재산이 일본에 있으면 이를 청산하지 않는다고 명시했을 것이다. 이 또한 당연한 원칙에 불과하다.

(2) 채권

채권의 소재지는 채무자의 주소에 있다. 채권자의 주소도 아니고 채무 이행지도 아니며, 담보물의 소재지도 아니고 보증인의 주소도 아니다. 그것은 다음의 이유에 기인한다.

애당초 채권에 화체된 경제 가치는 변제의 담보다. 그런데 채무자는 그 소유하는 곳의 전 재산을 채무로 담보했다. 이러한 담보 책임이 있기에 채권자는 채무자를 신용한다. 그러나 채무자의 전 재산은 채무자의 재산이 집중적으로 관리되는 곳에 소재한다고 추정된다. 이 장소는 주소 또는 본점 소재지로 판단된다. 따라서 채권에 화체된 경제적 가치는 채무자의 주소에 있다고 생각된다. 채권은 채무자의 주소에 소재한다고 해야 한다.

다른 방면에서 보더라도 이 점은 확인된다. 채권에 화체된 경제 가치는 채무의 수금에 의해 변제될 가능성에 의존한다. 이 가능성은 강제 집행의 대상이 될 수 있는 재산의 분량에 좌우된다. 그러나 강제 집행은 공권력의 발동이다. 국가의 공권력에 복종할 수 있는 것은 해당 국가에 주소를 둔 것이어야 한다. 국가는 설사 자국민일지라도 외국에 주소를 둔 자에 대해서는 직접적으로 강제 집행을 행사할 수 없다. 따라서 채권의 경제 가치는 채무자의 주소를 관할하는 국가의 영토에 존재한다고 해야 한다.

이처럼 채권의 소재지는 채무자의 주소에 있다고 해야 한다. 따라서 연합국 A는 자국에 주소를 둔 자를 채무자로 한다(국적을 불문한다). 일본 국민의 채권을 청산할 수는 있으나, 일본국, 연합국 B, 중립국 등에 주소를 두고 있는 자를 채무자로 하는 일본 국민의 채권은 청산할 수 없다. 그것은 실제로 불가능하다. 예를 들어 일본국에 주소를 둔 일본국민을 채무자로 하는 채권에 대하여 채무자가 변제를 거부한 경우, 채권을 강행할 수 있는 수단은 없다. 제14조 a(2)(1)은 연합국이 일본에서 공권력을 행사하여 강제 집행할 수 있음을 인정한 조문이 아니다. 그렇게 되면 그것은 일본의 주권 포기를 뜻한다.

연합국이 채권을 청산하는 행위는 자국에 주소를 둔 채무자에게서 채무를 받아내는 것을 뜻하는데, 이 경우도 채권은 연합국에 소재하는 채무자의 재산을 한도로 만족될 뿐이다. 연합국 A에 소재하는 채무자의 재산이 부족하여도 연합국 B에 채무자가 소유한 재산이 있고 설사 그것이 해당 채권의 담보라 할지라도 채권의 만족을 얻을 수 없다. 채권에 관하여 설정된 저당권에서 발생하는 권리를 일본국에 소재하는 토지, 건물에 주장할 수 없으며, 질권에서 발생하는 권리를 일본국에 소재하는 동산에 주장할 수 없다. 이러한 권리는 모두 일본에 있는 권리이기 때문이다.

다만, 채권의 소재지가 채무자의 주소에 있다 하여도 그것은 하나의 추정 위에 성립한다. 채무자의 주소는 채무자의 전 재산이 집중적으로 관리되는 곳이라는 추정 위에 성립한다. 그러나 실제로는 채무자의 주소에 재산이 없고 다른 곳에서 재산이 집중적으로 관리되고 있을 수도 있다. 이 경우, 채무자의 주소를 관할하는 연합국 A는 채무자의 재산이 현실적으로 관리되고 있는 곳을 관할하는 연합국 B를 배제하고 해당 채권을 청산할 수 없다. 왜냐하면, 연합국 B의 주장을 침해하는 결과로 이어지기 때문이다. 이 경우, 연합국 B가 채무자가 연합국 A에는 자산이 없음을 입증한 후에 해당 채권을 청산할 수 있다. 이는 채무자 주소지주의와 채무자 재산소재지주의를 택일적으로 채용하는 것을 뜻하지 않으며, 입증 책임을 재산소재지국에 부과한 뒤에 채무자 재산소재지주의를 채무자 주소지주의의 보완적 원리로 채용하는 것을 뜻한다.

(3) 유가증권

유가증권에 대해서는 기명증권인가, 무기명증권인가에 따라 달라진다. 기명증권 상의 권리는 증권 소재지에 소재하지 않으며, 증권을 발행한 자(국가, 공법상의 법인, 사법상의 법인)의 주소(본점)에 소재한다. 미국 회사의 등록 주식 증서는 유가증권이기보다 출자 증명서의 성질을 띠며, 증서상의 권리는 회사의 본사 소재지에 있다. 따라서 일본 국민이 소유한 미국 회사의 주식증서는 그 소재지가 어디든 미국이 청산한다. 이에 반해 무기명증권(무기명 채무증서)에 바탕한 권리는 증권의 소재지에 있다고 판단한다. 이러한 종류의 증권을 소지한 사람의 권리는 오로지 증권 안에 화체됐으며, 법률 면에서나 거래 면에서나 '사물'과 동일시되어 증권이 소재하는 나라에서 그 나라가 시행한 물권법상의 규정에 따라 양도한다. 따라서 무기명증권에 따른 권리는 증권의 소재지에 있다고 봐야 한다. 이는 증권 발행인이 사법인이든 공법인이든 국적 여하를 불문하고 타당하다.

그러나 베르사유조약에 관한 한, 연합국은 위 원칙을 취하지 않았다. 그것은 제10편 제4관 부속서 제10조제1항의 규정에 따른 것으로, 이 규정에 따르면 독일은 연합국의 법령에 따라 설립된 회사의 주권, 지분, 사채권(社債券), 사채지분증서 기타 채무증권을 각 연합국에 '인도'해야 한다. 기명증권이든 무기명증권이든 지시증권이든 무차별적으로 인도해야 한다. 1919년 5월 22일의 각서에서 독일 대표단은 이 규정은 청산권의 한계를 연합국의 영토 밖까지 미치게 한다고 항의했다(강화조약 연구자료 제5권 159쪽). 이에 대해 연합국은 1919년 6월 16일의 회신 각서(최종 통첩 부속서)에서 이는 단순히 연합국에 있는 특수한 독일 재산을 청산하기 위한 기술적 방법과 다름없다고 반박했다(Kraus-Rödiger, Urkunden Zum Friedensvertrage, Bd.I.S. 660-661).

하지만 증권의 인도가 기술상 필요하다는 것은 기명증권이나 기명 채무증서에 대해서는 말할 수 있지만(증서의 소재지에 상관없이 발행 회사의 소재지에 따라 권리 소재지가 결정되기 때문이다), 무기명주식이나 무기명 채무증서의 인도는 기술적 이유로는 설명할 수 없다. 그것은 일반 원칙으로는 설명할 수 없는 청산권의 신설이다. 그 결과, 무기명증권은 독일에서 독일 국민이 소지하는 한 독일에 있는 재산이며, 설사 발행인이 연합국 회사여도 연합국에 있는 독일 국민의 재산이 아니다. 따라서 연합국이 청산할 수 없다. 독일의 주권을 침해하지 않으면서 무기명증권을 청산하려면 독일의 인도 의무를 신설해야 한다. 그렇기에 인도 의무를 신설하는 우회로를 택하여 원래는 청산이 불가능한 무기명증권을 청산한 것이다. 따라서 무기명증권에 관한 한, 부속서 제10조 제1항의 규정은 청산권 한계의 확장이라고 말하지 않을 수 없다. 동시에 이러한 인도(점유의 이전) 없이는 독일에 있는 무기명증권의 청산이 불가능하다는 것을 의미한다. 그러한 점에서 무기명증권에 관한 한, 부속서 제10조 제1항의 규정은 단순한 기술상의 규정이 아닌 어엿한 실체적 규정이다. 이러한 실체적 규정이 없는 한, 연합국은 독일에 소재하는 연합국 회사의 무기명사채권을 청산할 수 없다. 연합국이 연합국 회사가 발행한 무기명사채권으로 일본 국내에 소재하는 것을 청산하기 위해서는 이러한 증권을 신고하게 하거나 무효를 선언하는 것만으로는 부족하며, 이러한 증권의 인도를 요구해야 한다. 그런데 이러한 인도 요구는 조약 초안 어디서도 발견되지 않는다. 따라서 이러한 무기명증권은 연합국의 청산 대상이 되지 않는다고 풀이되어야 할 터이다.

어음 및 수표와 같은 유통증권도 증권이 소재하는 곳에 증서에 바탕한 권리가 소재한다. 어음 채무자 또는 수표 채무자가 각기 여러 나라에 주소를 두는 것이 통례이므로, 이 경우 채무자의 주소를 표준으로 삼을 수 없다. 따라서 일본에 소재하는 어음 증서에 바탕한 권리는 어떠한 연합국도 청산할 수 없다.

창고증권이나 선하증권과 같이 증권에 기재된 화물이 증권 소지인에게 인도되는 화물증권에서 발생하는 권리는 화물이 소재하는 장소를 소재지로 하며, 증권이 소재하는 장소와는 무관하다. 화물증권에서 발생하는 권리는 화물이 소재하는 장소에서만 행사할 수 있다. 이러한 권리의 경제 가치는 화물에 존재하기 때문이다.

증서로 증명된 권리를 화체하지 않은 유가증권, 즉 증서로 증명된 권리가 증서의 소지에 따르지 않고 반대로 증서의 소지가 이러한 권리에 따르고 있는 유가증권의 경우도 증서상의 권리의 소재지는 증서의 소재지와는 무관하다. 예를 들어 저당권 증서, 토지채무 증서와 같은 것을 들 수 있다. 이러한 증서는 증서의 소재지와 무관하다. 저당채권은 채무자의 주소에 소재하며, 토지 채무는 채무를 부담한 토지의 소재지에 소재한다.

(4) 지분

법인에 대한 지분으로 유가증권에 화체되지 않은 것(합자회사, 합명회사, 주식회사, 유한회사)은 법인의 본사가 소재하는 곳에 소재한다. 조합에 대한 출자 지분도 같다.

(5) 공업소유권 및 저작권

이들 무형재산권은 권리의 보호를 부여한 국가에 소재한다. 따라서 일본 국민이 연합국 A에서 출원했거나 등록한 특허권 또는 상표권은 연합국 A만이 청산할 수 있다. A국에서 특허권 또는 상표권을 소유하는 일본 국민이 연합국 B에 주소(본사)를 두고 있어도 B국은 오로지 B국의 특허권 또는 상표권만을 청산할 수 있다. A국의 것까지 청산할 수 없다. 청산은 상속이 아니기 때문이다.

2. 한국 법인 소유 유가증권 조사서

(1962년 2월 27일 제6차 회담 청구권위원회 전문위원회에서 한국 측이 제출)

(단위: 엔)

종류	조선은행			조선식산은행		
	등록	현물	계	등록	현물	계
일본국채	5,862,923,779.76		5,862,923,779.76	422,805,925	81,384,914	504,188,839
조선식량증권 및 식량증권		152,006,330.08	152,006,330.08		18,675,930	18,673,930
일본저축권						
일본 정부 보증사채	198,008,300		198,008,300	7,600,000	17,600	7,617,600
일본지방채	1,327,500		1,327,500			
일본사채	16,108,634		16,108,634		1,310	1,310
저축 및 보국채권					4,061,076	4,061,076
기타 증권						
계	6,078,368,213.76	152,006,330.08	6,230,374,543.84	430,403,925	104,138,830	534,542,755

종류	조선신탁주식회사			조선금융조합연합회		
	등록	현물	계	등록	현물	계
일본국채	9,731,495	10,204,777.50	19,936,272.50	280,366,400	97,200	280,463,600
조선식량증권 및 식량증권						
일본저축권						
일본 정부 보증사채	1,100,000	570,000	1,670,000	511,300,200		511,300,200
일본지방채						
일본사채	1,130,000	1,130,070	2,260,070	217,526,500	5,770,000	223,296,500
저축 및 보국채권		97,764.50	97,764.50			
기타 증권						
계	11,961,495	12,002,612	23,964,107	1,009,193,100	5,867,200	1,015,060,300

종류	조흥은행			조선상업은행		
	등록	현물	계	등록	현물	계
일본국채	143,455,400	3,312,900	146,768,300	166,751,800	7,893,470	174,645,270
조선식량증권 및 식량증권						
일본저축권					20	20
일본 정부 보증사채	51,550,000		51,550,000	63,100,000		63,100,000
일본지방채						
일본사채	14,990,000	2,000,000	16,990,000	3,285,000		3,285,000
저축 및 보국채권		145,587	145,587		24,985	24,985
기타 증권						
계	209,995,400	5,458,487	215,453,887	233,136,800	7,918,475	241,055,275

종류	조선저축은행			합계		
	금액	현물	계	금액	현물	계
일본국채	127,000,000	32,871,425	159,871,425	7,013,032,799.76	135,764,686.50	7,148,979,486.26
조선식량증권 및 식량증권					152,006,330.08	152,006,330.08
일본저축권					18,673,950	18,673,950
일본 정부 보증사채				832,659,500	587,600	833,246,100
일본지방채				1,327,500		1,327,500
일본사채				253,040,134	8,901,380	261,941,514
저축 및 보국채권		50,615	50,615		4,380,027.50	4,380,027.50
기타 증권						
계	127,000,000	32,922,040	159,922,404	8,100,058,933.76	320,313,974.08	8,420,372,907.84

3. 일본 개별 조사에 따른 유가증권 관계 계수[20]

(1) 등록국채

◎ 대장성 관리국 조사(1948년 6월 25일 현재)

종류		회사명[21]	금액
재조선 본사 법인	폐쇄기관[22]	조선은행	
		동 도쿄(東京)지점	
		조선식산은행	
		조선신탁주식회사	
		동 (년세구)	
		조선금융조합연합회	
		계	
	재외회사[23]		

20 일본공개외교문서 1914, 「日韓会談における韓国の対日請求8項目に関する討議記録」(1964.1.10) 93쪽을 참고하면 먹칠 부분의 숫자를 짐작할 수 있다.

한국법인 소유 유가증권 조서

종류	조선은행			조선식산은행			조선신탁주식회사		
	등록	현물	계	등록	현물	계	등록	현물	계
일본국채	5,862,923,779.76		5,862,923,779.76	422,803,925	81,384,914	504,188,839	7,731,495	10,204,777.50	19,936,272.50
조선식량증권 및 식량증권		152,006,330.08	152,006,330.08		18,673,930	18,673,930			
일본저축권									
일본 정부보증사채	198,008,300		198,008,300	7,600,000	17,600	7,617,600	1,100,000	570,000	1,670,000
일본지방채	1,327,500		1,327,500						
일본사채	16,108,634		16,108,634		1,310	1,310	1,130,000	1,130,070	2,260,070
저축 및 보국채권					4,061,076	4,061,076		97,764.50	97,764.50
기타 증권									
계	6,078,368,213.76	152,006,330.08	6,230,374,543.84	430,403,925	104,138,830	534,542,755	11,961,495	12,002,612	23,964,107

종류	조선저축은행			합계		
	등록	현물	계	등록	현물	계
일본국채	127,000,000	32,871,425	159,871,425	7,013,032,799.76	135,764,686.50	7,148,797,486.26
조선식량증권 및 식량증권					152,006,330.08	152,006,330.08
일본저축권					18,673,950	18,673,950
일본 정부보증사채				832,658,500	587,600	833,246,100
일본지방채				1,327,500		1,327,500
일본사채				253,040,134	8,901,380	261,941,514
저축 및 보국채권		50,615	50,615		4,380,027.50	4,380,027.50
기타 증권						
계	127,000,000	32,922,040	159,922,040	8,100,058,933.76	320,313,974.08	8,420,372,907.84

종류	조선저축은행			합계		
	등록	현물	계	등록	현물	계
일본국채	127,000,000	32,871,425	159,871,425	7,013,032,799.76	135,764,686.50	7,148,797,486.26
조선식량증권 및 식량증권					152,006,330.08	152,006,330.08
일본저축권					18,673,950	18,673,950
일본 정부보증사채				832,658,500	587,600	833,246,100
일본지방채				1,327,500		1,327,500
일본사채				253,040,134	8,901,380	261,941,514
저축 및 보국채권		50,615	50,615		4,380,027.50	4,380,027.50
기타 증권						
계	127,000,000	32,922,040	159,922,040	8,100,058,933.76	320,313,974.08	8,420,372,907.84

종류		회사명	금액
재조선 본사 법인	기타 법인[24]		
지방 단체	조선총독		
	군산부 타부군(府郡)		
	계		
총계			

21 일본공개외교문서 1224, 「一般請求権徴用者関係等専門委員会」, 34~36쪽

22 폐쇄기관의 총액은 240,383.22이다. 『経済協力 · 韓国 105』

23 재외회사의 총액은 7,397,721.48이다. 『経済協力 · 韓国 105』

24 기타법인의 총액은 3,908,271.34이다. 『経済協力 · 韓国 105』

<비고>

본 자료는 1948년의 재외재산조사회가 당시 수집, 보존하던 자료를 재수록한 것이다. 그 후 폐쇄기관, 재외회사의 청산, 정리의 진척으로 이들 법인의 소유 증권은 매각 등 처분됐을 터이므로 현 시점의 소유 상황은 아님을 밝힌다.

(현 시점의 데이터는 다음 표 1961년 일본은행 조사와 같다.)

◎ 1961년 2월 일본은행 조사「조선 관계 등록국채 현재고」

구분	등록 건수	등록국채 원금액
보험회사		
기타 회사		
지방공공단체		
사사(寺社)		
기타 단체		
개인		
합계		

<비고>

1. 괄호 안은 을종 등록분.
2. 국채등록부, 등록국채이자지불원표, 등록국채원금상환통지서 부본 및 등록부색인을 토대로 종전 시 원리금 지불장소가 조선 소재인 등록국채를 집계한 것.

◎ 조선총독 명의의 등록국채의 내역(1961년 일본은행 국고국 조사)

발행 연도	등록번호	명칭(기호)	금액
1932년	826	오분리공채(제3회)	
1933년	135	사분리국고채권(로호)	
1936년	1531	삼분반리국고채권(이호)	
1938년	1783	삼분반리국고채권(쓰호)	

1940년	785	중일전쟁국고채권(네호)
1941년	625	중일전쟁국고채권(야호)
1942년	914	대동아전쟁국고채권(호호)
계(7口)		

(주) 한국 측이 주장하는 체신부 소유 등록국채는 위 조선총독 명의 국채를 가리킨다. 이는 요강 2 (1) (b) 국채 채권의 청구 대상으로 판단된다.

(2) 현물 국채 관계

◎ 1948년 관리국 조사, 「비등록국채(무기명 국채)의 금액 추정」

(조선 관계)

(주)

1. 외지(식민지) 우편국이 일본은행 대리점 자격으로 매입한 것 중 현물 증권이 도착, 수입 완료된 것.

2. 세관 보관액은 지역별 불명인 것은 각지의 차감 잔고 합계에 대한 비율로 각지의 보관액을 산출.

3. 차감 잔고는 대부분 일본인 것으로 생각된다.

4. 본건 매출 국채 중 등록국채가 된 것이 없지는 않으나, 소액으로 인정되어 고려 대상에서 제외했다.

(3) 조선식량증권 및 식량증권 관계

◎ 조선식량증권(조선은행 관계자에게 청취한 자료)

① 증권의 명칭 및 기호	(제14회) 조선식량증권	(제15회) 조선식량증권
② 발행액	액면 6,500만 엔	액면 7,500만 엔
③ 발행일	1945년 8월 10일	1945년 9월 10일
④ 지급기일	1945년 10월 10일	1945년 11월 10일
⑤ 할인율	일 7리(厘) 5모(毛)	1945년 11월 10일
⑥ 인수처	조선은행	1945년 11월 10일

(4) 일본지방채

◎ 1948년 관리국 조사로 보이는 수치가 있다.

소유자	명칭	금액
조선은행		
조흥은행		
계		

(5) 정부보증채, 일본사채 관계

◎ 1948년 관리국 조사로 보이는 수치가 있다.

(가) 일본 사채

종류	소유자	명칭	금액
폐쇄기관	조선은행		
	조선식산은행		
	조선신탁주식회사		
	조선금융조합연합회		
	계		

종류	소유자	명칭	금액
재외회사	조선상업은행		
	조흥은행		
	계		
	합 계		

(나) 외지 본방계 사채

종류	소유자	명칭	금액
폐쇄기관	조선은행		
	조선식산은행		
	조선신탁주식회사		
	조선금융조합연합회		
	계		

종류	소유자	명칭	금액
재외회사	조선저축은행		
	조선상업은행		
	조선무진주식회사		
	조흥은행		
	계		
합 계			

비고: (1) 등록국채의 관리국 조사 수치의 비고를 참조할 것.

(6) 저축 및 보국채권

(가) 권업은행의 조사 수치(조선 관계)

1946년 3월 31일 현재 추정액(원금) (단위: 천 엔)

부흥저축채권	저축채권	보국채권	계

<비고>

1. 당행 통계 자료 중 창업 이후의 발행 채권 지방별 조사에서 해당 채권의 판매액을 추출하고, 거기에 조사 시 현재 해당 채권의 잔존 비율을 곱하여 추산했다.
2. 권업은행 채권을 제외한다.

(나) 1947년 특정재원관리과 조사의 수치(추정)

A. 권업 채권

	권업 대권(大卷)	권업 소권(小卷)	계
조선매각액 누계			
조선 현재고(주1)			

(주)

1. 조선 현재 잔고는 미상환 현재 잔고의 총 발행액에 대한 비율(아래 표)을 외지 매각액 누계에 곱하여 산출했다.

	대권	소권
총 발행액		
미상환 현재고		
비율(%)		

2. 인양(귀환) 일본인의 지분액은 매우 적다고 생각되어 고려 대상에서 제외했다.

B. 저축채권, 보국채권

조선 매각액 누계	
중 상환 추정액	
차감 조선 현재고	

<산정 근거>

① 총액

	저축채권	보국채권
총 발행액		
미상환 현재고		
미상환 비율(%)		
(평균)		

② 조선 매각 판명액(1944년 2월까지의 분)

전 전(1941년 12월까지)	
전시 중(1944년 2월까지)	
계	

③ 외지 매각액의 총 발행액에 대한 비율

④ 외지 매각액 중 판명되지 않은 분(1944년 3월 이후)의 추정

1944년 3월 이후의 발행액(A)	
외지 매각분 추정액(B) (A ×	

⑤ 조선 매각액 합계 및 현재 잔고의 추정

조선 매각 판명액(a)	
(a)의 외지 매각액 합계에서 점하는 비율	
외지 매각액 추정 합계액(B)의 지역별 배합(b) (B ×	
조선 매각액 합계(a+b)	
미상환 비율 　　　 에 따른 조선 현재 추정액	

4. 각 유가증권에 대한 취급 상황

(1) 등록국채의 원리금 지급지 변경

일본인 관계는 다음과 같이 취급되고 있다.

(가) 일본 본사 법인 및 일본에 거주하는 개인(귀국자를 포함한다)에 대해서는 아래의 고시에 따라 1947년 4월 이후 조선에 원리금 지급지가 있던 것도 일본으로 이전하는 것이 가능해졌다.

◎ 대장성 고시 제82호

본방(일본) 내에 거주하는 개인 또는 본방 내에 본점 혹은 주요 사무소를 가진 법인이 그 소유하는 본방 등록국채의 등록지(원리금 지급 장소를 포함한다)를 본방 밖에서 안으로 변경하는 행위를 하면 그 당사자에 대해 외국환관리법 시행규칙 또는 1945년 대장성령 제88호의 규정에 따른 제한 및 보고를 면제한다. 다만, 그 소유자는 일본 은행이 정하는 등록지(원리금 지급 장소를 포함한다) 변경 청구서 정부본 2통을 일본 은행에 제출해야 한다.

1947년 4월 21일

대장성 대신

(나) 폐쇄기관 및 재외회사에 대해서는 본사가 외지에 있으므로, 위 고시에 따른 원리금 지급지의 변경이 불가능했으나, 1949년에 SCAPIN(연합국 최고사령부 지령)에 따라 소유 등록국채 및 기타 기명증권을 이전할 수 있게 됐으며, 그에 처분 또한 가능해졌다.

(주)

1. 재외회사령의 제정 문제가 발생한 당시, 일본의 유력회사가 증자했기 때문에 재외회사는 유력회사의 주식을 많이 소지했으나, 현 상황에서는 증자 불입은 불가능하며, 증자하는 회사도 처리가 곤란

하여, 재외회사도 큰 손해를 입게 된다면서 총사령부 당국에 선처를 요청했다. 그 때문인지는 불확실하나 재외회사령 원안에는 본사 소유의 기명 유가증권 무효 규정이 없었는데 아래 SCAPIN 제2항에 따라 돌연 재외회사령 제5조의 규정이 삽입됐다.

폐쇄기관에 대해서는 재외회사의 위 조치와 보조를 맞춰 이뤄졌다.

2. 조선은행 보유의 등록국채는 종전 전에 이미 원리금 지급 장소가 일본에 있었고 종전 직후 계정도 도쿄지점으로 옮겼기 때문에 이 규정에 따르지 않아도 일본에 소재했었다.

[요강 3(1) 참고자료 1을 참조할 것]

1949년 6월 18일 자

AG602(1948. 11. 17) CPC/FP SCAPIN 1965/3

(일본 정부에 대한 각서)

◎구(舊) 일본 점령지역에 본점을 둔 회사의 본방 내 재산에 관한 건

1. 참조 각서
   a. AG602(1948. 11. 17) CPC/FP SCAPIN 1965/1
      1949. 3. 8「외국에 본점을 둔 회사의 본방 내 재산에 관한 건」
   b. LO 1527/49(AD/CU) 1949. 5. 25「귀국자가 해외에 잔치한 본방 회사 발행 주식의 재발행에 관한 건」
2. SCAPIN45 제1항 d 및 일본 정부성령 제88호제2조제2호에서 규정하는 재산에 포함되는 증권의 정리와 관련하여 위 제1항 a를 처리하기 위하여 그 증권을 발행한 일본 국내 회사, 일본 정부 또는 그 대행 기관은 등록을 변경하여 신(新) 주식 또는 신(新) 공채를 본방 내(재외회사의) 지점에 대하여 발행하고, 현재 외국에 소재하거나 현재 외국에 있는 본사의 명의로 등록된 증권은 말소하도록 지령한다.
3. 본 각서에서 말하는 회사에는 정령 제74호(폐쇄기관령)에 따라 청산 중인 회사는 포함되지 않는다.

※ 위 지령을 근거로 재외회사령 제5조(재외점포 소유 유가증권의 처리) 규정이 마련됐다.

1949년 12월 3일 자

SCAPIN 6992-A

◎ 폐쇄기관이 소유하는 기명증권으로 구(舊) 일본 점령지역에 있는 것에 관한 각서

1. 참조 각서

AG602(1948. 11. 17) CPC/FP SCAPIN 1965/3

1949. 8. 2 「구(舊) 일본 점령지역에 본점을 둔 회사의 일본 내 재산에 관한 건」

2. 폐쇄기관이 본방 내에 자산을 가진 일본 법인 또는 국가 혹은 일본의 지방공공단체가 발행한 기명증권으로 구 일본 점령지역에 있는 것을 소유하는 때에 일본 정부는 증권을 재발행하여 폐쇄기관 청산위원회에 교부하기 위한 필요 조치를 하도록 지령한다. 증권의 재발행으로 원증권은 무효로 선언된다.

3. 위 제2항에서 말하는 기명증권이란 기명식 국채증권, 지방채증권, 사채권, 특별한 법률로 설립된 법인이 발행한 채권, 주권 및 출자증권을 뜻하며, 등록채를 포함한다.

※ 위 지령을 근거로 「폐쇄기관이 소유하는 재외 기명증권 등의 처리에 관한 정령」(1950년 12월 19일 정령 제356호)이 제정됐다.

(2) 무기명국채(이재국 국고과 조사)

(가) 국채 원리금의 소멸 시효

전시 중 인력 부족을 해소하고 국채 관계 사무를 간소화하기 위하여 「국채 관계 사무 간첩(簡捷)화에 관한 법률」(1943년 법률 제111호)이 제정되어, 국채의 원리금은 소멸 시효가 완성된 당시에도 지급됐으나(같은 법 제2조), 위 간첩화법(簡捷化法)은 「대장성 관계 법령의 정리에 관한 법률」(1954년 법률 제121호)에 따라 폐지됐다(같은 법 제1조제236호). 이에 국채는 일반법의 규정이 적용되어 원금은 10년, 이자는 5년이 지나면 소멸 시효가 완성된다.[「국채에 관한 법률」(1906년 법률 제34호) 제9조 참조]

그러나 대장성 관계 법령의 정리에 관한 법률 부칙 제5항의 규정에 따라 아래 국채의 원리금에 대하여는 간첩화법 제2조의 규정이 여전히 효력을 가진다고 여겨지므로, 소멸 시효가 완성된 것이어도 아래의 법정 기간 내에 청구한 경우에는 지급을 수령할 수 있다.

1. 외국 기타 정령으로 정하는 지역(이하 외국 등이라 한다)에서 귀환하여 1954년 5월 22일 이후 본방에 도착한 자가 휴대한 국채로, 그 자가 본방 도착 후 6개월 이내에 지급을 청구한 것.
2. 외국 등에서 귀환하여 1945년 9월 24일 이후에 본방에 도착한 자가 구(舊) 외국환관리법(1941년 법률 제83호) 등(주) 또는 이들의 명령 규정에 따라 휴대 수입이 인정되지 않은 탓에 세관에 인도한 국채로, 반환받은 날(1954년 8월 1일 전에 반환받은 것은 같은 날)에서 3개월 이내에 지급을 청구한 것.[국채의 원리금 지급 특례에 관한 정령(1954년 정령 제198호) 제2조 제1항 제1호 참조]
3. 외국 등에서 귀환한 자가 귀환 시 외국 정부 등의 지시로 휴대하지 못한 국채[재외공관 등 기탁과 관련된 것, 반환 사무는 현재 요코하마(橫濱)세관이 취급했다]로, 세관 등에서 반환받은 날에서 3개월 이내에 지급을 청구한 것(위 정령 제198호 제2조제1항제2호 참조).
4. 기타(생략)

(주) 구(舊) 외국환관리법 외에 아래의 명령들이 있다.
1. 구(舊)「금, 은 또는 백금의 수입 제한 또는 폐지에 관한 건」(1945년 칙령 제578호)
2. 구(舊)「재산 및 화물의 수출입 단속에 관한 정령」(1949년 정령 제119호)

(나) 사금국고채권(賜金國庫債券)

1940년 법률 제69호[금번 전쟁에 관한 일시 사금(賜金)으로 교부하기 위한 공채 발행에 관한 건] 제1조의 규정에 따라 발행된 공채(사금국고채권)는 「군인 및 군속 이외의 자에게 교부된 사금국고채권을 무효로 하는 것에 관한 법률」(1946년 법률 제4호) 및 「1945년 칙령 제542호 '포츠담'선언의 수락에 수반하여 발표하는 명령에 관한 건에 따른 군인 및 군속에 교부된 사금국고채권을 무효로 하는 것에 관한 건」(1946년 칙령 제112호)에 따라 당시 이미 정부에 매입된 것을 제외하고 무효화됐다. 이 국고채권의 이표[이자지급교부표(利子支給交付票), 쿠폰]도 이자 지급기일이 1946년 4월 1일 이후인 것은 원금과 마찬가지로 무효화됐다.

또한 이자 지급기일이 1945년 4월 1일 이전인 이표(利票)는 유효하므로 시효에 대하여 특례가 인정된 것은 지금도 지급이 이뤄지고 있다.

(주) 원금채권이 무효화돼도 이자채권이 유효인 이유는 다음과 같다. 즉 이미 발생한 이자채권은 원금채권에 대한 부종성(附從性)이 없고 독립된 존재이며, 원금 채권과 분리해 양도할 수 있으며(다만, 사금국고채권에 대해서는 인정되지 않는다), 또 별개로 변제되거나 혹은 시효에 걸쳐 소멸하는 것으로 풀이된다.

(3) 조선식량증권

(가) 조선 내의 식량 매입 대금으로 교부된 조선식량증권의 차환(借換)으로서 조선식량관리 특별회계 부담 아래 조선은행 인수를 통해 발행한 조선식량증권 1억 4천만 엔 중 6천 500만 엔은 1945년 10월 10일, 7천 500만 엔은 1945년 11월 10일이 상환기일이나, 종전 직후의 통신 두절로 인하여 일본 정부의 처리 지시가 불가능했고 그 후 조선총독부, 조선은행 등이 폐쇄되면서 상환 조치를 할 수 없어 미정리인 채로 남았다.

(나) 위 조선식량증권은 그 후 폐쇄기관 조선은행의 특수 청산을 촉진하기 위하여 1956년 정령 18호「구(舊) 조선식량관리 특별회계(또는 구 대만식량관리 특별회계)의 부담에 속하는 증권(또는 일시차입금)과 관련된 채무 처리에 관한 정령」에 따라 일반회계의 부담으로 처리됐다(국채로 상환).

(주)

1. 이 식량 증권은 실질적으로는 조선 내에서 식량 매입 대금을 지급하기 위하여 발행된 것으로 발행에 따른 매입 식량은

(가) 대부분 조선 내부에 배급됐으며

(나) 일부는 일본으로 수출되기도 했으나 이미 결제가 끝나서 이론적으로는 일본 정부가 부담할 필요가 없다고 풀이된다.

2. 본건 식량증권은 일본은행에 등록됐던 것으로 현물은 없었다.

[관리과(管理課)의 증언]

(4) 저축채권, 보국채권 등(1961년 이재국 자금과 조사)

◎ 구(舊) 임시자금조정법에 따라 발행된 채권의 현황 및 경위

(가) 구 임시자금조정법(1937.9.10 법률 제86호)에 따라 발행된 채권은 저축채권, 보국채권, 복권, 저축권으로 모두 전쟁 수행을 위하여 국민 저축의 증강을 도모할 목적으로 정부가 일본권업은행으로 하여금 발행 또는 판매하게 한 채권으로, 발행 주체는 일본권업은행(저축권은 정부)이며, 이들의 발행 또는 판매는 각기 정해진 명령서에 따라 이뤄졌다.

이들 채권 수입금은 같은 법 제15조의 규정 및 대장성 예금부에 예입되는 자금에 관한 칙령(1941년 칙령 제935호)의 규정에 따라 전액 예금부에 예입됐다. 예금부는 이 수입금을 각 채권별 수입금 예금으로 구분, 경리(經理)하는 동시에 발행회별로 정해진 이자율에 따라 일본권업은행에 일정 이자를 지급했다.

(나) 그러나 종전 후 인플레이션이 진행되고 화폐가치가 하락하면서 일반 소지인들 사이에서 이들 전시채권의 매입과 조기 상환 요구가 커지고, 또 예금부도 위 수입금에 지급하는 이자가 연평균 5.297푼(최고 9.063푼 최저 연 4.146푼)인 반면 수입금 예금은 연 3.5푼의 국채로 운용되고 있다는 이유를 들어, 1949년에 이들 전시채권의 매입량 확대를 일본권업은행에 지시했다(1943년 이후 일부 채권은 매입됐다). 하지만 1951년 3월 31일 현재, 매입 또는 미상환 잔고는 여전히 저축채권 665,800,395엔, 보국채권 173,051,322엔, 저축권 43,826,037엔, 복권 104,445,480엔으로 총 987,123,234엔이었다(이 매입 미제액 및 미상환액에 대응하는 예금부에 대한 수입 예금액은 602,195,821.94엔이다).

(다) 1951년 4월 자금운용부가 출범하면서 이 수입금은 자금법 부칙 제4항의 규정에 따라 일본권업은행에 전액 인출됐다. 같은 법 제5항의 규정을 바탕으로 정해진 정령[채권 수입금 등의 인출금 손익 계산 방법 및 당해 손익의 귀속에 관한 정령(1951년 9월 29일 정령 제516호)]에 따라 그 손익 계산을 시키고, 같은 정령 제7항에 따른 취급 통첩[1952년 3월 25일 장은(藏銀) 제1315호, 1954년 10월 11일 장리(藏理) 제15865호]으로 그 처리 결과를 보고했다.

(라) 1952년, 자금운용부는 국민저축채권의 발행 기운이 고조되자 이들 구 임시자금조정법에 따라 발행된 전시채권도 최종 정리를 해야 할 시기라고 판단한다. 이에 1952년 10월 15일, 일본권업은행으로 하여금 전회별(全回別) 상환기한 미도래 저축채권, 보국채권 및 복권(저축권은 이미 시효가 완성된 상태였다)을 일제히 조기 상환시킨다.

이후 일본권업은행이 상환 사무를 처리해 왔음에도 1960년 하반기 사업연도 말에 여전히 801,329,060엔이 미지급 상태로 남아 있다.

(마) 위 채권의 시효 익금(益金)은 구 임시자금조정법에 의거한 명령서에 따라 국고에 납부하도록 정했으며, 자금운용부 출범 후에는 정령 제1조 제1항 제1호 (나) 규정에 따라 매 사업연도의 손익계산상 익금으로 계상하고, 정령 제3조의 규정에 따른 대장성 대신의 지정이 있으면 지정된 금액을 지정된 날까지 국고에 납부하도록 정했다.

(바) 이들 채권의 시효 완성기일은 저축채권의 경우[전액 조기 상환(1952.10.15) 때부터 15년 후인] 1967년 10월 15일, 보국채권(특별보국채권은 제외한다)도 마찬가지로 1967년 10월 15일, 복권은 시효 완성 기간이 10년이므로 (전액 조기 상환 때부터 10년 후인) 1962년 10월 15일이다.

또한 특별보국채권은 상환기한이 2년이다. 따라서 최종 발행 채권(1944.1.31)의 상환기일이 1946년 5월 1일이고 소멸 시효 기간이 15년이므로 1961년 5월 1일에 시효가 완성됐다.

◎ 부흥저축채권의 현황 및 경위

(가) 부흥저축채권은 부흥저축채권법(1924년 7월 법률 제15호)에 따라 정부가 일본권업은

행으로 하여금 발행하게 하고, 이 발행과 관련된 수입금을 대장성 예금부에 예입시켜 지진 재해 지역의 재건 및 지방 산업 진흥을 위해 필요한 용도에 융자해 줄 요량으로 발행된 채권으로, 부흥저축채권명령서(1924년 9월 10일)에 따라 실행됐다. 이 채권은 1924년 9월 30일의 제1회 발행 이후 1928년 11월 20일까지 총 11회에 걸쳐 발행됐고, 수입 금액은 84,200천 엔이다.

이 수입금은 예금부에서 부흥저축채권 수입예금으로 구분, 경리(經理)했으나, 1942년 4월 1일 이후 발행 채권이 전부 상환기일이 도래하면서 이 수입금은 차례로 환급되어 최종 발행 채권의 상환기일인 1946년 5월 1일까지 전액 일본권업은행에 환급됐다.

(나) 환급을 받은 일본권업은행은 상환 사무를 처리했으나, 1961년 5월 1일을 기하여 최종 발행 채권의 시효 기간이 완성됐기 때문에 시효 익금으로서 명령서 제14조의 규정(시효 익금의 국고 납입)에 따라 일정 정리 기간을 거쳐 잔고 전부를 한꺼번에 국고[자금운용부 특별회계 세입(잡수입)]에 납입했다.

◎부흥저축채권법과 구 임시자금조정법에 따라 발행된 채권의 원리금, 할증금, 그 시효 익금 및 운용 익금의 향후 처리에 대하여

(가) 부흥저축채권법에 따라 발행된 채권

부흥저축채권

채권의 원리금 및 할증금의 시효 익금은 같은 법에 따른 명령서(부흥저축채권명령서 1924년 9월 10일) 제14조의 규정대로 정부에 납입할 것.

다만, ① 외국인이 보유한 것으로 해외 지역에서 미상환으로 추계되는 금액은 제외한다. ② 납입 기일은 시효 익금 확정 후 대장성 대신이 지정하는 날까지로 한다.

(나) 구 임시자금조정법에 따라 발행된 채권

(a) 원금 및 할증금

채권의 원금 및 할증금의 시효 익금은 정령(「채권 수입금 등의 환급금 손익 계산 방법 및 당해 손익의 귀속에 관한 정령」 이하 정령이라 한다) 제1조제1항제1호의 (나)의 규

정대로 당해 사업연도의 익금으로서 경리할 것. 그러나 이 시효 익금 상당액은 당해 사업연도 결산 종료 후 정령 제3조의 규정에 따라 국고에 납부한다.

다만, ① 외국인이 보유한 것으로 해외 지역에서 미상환으로 추계되는 금액은 제외한다. ② 납입 기일은 당해 사업연도 결산 종료 후 대장성 대신이 지정하는 날까지로 한다.

(b) 운용 익금

(i) 정령 제3조의 규정에 따른 1960년 사업연도 말의 특별 계정 차변 잔고에 상당하는 금액은 당해 사업연도 결산 종료 후 대장성 대신이 지정한 날까지 국고에 납입할 것.(다만, 특별한 사유가 있는 때는 제외한다.)

(ii) 정령 제2조의 규정에 따라 매 사업연도의 특별 계정에 경리된 금액으로 이 계정의 차변 잔고에 상당하는 금액[정령 제1조제1항제1호의 (나)는 제외한다]은 매 사업연도 결산 종료 후 대장성 대신이 지정한 날까지 국고에 납입할 것.

(다) 외국인이 보유한 것으로 해외 지역에서 미상환으로 추계된 금액은 1967년도 최종 처리 사업연도에 재검토한다.

(주) (나)의 (b)의 (i)의 특별한 경우

1960년 사업연도 말의 특별 계정 차변 잔고에 상당하는 금액은 원칙적으로 위와 같이 한꺼번에 국고에 납입하는 것이 타당하다고 보이나, 특별히 일본권업은행이 요청했으며, 또 운용부도 아래의 사항을 고려하여 1961년도 이후 최종 처리 사업연도인 1967년도까지의 기간 동안(7년) 연 균등액 분할 지급에 의해 국고에 납입하는 것을 허락한다.

(아래)

(1) 원금 및 할증금의 시효 익금

국내적으로는 시효가 완성했으나, 대외적으로는 ① 평화조약 체약국에서는 평화조약의정서에 따라 전쟁 기간은 시효 기간에 산입되지 않고, ② 평화조약 미체약국의 경우, 향후 교섭을 기다리는 수밖에 없으므로, 국내법만을 적용하여 전액 한꺼번에 국고에 납입시키는 것은 합당하지 않다.

(2) 운용 익금

위 대외적 교섭이 진행된 경우, 원금 할증금뿐만 아니라 청구하지 못한 기간의 배상(이자 상당액) 요구가 있을지도 불분명하므로, 전액을 한꺼번에 국고에 납입시키는 것은 합당하지 않다.

5. 외국환관리법상의 취급

한국 대일청구권(8개 항목)을 둘러싼 이재국 안(案)에 대한 환율국의 의견

(1961년 10월 환율국 기획과)

(1) 한국 국민이 소유한 일본국 또는 일본 법인이 발행한 국채, 주식 등의 유가증권에 대한 한국 측의 변제 청구를 둘러싸고, 이재국은 안(案)에서 군정법령에 따른 것 외에는 현물의 제출 또는 등록 확인을 통해 지급하겠다고 하는데, 현행 외국환관리법은 원래 과실(果實)의 외화 지급은 비거주자가 종전 전(1945년 8월 15일 이전)에 취득한 증권에 한정한다고 정하여, "지급 방법은 일본의 외환관리법이 정하는 바에 따른다"는 내용을 명기할 필요가 있다.

(주) 현행 외국환관리법에서는 비거주자가 종전 전에 취득하여 실제 소유한 국채 및 지방채에 대해서는 원금과 과실의 외화 송금을 제한면제하고, 또 종전 전에 취득한 주식의 경우 배당금은 제한면제, 매각대금은 허가 베이스에 따라 송금을 인정했다.
국채, 지방채 및 주식 이외의 증권(사채, 특수채)은 원리금의 외화 송금을 허가한 선례가 없으나(송금의 신청이 없었기 때문에) 그 성질상 이들도 외화 송금을 허가하여도 무방하다고 생각된다.
또한 전후에 엔화로 취득한 증권은 원금과 과실 모두 외화 지급을 인정하지 않았다.

(2) 종전 후 한국에서 소각된 일본은행권, 정부지폐, 군표 등에 관한 청구를 둘러싸고 이재국은 안(案)에서 "신권이 있다면 인도에 응한다"고 명기했는데, 이 의미가 불명료하다. 만약 신권이 있으면 외화 교환에 응한다는 의미라고 한다면, 신권은 종전 후(1946년)에 발행됐고, 88호 성령 및 현행 외국환관리법에 따라 선박과 항공기 내에서 사용하는 경우를 제외하고 수출을 금지했으므로 현재 해외에 있는 엔화 지폐는 비합법적으로 거래된 것이므로 외화 교환을 인정할 수 없다. 따라서 위 문언은 삭제할 필요가 있다.

(3) 사인(私人) 대 사인의 종전 전 청구권, 예를 들어 은행예금, 보험금, 외상매출금 등에 대한 청구에 관하여 이재국은 안(案)에서 "본래 사인 간에 해결되어야 할 문제이나, 재외재산 보상 문제를 야기하므로 이 청구를 거부한다"고 명기했는데,

(가) 이러한 처리는 위 (1)의 한국인 소유의 주식, 사채 등의 처리 방법과 모순되며, 또

(나) 채무자가 변제를 결심하고 지급 허가를 신청해도 허가하지 않을 것인지(엔화 지급에 대하여) 허가할 것인지라는 두 가지 점에서 의문이 든다. 따라서 이재국에 설명을 요구할 필요가 있으며, 특히 (나)와 관련하여 이미 제한면제한 것(가령 은행예금의 이자)은 그 실행을 기대하기 어렵다고 본다.

2. 일본계 통화

1) 한국 주장

아래 항목의 일본계 통화에 대하여 청구한다.

(가) 일본은행 행원 입회 하에 소각한 분

(일본은행권, 정부지폐, 일본 군표, 저비권)

(나) 한국전쟁 중 한국 측이 직접 처분한 것

(정부지폐, 일본은행 소액 지폐)

(다) 현재 보유 중인 분

2) 한국 주장액

합계 1,525,493,702엔 13전

<내역>

종류	금액	채권
일본은행권	1,491,616,748	일본은행 행원 입회 소각분
일본은행권	6,442,831	현물 보유분
일본 지폐	23,800,042.90	일본은행 행원 입회 소각분
일본 지폐	1,781,538.50	한국전쟁 중 소각분
일본 군표	216,183.36	일본은행 행원 입회 소각분
일본은행 소액 지폐	218,301.65	한국전쟁 중 소각분
중국저비은행권	1,418,056.72	일본은행 행원 입회 소각분

3) 일본 견해

(가) 일본은행 행원 입회 하에 소각한 것 중

(a) 일본은행권, 정부지폐로 유통 과정에 있던 ※것은 일단 고려한다[통화 채무의 본질 등과 같은 이론적인 문제가 있으며, 채무성(債務性) 유무는 신중하게 검토할 필요가 있다].

(b) 군표, 저비권은 가령 결제 관계가 발생해도 유통지역 당국(남방지역, 중국)과 해결해야 하며, 한국 측에 거듭 책임을 져야 할 성질의 것이 아니다.

(c) 조선은행에 일본은행이 기탁한 분은 공제해야 한다.

(나) 기타에 대해서는 현물을 확인한 뒤, 위 (가)의 (a)에 준하여 고려한다(따라서 한국전쟁 중 소각한 것의 청구에는 응하기 어렵다).

<비고>

① 일본은행 행원은 1946년 4월과 1947년 12월 2차례에 걸쳐 입회했으나, 현물을 일일이 확인하지는 않았다(은행원이 가지고 온 소각증명서와 한국의 증거 자료는 동일하다).

② ※"유통 과정에 있던 것"이라고 명기한 까닭은 일본 은행의 기탁분(아래 4. 비고 2. 참조)을 공제하고자 하는 의도 외에, 종전 당시 조선은행권의 부족에 대처할 요량으로 일본은행권을 조선은행권 대신 사용하고자 3억 엔 상당의 지폐(일본은행권)를 조선에 공수했다고 알려져 있으며, 이것이 미발행 상태로 본건 소각분에 혼입됐을 가능성이 있기 때문이다(다만 이를 입증하기란 불가능할 듯하다).

4) 일본 측 조사액

<비고>

① 일본은행 행원 입회(1946년 4월과 1947년 11월 2차례)에 따른 소각분 (단위: 엔)

일본은행권 (중 조선은행 보유분)	1,491,616,748 (1,014,224,761)
일본 정부지폐	23,800,042.90
일본 군표	26,183.36
중앙저비은행권	1,418,056.72

② 위 소각분에는 조선은행 보유 일본 정부 예탁분으로 아래의 금액을 포함했으며, 해당 통화의 채무를 인정하면 지급액에서 공제해야 한다. (단위: 엔)

일본 정부지폐	4,000,000.00
일본 군표	192,958.36
중앙저비은행권	1,374,550.11

참고자료

1. 1945년이전 조선의 통화

조선의 통화로는 조선은행권, 일본은행권, 보조 화폐, 소액 지폐가 있었다.

(1) 조선은행권

조선은행권은 1911년 3월 29일 법 48호 「조선은행법」과 1941년 3월 3일 법 15호 「조선은행법 및 대만은행법의 임시 특례에 관한 법률」의 규정에 따라 발행됐고, 유통 지역은 조선과 관동주(關東州)였다(일본에서는 유통이 인정되지 않았다).

(2) 일본은행권

조선은 일본의 영토였으므로, 당연히 일본은행권이 강제 통용력을 가지고 있었다.

(3) 보조 화폐 · 소액 지폐

(가) 1918.4.1 칙령 60호 「화폐법을 조선에 시행하는 건」(화폐법, 1897.3.29 법 16호)

(나) 1917.10.30 칙령 202호 「소액 지폐 발행에 관한 건」[50전, 20전, 10전의 소액 지폐. 20전, 10전의 소액 지폐는 손상 지폐를 교환하는 경우를 제외하고 1921년 4월 1일 이후 이를 발행하지 않고 있다(1920.7.27 법 6호).]

(다) 1938.6.1 칙령 387호 「임시 통화법을 조선, 대만 및 가라후토(樺太)에 시행하는 건」 [임시통화법, 1938.6.1 법 86호(10전, 5전, 1전의 임시 보조 화폐 외에 50전의 소액 지폐를 발행)]

2. 일본은행권에 관한 재조선미군의 조치

(1) 미군 점령 후 조선의 통화

1945년 9월 7일 자 태평양미국육군총사령부포고 제3호(통화에 관한 건)는 남한에서 보조군표 A인(印)의 엔 지폐를 법화(法貨)로 정하며 이와 함께 조선은행권은 보조군표 A인과 등가로 교환할 수 있되, 일본은행권, 대만은행권은 교환할 수 없다고 규정했다. 이로써 (보조군표 A인 및) 조선은행권 외의 통화는 태평양미국육군총사령관의 허가 없이는 유통이 금지된다.

(주) 보조군표 A인 엔 지폐가 남한에서 법화로 정해졌으나, 9월 17일 미군 정부는 "미군표를 발행하지 않는다. 혼란 방지를 위하여 일본 보조 화폐 50전, 10전, 5전을 유효로 한다"고 발표했다.

(2) 일본은행권에 관한 조치

(가) 1946년 2월 21일 자 법령 제57호에 따라 일본은행권을 3월 7일까지 예입할 것을 명하고, 이후 통용을 금지했다(3월 7일 자 법령 제59호에 따라 예입 기간을 3월 16일까지 연장).

(나) 2월 25일 자 은행지령 제5호에 따라 금융기관은 일본은행권을 조선은행권으로 교환할 수 없으며, 또 일본은행권을 훗날 인출할 목적으로 예금으로 입금할 수 없다고 정했다. 일본은행권 소지자에게는 청구 시 보관한 일본은행권에 대하여 보관영수증을 발행했다.

(다) 2월 23일 자 은행지령 제8호에 따라 금융기관에 대하여 1엔권 이상의 일본은행권 예입 수리를 명하고, 지시가 있을 때까지 보관할 것을 명했다(그 이하의 보조 지폐는 종전과 같이 통용한다).

(라) 3월 21일 자 은행지령 제10호에 따라 각 금융기관은 1946년 4월 2일부터 16일까지 일본은행권을 본점으로 이송하라는 명령을 받았다.

관계법령

◎ 재조선 미국육군사령부 군정청 법령 제57호(1946년 2월 21일)

「일본은행권 및 대만은행권의 예입」

제1조 (예입명령)

북위 38도 이남 남한 내 자연인 급(及) 법인에게 하기(下記)를 명령함.

가. 1946년 3월 2일부터 3월 7일까지 제2조에 열기한 금융기관에 자연인, 법인이 소유 또는 점유한 1엔권 이상 종류의 일본은행권 또는 대만은행권의 예입

나. 1946년 3월 7일 이후, 여사(如斯)한 화폐의 수출, 수입, 영수, 지불 또는 고의로 소유 혹은 점유, 교부 또는 기타 이전 등 여하(如何)한 거래에 취급이나 종사의 금지

제2조 (지정금융기관)

하기(下記) 각 금융기관을 예입자의 명의로 본 영에 의해 일본엔 당좌로 일본은행권, 대만은행권의 수리를 명령 인가함.

조선은행	조선식산은행	조흥은행	조선상업은행
조선신탁회사	조선저축은행	금융조합연합회	

각 금융기관은 하기 사항을 준수한다.

가. 본 영에 의해 예입한 은행권을 기타 화폐와 구별하야 보관을 계속한다.

나. 예입 기간 후 즉시, 각 예입 화폐액을 조선서울군정청 재무국에 보고한다.

제3조

본 영에 의해 일본은행권, 대만은행권의 예입당좌는 인출을 불허함.

무이자 거치하며 현재, 장래의 대부 또는 부채의 담보로써 양도, 유통 사용치 못함.

제4조 (벌칙)

본 영의 조규에 위반한 자는 군정재판소의 결정에 따라 처벌함.

제5조 (시행기일)

본 영은 1946년 2월 21일 야반(夜半)에 효력이 생김.

1946년 2월 21일

조선군정장관

미국육군소장 아처 L. 러치 (Archer L.Lerch)

◎ 재조선 미국육군사령부 군정청 법령 제59호(1946년 3월 7일)

법령 제57호 중 개정 「일본은행권, 대만은행권의 예입기한의 연장」

제1조 예입기한의 연장

1946년 2월 21일 발령 법령 제57호 제1조 (가)(나)항의 1946년 3월 7일을 「1946년 3월 16일」로 개정함.

제2조 시행기일

본 영은 1946년 3월 7일 야반에 효력이 생김.

1946년 3월 7일

조선군정장관

미국육군소장 아처 L. 러치

◎ 은행지령 제5호(1946년 2월 25일)

1. 금융기관은 일본은행권을 조선은행권으로 교환해서는 안 되며, 후일 인출할 목적이라면 일본은행권을 예금으로 입금하면 안 된다.
   다만, 본국이 특별히 허가하면 가능하다.
2. 일본은행권은 그 소유자의 청구로 보관되며 동시에 보관에 대하여 보관영수증을 발행한다.
   보관 인수 후에는 인출 또는 이 자금에 대한 대부 혹은 선대(先貸)를 해서는 안 된다.

◎ 은행지령 제3호(1946년 2월 23일)

「일본은행권의 예입 등에 관한 건」

1. 1946년 2월 21일 자 고시 제57호에 의해 1엔권 이상의 일본은행권의 예입 수리를 명함.

   이 예입은 일본은행권 예입 계정 하에서 취급되며 귀 은행의 타 자금과 분류하고, 자금부채표에 기입하지 말 것.

   예입된 일본은행권은 후일 지시가 있을 때까지 각 은행에서 보관할 것.

2. 일본은행권 이하의 보조 지폐는 이전과 같이 통용할 것.

6. 일본은행권 예입은 3월 2일부터 7일까지로 함. 이 기간이 경과한 후에는 일본은행권 1엔 이상은 예입해서는 안 된다.

◎ 은행지령 제10호(1946년 3월 21일)

「일본은행권 및 대만은행권의 보유 금지에 관한 건」

1. 각 금융기관은 1946년 4월 2일부터 같은 달 16일까지 보관 예입된 일본은행권 및 대만은행권을 전부 즉시 각 본점에 이송하며 동시에 그 보관영수증 제3호를 첨부할 것.

3. 위 은행권 이송 후 각 지점은 일본은행권을 보유하는 것을 금지한다.

   각 은행 또는 지점이 보조 화폐 이외의 일본은행권을 인수할 시에는 엄중히 처벌한다.

3. 일본권 등의 소각 상황

이상의 제반 명령에 따라 회수된 일본은행권은 1946년 4월과 1947년 11월의 2차례에 걸쳐 일본은행 행원의 입회 아래 소각됐다.

(1) 1차 상황

(가) 소각 장소, 방법 및 실행일

경성의 조선은행 본점 및 조선서적인쇄주식회사(조선은행 관리 공장으로 은행권을 인쇄했다)의 난방용 보일러로 1946년 4월 2일부터 4월 20일 사이에 소각됐다.

(나) 소각 입회자

조선군정청 재무국장	Charles Gordon 중령
연합국총사령부 경제과학부	Eugene F. Flanagan 소령
조선은행 이사	구용서(具鎔書)
일본은행 검사역	야마모토(山本弘)

(다) 소각 일본은행권의 종류, 금액 및 소유자별 내역

① 일본은행권

a. 권종별 내역

(단위: 엔)

권종별		구권	증지·첩부(貼付)권	신권	합계
천 엔	권	109,248,000			109,248,000
이백 엔	권	234,878,600			234,878,600
백 엔	권	621,068,700	36,800,000	9,200,000	667,068,700
이십 엔	권	6,489,160			6,489,160
십 엔	권	173,162,740	3,600,000	400,000	177,162,740
오 엔	권	6,752,545			6,752,545
일 엔	권			101,024	101,024
계		1,151,609,769	40,400,000	9,701,024	1,201,710,769

b. 소유자별 내역

(단위: 엔)

조선은행 소유분	1,009,657,912
조선은행 보관 각 예탁자분	59,342,088
금융조합연합회 보관 각 예탁자분	132,710,769

② 일본 정부지폐

(단위: 엔)

조선은행 소유분(50전)	8,500,000
조선은행 보관 일본 정부 예탁분(50전)	4,000,000

③ 중앙저비은행

(단위: 원)

조선은행 보관 일본 정부 예탁분	7,636,389.55 (엔 환산 1,374,550.11)

④ 일본 군표

(단위: 엔)

조선은행 보관 일본 정부 예탁분	
1937년 군표	32,798.01
1941년 군표	159,580.35

(2) 2차 상황

(가) 소각 장소, 방법 및 실행일

장소, 방법은 1차 때와 같으며, 1947년 11월 8일부터 11월 14일(10일은 제외) 사이에 소각됐다.

(나) 소각 입회자

조선군정청 재무국 고문 조선은행 총재 Roland D. Smith

연합국총사령부 경제과학국	James C. Smith
조선은행 이사	최순주(崔淳周)
일본은행 발권국 총무과장	나카지마(中島福三郎)

(다) 소각 일본은행권의 종류, 금액 및 소유자별 내역

① 일본은행권

a. 권종별 내역

(단위: 엔)

권종별		구권	증지·첩부권	신권	합계
천 엔	권	67,121,500			67,121,500
이백 엔	권	74,082,300	9,600		74,091,900
백 엔	권	107,445,750	79,300		107,617,150
이십 엔	권	1,930,820			1,930,820
십 엔	권	34,871,095	178,100	44,530	35,093,725
오 엔	권	1,796,180			1,796,180
일 엔	권			54,704	54,704
십 전	권			1,930,000	1,930,000
오 전	권			270,000	270,000
계		287,247,645	267,000	2,391,334	289,905,979

b. 소유자별 내역

(단위: 엔)

조선은행 소유분	4,566,849
조선은행 보관 각 예탁자분	168,061,221
금융조합연합회 각 예탁자분	117,277,909

② 일본은행 지폐

조선은행 소유분	50전	11,300,000
조선은행 소유분	50전(구권)	30.50
조선은행 소유분	20전	1.40

조선은행 소유분	10전	11.00
조선은행 소유분	계	11,300,042.90

③ 일본 군표

a. 1945년 군표

조선은행 소유분 23,225엔 00

b. 1937년 군표

조선은행 보관 일본 정부 예탁분 580엔 00

④ 중앙저비은행권

조선은행 소유분 241,730.40원(엔 환산 43,506엔 61)

(3) 양 차분 합계

① 일본은행권

a. 권종별 내역

(단위: 엔)

내역		구권	증지·첩부권	신권	합계
1000	엔	176,369,500			176,359,500
200	엔	308,960,900	9,600		308,970,500
100	엔	728,514,450	36,879,300	9,292,100	774,685,850
20	엔	8,419,980			8,419,980
10	엔	208,033,835	3,778,100	444,530	212,256,465
5	엔	8,558,725			8,558,725
1	엔			155,728	155,728
10	전			1,930,000	1,930,000
5	전			270,000	270,000
계		1,438,857,390	40,667,000	12,092,358	1,491,616,748

b. 소유자별 내역

(단위: 엔)

조선은행 소유분	1,014,224,761
조선은행 보관 각 예탁자분	227,403,309
금융조합연합회 보관 각 예탁자분	249,998,678
계	1,491,616,748

② 일본 정부지폐

(단위: 엔)

조선은행 소유분	19,800,042.90
조선은행 보관 일본 정부 예탁분	4,000,000
계	23,800,042.90

③ 일본 군표

(단위: 엔)

조선은행 소유분	23,225.00
조선은행 보관 일본 정부 예탁분	192,958.36
계	216,183.36

④ 중앙저비은행권

(단위: 엔)

조선은행 소유분	43,506.61
조선은행 보관 일본 정부 예탁분	1,374,500.11
계	1,418,006.72

4. 일본은행권 소각에 관한 제반 증거 자료

(주) 제6차 회담 청구권위원회에서 한국은 소각 입회 일본은행 행원이 가지고 돌아온 영문 증거 자료와 동일한 자료를 제출했다.

◎ 제1차 소각분

April 22, 1946

The under signed, hereby, certify that the following amount of the Japanese currencies have been duly destroyed during the period from April 2nd to April 20th, 1946 at the furnaces of the Bank of Chosen, of the Capital Building and of the M. G, Publishing house, located in Seoul, Korea:

1. The Bank of Japan Notes	￥1,201,710,769.-
2. Japanese Government Currency Notes	￥12,500,000.-
3. The Central Reserve Bank of China Notes (yen value)	￥1,374,550.11
4. Japanese military Currencies (yen value)	￥192,378.36

Witness:	Charles Gordon, Lt. col, F.D.
A.H. Mitund	For The U.S.A. military Government in Korea:
Major, L.L.	Eugene F. Flanagan, Major, A.C
Johnking	For The General Headquarters, AfPAC:
	Koo Yong Su, Director
	For The Bank of Chosen:
	H. Yamamoto, inspector
	For The Bank of Japan

Notes:

1. The particulars of the destroyed Japanese currencies is attached.

2. ¥4,000,000 of the Japanese Government currencies in Item 2 and the whole amount of Item 3 and 4 are the custodies of the Bank of Chosen for a/c of the Japanese Government,

Particulars of the destroyed Japanese Currencies

1. The Bank of Japan Notes;

a) Denominations and Amount;

Denominations	Amount
¥1,000.-	¥109,248,000.-
200.-	234,878,600.-
100.-	667,068,700.-
20.-	6,489,160.-
10.-	177,162,740.-
5.-	6,762,545.-
1.-	101,024.-
Total	¥1,201,710,769.-

Notes:

In this amount ¥46,000,000.- of new 100 yen notes and ¥4,000,000.- of new 10 yen notes are included.

b) Ownership

1) Property of the Bank of Chosen: ¥1,009,657,912.-

2) Custody of the Bank of Chosen for a/c of various depositors; ¥59,342,088.-

3) Custody of the Federation of Financial Associations for a/c of various depositors; ¥132,710,769.-

2. Japanese Government Currency Notes;

a) Property of the Bank of Chosen:

Fifty Sen Notes ¥8,500,000.-

b) Custody of the Bank of Chosen for a/c of Japanese Government:

Fifty Sen Notes ¥4,000,000.-

3. The Central Reserve Bank of China Notes:

Custody of the Bank cf Chosen for a/c of Japanese Government:

Face Value		yen Value
7,636,389.55	Chinese Dollars	¥1,374,550.11

4. Japanese Military Currencies:

Custody of the Bank of Chosen for a/c of Japanese Government:

a) Military yen Currencies of the year of 1941 Face value

Face Value		yen Value
50,938.29	Guilders	¥50,938.29
54,064.35	Dollars	54,064.35
50,414.96	Pesos	50,414.96
3,124.	Rupees	3,124
2,077.50	Shillings	1,038.75
	Total	159,580.35

◎ 제2차 소각분

November 14, 1947

The undersigneds, hereby, certify that the following amount of the Japanese currencies have been duly destroyed during the period from November 8th to November 14th, 1947, at the furnaces of the Bank of Chosen and of the M. G. Publishing House, located in Seoul, Korea.

1. The Bank of Japan Notes.... 289,905,979.00yen
2. Japanese Government Currency Notes 11,300,042.90yen
3. Japanese Military Currencies.. 23,805.00yen
4. The Central. Reserve Bank of China Notes yen 43,506.61yen

For the U.S.A. Military Government in Korea:

Roland D. Smith DAC. Dep't. of Finance

For the General Headquarters, SCAP:

James C. Smith DAC. GHQ. SCAP-ESS

For the Bank of Chosen:

Soon Ju Chey, Director

For the Bank of Japan:

F. Nakajima, Chief, General Managing Sec., Issue Dep't.

Notes: 1. The particulars of the destroyed Japanese currencies is attached.

2. 580.00 yen of the old Military Currencies in Item 3 are the custodies of the Bank of Chosen for a/c of the Japanese Government.

Particulars of the destroyed Japanese Currencies.

1. The Bank of Japan Notes;

a) Denominations and Amount;

Denominations		Amount	
1,000	yen note	67,121,500.00	yen
200	yen note	74,091,900.00	yen
100	yen note	107,617,150.00	yen
20	yen note	1,930,820.00	yen
10	yen note	35,093,725.00	yen
5	yen note	1,798,180.00	yen
1	yen note	54,704.00	yen
10	sen note	1,930,000.00	yen
5	sen note	270,000.00	yen
	Total	289,905,979.00	yen

Note:

(1) In this amount as following notes are included.

Denominations		Stamped Note		New yen Note	
200	yen note	9,600.00	yen		yen
100	yen note	79,300.00	yen	92,100.00	yen
10	yen note	178,100.00	yen	44,530.00	yen
1	yen note			3,647.00	yen
		267,000.00	yen	140,277.00	yen

(2) Ownership

1) Property of the Bank of-Chosen; 4,566,849.00 yen

2) Custody of the Bank of Chosen for a/c of various depositors;

168,061,221.00 yen

3) Custody of the Federation of Financial Associations for a/c of various depositors;

117,7277,909.00 yen

2. Japanese Government Currency Notes;

a) Denominations and Amount;

Denominations		Amount	
50 sen note		11,300,000.00	yen
50 sen note	(old note)	30.50	yen
20 sen note	(old note)	1.40	yen
10 sen note	(old note)	11.00	yen
Total		11,300,042.90	yen

b) Ownership;

Property of the Bank of Chosen.

3. Japanese Military Currencies;

a) Military Yen Notes of the Year of 1945,

1. Denominations and Amounts;

Denominations		Amount	
100	yen note	21,900.00	yen
20	yen note	360.00	yen
10	yen note	890.00	yen
5	yen note	75.00	yen
Total		23,225.00	Yen

2. Ownership;

Property of the Bank of Chosen.

b) Military Yen Notes of the Year of 1937.

1. Denominations and Amount;

Denominations	Amount
100 yen Note	400.00 yen
10 yen Note	80.00 yen
5 yen Note	100.00 yen
Total	580.00 yen

2. Ownership;

Custody of the Bank of Chosen for a/c of the Japanese Government.

4. The Central Reserve Bank of China Notes;

a) Denominations and Amount

Denominations	Face Amount
10,000 Chinese Dollar Note	10,000.00 Dollars
3,000 Chinese Dollar Note	60,000.00 Dollars
1,000 Chinese Dollar Note	29,000.00 Dollars
500 Chinese Dollar Note	132,500.00 Dollars
200 Chinese Dollar Note	1,600.00 Dollars
100 Chinese Dollar Note	7,000.00 Dollars
10 Chinese Dollar Note	1,060.00 Dollars
5 Chinese Dollar Note	405.00 Dollars
1 Chinese Dollar Note	90.00 Dollars
0.50 Chinese Dollar Note	44.00 Dollars
0.20 Chinese Dollar Note	1.20 Dollars
0.10 Chinese Dollar Note	3.10 Dollars
0.05 Chinese Dollar Note	0.10 Dollars
Total	241,703.40 Dollars
Yen Value	43,506.61 Yen(@100:18)

b) Ownership;

Property of the Bank of Chosen.

◎제1차 소각 후 총사령부가 재조선미군정청에 전달한 문서

May 2, 1946

TO : USAMGIK

From : ESS-G.H.Q.

Subject : a/c Entries between Bank of Chosen and Bank of Japan

1. The following entries are being made by the Bank, of Japan, Tokyo relative to currencies destroyed in Korea as evidenced by Destruction Certificate dated 22 April 1946, executed in Seoul, Korea and signed by one representative of each of following:

U.S.A Military Govt. in Korea

G.H.Q AFPAC

Bank of Japan

Bank of Chosen

a) Bank of Japan Tokyo credits the a/c of Bank of Chosen, Seoul, Korea for the following property of Bank of Chosen:

Bank of Japan Notes destroyed

Japanese Govt Currency	1,009,657,912.-
Notes destroyed	8,500,000.-
	1,018,157,912.-

b) Bank of Japan, Tokyo as Agent of the Japanese govt. releases the Bank of

Chosen, Seoul, Korea from liability, and further accounting for the following currencies which the Bank of Chosen had been holding in Custody Accounts for the Japanese govt.

Japanese govt. Currency Notes destroyed	4,000,000.-
Central Reserve Bank of China Notes destroyed	1,374,550.-
Japanese Military Currencies destroyed	192,378.36
	5,566,928.47

c) Entries to be decided upon later, pending decision by U.S.A. Military Govt. in Korea as to whether owners of following destroyed Bank of Japan Notes are to be reimbursed such currencies were being held by the Bank of Chosen, Seoul, Korea in Custody Account for

1) Various depositors	59,342,088.-
2) Federation of Financial associations for a/c of various depositors	132,710,769.-
	192,052,857.-

2. It is recommended that any new type Japanese Yen Currency received, be not destroyed, but used for repatriation exchange or back shipment to Japan.

◎ 제2차 소각 시 재조선미군청정이 총사령부에 일본은행 행원의 입회를 요구해 온 문서

HEADQUARTERS

UNITED STATES ARMY MILITARY GOVERNMENT IN

KOREA

APO 235 Unit 2

MGM 321. 011 September 25, 1947

SUBJECT : Request for Bank of Japan Official to Supervise Destruction of Bank of Japan Notes.

THRU : Commanding General, United States Army Forces in Korea.

TO : Supreme Commander Allied Power, APO 500

1. The Bank of Chosen now has in its vaults more than three hundred million won in Bank of Japan notes, which are no longer legal tender in Japan. These were accumulated under USAMGIK ordinances 57 and 59.

2. In order that a claim may be filed against Bank of Japan, it is requested that an official of the Bank of Japan be sent to Korea to destroy these notes, and certify the amount destroyed.

3. In March 1946, an official of Bank of Japan accompanied by an Army office came to Korea and burned Bank of Japan notes amounting to 1,200,000 won.

4. The Bank of Chosen is urgently in need of vault space. These Bank of Japan notes are stored in 1,000 wooden boxes and use 3,000 cubic feet of Bank of Chosen vault space.

FOR THE COMMANDING GENERAL:

TFXAG 123.71st Ind

HEADQUARTERS, UNITED STATES ARMY FORCES IN KOREA,

APO 235,

TO: Supreme Commander for the Allied Powers,

APO 500,

5. 소각 일본은행권에 관한 문제점

(A) 사실 면

(1) 일본은행 행원의 확인 방법을 어떻게 볼 것인가.

(가) 일본은행 입회자(제2차)의 증언에 따르면, 현장에서 권종, 매수를 직접 확인한 것은 아니나, 당시 상황에서 점령군과 조선 측이 이 금액을 수정했다는 의심은 들지 않았다고 한다(아마도 재조선미군정청은 일본은행권의 신엔 교체 시 구권을 회수하고 신권과의 교환을 요구할 요량이 아니었나 생각된다).

(나) 새삼 이 확인 방법은 미흡했다고 다툴 수도 없다.

(2) 미발행 일본은행권이 포함됐는지 여부

(가) 구 조선은행 관계자의 증언에 따르면, 종전 당시 조선은행권을 인쇄하기에는 시간이 빠듯했던 탓에 일본은행권(용지)을 조선은행권 대신 사용하기 위해 약 3억엔분을 조선으로 공수한 사실이 있다고 한다('조선은행권' 스탬프를 찍을 예정이었으나 실제로 찍었는지는 불분명).[조선은행 약사(略史)에도 이와 같은 취지의 기술이 담겨 있다.]

(나) 5차 회담 때에 한국 측은 소각분에 대하여 이는 포함되지 않았다며 부정했다.

(3) 한국 측의 일본은행권 취득 경로(특히 조선은행 소유분) 문제

(가) 종전 당시, 조선은행의 재조선 보유 일본은행권은 채 ■■■■ 되지 않았다(주1)고 추정되므로 위 조선은행 소유분(약 10억엔)에는 ① 재조선 일본계 금융기관 보유분, 귀환 일본인의 유류분이 포함됐다고 생각하며, ② 또 귀환 조선인이 합법적으로 휴대한 일본은행권(주2)이 상륙 항구에서 조선은행(미군 접수 후)에 의해 교환된 적도 있으므로 이도 포함한 것이다(주3).

(주)
1. 1945년 3월 31일 현재, 조선은행 남한 6개 지점이 보유했던 일본은행권은 ■■■이었다(조선은행 자료).
◎ 일본은행권 보관액(1945.3.31 현재)

경성 본점	■
부산 지점	■
대구 지점	■
여수 지점	■
목포 지점	■
광주 지점	■
□□지점	■
계	■

(조선은행 「■■■■ 계산서」 중 '은행권 발행액과 보증출납보고'에 따른다)
2. 귀환 조선인에 대해서는 1인당 1000엔까지 일본은행권 휴대가 인정됐다.
3. 제5차 회담 당시, 한국은 귀환자 휴대 분은 없다고 주장했다.

(나) '각 예탁자분'이란 아마도 일본계 통화 예입령 등에 따라 예입된 것을 의미하는 듯하다.

(4) 신권 약 1,200만 엔을 소각한 문제

신권, 증지첩부권이 포함된 까닭은 신엔 교체 후 일본에서 조선인, 밀입국자 등이 귀환하면서 가지고 들어왔기 때문이라 생각된다.

(주)
1. 한국은 소각분에는 신권이 포함되지 않았다고 주장했다.
2. 제1차 소각 후, GHQ가 재조선 미군정부에 보낸 문서에 향후 신권을 소각하지 말라고 쓰고 있음에도, 제2차 소각 때 신권 2,391,000엔이 소각됐다.

(5) 소각 이유는 무엇인가

제2차 소각 전에 재조선 미군이 GHQ에 보낸 문서에 따르면, "조선은행의 금고 스페이스가 없다"는 점을 이유로 들고 있다.

(B) 법률 면

[25]

25 원문 大藏省, 1963,『経済協力·韓国 27·日韓請求権参考資料(3分冊)』에는 6페이지 정도가 먹칠되어 있다.

<비고>

이 점에 대해 제5차 회담 당시 한국은 "마음대로 지폐를 소각했기 때문에 청구권이 없다고 하는 것은 알 수 없는 이야기다. 통화 채무의 문제로 서로 논의하자면 그나마 이해는 된다"라며 다소 화가 난 표정이었다.

(주) 일본에서의 일본은행권 교환 규정
일본은행법 제35조 및 손상 일본은행권 교환 규정 제1조에 따르면, "오염, 훼손 기타 사유로 인하여 통용하기 어려운 은행권으로 앞·뒷면을 모두 갖춘 것" 및 "은행권의 조각을 이어 붙여 동일 은행권 조각임이 인정되는 것"에 대하여만 교환을 인정했다.
일본은행권 예입령 등을 폐지하는 법률 부칙에서는 귀환자에 대한 구권 교환 규정을 마련했는데, 이는 귀환자(영주 목적으로 일본에 도착한 자)를 대상으로 정책적 견지에서 시행한 특례이며 또 어디까지나 구권 현물을 제시한 때에만 인정됐다.

◎구 은행권 미결제 계정의 수불(受拂) 추이(일본은행 조사)(1958.5.31 현재)

날짜	적요	금액
1946.4.1	구 은행권 발행액 상당액 (은행권 발행액에서 공제해 구분 정리한 것)	4,513,735,262.50
1947.12.1	증지첩부은행권 발해액 상당액 (은행권 발행액에서 공제해 구분 정리한 것)	233,129,260.-
1953.2.1	소액은행권 발행액 상당액 (은행권 발행액에서 공제해 구분 정리한 것)	94,831,441.20
1955.12.14	권업은행 나하(那覇)지점 기탁은행권의 일부 반환에 따른 수입	1,000,000.-
		4,842,715,963.70

날짜	적요	금액
1947.5.7	예입령 관계 등 사무비를 대지급(代支給) (1947.4.28 장은(藏銀) 제429호에 따라 승인, 본 행 익금으로 수입)	8,255,296.76
1947.12.2	증지첩부은행권 회수 수수료를 대지급 (1947.11.21 장은 제984에 따라 승인)	2,602,029.10

1947.12.20	「예입령」 제5조제3항에 따른 국고 납부금 (1947.12.8.장은 제1020호에 따름)	700,000,000.-
1948.11.1	예입령 관계 사무 취급 수수료 대지급 (대리점분) (1948.9.28.장은 제630호에 따름)	84,229.-
1949.11.10	상동	7,169.-
1950.5.20	소액통화정리 및 단수(端數) 계산에 관한 법률(1950 법률 제60호) 제9조 및 시행령 제8조에 따른 국고 납부(장은 6022호)	88,305,000.-
1946.4 ~ 1958.5	신권과의 교환액(누계)	1,889,611,045.05
1958.5.31	구 은행권 미결제금 계정 잔고	2,154,121,194.79
		4,842,715,963.70

◎ 일본은행권 예입령 등을 폐지하는 법률

(1954.4.10 법 66호 1954.7.1 시행)

부칙(抄)

② 외국 기타 정령으로 정하는 지역에서 귀환하여 1945년 9월 24일 이후에 본방(당해 정령으로 정하는 지역은 제외한다)에 도착한 자(이하 "귀국자"라 한다)가 귀국 시 휴행한 구(舊) 일본은행권(구 일본은행권 예입령 제1조의 규정에 따라 강제 통용의 효력을 상실한 일본은행권을 말한다. 이하 같다)으로, 아래 각호에서 열거한 것에 대해서는 당해 귀국자 또는 그 상속인이 당해 각호의 기간 내에 일본은행에 다음 항의 규정에 따라 신 일본은행권(교환 시 실제 통용되는 일본은행권을 말한다. 이하 같다)과의 교환을 청구할 수 있다.

1. 구(舊) 외국환관리법(1941년 법률 제83호), 구(舊) 금, 은 또는 백금 등의 지금(地金) 또는 합금의 수입 제한 또는 금지 등에 관한 건(1945년 칙령 제578호), 구(舊) 재산 및 화물의 수출입 단속에 관한 정령(1949년 정령 제199호) 혹은 외국환 및 외국무역관리법(1949년 법률 제228호) 또는 이들에 바탕한 명령 규정에 따라 휴대 수입이 인정되지

않아 세관에 기탁된 구 일본은행권

그 반환받은 날에서 3개월 이내(이 법률 시행 전에 반환 받으면 이 법률 시행일에서 3개월 이내)

2. 1953년 9월 1일 이후 이 법률 시행일에서 2개월이 경과한 날 전에 본방에 도착한 귀국자가 인양 시 휴행(携行)한 구 일본은행권이 법률 시행일에서 3개월 이내

3. 이 법률 시행일에서 2개월이 경과한 날 이후에 본방에 도착한 귀국자가 인양 시 휴행한 구 일본은행권 본방에 도착한 날에서 1개월 이내

③ 전항의 규정에 따라 교환을 청구할 수 있는 신 일본은행권의 금액은 귀국자 1인당 아래 각호의 금액으로 한다.

1. 구 일본은행권의 권면금액 합계액이 5만 엔 이하이면 구 일본은행권의 권면금액 1엔에 대하여 1엔의 비율로 계산한 금액

2. 구 일본은행권의 권면금액 합계액이 5만 엔을 초과할 경우 5만 엔에 대하여 전호의 규정에 따라 계산한 금액과, 5만 엔을 초과하는 금액에 대하여 구 일본은행권의 권면금액 1엔에 대하여 70전의 비율로 계산한 금액의 합계액. 다만, 당해 합계액이 20만 엔을 초과하면 20만 엔으로 하며, 1엔 미만의 단수가 발생하면 1엔으로 계산한다.

④ 제2항의 규정에 따라 구 일본은행권의 교환을 청구하려는 자는 대장성령으로 정하는 바에 따라 자신 또는 그 피상속인이 귀국자이며 더불어 인양 시 당해 구 일본은행권을 휴대했음을 입증해야 한다.

⑤ 일본은행은 제2항의 규정에 따른 교환 청구가 있으면 즉시 구 일본은행권을 대신하여 제3항에서 규정하는 금액의 신 일본은행권을 교부해야 한다.

◎ 전재(戰災) 멸실 은행권의 취급에 대하여(일본은행 자료)

1. 근거

1944년 8월 9일 관방비령(官房秘令) 제234호에 따라 대장성 대신은 "1944년 7월 31일자 심비(審秘) 제124호 신청 그 은행 전재 멸실(滅失) 일본은행권에 관한 비상조치 건을 인가"했다(근거법은 명시되지 않았다).

2. 비상조치의 내용

(1) 예저금을 수입하는 금융기관(신탁회사를 포함한다)이 보유한 일본은행권의 멸실과 관련하여 아래의 요건을 갖춘 것은 해당 멸실 은행권에 대하여 대체금을 지급할 것(대체금의 교부는 현금 교부, 예금 수입, 기타 적절한 방법에 따른다.)

가. 보관 장소가 직격탄을 맞는 등으로 인해 완전 멸실한 것.

나. 보관 은행권의 내역이 매일 최소 다른 2곳 점포 이상에 통지해 두는 등의 방법으로 명료할 것.

다. 관할 경찰서장 등의 이재(罹災) 증명(최대한 상세하게) 등 참고할 수 있는 서류를 첨부할 것.

라. 신청서의 제출 기한은 이재일에서 1개월 이내(가급적 빨리). 다만, 특별한 사정이 있으면 기한 경과 후에도 특별히 전의(詮議)할 수 있음.

(2) 신청서는 전재멸실일본은행권심사회의 심사를 거쳐 멸실액을 인정하고 그 인정액에 대하여 대체금을 교부한다.

(3) 심사회의 구성

회장 … 일본은행 총재

위원 … 대장성 고등관, 일본은행원 직원 중에서 회장이 위촉

(4) 대체금 교부 시에는 적당한 담보를 요구할 것.

(5) 본건은 일반에 공표하지 않는다.

[금융기관에는 개요를 내보(內報)]

3. 적용 지역의 확대

1945년 1월[심(審) 제22호]부터 적용 지역을 아래와 같이 확대

(1) 조선, 관동주, 대만, 만주로까지 확대할 것.

(2) 신청서의 수리, 대체금의 지급은 은행 대리점에서 담당할 것.

(3) 조선, 관동주는 전재멸실조선은행권심사회

대만은 전재멸실대만은행권심사회

만주 국내는 시국재해국폐은행권심사회

의 의견을 첨부해 본 은행심사회에 회부할 것.

또한 조선에서 취급 대상이 되는 금융기관은 다음과 같음

"은행, 신탁회사, 금융조합, 금융조합연합회, 은급금고, 무진회사, 보험회사, 동척"

4. 심사회 실시 상황

제1회(1945.8.29)	오키나와흥은(沖縄興銀) 본점분
	도카이시미즈(東海清水)지점분
6건	야스다(安田)저축은행 난바(難波) 지점분
	야스다저축은행 아라카와(荒川)지점분

제2회(1945.11.27)	
	도야마시 오쿠다(富山市奥田)농업회분
	도야마현 농업회 도야마시지부분
	야스다은행 후쿠이(福井)지점분

제3회(1946.1.16)	
	게비 이마바리(芸備今治)지점분
	주하치 우라카미(十八浦上)지점분
	주하치 마쓰야마(十八松山)지점분

제4회(1946.7.24)	가고시마흥업 오시마(鹿児島興業大島)지점분

6. 군표에 대한 우리나라(일본)의 책임에 대하여
(1956년 9월 이재국 외채과)

(주) 본고는 주로 남방개발금고권의 책임과 관련하여 정리한 자료이나, 본 항목의 군표 관련 원칙 및 통화 책임 문제 등과 관계가 있다고 판단되어 참고삼아 옮겨 싣는다.

(1) 본고에서 군표로 취급하는 통화의 범위

중일전쟁 및 태평양전쟁 중 우리나라가 군비 조달을 위하여 사용한 통화는

① 순수한 군표　　태평양전쟁 이전 대륙 방면, 태평양전쟁 중 주로 홍콩(香港) 및 하이난(海南)섬 지구에서 사용한 엔 표시 군표, 그리고 태평양전쟁 개전 이후 1943년 4월 1일자 남방개발금고권이 발행되기까지의 기간 동안, 말레이, 북보르네오 지구: 달러 표시, 필리핀섬 지구: 페소 표시, 동인도지구: 휠던(gulden) 표시, 버마 지구: 루피 표시, 호주 지구: 파운드 표시 등의 점령지역에서 사용한 현지 통화 표시 군표.

② 남방개발금고권　　1943년 3월 자 대동아대신달(大東亜大臣達), 남방개발금고권 발행 요령에 의거하여 같은 해 4월 1일부터 발행된 것이되, 발행 주체가 정부에서 남방개발금고로 변경됐을 뿐 권의 종류, 양식 및 유통 지역은 위 현지 통화 표시 군표와 완전히 동일할 것.

③ 특별엔협정에 따른 현지 통화　　프랑스령 인도차이나 및 태국 지구

④ 이른바 엔계 통화　　연은권(聯銀券): 1938년 6월 16일 구 조선은행, 7월 15일 구 요코하마정금은행(横浜正金銀行)과 연은(중국연합준비은행) 사이에 체결된 등가예금계약에 따라 위 일본 측 은행에 대한 연은 예금을 담보로 조달된 것, 저비권(儲備券): 1943년 4월 1일 군표의 신규 발행 정지 후, 구 요코하마정금은행, 중앙저비은행 간의 예합 계정으로 조달된 것, 몽강은행권(蒙疆銀行券): 연은을 통해 구 조선은행에 대한 연은 예금을 담보로 조달한 것, 만은권(滿銀券): 만주중앙은행이 일본은행의 대리점으로 만주중앙은행의 일본은행 예금에서 불출 또는 대지급을 한 것 및 1944년 4월 1일 자 만주중앙은행과 요코하마정금은행의 계약으로 요코하마정금은행이 차입한 것.

등이 있는데, 본고에서 군표로 다루는 것은 ①의 군표와 ②의 남방개발금고권에 한정하며, ③의 현지 통화와 ④의 연계 통화는 그 외화 취득 대가로서 우리 측 금융기관에 미지급 상태로 남아 있는 예금 채무에 대한 정부의 책임 유무 및 성질 등의 각도에서 따로 다루기로 한다.

(2) 통화의 법적 의의

군표 또한 통화의 한 형태인 이상, 전시 중 우리 군이 사용한 군표에 대해 우리 측 책임을 논한다면 우선 통화의 법적 의의를 밝힐 필요가 있다. 이때 구체적인 형체를 가진 하나의 동산으로서 통화가 가진 의의와 하나의 추상적 개념으로서 통화가 가진 의의를 구별하여 고찰할 필요가 있다.

(가) 구체적 동산으로서의 통화

크나프(Georg Friedrich Knapp) 이후 일반적으로 인정되고 있는 국정화폐이론(Staatliche Theorie des Geldes)에 따르면, 통화란 일정 지역을 지배하는 법의 주체가 그 지역 내의 일반적 지급 수단으로서 발행 또는 발행을 인정한 일정한 호칭과 계산 단위를 가진 동산을 말하며, 이 경우 법의 주체가 적법정부인지 반란군 또는 점령군인지를 불문하고 사실상 해당 지역을 지배하면 충분하다. 따라서 우리 군이 사용한 군표도 국제법상 적법한 통화로서 취급된다고 생각된다.

이 국정화폐이론의 당연한 귀결로 통화는 일단 통화로 인정된 이상 해당 지구를 지배하는 법의 권위에 의해 그 강제 통용력이 인정되는 한, 그 통용력을 유지하는 성격을 지니게 된다.

(나) 추상적 개념으로서의 통화

추상적 개념으로서의 통화는 구매력을 의미하며, 그 가치가 일반적 경제 원칙에 따라 변동된다는 점에 현재 관계 학자들의 의견은 대체로 일치한다.

(3) 점령군의 세 가지 통화정책

조약에 따른 별도의 정함이 있는 경우를 제외하고, 현재 다른 나라 통화제도의 보호에 관하여 국가의 일반적 의무를 정한 국제관습법이 아직 확립되지 않았으나, 아래에 서술하는 세 가지 방법은 국제법상 적법한 것으로 인정되고 있다.

(가) 피점령지역의 통화를 사용하는 경우

헤이그 육전규칙 제43조에 따라 점령자는 절대적인 지장이 없는 한, 점령지의 법질서를 존중할 의무가 있고, 이 방법이 같은 조의 정신에 가장 근접한다고 말할 수 있다. 우리나라에서 보면 특별엔협정에 따라 우리나라가 프랑스령 인도차이나 및 태국에서 채용한 방법이 이에 해당하며, 중국, 몽강(蒙疆)지구 등에서 현지 발권 은행과 요코하마정금은행 간의 계약에 의거하여 현지 엔계 통화를 사용한 방법이 이와 유사하다고 말할 수 있다. 이 경우, 이들 현지 통화 취득의 대가로 일본은행 및 구 요코하마정금은행에 남아 있는 예금 채무가 전후 처리의 대상이 된다.

(주) GHQ가 일본 점령 시절에 일본 국내에서는 일본은행권을 사용하고 미 군표는 미 군대 내에서만 사용한 예. 미군의 진주 후, 일본 대장성의 노력으로 미군이 준비한 B호 군표의 일본 국내 사용을 저지하는 데에 성공했다.

(나) 군표 또는 신 통화를 도입하는 경우

신 통화 도입의 예로는 독일이 제1차 세계대전 중 벨기에에서 이 나라 민간은행인 소시에테제네랄(Societe Generale)에 명하여 발행한 신 통화를 들 수 있다. 군표 도입 예로는 2차 세계대전 중 연합국 측이 사용한 예를 다수 찾을 수 있다. 그리고 이 예는 모두 본국에 각자의 본국 통화를 가지고 특별 계정을 설정하여 군표 발행의 보증준비로 삼고 있는데, 이 경우의 발권국의 책임은 다음 (4)에서 따로 논하겠다.

(다) 자국의 통화를 도입하는 경우

이 예로는 제2차 세계대전 중 미군이 사용한 옐로우씰달러(Yellow Seal Dollar)와 독일군이 사용한 국가신용장(Reichskreditkassenscheine)이 있는데, 이 경우에 그 전후 처리의 책임은 전적으로 도입자에게 있다는 점을 주의할 필요가 있다.

(4) 군표의 발행 준비와 발행에 대한 책임 및 그 전후 처리의 책임 소재

군표 발행국의 책임을 논하는 때에 주의할 점은 군표 발행에 대한 보증준비 문제와 그 발행에 대한 책임 그리고 전후 처리의 책임 소재 문제를 구별해야 한다는 것이다.

(가) 군표 발행 준비의 형태

제2차 세계대전 중 독일은 폴란드에서 폴란드 소재의 모든 부동산에 담보물권을 설정하여 폴란드중앙은행을 통해 발행한 군표의 보증준비(cover)로 삼고 있는데, 통상적으로 점령군이 군표를 발행할 경우 위 (3)(나)에서 설명한 것처럼 본국에서 자국 통화로 대변(credit) 계정을 설정하여 그 보증준비로 삼고 있는 듯하다.

이 대변 계정은 통상적으로 군비 조달을 위해 추가 구매력으로 발행된 군표 액수와 어상반하므로, 전후 군표 처리 시에는 그 지급 문제가 관계국 정부 간에 발생할 수 있으며, 또 배상액 산정 시 유력한 자료로 다루어질 여지가 있다. 하지만 그 본질은 군표의 신용 유지에 있으며, 군표 소지자의 사법(私法)적 채권의 대상이 될 수 없으며, 또 당연히 피점령국 정부의 지급 청구 대상도 될 수 없다. 군표는 어디까지나 통화일 뿐 국채가 아니다.

(나) 군표 발행 책임의 소재

군표 발행의 책임에 관한 연합국 측 견해를 보면, 요점은 점령군이 군표를 도입하는 경우, 점령군 자체의 신용(credit)을 계약(engage)하는 게 아니라 피점령국의 신용을 계약한다는 것이다.

이 신용을 계약한다는 뜻은 명료하지 않으나, 군표도 마찬가지로 통화의 일종인 이상 국정화폐이론에 따라 통화가 그 유통 지역의 일반적인 지급 수단으로서 해당 지구를 지배하는 법의 권위에 따라 인정된 동산이라고 해석하는 것은 통화가 그 유통지역 내에서만 통화로서 가치를 가진다는 것을 뜻한다. 통화가 실질적으로 해당 지구의 모든 경제력에 의해 담보되고 있는 점, 즉 해당 지구의 책임 아래 유통되는 것을 의미한다고 풀이된다.

이 점은 국정화폐이론의 두 번째 측면, 즉 통화는 법의 주체가 바뀐 경우에도 새로운 주체가 그 강제 통용력을 부인할 때까지 해당 지구의 통화로서의 가치를 유지한다고 풀이했다는 점에서도 뒷받침된다. 본래 통화는 유통 지역의 경제 조직과 불가분의 일체를 이뤄, 그 관리 또는 처분은 언제나 부여된 때에 현실적으로 그 지역을 지배하는 법 주체의 책임 아래 공익의 관점에서 이뤄져야 한다는 사상은 대이탈리아강화조약에도 채용됐으며, 또 실제로 각국이 채용한 전후 조치에 따라서도 뒷받침되고 있다.

(다) 군표의 전후 처리 책임 소재

군표 전후 처리의 경우, 피점령국의 적법정부가 부담하는 책무를 둘러싸고는 아직 국제법상 명확한 규정이 전혀 없다. 단순히 군표 처리를 책임지고 수행하도록 기대하고 있는 정도로, 실제로는 통상적으로 피점령국 정부 대다수가 군표와 자국 통화를 교환한 듯하다. 생각건대, 군표라 해도 자국 통화의 일부로 실제로 유통되고 있는 이상 당연한 조치라 할 수 있다. 어차피 점령국의 통화 기구에 대한 지위는 관리인 또는 용익권자에 지나지 않는다.

이들 사실에서 도출할 수 있는 결론은 군표 발행으로 발생한 손해의 처리는 관계국 정부 간의 문제로 당연히 제기될 것으로 예상한다. 그러나 군표 자체의 통용력을 부인하여 발생한 군표 소지인의 손해 처리는 법적으로 유통 지역의 국내 문제로, 소지인과 해당국 정부 사이에 해결해야 할 성질의 것이라는 발상이다.

(5) 우리나라의 군표 발행 형태 및 전후 국내 처리

(가) 엔 표시 군표

(a) 양식 및 유통 구역

엔 표시 군표는 1937년 10월 22일 각의(국무회의) 결정, 군용 수표 발행 요령 및 같은 날짜의 대장대신달(大藏大臣達), 중일전쟁 파견부대 경비 지변(支辨) 군용 수표 취급 절차에 따라 북지나(화북)를 제외한 중국 지구의 군비 및 프랑스령 인도차이나 지구의 봉급 등 군대 내부에 지급하기 위해 우리나라 정부가 발행한 것으로, 그 양식은 갑(甲), 을(乙), 병(丙), 정(丁), 무(戊) 및 3호로 나뉜다. 이 양식의 구분은 단순히 형식적인 것으로, 일본은행 태환권에서 일본은행 태환권 등의 글자를 붉은 선으로 지운 초기 양식부터 새로운 양식의 군표까지 발행 준비의 진척에 수반하여 변화했을 뿐이다. 다만, 모두 권면에 일본제국정부라는 글자가 찍혀 있었고, 3호권을 제외하고 일본 통화와의 교환을 약속하는 문언이 인쇄됐다.

이 군표는 중일전쟁의 진전과 함께 북지나를 제외한 중국 지구에서 널리 사용됐으나, 1943년 4월 1일 이후 저비권 유통 지역에서는 신규 발행이 중지됐고 그 후 홍콩(香港)과 하이난(海南)섬 지구에서 사용됐다. 신규 발행 중지 후에도 당연히 이미 발행된 군표는 널리 대륙 방면에서 유통됐다.

(b) 발행 절차

위 1937년 10월 22일 자 군표 취급 절차에 따르면, 군표 발행 절차는 이재국장이 필요한 군표의 종류, 매수 등을 인쇄국에 통보하고(제3조), 완성되면 일본은행에 인도하도록 명한다(제5조), 일본은행은 이를 별도의 예금에 수입하여 국고금총괄장 과목 '군표발행액'에 정리하며(제6조), 육해군의 지출관(支出官)이 자금전도관리(資金前渡官吏)에게 군표로 자금을 교부하면 발행 수표에 군표의 종류와 매수를 기입한 내역서를 첨부해야 한다(제8조), 일본은행은 그에 따라 군표를 지급하는데, 수불 때마다 군표수불부(軍票受拂簿)에 기입하여 수불액을 대장성에 보고(제9조)하는 방법이었다.

이 절차에서 주의할 점은 군의 지출관이 수행하는 지출 행위는 엔화로 수행하나, 전도관리가 실제 수령하는 것은 군표로 실제로 국고금이 지급되는 것은 군표와 엔화의 교환이 이뤄지는 때이며, 그전까지는 단순히 일본은행의 군표수불부의 수치가 이동할 뿐이라는 것이다. 다시 말해 정부는 군표 발행의 보증준비로서 별도의 예금 설정 등의 절차를 밟고 있지 않다.

또한 엔 표시 군표의 발행 잔고(회수 미결제액)는 현재 2,798,298,131엔이다(국고과 조사).

(나) 현지 통화 표시 군표(남방개발금고권 포함)

(a) 양식 및 유통 구역

이 종류의 군표는 1941년 10월 31일 자 총리, 대장, 척무(拓務), 체신 네 대신 간 결정, 외화 군표 발행 요령에 의거한 동일자 대장대신달(大藏大臣達), 남방 외화 표시 군표 취급 절차에 따라 발행했는데, 그 후 1943년 3월 자 대동아대신달(大東亞大臣達), 남방개발금고권 발행 요령에 따라 같은 해 4월 1일부터 발행된 남방개발금고권으로 흡수됐다[앞서 (1)에서 설명한 것처럼 이러한 유의 군표와 남방개발금고권은 종류와 양식 면이 완전히 같으며(같은 요령 제3조), 이미 발행된 군표는 국고에 대한 정리 관계를 제외하고 전부 남방개발금고권으로 취급(같은 요령 제11조)하도록 정했다].

유통 지역은 달러: 말레이 및 북보르네오 지구, 페소: 필리핀섬 지구, 휠던: 동인도지구, 루피: 버마 지구, 파운드: 호주 지구였다. 위 남방개발금고권 중 달러와 휠던에는 모두 권면에 일본 정부가 달러, 휠던 등 각 현지 통화 호칭의 통화와 교환을 약속한다는 내용이 기재됐다.

(b) 발행 절차

남방개발금고권 발행 이전의 군표의 발행 절차는 엔 표시 군표와 큰 차이가 없었으나, 남방개발금고권의 발행은 대동아대신의 감독 아래 남방개발금고가 담당했으며, 발행액을 남방개발금고권대장에 기입하는 구조였다. 1943년 3월 말까지의 군표 발행액은 1,152,820,000엔이며 전액 남방개발금고가 계승하여 정부 차입금으로 계산해 넣었다.

그 밖에 임군회계(임시군사비특별회계)의 외자금고에서 차입금으로 계산해 넣은 남방개발금고권 111억 엔이 있다(폐쇄기관 측의 수치에 따르면, 1945년 9월 29일 현재 남방개발금고권 발행 잔고는 약 47억 엔이나, 그 추정 발행액은 약 182억 엔이다).

(다) 군표의 전후 국내 처리

(a) 법적 조치

종전 후 1945년 9월 16일 자 대장성 성명에서 정부는 일본 정부 및 육해군이 발행한 군표 일체와 점령지 통화를 무효화 및 무가치화하고 모든 거래에서 수수를 금지한다고 선언했다. 이 성명은 같은 달 6일자 연합군 각서에 따른 것인데, 이 각서는 위 무효화 등을 법률, 명령 또는 기타 규정으로 즉시 시행하라는 명령에도 불구하고 정부는 단순히 성명을 발표하는 데 그치고 있다. 그 후 정부는 9월 23일에 각 은행 앞으로 보낸 외자국장 통첩에서 외화 거래의 금지를 통지했으나, 이는 구 환율관리법에 따른 것이었고, 더 나아가 10월 15일자 대장성령 제88호로 모든 통화 등의 수입을 금지하는 동시에 동일자 칙령 제578호의 부칙에 따라 9월 24일 이후 같은 날 전에 이루어진 모든 외화 거래 등을 무효화했다.

하지만 10월 15일 이전, 즉 10월 13일에 각 해운국장 앞으로 보낸 외자국장 통첩에서 정부는 저비권 등의 엔계 통화, 남방개발금고권, 군표의 일정 한도의 수입과 일본엔과의 교환을 인정했으며, 이는 같은 달 19일자 외자국장명 통첩으로 부인될 때까지 이뤄졌다. 그리고 다시 12월의 외자국장명 통첩으로 위와 동일한 내용의 교환을 인정했으며, 이는 1949년 6월에 정령 제199호에 따라 반입금(持込金) 제도가 폐지될 때까지 이어졌다.

(b) 군표 무효 성명의 효력

군표가 점령지역의 통화인 이상, 그 유통 지역 밖에서는 통용력을 상실하는 것은 당연한데도 성명이 특별히 군표의 무효화를 강조한 것은 무엇을 의미할까.

이 성명에 이은 정부의 일련의 법적 조치는 전부 군표의 수입과 거래 금지를 내용으로 했으며, 더욱이 통첩으로 일정 조건 아래 엔화의 교환을 인정했다. 이러한 모순된 일련의 조치들에 대하여 현재의 통설에 비추어 굳이 합리적인 판단을 내려본다면, 성명에서 말하는 군표의 무효, 무가치란 군표가 일본에서 통용력이 없음을 확인한 것에 불과하며, 따라서 그 후의 법적 조치에서도 수입과 본국 통화로의 교환을 원칙적으로 금지하는 데 그치고 있고, 더 나아가 무효화를 강조하지 않은 것이라고 해석할 수밖에 없다.

이 관점에서 볼 때, 군표에 기재된 엔화 또는 현지 통화로의 교환이라는 문언이 내포한 뜻이 문제시된다. 이 문언이 정부의 위 통화로의 교환 의무를 뜻하는지, 또 현재 국고차입금으로 계산해 넣은 임시군사비특별회계의 11억 엔(현지 통화 표시 군표분)과 111억 엔(남방개발금고권분)은 어떠한 성격의 것인지에 관해서는 다음의 (7)(가)에서 살펴보겠다.

(6) 점령지에서의 군표의 전후 처리

각 점령지역에서 해당 지역에 속한 국가의 적법정부가 우리 측 군표를 구체적으로 어떻게 조치했는지는 불명확하나, 대다수의 나라가 (4)(다)에서 설명한 국제적 관행에 따라 국내 조치로 각각 군표의 유통 금지 또는 유통 금지 및 적법 통화와의 교환을 시행한 것으로 추정된다(예 인도네시아).

(7) 우리나라의 군표 채무의 제반 형태

(가) 군표 채무의 내용

국정화폐이론에 따르면, 관리 통화인 군표의 통화라는 본질적 가치는 점령군의 권위에 의해 강제 통용력이 부여된다는 점에 있으며, 금 또는 다른 통화로의 태환성(兌換性)에 있지 않다. 또 그 보증준비가 군표 소지인의 사법(私法)적 채권의 대상으로 존재하는 게 아니라, 군표의 신용(구매력) 유지를 위하여 존재한다고 보면, 발권자가 지는 군표 채무의 내용은 구체적으로 군표에 기재된 엔화 또는 현지 통화로의 교환 의무로 축소된다.

이와 관련하여 페소, 루피 및 파운드 표시 군표에는 교환 문언이 없으므로 우선 문제가 없다. 그렇다면 달러와 휠던 표시 군표 및 이 표시 군표의 교환 문언은 발행자에게 의무를 부과했을까. 엔화로의 교환 문언이 있는 조선은행권과 대만은행권도 마찬가지일까. 페소 군표, 3호 군표 등 교환 문언이 없는 군표도 전시 중 엔화로 교환됐는데 이는 무엇을 의미할까. 이러한 점들이 문제로 부상한다.

(a) 엔 표시 군표의 교환 문언의 의미

이들 군표(교환 문언이 없는 3호권을 포함한다)는 원래 원칙적으로 엔과 등가이며, 대장대신달의 군표 취급 절차에 따라 일정 조건을 충족하면 교환 문언의 유무에 상관없이 전시 중에는 엔과 교환됐다. 이는 일본에서는 군표가 통용되지 않아 점령지에서 일본으로 여행 온 사람의 편의를 위하여, 그 밖에 점령지와 일본 간의 통화 통일성을 유지할 필요가 있었기 때문에 교환 내규를 마련하여 시행한 것으로, 태환 또는 보상의 뜻을 가지는 것은 아니었다.

따라서 패전 결과, 점령지와 일본의 통화 통일의 필요성이 사라졌으므로 당연히 위와 같은 교환 내규는 자연스럽게 소멸했으며, 귀환자를 대상으로 한 부분적 교환의 실시 등은 귀환 대책 등을 고려해서 예외적으로 허용된 것으로, 정부의 법적 의무로 시행된 것은 아니라고 풀이될 수밖에 없다.

(b) 현지 표시 군표(남방개발금고권을 포함한다)의 교환 문언의 의미

이들 군표(폐소 등 현지 통화로의 교환 문언이 기재되지 않은 것을 포함한다)도 원래 원칙적으로 엔과 등가이며(파운드만 10:1), 대장대신달과 대동아대신달의 군표 및 남방개발금고권 취급 절차에 따라 일정 조건을 충족하면 교환 문언의 유무에 상관없이 엔과 교환됐고, 또 그 이유 및 소멸 사유도 엔 표시 군표와 같다.

문제는 현지 통화로의 교환 문언이 내포하는 뜻인데, 점령군의 권위에 의해 점령지의 통화로 군표를 발행한 군이 통화정책 상 군표를 원칙적으로 현지 통화와 등가라고 적극적으로 강조한 점에 의의가 있으며, 자신의 권위에 의해 군표에 강제 통용력을 부여하던 기간 중 군표의 신용을 현지 통화와 등가로 유지하도록 노력할 것을 군에 의무화하는 성질의 것이었으나, 종전 후 현지를 통치하는 당국이 군표의 통용력을 부인한 현재, 우리도 면책됐다고 풀이할 수밖에 없다.

(c) 군표 발행 보증준비의 성질

군표를 발행하면서 우리나라는 특히 보증준비로서 특별 계정을 설정하는 등의 방법을 채용하지 않고, 단순히 지출관의 지출 행위 또는 지출관의 지출 행위에 어상반하는 남방개발금고의 정부 차입금을 계산해 넣는 2가지 방법에 그치고 있다. 이들 행위는 결국 정부의 채무가 되는데, 이 채무가 군표 소지인의 사법적 채권의 대상이 될 만한 성질의 것이 아니라는 점은 앞서 (4)(가)에서 설명한 바와 같다.

또 이 채무가 상대 정부의 우리나라 정부에 대한 전시 청구권 대상이 될 수 있는가라는 점도 앞서 (4)(나)에서 살펴본 바와 같다. 이 청구권은 연합국과의 관계에서 평화조약에 따라 포기됐으므로 문제가 없다.

(나) 군표 자체에 의거한 채무

(a) 본방인(일본인)이 소지인인 경우

이 경우, 앞서 (7)(가)에서 설명한 것처럼 본방인은 법적으로 정부에 대하여 청구권을 갖지 않는다.

직접적으로는 군표를 무효화한 현지 당국에 청구하는 것이 합당하나, 이는 현실적으로 실행이 어려우므로 결국 전쟁 손해의 하나로 처리해야 할 문제이다.

(b) 연합국 국민이 소지인인 경우

이 경우도 우리 측에 청구하는 것이 합당하지 않다는 것은 (7)(가)에서 설명한 것과 같으며, 해당 지구를 통치하는 정부가 처리해야 할 국내 문제이다.

(c) 중립국 국민이 소지인인 경우

중립국 국민이라 할지라도 당연히 거주 지역을 통치하는 법의 지배에 복종해야 하므로, 이 경우도 연합국 국민과 구별할 이유가 털끝만큼도 없다. 군표 소지로 인해 일정 손해를 입었다 한들 우리나라가 국제법상 적법하게 시행한 행위에서 발생한 것이므로, 우리에게 배상 청구를 제기할 이유가 없으며, 거주 지역의 국내 문제로 처리해야 할 성질의 것이다.

(d) 할양 지역의 주민이 소지인인 경우

주민의 의미가 불명료하나, 이 경우도 마찬가지로 연합국 국민 또는 중립국 국민과 구별할 이유가 없다.

(다) 군표가 우리나라 금융기관의 예금 채무가 된 경우

(a) 군표 자체에 의거한 채무와 예금 채무의 차이

버마(미얀마) 국민이 현재 전시 중 구 요코하마정금은행에 맡긴 군표 예금의 지급 청구를 제기한 상태이다. 군표 자체를 소지하는 경우, 우리 쪽에 책임이 없고 군표가 예금이 된 경우에는 과연 책임이 있을까.

평화조약(샌프란시스코강화조약) 제14조 (b)항은 전쟁 수행 과정에서(In the course of the prosecution of the war) 일본 및 그 국민이 자행한 어떤 행동에서 발생한 연합국의 청구권을 포기한다고 규정했다. 전시 중 요코하마정금은행은 화중·화남지방에서 일본군의 저비권 조달을 위하여 정부의 대행기관 역할을 수행했다. 또 남방지구에서도 남방개발금고는 특별히 중요한 지점을 제외하고 요코하마정금은행의 지점이 없는 지역에 지점, 출장소를 설치했으며, 다른 곳은 요코하마정금은행 지점에 자신의 업무를 위탁했다. 물론 예금 업무는 요코하마정금은행의 고유 업무로 수행됐지만, 점령군의 통화 공작에 보탬이 되기 위하여 이를 수행한 것도 자명하다. "In the course of the prosecution of the war"의 의미를 "전쟁 수행을 위하여"로 해석하는 것은 이를 "전쟁 기간 중에"라고 해석하는 것과 마찬가지로 과한 점이 있으며, "전쟁 수행 과정에서" 또는 "전쟁 수행과 관련해서"라고 해석해야 할 터이다. 글자 그대로 국가가 온 힘을 쏟아부은 총력전이었던 태평양전쟁에서 요코하마정금은행의 군표 예금 업무가 전쟁 수행과 관계없이 순수하게 상업베이스(commercial base)의 업무라고 풀이할 여지는 적다. 물론 예금자는 상업베이스의 심산이 있었을지도 모르나, 요코하마정금은행이 전쟁 수행에 협력하여 그 업무를 수행한 것은 남방개발금고의 대리점 업무를 담당했다는 점에서도 자명하다.

이상의 관점에서 볼 때 전시 중에 발생한 우리 금융기관에 대한 연합국의 예금채권은 제14조 (b)항에 따라 포기된 청구권이라는 입장을 취하는 것이 우리로서는 당연할 터이다. 예금자는 자국 내에 있는 구 요코하마정금은행의 재산에서 지급받아야 하며, 이는 해당 국내에 거주하는 다른 연합국 국민 또는 중립국 국민도 마찬가지이다. 평화조약 제14조 (a) 2 Ⅳ는 우리 측의 재외 재산 처분은 해당 연합국의 법률에 따라 행사한다고 규정했으므로, 예금자는 자국의 법률에 따른 구제를 기대해야 하는 처지에 있다.

해당 국가의 국내법에 따라 구제받지 못하는 예금자가 중립국 국민이면 구 요코하마정금은행의 청산에 참가할 수 있으나, 현행 폐쇄기관령은 참가자의 자격을 일본 국내에 주소를 둔 자로 한정했으므로, 이 점에서 문제가 남을 가능성이 있다. 또 예금자가 할양 지역의 주민이면 그 처리가 특별협의(compromis)의 주제가 되는데, 양자 모두 해당 예금자의 본국 정부는 자국민이 불리한 취급을 당하면 해당 연합국에 항의할 수 있다.

(b) 금융기관이 요코하마정금은행인 경우와 남방개발금고인 경우의 차이

남방개발금고법 제19조는 남방개발금고가 담당하는 업무로 예금을 들고 있는데, 이는 금융기관 등 특수한 자의 예금을 뜻하며, 일반 예금은 취급하지 않았다. 따라서 버마군 참모장통첩에 따라 만달레이 등 버마 각지에 소재한 요코하마정금은행 지점의 채권 채무를 1945년 4월 7일에 승계할 때까지 남방개발금고는 일반 예금을 취급하지 않았던 셈이다.

이 요코하마정금은행에서 승계한 예금과 그 후 폐쇄될 때까지 맡은 일반 예금으로 현재 판명된 총액은 약 15만 엔(엔화 1엔:432 현지 통화 환산)이나, 이 정도의 액수는 전액 지급 능력이 있으므로 남방개발금고와 요코하마정금은행의 경우 정부의 보상 책임에 차이가 있는지 여부를 논하는 것은 현시점에서 실익이 없다. 더욱이 위 15만 엔 안에 설령 중립국과 할양 지역 주민의 예금이 있다 해도 매우 미미할 것이다. 1954년 5월의 폐쇄기관령의 개정에 따른 외지 예금자의 최고(催告)에 대하여 현재까지 남방개발금고 행원의 신청을 제외하면 단 한 건의 신청도 없었다. 하지만 남방개발금고는 남방개발금고법에 따라 전액 정부가 출자한 특별법인인 데 반해, 요코하마정금은행은 1887년의 요코하마정금은행조례에 따른 특별법인으로, 정부가 일부 출자했지만 민간 은행이다. 따라서 양자의 미지급 채무에 대한 정부 책임에 자연스럽게 차이가 발생하는 것은 당연하나, 요코하마정금은행의 예금 업무가 전쟁 수행과 관련성이 있다는 태도를 취한다면, 중립국 국민 예금에 대하여 어떠한 형태든 정부의 책임이 발생할 수 있다.

(8) 엔계 통화에 관한 정부의 책임

(가) 몽강은행권 관계

몽강은행은 몽강지구 자치 정부가 제정한 몽강은행조직변법(蒙疆銀行組織辨法) 등에 따라 1937년 11월에 설립된 이 지구의 중앙은행이다. 이 지구에 주둔한 일본군의 군비는 원칙적으로 전부 몽강은행권으로 조달됐으므로 어떠한 형태로든 우리 측에 대한 채권을 보유했다. 중국연합준비은행과 중앙저비은행이 외자금고를 통해 정부 차입금을 보유했음에도 현재 우리 측의 채무로 생각되는 것은 만주중앙은행 도쿄지점에 대한 예금 126만 엔(전액 결제 완료)을 제외하고 1엔도 계산해 넣지 않았다.

설립 초기 몽강은행권은 만은권(滿銀券)을 통해 원칙적으로 엔과 등가로 연결됐으나, 태평양전쟁 발발 후 몽강군이 북지나방면군의 지휘하에 편입되자 중국연합준비은행을 통해 군비를 조달했다는 설[일본은행 와타나베(渡辺)설]도 있다. 하지만 몽강은행의 청산 계정에는 중국연합준비은행에 대한 채무를 계산해 넣지 않았으므로, 상세한 내용은 불분명하다.

1945년 8월 말 현재, 몽강은행권의 발행액은 36억 엔이므로 몽강은행이 소유한 우리나라의 국채 126,400,000엔의 처리와 맞물려 문제가 될 가능성은 있으나, 이는 몽강은행의 청산과 관련된 기술적인 문제에 지나지 않는다.

몽강자치정부가 우리의 꼭두각시였어도 몽강은행권의 발권액 수치에 대하여 또는 몽강은행권 자체의 처리와 관련해 우리가 직접 사법적 채무를 부담할 이유가 없음은 군표의 경우와 같다.

(나) 연은권 관계

중국연합준비은행은 1938년 2월 7일에 중국임시정부가 공포한 연합준비은행조례에 따라 설립되어 같은 해 3월 10일에 출범한 이 정권의 중앙은행이다. 화북지구 일본군의 군비는 전부 같은 해 6월 16일에 중국연합준비은행과 조선은행 간에 그리고 7월 15일에 중국연합준비은행과 요코하마정금은행 간에 체결된 등가예금계약에 따라 우리 측 금융기관에 대한 중국연합준비은행의 예금을 대가로 조달했다. 훗날 이 예금계약은 조선은행 하나로 변경되어 조선은행 예금 잔고와 어상반하는 금액이 외자금고의 국고 차입금으로 현재 51억 3천만 엔을 계산해 넣었다. 이 조선은행에 대한 중국연합준비은행의 예금은 종전 당시 현지에서 이루어진 금의 매각익 등으로 결제를 완료했는데, 상세 내용은 다음의 외자금고 항에서 설명하겠다. 1945년 8월 말 연은권 발행액은 약 1,326억 엔이다.

(다) 저비권 관계

중앙저비은행은 왕징웨이(汪精衛)를 수반으로 하는 난징 국민정부가 제정한 1940년 12월의 중앙저비은행법 등에 따라 설립되어 이듬해인 1941년 1월 6일에 출범한 이 정부의 중앙은행이다. 과거 화중·화남지구에서 군표를 사용하던 일본군이 1943년 4월 1일 이후 군표의 신규 발행을 중단한 이래 이 지구의 일본군의 군비는 전부 저비권으로 충당됐으며, 중앙저비은행과 요코하마정금은행 간에는 저비권 및 군표의 예합 계정에 관한 계약(1942년 8월 10일)과 저비권 및 일본 엔의 예합 계정에 관한 계약(1943년 4월 1일)이 체결됐다.

당초 엔화와 저비권의 교환 비율은 18:100이었다. 그런데 그 후 이 지구의 인플레이션이 악화했음에도 위 예합 계정에서는 이 공정 환율이 유지된 탓에 이 예합 계정과 어상반하는 외자금고의 국고 차입금은 20,639,141,575엔에 달했다. 또한 종전 당시 8월 말의 저비권 발행액은 2조 6,972억 원(元)이다(외자금고 항 참조).

(라) 만은권 관계

만주중앙은행은 만주중앙은행조직변법(滿洲中央銀行組織辨法)에 따라 1932년 7월 1일에 출범한 만주국 중앙은행이다. 초기 만은권의 조달은 1936년 12월 28일 자 일본은행과 만주중앙은행 간의 대리점 계약에 따라 이루어졌다.

그러나 그 후 1944년 4월 1일, 요코하마정금은행과 만주중앙은행 간에 군비 등 국고금 지급을 위한 대상(貸上) 자금 조달에 관한 계약이 체결됐다. 군비는 요코하마정금은행 신경(新京)지점이 만은권에 발행하는 엔 표시 약속어음을 담보로 만은권을 조달했고, 현재 잔고 34억 엔을 요코하마정금은행에서 국고 차입금으로 계산하여 넣었다.

(9) 외자금고의 성격 및 의의

(가) 성격

외자금고(外資金庫)는 1945년 2월 9일에 공포된 외자금고법에 따라 설립되어, 같은 해 3월 1일부터 업무를 시작한 전액 정부가 출자한 특별법인이다. 그러나 그 실체는 태국 및 프랑스령 인도차이나 지구를 제외한 남방 점령 지역과 중국 점령 지역의 악성 인플레이션에도 불구하고 남방개발금고권, 저비권 및 연은권을 공정환율로 엔을 대가로 취득할 때 발생하는 실세환율의 간극을 조정금이라는 명목으로 이 금고에 부담 흡수시켜, 정부의 지출은 예산 범위 내에서 억제하고, 현지 군에는 인플레이션의 실제 추이에 부응한 현지 통화를 취득시킬 목적으로 설립된 장부상의 기관이다. 따라서 적극적인 업무의 영위가 목적이 아닌 재정상의 기술로 설립된 일종의 특별회계와 유사한 것이었다.

(나) 의의

(a) 자금 조정 방법

조선은행 및 요코하마정금은행이 중국연합준비은행 및 중앙저비은행과 예합(預合) 계정을 설정하여 연은권 및 저비권을 취득한 방법에 대해서는 앞서 설명했다. 금고의 자금 조달은 조선은행 및 요코하마정금은행과 마찬가지로 이 예합 계정과 같은 취지의 계정을 상호 설정하여 이루어졌다. 다시 말해

Ⅰ. 우선 조선은행 또는 요코하마정금은행이 자행(自行)에 현지 은행 명의의 엔 예금을 설정하고 현지 은행에 자행 명의의 연은권 또는 저비권 예금을 취득한다.

Ⅱ. 조선은행 또는 요코하마정금은행은 이 현지 통화 예금을 인출하여 자행에 금고 명의의 예금을 설정하는 동시에 같은 금액의 금고에 대한 대부금을 계산해 넣는다.

Ⅲ. 금고는 동시에 위 일본 측 은행에 대하여 현지 통화 표시 예금과 엔화 표시 차입금을 계산해 넣는데,

Ⅳ. 이 현지 통화 표시 예금을 금고는 현지 군의 요구에 부응하여 현지 일본은행 대리점을 통해 군에 지급하고 같은 금액을 정부 납입금으로 계산해 넣는 구조였다.

이상은 현지에서 자금을 취득한 방법인데, 이를 일본에서 보면

① 육해군대신이 필요한 군비를 임군(臨軍) 예산액과 예산 초과액(가격조정금: 조정률은 외자조달협의회에서 결정한다)으로 구분하고 대장대신을 통해 예산액은 일본은행에, 초과액은 금고에 지출을 요구한다.

② 금고는 조정금의 지급 대신에 외자금고자금증서(이하 "증서"라 한다)를 군 지출관에게 교부한다.

③ 지출관은 예산액 지출을 위한 수표와 증서를 일본은행에 제출한다.

④ 일본은행은 수표와 증권의 합계액을 군 지출관의 예금에 계산해 넣는 동시에 같은 금액을 정부 예금의 가불로 계산해 넣는다(이 가불은 위 ④에 의해 현지 일본은행 대리점이 현지 금고 대리점에서 현지 통화를 수령하면 정산된다).

⑤ 군 지출관의 예금은 다시 현지 일본은행 대리점의 현지 군자금 전도관리의 예금으로 대체되며 이 때 공정환율로 현지 통화화된다.

⑥ 그와 병행하여 지출관은 전도관리에게 ⑤의 대체액을 통지하는데, 이 금액은 예산액과 조정액으로 구별되지 않으므로 현지 군은 두 금액을 임시군사비 지출로 통합 처리한다.

⑦ 현지 일본은행 대리점은 ⑤의 대체를 받는 동시에 앞서 ④에서 설명한 것처럼 현지 금고 대리점에서 현지 통화를 수입(일본은행 본점의 가불은 정산)하는 구조였다

위 ⑦의 현지 금고의 현지 일본은행에 대한 현지 통화 지급은 앞서 ④에서 설명한 것처럼 금고 본점의 정부에 대한 지급 계정이 되므로, 본래 이 지급액을 예산액과 조정액으로 구분하여 예산액을 정부 대상금에 계산해 넣고, 조정액을 납입금으로 손실 처분하도록 정했으나, 실제로는 양자를 하나로 취급하여 전액 납입금으로 처리했다.

남방개발금고권의 취득 방법도 위와 완전히 동일하다. 다만, 이 경우에는 현지 중국 측 은행과 일본 측 은행 대신에 남방개발금고 하나였으므로 남방개발금고권 취득을 위한 예합 계약이 남방개발금고와 외자금고 간에 체결됐고, 요코하마정금은행 또는 조선은행과 같은 완충장치가 빠져 있었다는 점이 다를 뿐이다.

1945년 9월 1일 현재 구 임시군사비특별회계의 외자금고 차입금은

① 연은권 5,130백만 엔(연리 3푼 5리, 동일까지 지급 완료)

② 저비권 20,639백만 엔(상동)

③ 남방개발금고권 111억 엔(연리 2푼, 동일까지 지급 완료)

④ 현지 통화 표시 군표 1,152백만 엔(무이자)

계 38,021백만 엔이다.

그러나 이는 금고 출범 당시 요코하마정금은행, 조선은행 및 남방개발금고가 정부에 직접 빌려준 금액을 금고가 정부에서 떠맡은 것이 남아 있는 것으로, 1945년 3월 1월에 금고가 출범한 이래 금고가 앞서 언급한 납입금으로 조달한 금액은 종전 때까지 육군 관계 약 3,944억 엔, 해군 관계 1,034억 엔, 종전 후 금액 약 573억 엔, 합계 약 5,551억 엔으로 알려져 있다. 이는 1945년도 임시군사비 결정 예산액 850억의 약 6배에 해당하나, 전액 납입금으로 손실 처리되어 국고 납입금에 계산하여 넣지 않았다.

(c) **외자금고 국고 차입금의 처리**

(ⅰ) 종전 시 금의 현지 처분

금고는 위 군표 외에 대동아성(大東亞省) 관계 비용의 조달, 군수물자를 조달하는 상사가 발행하는 수표 보증 등의 업무를 담당했기 때문에 정부에 대한 납입금은 꾸준히 증가했다. 그런데도 금고의 수입은 현지의 담배 매매 차익금, 일본 중국 간 무역 차익금, 대일 송금 조정료 등을 정부를 대신해서 기부금으로 수입하는 것에 국한됐다. 그에 정부는 각의 결정에 따라 1945년 8월 10일 대동아대신 명의로 베이징과 상하이 주재 공사에게 명하여, 이전부터 현지 요코하마정금은행 지점에 보관됐던 금을 중국연합준비은행과 중앙저비은행에 시가(市價)로 매각시켜 그 매각익(요코하마정금은행에 대한 불하 금액과 중국 측 은행에 대한 매각금액의 차액)을 금고에 납부시켰다. 그 내역은 화북분 약 468억 엔, 화중분 약 4,763억 엔, 화남분 약 3억 6천만 엔으로 총 약 5,235억 엔이다.

이 매각익금의 금고 납부는 현금이 아닌 중국연합준비은행 및 저비은행이 그 금 매수대금을 각자가 요코하마정금은행 또는 조선은행에 보유한 자신의 예금에서 지급하고, 요코하마정금은행과 조선은행은 금고에 보유한 예금에서 납부하는 방법(조선은행의 경우에는 다소 상이하나, 실질적으로는 같다)을 사용했으므로, 실질적으로는 위 관계 금융기관 간의 예합계정을 서로 떨어내어 실시했던 셈이다.

이 경우 요코하마정금은행 및 조선은행이 금고에 보유한 예금은 금고 설립 시 요코하마정금은행 및 조선은행의 정부 대상금을 대신 떠맡은 때 발생한 예금을 포함했으므로, 이 떠맡은 예금의 보상으로서 금고가 보유한 국고 대상금은 이 떠맡은 예금의 결제로 사실상 소멸됐다고 볼 수 있다.

실제로는 떠맡은 예금의 보상으로 발생한 채권만이 금고 설립 때에 국고 대상금으로 계상됐으며, 그 후 금고의 군비 조달분은 전부 납입금으로 손실 처분했다. 따라서 여전히 대상금이 수치로는 남아 있으나, 이는 회계 처리의 기술상 형식적으로 남아 있는 것일 뿐 실질적인 것이 아니다.

이상의 관점에서 정부는 1946년 이후 누차 이 대상금의 처리를 시도했으나, 일본의 채무를 식민지의 결제로 떨어내는 것에 사령부가 난색을 보인 탓에 실현하지 못한 채 지금에 이르렀다.

이 처리의 기본이 된 금고의 채무(1946년 11월 8일, 이재국 및 특수재무국 조사)는

① 조선은행분 약 577억 엔(떠맡은 예금 + 납입금 보상 + 미지급 이자, 이하 같음), 금 매각익 변제분 약 468억 엔, 차감잔고 약 108억 엔,

② 요코하마정금은행 약 4,782억 엔, 금 매각익 변제분 약 4,763억 엔, 차감잔고 약 19억 엔이다(금 매각익 중 화남분 3억 6천만 엔이 결제에 사용되지 않은 채 행방이 묘연한 상황이다).

이 수치는 일본 자료 중 확실한 것만을 계산해 얻은 것으로, 극히 적게 잡은 것으로 생각되나(외자금고의 수치는 5,551억 엔으로 약 200억 엔 많다), 그럼에도 우리 측의 조선은행에 대한 미지급액 19억 엔, 중국연합준비은행에 대한 미지급액 108억 엔, 총 127억 엔 남아 있으며, 향후 국제 처리를 기다리고 있는데 실제 수치는 이보다 상당히 부풀 공산이 크다.

(ⅱ) 대상금(貸上金)의 국고에 대한 관계

위 127억 엔은 외자금고의 국고 납입금으로 손실 처분되어야 하는 것이므로, 외자금고와 국고 간에는 문제가 없으나, 중국연합준비은행 및 중앙저비은행에 대해서는 실질적으로 일본 정부의 채무로 남는다. 하지만 이 채무가 우리나라의 전쟁 수행과 직접 관련하여 발생한 것이라는 점은 명백하며, 그 점에서 남방개발금고권 및 군표의 미회수액 또는 태국 및 프랑스령 인도차이나의 특별엔협정 잔고와 구별할 이유는 없다. 점령군은 현지의

질서를 존중할 국제법상의 의무를 부담하므로, 작전상 필요 정도에 따라 각종 통화를 사용했으며, 자국의 통화를 사용한 경우를 제외하고, 우리나라의 책임에서 본질적인 차이가 발생하는 것은 아니라는 점은 앞서 (4) 등에서 설명한 바와 같다.

(10) 특별엔협정 잔고에 관한 정부의 책임

(가) 태국 특별엔협정 잔고 관계

1942년 6월 18일에 체결된 일본은행 태국 대장성 간 특별엔협정 등에 따라 태국은행이 일본은행에 보유했던 특별엔 계정 잔고는 약 15억 엔이었다. 하지만 이 문제는 1955년 7월 9일에 일본과 태국 간에 성립한 협정으로 우리가 54억 엔을 지급(동 협정 제1조)하고, 따로 경제협력 목적으로 96억 엔 한도로 차관(credit)을 공여(제2조)하고, 태국은 위 특별엔협정 등에 따른 우리 측에 대한 청구권 및 금의 미매각분 등에 대한 청구권을 모두 포기하는(제3조) 조건으로 해결했다.

이 54억 엔이라는 수치는 위 계정 잔고와 우리 측의 금 미매각분 및 미인도분의 공정 가격 환산액을 합산한 금액(1955.3.15 아시아국 시산)과 거의 일치하나, 우리 측이 위 계정 잔고 등을 당연히 지급해야 할 사법상의 채무로 인정하고 지급한 것이 아니라는 점은 이 협정 제3조에서 상대방이 계정 잔고 등에 대한 청구권을 포기했다는 점에서도 명백하다. 이 계정 잔고 등의 수치는 우리가 태국 국내에서 물자를 조달하면서 상대방에게 입힌 손실의 미처리분 산정 자료로서 의미가 있었기에 우리 측의 지급액이 이 수치와 거의 금액이 같은 것에 지나지 않는다고 풀이된다.

(나) 프랑스령 인도차이나 특별엔협정 잔고 관계

일본과 프랑스 정부 간 협정에 따른 요코하마정금은행과 프랑스령 인도차이나 은행 간 협정 계정 잔고는 현재 신 특별엔계정분 약 13억 엔과 미화 계정분 약 479,651달러가 미결제인 상태로 남아 있다. 이 잔고는 "일본 점령군이 프랑스령 인도차이나에서 피아스터화로 구매하기 위하여 프랑스 정부에 일본 정부가 진 채무"(1953.12.15. 프랑스 측 노트)로 프랑스 측의 지급 청구 대상이 되고 있으나, 이는 다음의 이유에서 미 달러화 계정을 제외하고 지급할 책임이 없다고 해석된다.

① 프랑스는 평화조약(강화조약)에 서명한 연합국이며, 1941년 12월 8일 이후 조약 발효까지의 기간 동안 우리나라와 전쟁상태에 있었다는 사실은 프랑스의 정통 정부인 드골 정권이 1941년 12월 10일 이후 누차 선언했고, 또 평화조약 제15조의 규정 등에 따라 자명하므로, 우리나라가 프랑스령 인도차이나에서 수행한 구매로 인하여 프랑스 정부가 가진 청구권은 평화조약 제14조 (b)항으로 포기됐다.

② 1941년 12월 8일 이전에 발생한 우리 측의 미결제 채무는 미 달러화 계정을 제외하고 프랑스 정부가 사령부를 통해 일방적으로 가지고 간 금괴 33톤으로 상계해야 한다.

어쨌든 이 문제를 둘러싸고는 현재 일본과 프랑스 정부 간에 교섭이 진행 중이므로 경솔하게 결론을 내리기는 어려우나, 피아스터화의 조달이 엔계 통화 조달과 같은 방법으로 이루어진 이상, 그 미지급 채무가 평화조약 제14조 (b)항으로 포기된 청구권의 대상이 아니라는 입장을 인정한다면 향후 엔계 통화 관계 채무의 처리에 중대한 영향을 미칠 것이다.

(11) 결론

이상에서는 국정화폐이론에 따라 전시 중 우리 측이 사용한 통화와 관련해서 발생할 수 있는 정부 책임을 살펴보았는데, 결론적으로는

3. 피징용 한인 미수금

1) 한국 주장

한국인 피징용자(군인, 군속을 포함한다)의 봉급, 임금, 수당 등 미불분의 변제를 청구한다.

2) 한국 주장액 2억 3,700만 엔

〈근거〉 1950년 10월 21일자 SCAP 서한의 수치를 인용.

3) 일본 견해

원칙적으로 청구에 응하되, 한국 측이 주장하는 금액의 기초가 된 SCAP 서한의 수치에는 중복 부분이 있어 그 후의 일본 측 조사 수치를 기초로 해야 한다.

4) 일본 측 조사 금액

(가) 대장성 시산 9,800만 엔

위에 대한 1961년 8월까지 이자(공탁금 이율 연 2.4%, 단리) 3,800만 엔

<산정 근거>

위 SCAP 서한의 수치는 SCAP의 명령에 따라 일본 측이 조사하여 제출한 수치와 같으나, 이 수치는 집계 중으로 중복이 있으며, 기초 수치 자체에도 일부 착오가 있다고 인정되므로 타당하지 않다. 일본 측의 수치는 그 후 실시한 조사에서 확보한 수치에 기초했다.

종류	공탁분	미공탁분	제3자 인도분(주)	계
일반 노무자[26]				
선원[27]				
군인[28]				
군속				
계				

(주) 제3자 인도분이란 전후 혼란을 틈타 각지의 재일조선인연맹 지부가 사업주를 압박해 인도받은 것이 대부분이다. 이 인도분은 공제해야 한다.

(나) 외무성 시산　　133백만 엔　　이자 52백만 엔

<산정 근거>

우리 측의 수치를 기초로 하되, 남한분으로는 조선인 노무자의 95% 이상이 남한 출신자이므로 70%가 아닌 95%를 곱해야 한다.

26 大蔵省,『経済協力·韓国 105』, 105~108쪽 의 노동성 조사인 조선인에 대한 임금 미불 채무조사에 따르면 일반 노무자의 공탁분은 10,005,537.70엔, 미공탁금은 4,354,870.70엔, 제3자에 대한 인도분은 2,963,878.19엔이다

27 大蔵省,『経済協力·韓国 105』, 230쪽에서 추측할 수 있는데 조선인 선원의 월급 등에 대한 공탁일은 1950년 3월부터 8월까지이며 공 탁인원은 총 2076명 공탁금액음 4,351,425.39엔이다.

28 大蔵省,『経済協力·韓国 105』, 359쪽의 기술에서 추측하면 군인은 육군과 해군이며 사령부 산출 근거로 공탁액을 산정한 금액은 육군 24,770,720.00엔, 해군의 공탁은 53,402,980.61엔이다.

참고자료

1. 조선인에 대한 미불금 처리 상황

(1) 미불금 등의 발생 경과

조선인 노무자 등에 대한 급여는 종전 후에도 본인의 국적이나 본인이 일본에 재류하기를 희망하는지 여부 또는 본국 귀환 대기 중(글자 지워짐) 불문하고 일본인과 동등하게 취급하도록 정했었다.

◎ 1946년 1월 10일 후생성령 제2호「쇼와 20(1945)년 칙령 제542호에 따른 노무자의 취업 및 종업에 관한 건」

◎ 1946년 1월 17일 후생성 발근(發勤) 제2호「성령(省令) 제2호 사무취급에 관한 건」

하지만 전후의 사회적 혼란, 노무자의 소요, 탈주, 도망, 징용 해제에 따른 귀국 등으로 인하여 이들 노무자의 거소 불명, 통신 불능 상태가 발생했고, 이 때문에 사업주가 이들 노무자에게 지급해야 할 임금, 퇴직금 또는 이들 노무자를 위해 보관했던 적립금, 저금통장, 유가증권 등의 인도가 어려워져 그대로 미불금인 채로 오늘날에 이르렀다.

(2) 처리 상황

(가) 일반 노무자

이 미불금 등을 둘러싼 분쟁을 회피하고 사업주의 사무 절차를 간소화하기 위하여 후생성은 1946년 사업주에 대하여 미불금 공탁 요령을 제시하고 최대한 빨리 공탁하도록 지도했다.

◎ 1946년 10월 12일 노발(勞發) 제572호「조선인 노무자 등에 대한 미불금 기타에 관한 건」

이에 따라 일반 공탁을 한 것도 상당히 있으나, 그 후 국외 거주 조선인에 대한 채무 변제를 위한 공탁에 관해서는 특례가 마련됐다.

◎ 1950년 2월 28일 정령(政令) 제22호「국외 거주 외국인 등에 대한 채무의 변제를 위한 공탁의 특례에 관한 정령」

(나) 선원

조선인 피징용 선원에 대한 미불 급여는 1950년에 정령 제22호에 따라 공탁됐다.

(다) 군인 · 군속

군속의 경우, 육군 군속분은 1951년부터 1953년에 걸쳐 22호 공탁을 했으며, 해군 군속분은 1947년부터 일반 공탁을 했으나, 1950년에 22호 공탁으로 옮기고 있다.

(3) 미불금 금액

(단위: 천 엔)

종류	공탁분	미공탁분	제3자 인도분	계
일반 노무자				
선원				
군인				
군속				
계				

(주)

1. 괄호 안은 건수
2. 일반 노무자의 미불금은 1950년 10월의 노동성 조사를 토대로 그 후의 변동을 조정한 것. 징용 외 관알선 및 모집을 포함한다.
   선원의 미불금은 1955년의 운수성 조사에 따른다.
   군인·군속의 미불금은 1960년 12월의 후생성 조사에 따른다.
3. 제3자 인도분이란 전후 혼란을 틈타 각지의 재일조선인연맹 지부가 사업주를 압박해 인도받은 것이 대부분으로, 인도 시에 연맹 지부에 모든 책임을 위임한다는 각서를 받은 사례(미에(三重)현, 이시하라 산업)도 있으나 이는 예외에 속한다고 보이며, 이러한 경우도 연맹이 조선인 노무자에게 적법하게 위임을 받았다고 말하기는 어렵고 또 조선인연맹이 그 후 조총련과 민단으로 분열한 사정까지 맞물리면서 문제가 더욱 복잡해졌다.

(4) 미불금의 내역

(가) 일반 노무자

① 일반 임금, 수당 및 취업규칙 등에 지급을 정한 퇴직금, 위로금(見舞金)

② 사업주가 보관 중인 노무자 명의의 예저금, 적립금, 유가증권 등[이 중 저금통장은 1952년 노동성의 지도로 우정성 저금국에 인도되어 정령 제22호에 따라 공탁됐다. 요강 2(1)(a) 참조]

③ 국민징용령 제19조의 규정에 따라 피징용자가 해제로 인하여 귀향하는 경우의 여비 및 같은 영 제19조의3에 따른 피징용자 가족 및 유족에 대한 생활 부조, 의료, 조산(助産), 생산 부조 및 매장비

④ 기타 부조 등

공장법, 광업법, 노동자재해부조법, 건강보험법, 노동자재해부조책임보험법, 후생연금보험법, 퇴직적립금 및 퇴직수당법에 따른 부조, 보험금, 퇴직수당금 등이 있다.

(나) 선원

① 선원동원령에 따른 응징(應徵) 선원 일시금 지급규칙에 바탕한 응징 선원 일시금(응징 선원이 선박에 승선하여 직무에 종사하다 전쟁 위험에 조우하여 다치거나 질병에 걸리거나 또는 사망한 경우에 지급된다.)

② 상선관리위원회 미불 제반 급여

전 선박운영회 당시의 사상병(死傷病) 선원에게 응징 선원 사상병수당 지급규칙에 따라 지급되는 장해수당, 사망수당, 매장료 및 급여 미불금 등.

③ 일본선주협회에 가맹한 도요해운(東洋海運) 외 64개사가 사상병 선원에게 지급하는 것.

④ 목선(木船)선주협회의 미불 급여

(다) 군속

① 미복원자(未復員者)급여법 부칙 제11조의 규정에 따라 지급해야 하는 급여

② 미복원자급여법 제40조의3 제2호에 따른 사망자에 대한 급여

③ 미복원자급여법 제2조에 따라 미복원자가 일본에 남겨둔 부양 친족에 대한 부양 수당

(주) 미복원자급여법은 1953년 8월에 미귀국자 유수가족 등 원호법(未歸還者留守家族等援護法)으로 승계됐다. 하지만 당시 호적법의 적용을 받지 않는 조선인은 적용 대상에서 제외됐다.

<비고>

1963년 3월 관재국 관리과가 조사한 정령 22호에 따른 조선인에 대한 정부 관계 공탁금은 다음과 같다.

소관	현금			유가증권	비고
	공탁금액	환부액	공탁잔고		
궁내청					연합국 관리계정(보관금 계정)에서 공탁한 것
대장성					
후생성					구 육해군 관계
농림성					임야청
운수성					선원국
계					

◎국외 거주 외국인 등에 대한 채무의 변제를 위한 공탁의 특례에 관한 정령

(1950년 2월 28일 정령 제22호)

〈이 정령의 취지〉

제1조 국외 거주 외국인에 대한 채무[구(舊) 일본 점령지역에 본점을 둔 회사의 본방 내에 있는 재산 정리에 관한 정령(1949년 정령 제291호) 제2조1제1항제1호에서 규정하는 재외회사의 채무 외의 채무로, 일본과의 평화조약의 최초 효력 발생일 이후 발생한 것 그리고 구(舊) 적산관리법(敵産管理法)(1941년 법률 제99호) 제1조제2항에서 규정하는 적산과 관련된 채무 및 독일재산관리령(1950년 정령 제252호) 제2조제12항에서 규정하는 독일 재산과 관련된 채무는 제외한다. 이하 같다]의 변제를 위한 금전 또는 유가증권의 공탁에 관한 특례에 대해서는 이 정령이 정하는 바에 따른다.

〈국외 거주 외국인〉

제2조 ① 이 정령에서 "국외 거주 외국인"이란 아래의 각호에서 열거하는 자를 말한다.

1. 일본 국적을 가지지 아니한 자로 본방(혼슈, 홋카이도, 시코쿠, 규슈 및 법무성령, 재무성령으로 정하는 그 부속 섬을 말한다. 이하 같다)에 주소 또는 거소를 가지지 아니한 자
2. 외국법에 따라 설립된 법인 또는 이에 준하는 단체로 본방에 지점 또는 사무소가 없는 것

② 전항 각호에서 열거하는 자를 제외하고 그 밖에 아래 각호에서 열거하는 자는 당분간 국외 거주 외국인으로 본다.

1. 일본 국적을 가지면서 본방에 본적을 가지지 아니한 자로 본방에 주소 또는 거소를 가지지 아니한 자
2. 본방에 본점, 지점 혹은 사무소를 가지지 아니한 법인 또는 이에 준하는 단체

〈채무의 인정〉

제3조 ① 국외 거주 외국인에 대한 채무의 변제를 위해 금전 또는 유가증권을 공탁하고자 하는 자는 해당 채무가 이 정령의 적용을 받는 채무임을 주무 대신에게 인정받아야 한다.

② 전항의 인정을 받은 채무의 이행지는 공탁에 관해서는 다른 법령의 규정 또는 정관 혹은 계약의 정함에 불구하고 도쿄도 지요다구로 한다.

〈공탁 절차〉

제4조 ① 전조 제1항의 공탁서에는 법무성령, 재무성령으로 정하는 바에 따라 해당 공탁과 관련된 채무 명세서를 첨부해야 한다.

② 전조 제1항의 공탁을 하고자 하는 자는 2명 이상의 채권자를 위하여 동일한 절차로 일괄 공탁할 수 있다.

〈공탁서 등 보관의 위탁〉

제5조 ① 제3조제1항의 공탁을 한 자(이하 "공탁자"라 한다)는 해산 등 부득이한 사유가 있으면 공탁서 및 공탁 관련 채무에 관한 서류의 보관을 주무 대신에게 위탁할 수 있다.

② 주무 대신은 전항의 위탁을 받은 때에 해당 공탁에 관한 이 정령 기타 법령의 적용 시 공탁자로 본다.

제6조 삭제

〈소멸시효의 특례〉

제7조 이 정령의 규정에 따라 공탁된 공탁물에 대한 환부청구권의 소멸시효는 민법(1896년 법률 제89호) 제167조제1항의 규정에도 불구하고 정령이 정하는 날까지 완성하지 않는다.

〈공탁물의 보관 정리〉

제8조 ① 일본은행은 이 정령에 따라 공탁된 공탁물을 다른 공탁물과 구분하여 보관해야 한다.

② 전항의 규정에 따라 보관하는 공탁물은 '외국 채권자 엔 및 유가증권 예탁 계정'으로 정리해야 한다.

③ 일본은행은 제1항의 규정에 따라 보관하는 공탁물에 대하여 법무성령, 재무성령으로 정하는 바에 따라 재무대신에게 보고서를 제출해야 한다.

제9조 삭제

〈환부 절차〉

제10조 ① 공탁자는 공탁이 제4조제2항의 규정에 따라 이루어진 경우에 공탁물을 환부받을 권리를 가진 자에 대하여 공탁서의 인도를 대신하여 환부를 승낙하는

승낙서(이하 "승낙서"라 한다)를 교부할 수 있다.

② 전항의 규정에 따라 승낙서를 교부받은 자는 공탁서 대신 승낙서를 첨부하여 공탁물의 환부를 청구할 수 있다.

③ 공탁소는 전항의 규정에 따른 청구에 의거하여 공탁물을 환부한 경우에 해당 공탁물의 공탁자에게 공탁서의 제출 또는 제시를 요구할 수 있다.

〈공탁 통지의 특례〉

제11조 이 정령의 규정에 따른 공탁에 관해서는 민법 제495조 제3항의 규정을 적용하지 않는다.

〈외국환 및 외국무역관리법과의 관계〉

제12조 외국환 및 외국무역관리법(1949년 법률 제228호) 제27조, 제30조 및 제31조의 규정은 제3조제1항의 주무 대신의 인정을 받은 채무(부칙 제3항의 규정에 따라 제3조제1항의 주무 대신의 인정이 있은 것으로 간주된 채무를 포함한다)의 변제를 위한 공탁 및 해당 공탁과 관련된 공탁물의 환부(본방 이외의 곳으로 송금 또는 송부하는 경우는 제외한다)에 대해서는 적용하지 않는다.

〈주무 대신〉

제13조 이 정령의 규정에서 말하는 주무 대신은 채무자가 국가 또는 지방공공단체인 경우에 이 정령의 규정에 따른 공탁으로 변제하려는 채무가 국가의 행정사무 처리에 수반하여 발생한 것이면 해당 행정사무의 주임 대신으로 하며, 채무자가 구(舊) 일본 점령지역에 본점을 둔 회사가 소유한 일본 안에 있는 재산정리에 관한 정령 제2조 제1항 제1호에서 규정하는 재외회사인 경우에는 그 업무에 관한 행정의 소관대신 및 대장대신으로 하며, 채무자가 기타 법인(지방공공단체는 제외한다) 또는 이에 준하는 단체인 경우에는 그 업무에 관한 행정의 소관 대신으로 하며, 기타 경우에는 대장대신으로 한다.

<참고>

◎외채과 보존 자료(출처는 명기되지 않았다)를 토대로 구체적으로 군인·군속 관계 내용을 기재한다.

(1) 구 육군 관계

구 육군의 잔무 정리 담당관은 국외 거주 외국인 등에 대한 채무의 변제를 위한 공탁의 특례에 관한 정령(1950년 2월 28일 정령 제22호)에 따라 미복원자급여법(1947년 12월 법률 제182호)에서 정하는 바에 따라 1951년도부터 공탁을 해 왔다.

① '급여'의 산정은 미복원자급여법 부칙 제11조의 규정에 따라 1945년 9월부터 1947년 6월분까지의 급여는 같은 법 별표 제2에서 정하는 금액에 따른다. 한국인 군인, 군속은 대부분 위 기간에 복원(復員)했는데, 복원 시기가 불분명한 자에 관해서는 가상 복원 종기(終期)의 규정을 마련했다(복원업무규정 제44조제1항제3호에 따라 별표 제16에 따른다). 이 복원종기일람표에 따르면 각지의 가상 복원 종기는 전부 위 기간 안에 포함되므로, 공탁해야 하는 급여의 산정은 실질적으로 전부 미복원자급여법 부칙 제11조의 적용을 받는다.

사망자는 미복원자급여처리규정 제40조의3 제2호에서 정하는 바에 따라 이미 사망이 판명된 자에 대하여 1953년도부터 공탁됐다.

② 1953년 5월 말 현재, 공탁이 완료된 것은 복원자 40,415명, 사망자 4,087명, 공탁금액 24,770천 엔으로 공탁은 1953년도 본예산 계상분을 끝으로 종료될 전망이다.

③ '부양수당'의 경우, 미복원자급여법 시행규칙(1947년 대장성령 제121호) 제2조는 미복원자가 일본에 남겨둔 부양가족에 대하여만 지급하도록 정했다.

④ 전상병자 전몰자 유족 등 원호법(1952년 4월 법률 제127호) 제5조에서 규정한 장해수당의 지급, 갱생의료의 급부, 보장구 등의 지급, 국립보양소 수용, 유족연금의 지급, 조위금의 지급의 경우, 부칙 제2항에 따라 호적법(1947년 법률 제224호)의 적용을 받지 않는 자에게는 급부하지 않도록 정했다.

⑤ '유골' 1,444구

위 유골은 육군에서 송환한 것이 아니며 전부 후쿠오카현(福岡縣) 세와계(世話係)가 보관했던 것이다.

⑥ '전범자'는 미복원자급여법의 일부를 개정하는 법률(1952년 법률 제296호)에 따라 특별미귀환자급여법의 적용을 받고 있다. 다만, 아직 공탁한 사례는 없다.

한국인 전범자로 복역 중인 자[1953년 5월 말 현재 일본(스가모) 27명, 외지 없음]

(2) 구 해군 관계

① 구 해군의 잔무 정리 담당관은 후생성 노정(勞政)국장의 통첩도 고려하여 공탁법(1899년 법률 제15호)에 따라 (가) 군인·군속 사망 판명자의 미지급 급여금(봉급, 사망 시 급여금) 및 (나) 복원 판명자의 미지급 급여금(봉급과 귀향여비) 그리고 (다) 상황 불명자에 대해서는 실제 해당 지역에서 현지 연합군에 그 처리를 이관한 시기를 복원 시기로 설정했다. 해당 지역의 일본인 군대 대부분이 귀환한 시기에 복원한 것으로 '가상'하고, 이에 부응하는 미지급 급여금(봉급, 귀향여비)을 일반 공탁했다(해당 기간 1947년 3월 27일 ~ 1948년 6월경까지).

② 국외 거주 외국인 등에 대한 채무의 변제를 위한 공탁의 특례에 관한 정령(1950년 정령 제22호)이 공포, 시행되자 위 일반 공탁을 본령(令)의 공탁으로 옮겼다. 그리고 그전까지 미처리였던 자에 대하여 처리가 끝난 자부터 예산 조치를 강구하여 계속해서 동 령에 따른 공탁을 했다.

③ 1953년 5월 말 현재까지 공탁한 건수는 49,252건이며 금액은 53,402,980엔 61전이다. 본년도 공탁 예정 건수는 350건, 금액은 약 700,000엔으로 인사 처리가 어려워 내년도로 미루어질 것으로 보이는 것으로는 약 3천 건이 있다.

④ 부양수당 및 유가족 원호에 대해서는 육군의 경우와 같다.

⑤ 사몰자(死沒者)의 유골 및 유류품 등은 사몰자 유수 담당관 등이 일본에 거주하는 자 외에는 본국으로 돌려보내도록 정했는데, 현재 구레(呉)에 상당수의 양이 집중됐다.

이에 관한 현재까지의 상황은 다음과 같다.

종전 전 전달한 것	2,667건
종전 후 환송한 것	7,422건
현재 보관 중인 것	2,672건

그 밖에 유류품이 약간 남아 있다. 현재 보관 중인 것은 언제든지 송환할 수 있다.

⑥ 구 해군 관계에는 현재 전범 취급을 받고 있는 자는 없다.

2. 한국 측이 제출한 SCAP 서한의 미불 금액에 대하여

뒤에 언급하는 참고자료 3의 한국 제출 1950년의 SCAP 서한에 기재된 미불금액 수치(237백만 엔)는 당시 일본 정부(대장성 이재국)가 총사령부에 제출한 수치를 기초로 계산된 것으로 보이는데, 그 후 일본 측이 위 수치를 재검토한 결과, 아래와 같이 수정할 필요가 있다고 판단됐다.

(1) 총사령부 섭외국이 주일 한국 대표부에 통지한 237백만 엔은 사령부의 1949. 6. 7자 각서 "한국의 청구(Claims from Korea)"를 토대로 같은 해 12월 21일에 대장성이 CPC(민간재산관리국)에 보고한 하기의 내용을 담은 최종 보고서를 기초로 했다고 생각한다.

조사 대상	건수	채무액	종류
국가지방경찰본부	2	1,708.00	은급
운수성(중앙기상대)	1	2,400.00	은급
우정성	2	304.73	봉급
	4	555.67	수당
	11	362.46	공제조합탈퇴일시금
농림성(임야청)	1	532.00	봉급
	1	58.00	우편저금
궁내청	24	4,780.11	은급
	27	3,123.75	수당
운수성(선원국)	311	417,500.00	봉급 수당
법무부	127,161	60,047,992.43	공탁 현금
	2,075	940,150.50	공탁 유가증권
구 육군	군인 77,000	9,000,000.00	봉급 등
	군속 38,000		
구 해군	55,823	56,301,431.00	봉급 등
노동성		4,582,401.54	봉급 및 수당(공탁 완료)

		9,450,428.03	우편저금
		13,465.49	은행예금
		55,448.57	유가증권
		96,741,510.90	미불금
소계		(110,843,254.53)	
총계		237,564,133.95	

(2) 하지만 위 표 중 법무부 관계의 에는 구 해군 공탁 완료액 이 포함되어 중복 계산했다.(중복분 합계)[29]

(3) 또 노동성이 보고한 수치에는 집계에 착오가 있으며, 실제 금액은 다음과 같다.[30]

공탁 완료액	
미불금	
우편저금※	
은행예금	
유가증권	
계	

※ 우정성 조사에 따르면 (일부 추정액을 포함한다)이다.

29 大蔵省,『経済協力·韓国 105』에서 먹칠 부분을 추측할 수 있다.
(2) 하지만 위 표 중 법무부 관계의 (60,988,142엔 93전)에는 구 해군 공탁 완료액(56,301,431엔 77이) 포함되어 중복 계산했다. 중복분 합계는 먹칠되어 있지만 60,883,833엔 31전이다.

30 (3) 또 노동성이 보고한 수치에는 집계에 착오가 있으며, 실제 금액은 다음과 같다.

공탁 완료액	4,582,401.54
미불금	96,741,510.90
우편저금※	9,450,428.03
은행예금	13,465.49
유가증권	55,448.57
계	110,843,254.53

※ 우정성 조사에 따르면 5,511,378엔 (일부 추정액을 포함한다)이다.

(4) 따라서 (2), (3)을 감안하면 실제 합계액은 다음과 같아야 한다.[31]

사령부 산출액	237,558.6천 엔
(차감) 노동성 착오액	
(차감) 집계 중복액	
차감(계)	

이상의 점에서 한국 측이 제출한 SCAP 서한의 수치는 (3) 미수금의 미불 금액의 기초로 하기에는 부적절하다고 생각된다.

31 (4) 따라서 (2), (3)을 감안하면 실제 합계액은 다음과 같아야 한다.

사령부 산출액	237,558.6천 엔
(차감) 노동성 착오액	110,84.3천 엔
(차감) 집계 중복액	60,882.8천 엔
차감(계)	176,674.8천 엔

3. 한국 청구금액 관계 자료

한국 측이 미불 금액으로 237백만 엔을 청구하는 근거로 든 SCAP 서한과 SCAP 서한의 기초가 된 일본 측 보고는 다음과 같다.

◎한국 측이 청구 자료로 제출한 SCAP 서한

APO 500

Diplomatic Section

DS/WJS/TWA/bk

The Diplomatic Section of General Headquarters, Supreme Commander for the Allied Powers, presents its compliments to the Korean Diplomatic Mission and has the honor to refer to the correspondence respecting the Diplomatic Section's note of January 20, 1950, concerning certain funds earmarked in Japan for payment to Korean nationals, and to recent conversations between representatives of the Mission and of this Headquarters on the same subject.

The Mission, in informed that of the ¥237,000,000 indicated in preliminary reports as possibly earmarked for Korean nationals in certain employment categories, only approximately three million yen is presently available in the Foreign Creditor's Yen Account.

In view of this fact, and in consideration of the probability that in the near future the determination of the whereabouts of the individuals throughout Korea to whom the money is due will be greatly facilitated, it is believed appropriate that for the present the Japanese

Government continue the program of segregating the funds in a single account. Transfer of the small amount now on deposit in the Foreign Creditors' Yen Account is accordingly considered premature.

Tokyo, October 21, 1950.

S 236	M/R Based on c/n no. 5 from DS to CPC, 25 Aug. 50; c/n no. 3 from CPC to LS, 11 Aug. 50: c/n no. 2 from DS to CPC, 11 Jul. 50, on CPC check sheet to DS, 16 Jan. 50, subj. "Funds Earmarked for Korean Nationals".
Copies to:	
CPC	
LS	Telephone conversation between CPC (Mr. Jena) and Mr. Ainsworth (DS) 20 Oct. 50.
	TWA 26-7596

To the Korean Diplomatic Mission Tokyo.

CIVIL PROPERTY CUSTODIAN

APO 500

DHB/WHD/cdt

091 (12 May 49)CPC/FP

MEMORANDUM FOR : Ministry of Finance, Japanese Government, Tokyo, Japan

SUBJECT : Claim from Korea

1. The Ministry of Finance is directed to investigate and report in detail on the funds held in Japan as of 15 September 1945 in the following names:

a. Korean nationals employed in Korea by the Korean Government General

b. Korean nationals employed in Japan by the Japanese Government

c. Korean nationals in the Japanese army

d. Korean nationals conscripted for other services and/or labor.

2. Report Will give detailed accounting of these earmarked funds, history of disposition thereof, and present balances and location thereof.

E. C. MILLER, Jr.

Colonel, Infantry

Deputy Custodian

◎총사령부 각서에 근거하여 일본 측이 보고한 자료

TO : Mr. Dayton FP/CPC

From : Ministry of Finance

21st Dec. 1949.

Dear Sir,

As the result of our investigation on "Claims from Korea" according to your Memorandum 091 (12 May 49) CPC/FP. We hereby present you the final report, combining the interim reports presented on 14th Oct. and 5th Dec. 1949.

Your further information will hereby by requested.

For the chief of Finance Bureau,

Ministry of Finance

R. Ohta

Report on the investigation of "Claims from Korea".

1. Fund held in Japan against the Korean Nationals employed in Korea by the Korean Government General

We requested to the Liquidation Office of Governor-General of Korea in Tokyo to inform us of the complete record on the fund, credited to the office by the captioned Korean Nationals. But according to their reply, they haven't any record on such matter (even the name-list of the Japanese officials.) The Liquidation Office of Governor-General of Korea is only the reliable agency through which we can expect the record concerned, and so long as the "Office" has not the record, we have no way of investigation further.

2. Fund held in Japan against the Korean Nationals employed in Japan by the Japanese Government

A. Followings are made clear on the captioned fund.

Kind of fund	Amount	Conditionat present	Case	Competent Office
Ordinary Pension	1,708.00	Pensioner's addresses are not clear, so the payment has not been made. Fund has been held at the Competent Office.	2	Personnel Sec. of the Hyogo Pref.
do.	2,400.00	do.	1	Central Meteological Observatory Ministry of Transportation
Salary	304.73	Hold as a cash by the chief of the savings section.	2	Tokyo Local Savings bureau, Ministry of Postal Service.
Allowances	555.67	do.	4	do.
Salary	532.00	Hold cash by the Forestry Administration Sec.	1	Forestry Administration Boards
Postal Savings	58.00	do.	1	do.
Grant of a lump sum of Mutual Aid Assoc.	362.46	A accused transfer savings, as remittance has not been made	11	Welfare Sec. Osaka Local Postal Service Bureau.
Total	5,920.86		22	

B. Following figures show funds held ty the Imperial Household Office against Korean Nationals. The claims should, however, be regarded as claims not against Japanese Government, but against Emperor, because the old Imperial

Household Department was not a administrative government agency under the old

Constitution [these funds are liabilities against employees of "Ri" imperial family (old imperial family of Korea)].

Kind of fund	Amount	Condition at present	Case	Competent Office
Pension	4,780.11	Held by the chief of Accountant Section of the Imperial Household Board, as no request has been made since the termination of the war	24	Imperial Household Office
Allowances	3,123.75	do.	27	do.
Total	7,903.86		51	

3. Fund held in Japan against the Korean Nationals employed in the Japanese Military

A. Army: As the result of our inquiry to the Army Repatriation Bureau, following are made clear:

Fund for persons now in the	South Korea.	7,000,000.00
	North Korea	2,000,000.00
	Total	9,000,000.00

Number of person concerned

Soldier	77,000
Civilian in Army employment	38,000
Total	115,000

They are now held in the Army Repatriation Bureau as the accrued liabilities and the complete list classified in each personnel is attached to item.

B. Navy: Competent Office: the Navy Repatriation Bureau

Item	Number of Case	Amount
Navy Repat. Bureau (Head Office)	26,691	¥39,626,257.31
Yokohama Repat. Bureau	5,304	4,931,810.66
Kure Repat. Bureau	11,039	7,300,148.59
Sasebo Repat. Bureau	12,486	2,872,803.76
Maizuru Repat. Bureau	303	1,570,411.45
Total	55,823	56,301,431.77

Remarks:

(1) Amounts are filed on Nov. 8 1949, and are now deposited at each local Deposit Office.

(2) Number of case shows times these payment should be made and not a number of person.

(3) Amount includes all salaries, wages and allowances, etc. to be paid.

4. Fund held against the Korean Nationals conscripted for other services and/or labor

A. Fund that is controlled under the authority of the Ministry of Transportation

Item	Number of Case	Amount
Salaries and allowance	311 men	417,500 yen

Above mentioned amount, that is salaries and allowances of the Korean Nationals conscripted by the Minister of Transportation as a seaman in the war-time, is now being held at the competent office as the accured

liabilities and the complete list concerned is also attached them.

B. Fund kept in the custody of Attorny General.

Item	Number of Case	Amount	Depositor
Cash	127,161	¥60,047,992.43	233
Securities not yet delivered to the owner	2,075	940,150.50	6
Total	129,236	60,988,142.93	239

Remarks

(1) Above mentioned amounts are filed on June 30, 1949 by the Attorny General's Office.

(2) Above figures Includes deposits made by the Navy Repatriation Bureau and private employers.

(3) Number of case shows the number of person.

C. Fund that is controlled under the authority of the Ministry of Labor.

a. We have made inquiry to the Ministry of Labor and following are made clear:

Item	Number of Case	Amount	Remark
a. Salaries and allowances Securities not yet delivered	32,700 men	¥4,582,401.54	Deposited at each local attorny General's Office by the employers
b. Postal Savings	---	9,450,428,03	
c. Bank Deposits	300	13,465.49	Fund referred to in item b--e are the custody factory and/or mine master and are supervised by the Ministry of Labor
d. Financial securities not yet transferred to the owner	---	55,448.57	
e. Amounts Payable	---	96,741,510.90	
Total		110,843,254.53	

b. Except the above mentioned amounts, we have the report that were paid to the persons (the League of Korean Nationals) who were not offered the power of attorny by the owner. It's amounts are as followings

¥2,676,216.53

c. Report on the funds referred to in item 4, C. was already presented from the Ministry of Labor to Mr. Mayer of C. P. C, in accordance with the Memorandum SCAPIN 2030/1, AG 260 (17 March 49).

d. The reason why the Japanese employers were unable to pay such large sum of wages to Korean Nationals.

(a) During the War, large number of Korean Nationals had been conscripted as laborer and worked at a mine and factories as well as Japanese. Among them, however, there were many who hated their Jobs and fried away.

(b) Moreover, taking advantage of economic confusion and of spread of black market at the termination of the war, large number of these Korean Nationals had renounced their right of receiving their wages and turned into the black market merchant, changing their address frequently. Besides Korean's repatriation make sure of their addresses. Under such conditions

as mentioned above, the Japanese employers were unable to pay and had to kept in custody such large amount of wages for them. (oral explanation of a competent official of the Ministry of Labor)

5. Fund deposited in the bank

Some amount of this kind of fund must be included in the bank deposit. Investigation on them, however, will be difficult because the nature of the Korean's name is very much resemble to the Japanese and they will be not easily classified each other.

4. 피징용자 보상금

1) 한국 주장

태평양전쟁 전후를 통틀어 노무자, 군인·군속으로 일본에 징용된 한국인이 입은 정신적, 육체적 고통에 대한 보상을 청구한다(한국인이 일본의 전쟁 수행 희생자로 징용된 점에 비추어 볼 때 사망자, 부상자는 물론이거니와 생존자에 대하여도 보상을 요구한다).

2) 한국 주장액

364백만달러

(단위: 백만 달러)

생존자	200달러	186
사망자	1,650달러	128
부상자	2,000달러	50
계		364

〈내역〉

◎ 한국 측 제출 자료의 피징용자수

(단위: 명)

	노무자		군인·군속		합계
생존자	648,081		282,000		930,081
사망자	12,603	①	65,000	②	77,603
부상자③	7,000		18,000		25,000
계	667,684		365,000	④	1,032,684

<산정 근거>

(1) 명수는 미 전략폭격조사단(United States Strategic Bombing Survey) 보고, 일본 후생성 피

징용자 관계 통계 등의 자료를 토대로 했다(조사단 보고는 노동성 합계의 경우 한국 수치와 일치).

① 은 군정청 시절에 관청을 통해 신고하게 했다(1946년). 대장(臺帳)은 한국전쟁 중에 망실됐다.

② 는 한국 측 추정. ③은 조사가 아닌 추정. ④은 일본 측 조사에 따른다.

(2) 1인당 금액은 ① 생존자는 특별한 근거는 없으며, 정신적 고통에 대한 최소한의 요구로서 청구한다. ② 부상자의 경우, 일본의 원호법에 따른 제5항증으로서 140달러(연간)를 책정하고, 평균수명 35년에 4,900달러 연금 현가이다. ③사망자는 유족을 배우자 및 자녀 2명으로 설정하고, 연간 170달러를 15년간 지급한 경우의 2,550달러 연금 현가이다.

3) 일본 견해

(가) 일본 측으로서는 조선인의 당시 법적 지위에서 볼 때 일본인과 동일하게 취급할 수밖에 없다. 따라서 생존자에 대해서는 보상하지 않고 사망, 부상자에 대해서는 당시의 규정에 따른 위로 조치가 이루어지고 있을 터이므로, 이들에게 지급해야 할 분이 남아 있다면, 그것은 전항 3. 피징용 미수금 안에 계상했을 것이다. 또한 군인은 다음 항 5. 대일본정부 청구 은급 항에서 고려해야 할 대상이다.

(일본의 징용 자체를 부당하다고 보고, 이를 이유로 보상을 청구하는 발상에 대해 일본은 승복할 수 없는 부분이다.)

(나) 하지만 본건 청구를 둘러싸고는 (일본을 위해 고생한 사람들이므로) 어떠한 배려가 필요하다는 의견도 있다. 그리고 그 경우, 종전 당시 일본에 징용으로 왔고, 전후 한국으로 귀국한 자에 대해서는 일본인 귀국자와 같은 취지에서 귀국자 급부금적인 것을 지급하면 어떻겠냐는 견해도 있다[이 견해는 당시 오히라(大平) 관방장관의 강력한 요청이었다].

(다) 그리고 일각에서는 은급 대상이 아닌 군속에 대해서는 다음 항 5. 은급과의 형평성을 고려하여 군속 전몰자에 대한 조위금을 적용하면 어떻겠냐는 의견이 있다.(외무성 관계자)

4) 일본 측 조사액

(A) 일본 견해 (1)을 채용하면 지급액으로 계산해 넣을 것이 없음.

(B) (2)를 채용하는 때

(가) 대장성 시산 　　　　　　　2,248백만 엔

이자는 없음(새로 급부금을 지급하는 것이므로).

(주)

귀국자 급부금 지급 실적(1961년 8월 말 현재) 　　　　(단위: 엔)

급부액		건수	금액
28,000	(50세 이상)	265,340	7,429,520
20,000	(30~50)	841,929	16,838,580
15,000	(18~30)	773,034	11,595,510
7,000	(18세 미만)	1,121,195	7,848,365
계		3,001,498	43,711,975

(나) 외무성 시산　　　　　　10,184백만 엔

<산정 근거>

(가) 일반 노무자

2만 엔 × 365(천 명) × 95% = 6,940백만 엔(A)

(나) 군인 · 군속(복원자)

2만 엔 × 192(천 명) × 70%(남한분) = 2,700백만 엔(B)

5만 엔 × 15.5(천 명) × 70%(남한분) = 544백만 엔(C)

(A+B+C) = 10,184백만 엔

<비고>

외무성이 주축이 되어 당시의 징용자수 및 기타에 대하여 다양하게 조사했으나, 현 상황에서는 거의 정확한 수치를 파악하기 어렵다는 견해에 도달했다.

[추정 수치]

① 징용자

이입 총수(1939~1945년) 667,684명

종전 시 현재 명수 322,890명(1945년 3월 말 현재)

◎ 이입자수 604,429명

◎ 감소수 328,567명

- 기간 만료 귀국 52,108
- 불량 송환자 15,801
- 직장 일탈자 226,497
  - 소재 불명자 209,750
  - 발견 송환자 4,121
  - 복귀자 12,626
- 기타 64,306

현재 인원수 288,488명

② 군인 · 군속(1962년 2월 후생성 조사) (단위: 명)

	복원	사망	계
군인	110,116	6,178	116,294
군속	110,043	16,004	126,047
계	220,159	22,182	242,341

(주)

1. 조선 전체 분 수치이다.

2 일본 재주자를 포함한다.

참고자료

1. 조선인 징용 상황 및 계수에 대하여

〈자료〉

◎ 「일본인의 해외 활동에 관한 역사적 조사」(조선편 제9분책)

◎ 「재일 조선인 처우의 추이와 현황」(1955년 7월, 법무연구43집 제3호)

◎ 외무성 작성 징용 한인수 관계 자료(1961년 10월 20일, 1962년 2월 9일 및 1962년 2월 19일)

(1) 조선인의 징용 상황

(가) 중일전쟁 이후 조선의 인적 자원은 일본 전체의 노무 급원으로서 전쟁 수행에 있어 극히 중요한 지위를 점했는데, 노무 동원 방법으로는 아래의 세 방법이 있었다.

① **징용** 국가총동원법(1938.4.1 법률 제55호) 제4호 및 제6조에 바탕한 국민징용령(1939.7.8 칙령 제451호)에 따른 징용이다.

조선에서는 그 전면적 발동을 피해 1941년에는 군 관계 요원에만 적용하다가 1944년 2월에 들어 조선 내 중요 공장, 사업장의 현원(現員)을 징용했다. 일본에서 일하던 조선인 노무자 일부에 대해서는 1942년 10월부터 징용령을 발동하여 군속으로 채용했다. 1944년 9월 이후(8월의 각의 결정에 따라) 조선에서 일본으로 송출된 노무자에게도 일반 징용이 시행됐다.

② **관 알선** 국가(총독부)가 직접 노무자의 모집, 선발, 송출을 담당했다.

③ **모집** 일본 측 사업주에게 도항 일체를 알선시켜 노무자를 집단으로 송출시키는 방법이다. 노무자의 자발적 의사에 따른 계약이라는 형태이기는 하나, 집단적 모집이며, 사회적 압력이 있었음은 상상하기 어렵지 않다(1939년 4월, 국민동원계획이 입안된 때, 조선인 노무자를 이입하는 방침이 결정됐다).

(주)

1. 전쟁 초기에는 관 알선이 압도적으로 많았으나, 전쟁 말기에는 일본의 공습이 빈번해지자 도항 기피자가 속출했고, 조선에서도 식량 증산 및 군 관계 토건공사가 급증하면서 노무 수급에 심각한 차

질이 발생한다. 이에 거부한 경우에 제재를 동반하는 징용에 기대게 됐다. 하지만 초기에는 가족의 동반이 허용되지 않은 탓에(1944년 2월의 각의 결정으로 허용된다) 남은 가족의 생계 문제가 있었다. 그리고 취로지와 기간이 불명료해 일정 기간이 지나도 연장되어 장기간에 달하면서 본인의 생사조차 알 수 없는 사람도 등장하는 등, 심각한 민심의 동요를 초래했다. 또 초기에는 쓸데없이 엄벌주의를 꺼린 탓에 징용에 불응하는 자가 속출하여 종전 직전에는 부득이하게 엄벌을 부과하는 태도를 표명하기에 이른다.

2. 조선에서는 창씨(조선인을 대상으로 일본식 성으로 바꾸도록 권장한 제도), 징용, (쌀의) 공출을 3대 한이라 부르고 있다(조선인이 "아이고, 아이고"라며 울부짖는데도 트럭에 태워 끌고 갔다는 말도 있다).

(나) 일본으로 송출된 조선인 노무자가 가장 환영받은 곳은 탄광이었다. 일본에서는 전쟁 중 증산(增産)이라는 지상명령 아래 노무 수요가 증가하는데, 석탄의 필요성이 고조되면서 탄광의 노무 관리는 한계에 다다랐고 노무자들이 잇달아 다른 산업 부문으로 유출됐다. 농촌 출신의 강인한 체력을 가진 조선인 노무자는 이러한 탄광의 위기를 구원하기 위해 보내져 1945년 3월 말 현재, 전국의 41만 6천 명의 탄광 노무자 중 32%인 13만 8천 명이 조선인이었다.

동원 노무자는 각 직장에서 종전 때까지 계속 일한 것은 아니었다. 1945년 3월 현재, 1939년 이후 약 60만 명의 동원 노무자 중 도망자, 소재 불명자가 약 20만 명에 달했고, 기간 만료 귀국자, 불량 송환자, 기타를 제외하면 사업소에 남아 있던 수는 동원 노무자의 절반도 채 되지 않았다.

주요 원인으로는 전시 중 물자 부족과 노무 관리의 부당성, 또 계약 기간의 연장으로 일자리가 불안정했다는 점을 들 수 있다. 그 밖에도 당시 조선인의 일본 도항이 제한되고 또 여비가 궁하던 차에 징용이라는 관비(官費) 관허(官許) 여행을 이용, 도항한 뒤 기회를 엿보다가 도망치는 사례도 있었고, 유혹이 많아 노무자 모집 브로커가 빼가는 경우도 많았다. 그리고 식량 규제가 전국적으로 불균등했던 탓에 규제가 느슨한 부현(府縣)의 사업장이나 특히 식량을 손에 넣을 수 있는 사업장으로 옮기는 경향이 있었다는 점 등도 큰 이유로 들 수 있다.

(2) 이입 조선인 노무자수

(가) 당시의 통계

명부는 각 사업장이 보관했으며, 이입, 전입, 귀국, 도망, 사망, 부상, 현재수 등도 각 직장에서 정리했다. 그에 대하여 1년에 2~3차례(3월 말, 6월 말, 12월 말) 각 부현을 통해 현재 통계를 집계했다. 1945년 3월 말에 통계를 내고 있으며, 그 후에는 종전 시 현재 수를 파악했다. 따라서 정부에는 당시의 집계 통계만 있고, 후생성은 각 명부를 보관하지 않았다. 다만, 1946년 6월에 총사령부의 명령으로 17개 부현 137,406명분의 명부를 수집했다. 또한 후생성과는 별도로 내무성 경보국에서도 집계했다.

(나) 한국 측이 제시한 총 인원수 667,684명에 관해서는 미 전략폭격조사단의 기록에 '후생성 노동국 조사'라고 쓰여 있으며, 다른 자료를 보더라도 진실에 가깝다고 생각된다.

◎ 미국 전략폭격조사단 작성

「전시 일본의 생활 수준과 인력 활용」 130쪽 부속표

Number of Korean Contract Workers Brought Into Japan Proper Annually by Type of Work Assigned, 1939-45

Year(1)	Total number	Type of Work assigned: Coal Mining	Type of Work assigned: Metal Mining	Construction and civil engineering	Other work including factories
1939	38,700	24,279	5,042	9,379	…
1940	54,944	35,431	8,069	9,898	1,546
1941	53,492	32,099	8,988	9,540	2,865
1942	112,007	74,576	9,483	14,848	13,100
1943	122,237	65,208	13,660	28,280	15,089
1944	280,304	85,953	30,507	33,382	130,462
1945(2)	6,000	1,000	…..	2,000	3,000
Total 1939~1945(3)	667,684	318,546	75,749	107,327	166,062

Fiscal year commending on 1 Apr. of year indicated and ending 31 Mar. of following year.

Estimated for first quarter of fiscal year(April through June)

Total number brought into Japan. Number of Korean leaving Japan or transferring from previously assigned industry nor available.

Source : Data submitted by Labor

Bureau, Welfare Department.

◎ 국민동원계획에 따라 도입된 조선인 노무자

연도	일본, 가라후토, 남양		일본만				기타 군요원 일본으로의 징용 (괄호 안은 그중 징용)
	계획 수	도항 수	계획 수	승인 수	도항 수	수입 실수	
1939	85,000	53,120	85,000	58,134	49,819	38,700	0
1940	97,300	59,398	88,000	71,695	55,979	54,944	65
1941	100,000	67,098	81,000	77,071	63,866	53,492	5,396(4,895)
1942	130,000	119,821	(130,000) (120,000)	121,320	111,823	112,001	4,171(3,871)
1943	155,000	126,296	150,000			122,237	4,691(2,341)
1944	290,000	286,432	(379,747) (290,000)			254,397	24,071(21,071)
1945	50,000	10,622	50,000				31,603(30,606)
계	907,000	724,787	864,000			635,771	69,997(62,784)
종전 시 현재		365,382				322,890	

비고: 1. 일본, 가라후토, 남양의 '계획 수', '도항 수'는 「일본인의 해외 활동에 관한 역사적 조사」에 따른다.

2. 일본만 중 '계획 수'는 조선총독부 광공국 근로동원과 「제86회 제국의회설명자료」에 따른다. ( ) 안은 후생성 자료에 따른다.

3. '승인 수'는 다케다 유키오(武田行雄) 「협화사업개론(協和事業概論)」에 따른다.

4. '도항 수'는 위 2.의 자료에 따른다. 1945년의 수치에 관해서는 위 1.에 1945년 대일본 국민징용수 9,786라고 적혀 있다.

5. '수입 실수'는 내무성 경보국 자료에 의하며, 1944년은 후생성 자료(1945년 3월분)에 따른다. 다만, 내무성 경보국 통계에서는 1945년 3월 말까지로 총 604,429명이다.

'종전 시 현재수'는 외무성 「종전사록(終戰史錄)」에 따른다.

6. 기타 '군요원수'는 1940년은 위 2.에 의하며, 1941~1945년은 위 1에 따른다.

7. 공란은 불명이다.

◎ 각 자료의 종합 비교표

(단위: 명)

연도 (4월 - 3월)	전략폭격 조사단 총수	다케다 씨의 수치	총독부 동원 통계	후생성 집계 (1)	경찰 자료 (후생성) (2)
1939	38,700	38,700	49,819		38,700
1940	54,944		55,979		54,944
1941	53,492		63,866		53,492
1942	112,007		111,823		112,001
1943	122,237		124,290	112,962	122,237
1944년	280,304			4월~2월	
				254,397	
1945	(추정)				
	6,000				
계	667,684				

비고: 1. 노동성 보관 1944년 3월 말 통계 및 후생성 자료(?)

2. 경찰청 비용(備用)의 「조선인 관계 통계」 ■■에 있는 것

(다) 징용 노무자의 내역

총수 667,684명은 앞서 말한 것처럼 신빙성이 높다고 보이나, 이는 자유 모집, 관 알선, 징용이라는 강제 제도의 사뭇 다른 3종의 노무자를 포함했다. 시험 삼아 3종류를 분류해 보면 다음 표와 같다.

① 동원의 종류

이입수

(단위: 명)

종류	기간	인원수
총수	1939년 9월 ~1945년 4월경	667,684
자유 모집	(1939년 9월 ~ 1942년 7월)	148,549
관 알선	1942년 2월 ~ 1944년 8월	318,835
국민 징용	1944년 9월 ~ 1945년 4월경	200,300

비고: 1. 자유 모집은 경찰청 「조선인 관계 통계」의 1945년 3월 말 이입 노무자 현재 인원수 조사의 이입자수란의 '모집' 항에서 발췌.

2. 관 알선, 징용 수는 대장성 관리국 편(編) 「해외 조사」에서 각 송출수(관 알선 327,013명, 징용 210,975명)를 계산, 그 비율로 관 알선, 징용 이입수(667,684명에서 위 자유 모집수를 뺀 수치)를 토대로 각 이입수를 산출했다.

② 이입 후의 경과

(단위: 명)

항목	인원수
이입 총수	667,684
(1) 종전 시 현재 지역에 있던 자	322,890
(2) 기간 만료 귀국자	52,108
(3) 불량 송환자	15,801
(4) 도망 후 발견 송환자	4,121
(5) 소재 불명자	225,458
(6) 기타 1.도망, 2. 질병 및 가정 사정으로 인해 영구 귀국 등	46,306

비고: (1) 후생성 「대동아전쟁 하의 근로 상황」에 따른다.

(2) (3) (4)는 경보국 통계(1945년 3월 현재)에 따른다. 4월 이후는 귀국자가 극히 한정됐다고 보았다.

(5) 경보국 통계(1945년 3월 현재)에는 209,750으로 기재됐으나, 이 표에서는 이입 총수에서 (1), (2), (3), (4), (6)항의 수를 빼고 있다.

(6) 경보국 통계(1945년 3월 현재)에는 46,306으로 기재됐다.

◎ 1945년 3월 말 이입 노무자

현재 인원수 조사

(단위: 명)

이입별 항목별		징용 알선	모집	합계
할당 인가수		516,301	195,204	711,505
이입자수		455,880	148,549	604,429
감모(減耗)수		199,493	129,074	328,567
내역	기간 만료 귀국자	19,663	32,445	52,108
	불량 송환자	8,664	7,137	15,801
	도주자	148,316	78,181	226,497
	(소재 불명자)	139,312	70,438	209,750
	(발견 송환자)	1,561	2,760	4,121
	(복귀자)	7,643	4,983	12,626
	기타	30,012	16,294	46,306
현재 인원수		264,060	24,458	288,488

비고: 1. 표의 수치는 누계수이다.
2. 이입자수에 대한 도주율은 37%이다.
3. 감모수의 징용 알선은 199,012, 동 합계는 328,086인데, 원 통계를 그대로 인용했다.
4. 복귀자수는 도주자수에 포함되되, 감소수에는 포함되지 않았다.
(경찰청 「조선인 관계 통계」에서 발췌)

◎ 조선인 노무자 대 일본 동원수 조사

(단위: 명)

연도	계획 수	석탄산	금속광산	토건	공장 기타	계
1939	85,000	34,659	3,787	12,674	-	33,120
1940	92,300	38,176	9,081	9,249	2,892	59,398
1941	100,000	39,819	9,416	10,965	6,893	67,098
1942	130,000	77,995	7,632	18,929	15,167	119,821
1943	155,000	68,317	13,763	31,615	14,601	128,296
1944	290,000	82,859	21,442	24,376	157,795	286,432

1945	50,000	797	229	836	8,760	10,622
계	907,300	342,620	67,350	108,644	206,073	724,787
종전 시 현재수		121,574	22,430	34,584	86,794	365,382

비고: 1. 1944년 계획 수는 연도 중간에 326,000으로 변경됐다.

2. 1945년 계획은 제1사분기 계획으로 설정된 것이다(「일본인의 해외 활동에 관한 역사적 조사」 조선편 제9분책, 68쪽).

(3) 조선인 군인 · 군속 관계 계수

(가) 조선에서는 1938년부터 특별지원병제도가 시행됐다.

◎ 지원 입대 수

(단위: 명)

1938년	400	1941년	3,000
1939년	600	1942년	4,400
1940년	3,000	1943년	4,400

1944년부터는 징병제가 시행되고 있다(일본 내 조선인에도 적용).

◎ 매년 5만명씩 소집됐는데 1945년에는 그 중 약 60 ~ 70%만 입대했다.

(나) 조선 관계 군인 · 군속 수(1962년 13일[32] 전문위원회 제1회에서 일본 측이 제출) (단위: 명)

	신분	복원	사망	계
육군	군인	89,108	5,870	94,978
	군속	45,404	2,991	48,395
	계	134,512	8,861	143,373
해군	군인	21,008	308	21,516
	군속	64,639	13,013	77,652
	계	85,647	13,321	98,968

32 월이 없음. 원문 오류임.

합계	군인	110,116	6,178	116,294
	군속	110,043	16,004	126,047
	계	220,159	22,182	242,341

비고: 1. 본 계수는 조선 전체 분이며, 남북한을 구별하지 않았다.

2. 본 계수에는 일본 재주자가 포함됐다.

(다) 위 계수의 설명

① 육군 관계(후생성 원호국 복원과)

육군 관계 군인·군속 수 143,000명의 경우, 일본, 조선, 남방 방면 소재 각 부대별로 명부가 있으며, 종전 후 각지에서 복원(復員)할 때마다 명부를 제출시켜 1950~1951년 무렵에 집계한 결과, 그 수는 무려 약 14만 명에 달했다. 한편 육군성이 1945년 3월 전국의 남겨진 가정을 대상으로 신고를 받아 정리한 수치와 각 부대가 보유한 부상자, 사망자의 단편적인 자료를 합친 결과는 약 11만 명이었다. 위 14만 명과 이 11만 명의 수치를 합하면 약 25만 명이 되는데 조사 결과, 두 수치의 성격상 당연히 중복이 있어 대조 작업을 진행했고, 결국 143,373명이라는 결과에 도달했다. 11만 명과 14만 명의 차이는 시간적 간극과 남겨진 가족의 착오, 부대 명부의 정리 미비에 따른 것이다. 하지만 일본 측이 제출한 143,373명의 수치에 관해서는 현재 명부, 카드 모두 갖춰져 있어 맞는 수치라고 확신했다. 어디까지나 상상이나, 한국 측의 수치는 위 11만 명과 14만 명을 더한 수치가 아닐까 생각된다.

② 해군 관계(후생성 원호국 업무2과)

해군과 관련된 98,000명 군인·군속의 신상 대장은 일본의 경우 소관 관청이 보유했었고, 전장에서는 파견대장을 보유했었다. 조선 분의 경우 진해해병단에 병적부가 보관됐었다. 그 대장들을 정리, 종합한 수치가 98,968명이다.

<참고>

◎ 구 육해군 군인·군속이었던 조선인의 복원·사망별 인원수 표(후생성 조사 1960년 12월)

	신분	복원	사망	복원 사망 불명	성명 미상	계
육군	군인	63,943	5,559	25,479	-	94,981
	군속	27,784	2,591	19,148	-	49,523
	불명	616	94	996	-	1,706
	계	92,343	8,244	45,623	-	146,209
해군	군인	20,843 (21,883)	307	166	1,040	22,356
	군속	64,422 (78,126)	12,923	307	16,704	91,356
	불명	-		-	-	-
	계	85,265 (100,009)	13,230	473	14,744	113,712
합계	군인	84,786 (85,826)	5,866	25,645	1,040	117,337
	군속	92,206 (105,910)	15,514	19,455	13,704	140,879
	불명	616	93	996	-	1,705
	계	177,608 (199,352)	21,473	46,096	14,744	259,921

비고: 성명 미상자는 대체로 복원으로 인정되나, 개인적인 자료가 부족한 탓에 확인이 불가능하다. 괄호 안의 수치는 이를 전원 복원자로 친 경우이다.

2. 보상금 청구의 문제점

(1) 본 청구의 성격

(가) 한국 측은 사망, 상병자뿐만 아니라 생존자까지 정신적, 육체적 고통에 대한 보상을 청구했다. 이는 징용 자체를 보상 청구의 근거로 하는 것이다.

(주)

1. 제5차 회담에서 한국 측은 "강제적으로 동원해 정신적, 육체적 고통을 준 것에 상당하는 보상을 요구하는 것은 당연하다"라고 말했다.
   그리고 일본 측이 "조선인은 당시 일단 일본인으로서 징용됐으니, 한국 측에서는 이들에게 일본인에 대한 조치와 같은 원호 조치를 취하기를 바라는 것인가"라고 묻자, 한국 측은 "우리들은 새로운 입장에서 요구했으며, (강제로 동원되어 고통을 받았다는 사실에 비춰) 이 점 사고방식을 고쳐주기 바란다"라고 답했다.
2. 제5차 회담에서 한국 측이 종종 카이로선언 등을 인용하며 "조선인의 노예 상태" 운운이라 말했는데, 그들의 기본적인 생각은 그러한 점에 있다고 추측된다.

(나) 하지만 일본 측의 기본 입장은 이러한 한국 측의 주장을 도저히 그대로 인정할 수 없다는 것이며, 애당초 일본인에 대하여도 단순히 전시 중 징용된 사실만 보고 보상하지 않았으므로, 한국인 징용자에게 이를 인정하라는 것은 논할 가치도 없으며, 더욱 일본인 피지용자에게 미칠 영향을 고려할 때 바람직하지 않은 문제를 초래할 수 있다.

일본 측은 위 (3) 미수금 중에 보상적 성격의 것이 있으며, 이를 지급하면 족하다고 일단 생각했으나, 이에 대하여 한국 측은 어디까지나 미수금으로서 청구하는 것으로, 보상금으로 청구하는 것이 아니라고 주장할 듯하다(이것들을 미수금으로 지급하는 한편, 보상금으로서 위로금을 지급하는 경우 이중 지급이 될 수 있다).

(다) 원호법과의 관계

1952년 4월, 전상병자 전몰자 유족 등 원호법이 제정되어 전쟁으로 인하여 사망, 부상, 병에 걸린 군인, 군속, 국민징용령에 따른 피징용자 등을 대상으로 원호가 시행되나, 조선인은 적용 대상에서 제외됐다.

(a) **유족원호법** 응징(應徵) 선원 및 국민징용령에 따른 피징용자 등을 대상으로 포함했다(두말할 필요도 없이 군인·군속도 포함했다)(유족원호법 제2조제1항제3호 참조).

하지만 같은 법 부칙 제2항에 따라 호적법이 적용되지 않는 자에 대해서는 적용 대상에서 제외됐다.

◎ 부칙 제2항 호적법 …의 적용을 받지 않는 자에 대해서는 당분간 이 법률을 적용하지 않는다.

(b) **유수(留守)가족원호법** 구 육해군에서 급여를 받았던 자로, 미복원자 등을 대상으로 했으나, 제2조에서 일본 국적이 없는 자에 대해서는 적용을 배제했다.

다만, 조선인에 대해서는 원호법의 적용을 인정하지 않았지만, 유수가족원호법의 특별 수당을 지급할 의무가 있지 않나 생각된다.

◎ 유수가족원호법 부칙 제9항 이 법률의 시행 시 실제로 구(舊) 법 또는 종전의 공무원급여법 부칙 제3항의 규정에 따라 봉급을 지급받고 있는 자가 이 법률에 따른 유수가족 수당을 지급받을 수 없다면 그 자 및 종전의 예에 따라 그 자와 같은 순위에 있는 자에게 1953년 8월 이후 매달 봉급의 액에 상당하는 액의 특별 수당을 지급한다….

(라) 일본 측이 최대한 말할 수 있는 것은 징용 자체가 부당한지 아닌지가 아니며, 구체적으로 당시 같은 일본인으로서 힘든 전쟁에 협력해 주었고, 고향을 떠나 이역만리에서 갖은 고생을 하다가 사망, 부상했다는 사실에 대해서는 일본도 "미안하게 생각하며, 할 수 있는 것은 다 해 주고 싶은 심정에서 법적 근거에 기초한 청구로 인정하는 게 아니라 양국 국민의 친선 관계의 강화 기타 정치적, 도의적 배려에서 관련 국내 법규와의 관계를 충분히 검토하면서 가능한 범위에서 조치를 강구합시다"는 것일 듯하다.

(마) 이러한 관점에서 도출된 것이 본문 시안에서 설명한 것처럼 조선인 노무자 등에 대

하여 귀국자 급부금을 유추 준용하여 지급하는 아이디어이다. 그리고 이 아이디어를 더욱 확대하여 일본인 피징용자를 대상으로 한 원호 조치의 준용까지 반영한 것이 외무성 시산이다.

(2) 다른 항목 등과의 관련

(가) 미수금과의 관계

앞의 3. 피징용 미수금 항에서 설명한 공탁금액 안에는 다음과 같은 피징용자 등의 피해에 대한 보상이 포함됐다.

① 국가총동원법에 바탕한 국민징용령 제19조의3에 따른 유족에 대한 제반 부조, 매장료.

② 공장법, 광업법, 노동자재해부조법, 건강보험법, 노동자재해부조책임보험법, 후생연금보험법에 따른 장해수당, 장해부조료, 유족연금, 유족부조료, 매장비 등.

③ 구 육해군 군인·군속에 대해서는 매장료, 유골인수경비(총 580엔 ~ 5,700엔까지)

(*) 응징 선원에 대해서는 제반 장해수당, 사망수당, 매장료 등.

3. 종전 후 구(舊) 군인, 군속 등에 대한 처우 일람표

급부 사유 신분	미복원자 또는 미귀환자에 대해	상병 또는 장해에 대해	사망에 대해	비고
군인	◎미복원자급여법(1953년 폐지) (1947년 법812호) 봉급 부양수당(유수가족에 대해) 귀향여비(복원 시 본인에게) ◎미귀환자 유수가족 등 원호법(1953년 161호) 유수가족수당 유수 가족에 대해 귀향여비(귀환 시 본인에게)	◎미복원자급여법(복원 後) 요양의 급부 ◎미귀환자 유수 가족 등 원호법(구환 後) 요양의 급부 장해일시금 ◎전상병자 전몰자 유족 등 원호법(1952년 법 127호) 갱생의료 보장구의 교부 국립보양소 수용 장해연금 장해일시금 ◎은급법(1923년 법48호) 증가 은급 병상연금 상병사금	◎미복원자급여법 유골인수경비 유골매장경비 ◎미귀환자 유수 가족 등 원호법 유골 인수 경비 매장료 ◎전상병자 전몰자 유족 등 원호법 유족연금 조위금(국채) (5만 엔) ◎은급법 부조료	미귀환자 유수가족 등 원호법의 시행에 수반해 미복원자급여법 및 특별미귀환자 급여법은 폐지됐다. 군속, 준군속은 전상병자 전몰자 유족 등 원호법상의 군속, 준군속을 말한다.
군속	군인과 동일	군인과 동일 (단, 은급법 비적용)	군인과 동일 (단, 은급법 비적용)	

급부 사유 신분		미복원자 또는 미귀환자에 대해	상병 또는 장해에 대해	사망에 대해	비고
준	특별 미귀환자	◎특별미귀환자급여법 (1953년 폐지) (1948년 법279호) 미복원자급여법 준용	◎특별미귀환자급여법 미복원자급여법 준용 ◎미귀환자 유수가족 등 원호법(귀환 후) 요양의 급부 장해일시금	◎특별미귀환자급여법 미복원자급여법 준용 ◎미귀환자 유수가족 등 원호법 유골 인수 경비 장제 경비	"특별미귀환자"란 전 육해군에 속하지 아니한 자로, 1945년 9월 2일부터 계속해서 해외에 있었고 소련 지역 내의 강제억류자와 유사한 실정에 있는 자를 말한다. 4. 점선에서 위는 준군속 중 특별미귀환자만을 대상으로 한다.
군	만주개척 청년의용 대원 등	◎미귀환자 유수가족 등 원호법	◎전상병자 전몰자 유족 등 원호법 장해연금(군인의 반액, 경증자는 제외)	◎전상병자 전몰자 유족 등 원호법 유족급여법(군인의 반액, 5년간 한정)	
	징용공	유수가족수당 유수가족에 대해 귀향여비 (귀환 시 본인에게)	갱생의료 보장구의 교부 국립보양소 수용	조위금(국채) (3만 엔)	
속	동원학도 전과참가 자				

<참조>

1. 유족원호법 규정 급여

① 군인·군속에 대한 유족연금

선순위자에게는 연 61,000엔

선순위자가 여러 명이면

$$\frac{(\text{선순위자수} - 1) \times 5{,}000 + 51{,}000}{\text{선순위자수}} \text{엔}$$

기타 유족에게는 1인당 5,000엔

② 준군속에 대한 유족급여금(5년간)

사망자 1명당 유족연금의 1/2(30,500엔)

③ 군인·군속, 준군속에 대한 장해연금, 장해일시금.

가) 연금은 최고 군인·군속의 특별 항증(項症) 256,000엔부터 최저 준군속 제6항증 26,000엔까지.

나) 군인·군속에 대한 장해일시금은 제1관증(款症) 24,800엔부터 제3관증 176,000엔까지

④ 조위금(일시금)

사망자 1명당 50,000엔

이 밖에 갱생의료의 급부, 보장구의 지급, 국립요양소 수용 등의 원호가 있다.

2. 유수가족원호법 규정 급여

① 유수가족수당

5,080엔 + (유수가족수-1) × 400엔

을 매달 지급한다.

② 장해일시금(38,000엔 ~ 1,600엔), 유골인수경비, 귀향여비, 요양비 등의 원호 조치.

(주) 위 금액은 1962년도 현재

5. 대일본 정부 청구

1) 미불 은급

(1) 한국 주장

문관(文官), 군인의 보통은급(普通恩給)에 대하여 20년간의 은급 지급을 청구한다[기(旣)재정(裁定)분 외에 재정 신청 중인 것을 포함한다].

◎ 은급법 상의 국적 상실 문제와 관련해서 보면, 본건은 본래 일본의 국적법 규정만으로는 논할 수 없다. 국적법은 개인의 의사에 따른 국적 상실을 규정한 것으로, 일본의 은급법은 본건과 같이 한국의 독립과 같은 사안을 상정하지 않았다. 따라서 개개 조문의 규정에 따라 판단해서는 안 된다.

(2) 한국 주장액 306,194,970엔

〈내역〉 (단위: 명, 엔)

연금	35,120	289,645,000
일시금	20,268	16,549,970
계	55,388	306,194,970

<산정 근거>

기재정분은 은급 업무를 다루었던 우편국 창구를 통해 (은급금고의 조사와도 대조해) 얻은 수치이며, 미(未)재정분은 종전 당시 신청 중인 것과 은급수급권이 발생했으나 서류를 제출하지 않은 것까지 포함한다. 38선 이북의 것은 기재정, 미재정 모두 일정 비율로 추정했다.

(3) 일본 견해

방침은 (청구권위원회에서 한국 측에 언급함)

① 기 재정분에 한정하지 않으며(종전 당시 미 재정분까지 포함한다)

② 국고 부담분만

③ 평화조약 발효까지의 기간 동안(법적으로 조선의 독립을 승인한 시기까지는 조선인을 일단 일본으로 취급함)에 대한 은급 지급을 고려한다.

◎ 외무성은 ① 종전 당시 미 재정분을 포함하고(위 본문과 동일) ② 지방비 지변을 포함하며 ③ 독립 후에도 계속해서 급부했다고 보고, 개개 권리자의 실권 때(평균 1991년)까지를 지급 기간으로 설정한다는 방침을 세우고 적산하려 했다.

(4) 일본 측 주장액

(가) 대장성 시산(평화조약 발효 시인 1952년 4월까지)	564백만 엔
이자(1961년 9월까지 연 5% 단리)	338백만 엔

<산정 근거>

(은급국 조사 수치를 기초로 지방비 지변분을 제외한 1952년까지의 분)

기재정 미재정 계　　809백만 엔 × 70%(남한분) = 564백만 엔

(나) 외무성 시산(1991년까지 지방비 지변분까지 포함)

11,960백만 엔

<산정 근거>

		은급국장 재정			조선총독·도지사 재정			지방비 지변		
		명수	1952년 까지	1991년 까지	명수	1952년 까지	1991년 까지	명수	1952년 까지	1991년 까지
문관	기재정	2,228	144,959		5,632	261,468		540		
	미재정	16,658						10,937		
	계	24,518						11,477		
군인	기재정	176	152							
	미재정									
	계									
계	기재정	2,404	145,111		5,632	261,468				
	미재정									
	계									

◎ 조선 관계 은급의 종류

	관직	근거법	재정자	부담 주체
1	일반 문관, 관립학교 직원, 공립중학교 직원	은급법	은급국장	국고
2	형무관, 조선총독부 순사	은급법	조선총독	국고
3	조선총독부 순사	은급법	도지사	국고
4	공립초등학교 직원	은급법	도지사	국고
5	조선총독부 도소방수	은급법	도지사	지방비
6	조선지방대우직원령에 따른 직원	은급법	도지사	지방비
7	지방비 지변 문관	은급법	도지사	지방비
8	도리원(道吏員)	도령(道令)	도지사	도
9	부리원(府吏員)	부령(府令)	부윤	부

참고자료

1. 조선 관계 은급제도에 대하여

(1) 조선 관계 은급, 연금제도의 개요

(가) 종류

① **관리, 대우(待遇)관리** 은급법의 적용을 받는다.

② **도·부리원** 도리원에게는 각 도의 도령, 부리원에게는 각 부의 조례에 따른 이원(吏員)퇴은료(退隱料) 그리고 유족부조료규칙에 바탕을 둔 퇴은료, 부조료 등을 지급했었다.

③ **현업관청 직원** 조선의 현업관청은 체신국, 교통국 이었다. 이 직원으로 은급법상의 관리가 아닌 자는 각 칙령에 따라 공제조합연금, 일시금을 지급하는 제도가 있었다.

◎ 1920년 칙령 574호(체신국공제조합)

◎ 1925년 칙령 116호 및 1921년 칙령 236호(교통국공제조합)

④ **구 한국인** 한일병합 이전 해, 한국의 군부 폐지에 수반하여 현역을 떠난 장교에게는 종신은급이, 휴직한 장교 중 일정 자에게는 연금인 부조금이 지급됐다.

기타 군인에게는 조선인군인 및 조선인군인유족부조령에 따라 복역연금, 상병연금(傷病年金), 진휼금, 장제료(葬祭料)의 부조료가 지급됐다.

(나) 조선의 공무원 은급, 연금제도를 재정 관청, 은급 급여 부담자별로 나타내면 다음의 일람표와 같다.

① 은급법에 따른 것

<table>
<tr><th>재정 관청</th><th>공무원의 종류</th><th>은급 종류</th><th>은급 부담 주체</th><th>봉급 급여 주체</th><th>대우</th></tr>
<tr><td>은급국</td><td>(가) 일반문관
관립학교 직원
(나)공립중학교 직원</td><td>연금은급
일시부조료
일시은급</td><td>국고</td><td>(가)국고
(나) 지방비</td><td>칙임(勅任)
주임(奏任)
판임(判任)</td></tr>
<tr><td>조선총독</td><td>(가) 형무관
(판임관은 제외)
(나) 조선총독부 순사</td><td>연금은급</td><td>(가)(나)
모두 국고</td><td>(가)(나)
모두 국고</td><td>판임 대우</td></tr>
<tr><td rowspan="5">조선도지사</td><td>(가) 조선총독부 순사</td><td>연금은급
일시부조료
일시은급</td><td>국고</td><td>국고</td><td>판임 대우</td></tr>
<tr><td>(나) 공립초등학교 직원
(초등학교, 실업보습학교, 유치원)</td><td>연금은급
일시부조료
일시은급</td><td>국고
지방비
(전액 국고 부담)</td><td>지방비
(반액 국고 부담)</td><td>주임</td></tr>
<tr><td>(다) 조선총독부
도소방수</td><td>연금은급
일시부조료
일시은급</td><td>지방비</td><td>지방비</td><td>판임 대우</td></tr>
<tr><td>(라) 조선지방대우직원에 따른 직원(1943.6 폐지)</td><td>연금은급
일시부조료</td><td rowspan="2">지방비</td><td rowspan="2">지방비</td><td>주임 대우
판임 대우</td></tr>
<tr><td>(마) 지방비 지변 문관</td><td>일시은급</td><td>주임, 판임</td></tr>
</table>

② 도령(道令) 및 부조례(府條例)에 따른 것

재정청	공무원의 종류	퇴은료 등의 종류	퇴은료 급여 주체	급료 급여 주체
도지사	도리원	퇴은료(연금)	도(지방비)	도(지방비)
부윤	부리원	퇴은료(연금)	부(지방비)	부(지방비)

③ 공제조합령에 따른 것

<table>
<tr><th>소관 관청</th><th>공무원의 종류</th><th>연금 등의 종류</th><th>연금 급여 주체</th><th>봉급 급여 주체</th></tr>
<tr><td rowspan="2">조선총독부
체신국</td><td>갑종 조합원</td><td>공상(公傷)연금, 퇴직연금(20년 이상)
일시금</td><td>조선총독부
체신국공제조합</td><td>국고</td></tr>
<tr><td>병종 조합원</td><td>퇴직연금, 일시금</td><td>상동</td><td>상동</td></tr>
</table>

조선총독부 교통국	갑종 조합원 및 병종 조합원	퇴직연금(15년 이상) 공상, 폐질(廢疾)연금(10년 이상) 유족연금, 유족부조료, 일시금	조선총독부 교통국공제조합	국고

④ 기타

소관 관청	공무원의 종류	연금 등의 종류	연금 급여 주체
조선총독부	1909년 7월 31일 구 한국군의 장교로 현역을 떠난 자	연금	국고
상동	조선군인	연금 유족부조금	국고

(2) 조선 관계 은급, 연금의 종전 이후 현재까지의 경위

(가) 관리, 대우관리에 대한 은급

① 은급국장 재정의 은급

당연히 일본인에게는 계속해서 지급됐으나, 조선인 수급자의 은급도 1945년도 제2기분(1945년 7월 인도)까지는 지급을 완료한 것으로 인정된다. 은급금고에 증서를 기탁한 것(재정의 20% 정도)에 대해서는 1946년도 제1기분(1946년 4월 인도)까지 은급금고 명의의 대체저금계좌에 대체를 완료했다. 또 1952년 4월분까지는 일반적으로 청구가 있으면 지급할 방침이었다.

(실제 지급된 금액은 우정청 저금국 조사에 따르면, 2,539,947엔)

② 외지 경제 부담, 지방장관 재정 은급 및 국고 부담, 지방장관 재정은 1946년에 양자 모두 전부 국고가 부담하는 것으로 정해졌다. 구 외지 지방장관이 재정한 은급은 은급국장이 재정하게 됐고, 종전 구 외지 지방장관이 발행한 은급 증서도 새로 은급국장이 발행하는 은급 증서로 교체됐다.

◎ 1946년 법률 제31호 및 1946년 각령(閣令) 제84호

또 구 외지에서 들어온 귀환자 등으로 1946년 칙령 제287호에 따라 자동으로 퇴직한 자에 대해서는 외무성을 진달(進達)관청으로 한다고 정했다.

2. 조선인에 대한 은급 지급의 문제점

(1960년 10월 이재국 외채과)

(1) 조약 선례

영토 변경에 수반한 국적 상실자가 가진 은급권에 관해서는 국제법상 학설, 규칙이 없다.

(가) 베르사유조약에는 프랑스에 할양된 알자스 · 로렌 지역에 관한 특별 규정이 있을 뿐, 일반 규정은 없다. 같은 조약 제62조제1항은 "독일 정부는 1918년 11월 11일까지 알자스 · 로렌에서 권리를 취득했고 또 지출을 독일제국의 예산이 부담하던 군인 및 비군인의 은급비 일체를 부담할 것을 약속한다"고 규정했다. 이는 다음과 같은 점이 주목된다.

① 은급권이 1918년 11월 11일(독일이 항복한 날)까지 '취득'된 것, 즉 항복으로 인한 영토 분리에 수반하여 퇴직하는 자의 은급은 포함되지 않으며, 그리고 독일제국의 은급법 규정을 상세하게 조사하지 않으면 확언하기 어려우나, 만약 독일 은급법이 재정관청에 의해 재정된 때 비로소 은급권이 '취득'된다고 정했다면, 1918년 11월 11일에 아직 재정되지 않은 은급(미 재정 은급)은 포함되지 않는다는 것을 뜻한다.

② "독일제국의 예산이 부담하던" 은급 즉 국비 부담 은급에 한정했다.

(나) 생제르맹조약(Saint-Germain Treaty) 등의 규정

생제르맹조약과 로잔조약에 따르면, 이들 조약에 따라 오스트리아 이외의 국가의 국민이라 인정되고 또 그 국민이 되는 자는 자신의 은급금을 오스트리아 정부에 대하여 어떠한 청구권도 행사할 수 없다고 규정했다(생제르맹조약 제216조, 로잔조약 제61조).

(다) 이탈리아평화조약의 규정

① 이 조약 제14 부속서 제9항은 다음과 같이 규정했다.

"이탈리아국은 이 조약에 의거하여 계승국의 국적을 취득하는 자가 이탈리아국의 국가, 시 또는 다른 지방행정관청의 근무에 대하여 이 조약의 시행일까지 받은 문관 또는 군인의 은급을, 아직 지급기일이 도래하지 아니한 은급 수령권까지 포함하여 지급하는 건에 관하여 계속해서 책임을 부담해야 한다. 이 책임을 수행하는 방법을 규정하는 협약은 계승국과 이탈리아 간에 체결되어야 한다." 그리고 트리에스테 자유지역(Free Territory of Trieste)에 관해서도 제10 부속서 제8항에 동일한 규정을 두고 있다.

② 여기서 "아직 지급기일이 도래하지 아니한 은급 수령권"이란 구체적으로 어떤 범위까지를 가리키는 것일까, 미 재정 은급뿐만 아니라 아직 은급권이 발생하지 않은 자로 만약 현재의 근무를 계속했었다면 장래 은급권을 취득할 터인 자에게도 은급을 지급해야 한다는 뜻일까, 아니면 단순히 기(旣) 발생 은급권자의 은급에 대하여 장래 지급액까지 고려한 금액을 지급한다는 뜻일까, 이탈리아의 은급법을 연구하지 않으면 의도하는 내용을 알 수 없다.

③ 어쨌든 은급 지급 방법에 관해서는 따로 이탈리아와 트리에스테 자유지역 또는 다른 계승국 간에 협약을 맺도록 정했다. 이탈리아의 처리 방법은 지방 단체가 부담하는 은급도 이탈리아가 책임을 떠맡고 있다는 점에서 주목할 만한다.

(2) 은급의 특징

(가) 이상과 같이 은급이 영토 할양에 수반하여 어떻게 처리됐는가를 보면, 조약의 선례와 일치하지 않는다. 따라서 이 문제는 조약 선례를 참고하면서 우리나라 은급의 특징을 고려하여 합리적으로 해결해야만 한다.

(나) 우리나라 은급의 특징은 은혜적인 것이라고 일컬어진다.

은급 수급권은 권리라 하나 국가와 계약 관계에 있다고 간주되지 않은 '천황의 관리'에게 일방적·은혜적으로 부여한 것에 불과하다. 따라서 일정한 법률 요건에 해당하면 그 권리는 당연히 소멸한다.

1952년 4월, 평화조약의 발효와 동시에 조선인이 일본의 국적을 (일본 국내법상) 상실했다면 은급권은 당연히 소멸한다(은급법 제9조제1항제3조).

(다) 이와 관련해서는 은급법 제9조의 실권 사유와 관련된 영토 분리와 같은 경우를 예상한 규정이 아니며, 이러한 취급은 기득권 또는 기대권을 해친다는 반론도 제기할 수 있

으나, 기득권 또는 기대권이라 해도 당시의 제도 체계 안에서의 기득권이나 기대권은 다시 말해 국적 상실이 실권 사유였던 제도 체계 안에서의 기득권, 기대권이므로, 1952년 이후는 조선인에게 은급권이 없다고 볼 수밖에 없다.

(3) 각 은급에 대한 검토

(가) 은급법에 따른 은급

(a) 국고 부담 은급

국고가 부담하는 조선인 은급은 이상에서 설명한 제반 사항을 고려할 때 다음과 같이 처리하는 것이 타당하다고 본다.

① 종전 당시 은급권이 발생한 것 또는 1952년 4월까지 은급권이 발생한 것은 1952년 4월까지의 은급을 지급한다(미 재정 은급도 지급한다).

② 군인 은급은 지급할 수 없다(위문금으로 지급하는 것은 특별한 사례이다).

③ 기발생 은급에 관해서는 각 기(期)의 은급금에 대한 시효(회계법상 5년) 문제가 있으나, 종전 후 발생한 은급권의 미재정으로 인한 소멸 시효(은급법상 7년)는 적용하지 않는다.

이는 평화조약 및 전 전 난세이제도(南西諸島) 관공서직원 등의 신분, 은급 등의 특별조치에 관한 법률 등의 예에서 보더라도 당연하다.

(b) 지방비 부담 은급

다음과 같은 의견이 제기되고 있다. 종전 은급법에 따른 은급으로 구 외지 지방경제가 부담하던 것은 참고자료 1과 같이 1946년 법률 제31호에 따라 국고가 부담하게 됐는데, 이는 조선인의 은급에 대하여도 완전히 동일하다. 따라서 국고 부담 은급과 마찬가지로 1952년 4월까지 발생한 은급권에 대해서는 1952년 4월까지의 미인도분을 지급해야 한다는 것이다(미 재정 은급도 지급한다).

이에 대하여 위 구 외지 부담분의 국고 부담화 조치는 일본인 귀국자로 외지 근무자에 대한 구제적 특례 조치로 시행된 것으로, 조선인에게도 이 특례를 확대 적용할 의무는 없다. 따라서 지방비에 대해서는 지급 의무가 없다는 의견도 있다(본문, 대장성 시산은 이 의견을 토대로 했다).

(나) 지방 단체의 조례 등에 따른 퇴은료 등

조선의 지방 단체에는 도(道), 부(府), 읍(邑), 면(面), 학교비조합, 학교조합이 있었는데 모두 조선총독부의 하부기구적 성격을 겸했었기 때문에 완전히 독립된 지방 단체라 말하기 어려웠다.

하지만 애당초 단체의 이원(吏員)은 단체의 피용자로서의 신분을 가지며, 단체의 규약, 조례에 따라 기대권 또는 권익이 발생하며, 국가의 직접적 보호를 받지 않고, 국가에 대한 직접적인 청구권을 가지지 않는다. 실제로 일본인도 이들 지방 단체의 직원 등이었던 자에게조차 현재 국가는 어떠한 은퇴료 등도 지급하지 않았다.

(1946년 법률 제31호 제5조에서 말하는 지방 경제 부담의 은급이란 은급법상의 은급으로, 퇴직금, 퇴은료 등을 포함하지 않는다.)

따라서 이들 퇴은료 등은 지급할 수 없다.

(주) 종전 직후 조선총독부 정무총감 통첩, 각 도지사 앞 「지방 단체 직원의 신분 등 취급에 관한 건」은 일시불로 퇴은료 등을 유자격자에게 지급해야 한다고 지시했으나, 실제로 어느 정도 지급됐는지는 불분명하다. 그 후 미 군정법령 제2호(1945년 9월 25일)는 8월 9일까지 소급하여 일본인과의 거래를 추인(追認)이 없는 한 일체 무효화했는데, 퇴직금 등의 지급에 대해서는 추인을 얻지 못한 듯하다. 만약 한국이 이 통첩을 근거로 퇴은료 등의 지급을 요구하는 경우, 우리 측은 이들 퇴은료에 대한 책임 준비적 성질을 가진 지방 단체의 자산을 한국 측이 물려받았다고 지적해야 할 것이다.

(다) 공제조합령에 따른 퇴직연금 등

한국 관계 공제조합에는 참고자료 1과 같이 체신국과 교통국이 있으며, 1950년 구령(舊令)은 공제조합에서 연금을 지급하도록 정했다. 그러나 이 조치는 대상을 일본인 조합원에 한정하여 조선인에게는 적용되지 않는다.

이에 대해서는

① 이 법은 점령군의 점령하에서 제정됐으며,

② 예를 들어 교통국공제조합의 재산을 보면, 총재산 26,044,090엔(1945년 현재) 중 23,611,465엔이 조선에 있으며 체신국공제조합의 재산도 전부 조선에 있다고 추정된다. 따라서 이들 재(在)조선 재산은 한국이 물려받았으므로, 관련 조문(relevant clause)에 따라 이 점을 고려하여 조선인조합원의 연금 등은 한국이 부담해야 한다고 주장할 필요가 있다.

[요강 2(4) 총독부 도쿄사무소, 비고 항을 참조할 것]

(라) 구 한국군인장교에 대한 은급

한일병합의 성격론과 결부되는 문제로, 우리 측은 신한국의 성립에 수반하여 한국이 이들 은급을 지급해야 한다고 주장할 필요가 있다고 생각한다.

3. 한국인의 국적에 대하여

(1961년 10월 이재국 외채과)

(1) 한일병합에 따른 일본 국적의 취득

(가) 조선인은 1910년의 한일병합으로 일본 국적을 취득했다고 풀이되고 있다.

> (주) 신 영토 취득의 경우에 그 주민이 일본 국적을 취득하는 조건은 각 경우에 대하여 조약이 정하는 바에 따라야 하며, 경우에 따라 다르다. … 한국병합의 경우에는 본디 이와 같은(대만의 경우처럼) 선택권이 인정될 여지는 없고 병합 당시 한국의 국적을 가진 자는 모두 병합에 수반하여 일본인이 됐다[미노베 다쓰키치(美濃部達吉),『헌법촬요(憲法撮要)』, 156쪽].

즉, 구 헌법은 "일본 신민의 요건"은 법률이 정하는 바에 따른다고 정했는데, 조선인의 국적의 경우 이 '법률'에 해당하는 것은 한국병합조약이었다고 생각한다.

(나) 국적의 득상(得喪) 요건을 정한 구 국적법은 대만에는 적용됐으나, 조선에는 종전 때까지 시행되지 않았다. 그러나 제령에 따라 국적법에 따라야 한다고 정했었다.

(다) 조선에 대해서는 호적법도 적용하지 않았다. 이는 대만도 마찬가지였다. 조선인과 일본인, 대만인, 가라후토 원주민 상호 간에는 전적(轉籍)의 자유가 없었다. 전적이 인정되지 않은 주된 이유로는 조선인에게는 병역의 의무가 없어 전적의 자유를 부여할 경우 전적이 병역 기피 수단으로 악용될 우려가 있었기 때문이라고 설명되고 있다. 다만, 마찬가지로 병역의 의무가 없는 대만인과 사이에서도 전적은 인정되지 않았으며, 태평양전쟁이 발발하여 조선인에게도 병역을 부과한 이후에도 전적은 인정되지 않았다. 그러나 이 호적이 분리됐던 탓에 내선인의 구별이 극히 명료해지는 결과를 낳았다.

(2) 전후 조선인의 국적 취급

(가) 전후 평화조약이 발효되기 전까지 법률은 조선인을 다음의 세 가지로 취급했다.

① **일본인과 동일하게 취급** 이것이 원칙이며 특별히 정하는 경우를 제외하고 일본인으로 취급됐다.

② **'당분간' 법률의 적용 대상에서 제외** 호적법이 적용되지 않는 자는 제외함으로써 조선인을 제외했다. 공직선거법(부칙 제2호) 등

③ **'당분간' 외국인으로 간주** 외국인등록령(제11조)

① 의 경우는 물론이거니와 ② 도 단순히 적용에서 제외하는 수준에 그치고 있으며, ③ 도 조선인의 특수한 지위를 고려하여 외국인으로 '간주'한 데에 불과하며 일본 국적을 상실한 것은 아니다.

(주)

1. 연합국총사령부는 전 세계 국가들을 연합국, 중립국, 적국, 특수지위국, 지위미정국으로 분류하고 조선을 특수지위국에 포함시키고 있다. 1945년 11월 1일, 최고사령관에 대한 초기의 기본지령(Basic Initial Post Surrender Directive to Supreme Commander for the Allied Powers for the Occupation and Control of Japan (JCS1380/15))은 재일 조선인에 대하여 대만인과 함께 "군사상 안전이 허락하는 한 '해방 국민'으로서 처우해야 한다. 그들은 이 지령에서 쓰고 있는 '일본인'이라는 용어에는 포함되지 않는다. 하지만 '일본 국민'이었으므로 필요한 경우에는 '적국인'으로서 처우하여도 좋다"고 하달했다.

   1946년 11월, 총사령부는 "총사령부의 인양 계획에 근거하여 본국으로의 귀환을 거절하는 자는 정당하게 설립된 조선 정부가 그들을 조선 국민으로 승인할 때까지 일본 국적을 유지한다(고 간주된다)"고 말했다.

2. 조선인의 국적에 관하여 ① "일본 정부는 일본 국내에 거주하는 조선인은 여전히 일본 국적을 가진다고 풀이해야 하며", ② "종전 전부터 계속해서 일본에 재주한 조선인은 강화조약이 체결될 때까지 특별한 정함이 있는 경우를 제외하고 종전대로 일본 국적을 가지는 자로 처우할 수밖에 없다", ③ "조선인의 국적은 강화회의에서 정식으로 결정될 것이며, 현재는 미확정 상태이다. 조약을 체결하지 못한 현재, 그들은 일본 국적을 상실하지 않았다고 해야 하며, 특히 일본에 거주 중인 자는 그렇게 말할 수 있다. 물론 개개의 경우, 가령 외국인등록령을 적용하면 외국인으로 취급되는 등, 그 취급이 일정하지 않아 마치 이중 국적 상태에 있는 것과 같은 인상을 줄 수 있다", ④ 따라서 "귀화 문제는 발생하지 않는다"고 여겨졌다.

   ① 1949. 1. 26(민사 갑 제144호) 법무부 민사국장 회신 「조선인의 국적」

   ② 1949. 4. 28(행정 갑 제26호) 최고재판소 사무총장이 참의원 법제국장에게 보낸 회신 「재일 조선인의 청원권 및 국적」

   ③ 1949. 4. 28 법무조사의견장관이 참의원 법제국장에게 보낸 회신 「재일 외국인의 청원권 및 재일 조선인의 국적에 대하여」

   ④ ① 과 같음.

(나) 조선인은 전후 강화조약의 발효로 국적을 상실했다고 생각된다. 일본국과의 평화조약 제2조 (a)항에서 "일본은 한국의 독립을 인정하고…"라고 정한 것이 국적 상실의 근거 규정이다.

평화조약의 발효로 조선인이 일본 국적을 상실했다는 의견에 대해서는 영토 분리 시 국적 변경의 문제는 당사국 간의 조약에 따른 결정에 따라야 하며, 그러한 조약에 따라 국적이 결정될 때까지는 분리지역에 속한 주민의 국적은 펜딩(pending) 상태에 있는 게 아니냐는 의문이 있다.

하지만 이 의문은 잘못된 것이다. 국가는 국민의 범위 즉 국적을 자주적으로 결정할 수 있다는 것이 국제법의 통설이다(주). (다만, 제1차 세계대전 때는 당사국 간에 결정된 예가 많다.)

(주) 국적은 원칙적으로 각 나라가 정한다. 각국은 국내법으로 누가 국적을 취득하는지, 어떠한 경우에 그것을 상실하는지를 정한다. 국가가 예로부터 이를 수행해 왔기 때문에 국제관습법은 그것을 그대로 인정했다. 이러한 의미에서 국적은 국내 문제이다. 최근에는 일반 조약에서 그것을 명시적으로 인정했다. 1930년의 「국적법의 저촉에 관한 헤이그협약」은 "각 국가는 자국법에 따라 누가 자국민인지를 결정한다. 이 법이 국제협약, 국제 관습 및 국적과 관련하여 일반적으로 인정된 법의 원칙에 부합할 경우 다른 국가도 이를 인정해야 한다"(제1조), "개인이 특정 국가의 국적을 보유했는가의 문제는 그 국가의 법에 따라 결정한다"(제2조)고 정했다[요코타 기사부로(横田喜三郎) 『국제법 II』].

따라서 한국의 국적법 여하에 상관없이(주), 우리나라로서는 평화조약 제2조에 따라 조선인은 일본 국적을 상실했다고 주장할 수 있다.

일본국 헌법 제10조는 "일본 국민이 되는 요건은 법률로 이를 정한다"고 하고, 국적의 득상을 정하는 요건을 법률 사항으로 규정했다. 하지만 조약은 법률보다 우위에 있으며 더 나아가 헌법보다 우위에 있으므로(98조, 81조), 일본 국적의 상실을 조약으로 정하는 것도 물론 가능하다[주 일본국 헌법 상권(2)].

(주) 1948년 5월 12일, 남한과도정부는 「국적에 관한 임시 조례」를 시행했다.
이 조례는 조선에 국적법이 제정되기 전까지의 임시 조치로서 조선인의 국적을 결정한 것으로, 다음과 같이 규정했다.
"외국의 국적 또는 일본의 호적을 취득한 자가 그 국적을 포기하거나 일본의 호적을 이탈한 자는 단기 4278년 8월 9일 이전에 조선의 국적을 회복한 것으로 간주함."(제5조)
이는 본적주의에 기인한 것이나, 당시 남한과도정부는 미 군정청 하에 있었고 후술하는 일본의 외국인 등록령과 이 규정은 표리관계에 있었다는 점을 고려할 때, 당시 연합국이 독립 조선의 국민이 되어야 할 조선인의 범위를 본적주의에 따라 정하고자 한 의도는 자명해진다[이케카와 요시마사(池川良正), 「조선의 독립과 그 국적」(朝鮮の独立とその国籍), 민사연수 13호].

(다) 평화조약 제2조 (a)항의 해석에 관한 법률은 현재 없다. 그에 해석은 부득이하게 행정적인 것에 의존했는데, 대표적인 것이 1952년 4월 19일 법무성 민사 갑 438의 민사국장 통달이다.

이 통달에서 관련 부분을 추려보면, 다음과 같다.

◎ 조선 및 대만은 조약 발효일부터 일본국의 영토에서 분리되므로, 이에 수반하여 조선인 및 대만인은 일본에 재주한 자를 포함하여 전부 일본국 국적을 상실한다.

여기서 말하는 조선인이란 조선 호적에 있는 자 혹은 있어야 하는 자를 가리킨다는 것은 통달 전체를 통틀어 자명하다. 또 평화조약의 발효에 부응하여 규정된 출입국관리령 제2조의 "평화조약의 최초 효력 발효일에 일본 국적을 이탈하는 자"가 본적주의에 기인하는 조선인, 대만인을 가리킨다는 것은 그 후의 같은 법의 운용에서 볼 때 의심의 여지가 없다(위 논문, 이케카와 마사요시, 「조선의 독립과 그 국적」).

(라) 이상과 같이 조선에 본적을 가지고 있거나 가져야 하는 자는 평화조약의 발효에 수반하여 일본 국적을 상실했다고 해석되는데, 독립 조선의 국민이 된 조선인이 대한민국의 국민인지 조선인민민주공화국의 국민인지를 둘러싸고는 문제가 남는다. 이번 한일회담에서 만약 일본에 재주 중인 조선인을 한국 국민으로 인정할 수밖에 없는 결과가 나올 수도 있다. 그 경우 한국이, 한국 국민의 일본국 또는 일본 국민에 대한 청구에 관한 한 조선 전체를 대표한다고 인정하는 셈이 되어 논쟁을 부를 듯하다.

4. 영토 분리에 수반하는 각국의 은급제도에 관한 조사

(1962년 2월 외무성 북동아시아과)

Ⅰ. 조회 전보

수신처 미국, 영국, 프랑스, 이탈리아, 오스트리아, 캄보디아, 파키스탄, 필리핀, 베트남

우리나라의 은급법 제9조는 수급권자의 일본 국적 상실을 은급권 소멸 사유로 정했으며, 또 조선인은 평화조약 발효 당시 일본 국적을 상실했다고 취급했다. 따라서 은급법상 조선인에게는 은급 수급권이 일단 없는 것으로 취급되고 있다. 현재 진행 중인 제6차 한일회담에서 한국의 대일청구권 문제를 처리할 경우 이 점이 큰 논쟁거리로 부상하리라 예상한다. 2차 세계대전 이후 독립한 신국가와 구(舊) 본국 간에 독립 시 은급(또는 이에 상당하는 연금) 관계에 관한 처리 방식을 참고하고자 하니, 부임국의 관계에 대하여 별전의 제반 사항을 시급히 조사하여 결과를 회신하고, 자료를 송부하여 주기를 당부드린다.

〈별전(別電) 1〉

수신처 미국, 영국, 프랑스, 필리핀, 베트남, 파키스탄, 캄보디아

(1)

(가) 인도, 파키스탄, 필리핀 및 인도차이나 3국의 현지 정부 기관에서 근무했던 구 본국인과 현지인에 대한 은급제도는 독립 전부터 체계, 재원 모두 구 본국 은급제도에서 분리됐었다. 따라서 독립 시 신국가와 구 본국 간에 특별한 처리를 하지 않은 것으로 보이는데 이렇게 이해해도 되는가?

(나) 현재 신국가의 국적을 보유한 자로 구 본국 정부에서 은급을 받고 있는 자의 규모는?

(다) 현지 정부 기관에서 신정부로 은급제도가 자동 전환되지 않고 신국가가 구 본국 정

부에서 은급 지급 의무를 계승했다면, 은급 기금 등의 재원이 신국가 정부로 인계됐는가? 그 배분 방법은?

(2) 기타 참고할 만한 사항

〈별전 2〉

수신처 오스트리아

(1) 1938년 독일의 오스트리아 병합, 1945년의 분리 결과, 구 오스트리아의 은급제도는 독일의 은급제도와의 관계에서 어떻게 처리됐는가?

(2) 현재 오스트리아 국적 보유자로, 위 병합 기간 중에 독일 정부 기관에 근무했던 자 중 독일 정부에서 은급을 받고 있는 자가 있는가? (본래 독일 정부 기관이었던 경우와, 구 오스트리아 정부 기관이 병합으로 독일 정부 기관이 된 경우 사이에는 어떤 차이가 있는가? 또 오스트리아 지자체의 지방비 부담분은 어떻게 처리됐는가?)

그 근거가 되는 법률 또는 협약 내용은 어떠한가?

(3) 현재 독일, 오스트리아의 은급법은 우리나라 은급법처럼 수급권자의 당해 국적 상실을 은급권 소멸 사유로 정했는가?

(4) 기타 참고할 만한 사항

〈별전 3〉

수신처 이탈리아

(1) 이탈리아평화조약 제14 부속서 제8항은 구 이탈리아 정부 기관에서 근무했던 은급 수급권자에 대하여 신국적 취득에도 불구하고 이탈리아가 계속해서 은급을 지급할 책임이 있다고 규정했으며, 그 시행 방법은 신국가와의 협약에 따른다고 정했다. 그렇다면 해당 협약에서는 대상자의 주소별, 근무지별로 구체적으로 어떻게 처리하도록 정했는가?

(2) 이탈리아의 은급법은 우리나라 은급법과 같이 수급권자의 이탈리아 국적 상실을 은급권 소멸 사유로 정했는가?

(3) 기타 참고할 만한 사항

Ⅱ. 회답 전보

미국

(1) 은급에 관한 연방법은 1920년에 성립했는데[주법(州法)은 이전에도 존재했다], 이는 시험을 치고 임용된 공무원에게만 적용됐다. 이는 1942년에 개정되어 지금의 공무원퇴직법(Civil Service Retirement Act)으로 바뀌었는데 같은 해 이후 시험 채용뿐만 아니라 영구적으로(permanent base) 채용된 연방 정부 피고용인 전원에게 은급을 지급한다. 1920년 이후, 시민권 유무에 따른 차별이 완전히 사라져 은급법의 조건을 충족하는 한, 美 정부는 전 세계에 거주하는 외국인에게 매달 은급을 송금했다.

(1942년 개정법에 따라 새로이 은급 자격을 취득한 자에게는 그전까지의 근무 연한을 가산했다.)

(2) 따라서 1935년의 필리핀 독립에 따른 국적 변경 문제는 위 미국 은급법에 어떠한 영향도 주지 않았으며, 필리핀 독립 전후를 불문하고 필리핀에서 미국 정부에 고용되어 위 은급법의 제반 조건을 충족하는 미국 시민 또는 필리핀 국민에게는 은급이 지급되고 있다.

(3) 다른 한편 필리핀은 다른 나라들과 달리 1935년 이후 일정 정도 자치권을 부여받고 있다. 이에 필리핀 자치 정부는 피고용자에게 은급을 지급하는 몇몇 법률을 제정했다.

(필리핀국 ACT No. 2589, 2796, 2891, 3050, 3100, 4151 및 Commonwealth Act No. 350, 400, 536) 이들에 따르면, 모든 조건을 충족하는 한, 미국 시민에게도 은급이 지급됐고 독립 후에도 변경은 없었다. 현재 미국 시민으로 필리핀의 은급을 받고 있는 자의 규모는 당지에서는 불분명하다.

필리핀

(1) 모두 귀 전보 (1)(가)는 올바르게 이해하고 계신다.

(2) 필리핀 관계 법규에는 우리나라의 은급법 제9조 1의 3과 같은 취지의 규정이 없으므로, 이론적으로는 필리핀의 은급을 받고 있는 미국인이 존재할 수 있다(다만, 당지 관계 당국은 참고할 만한 수치를 전혀 보유하지 않은 듯하다). 또 필리핀의 미국인 관리 수는 총독 시절 말기에 이미 급감했고, 1935년에 자치정부(Commonwealth of the Philippines)가 출범한 당시에는 소수의 예외를 제외하고 전부 현지인으로 교체됐다. 따라서 현재 수급자의 규모는 극히 적을 것으로 추정된다[1937년 만철 조사국 편, 『남양총서(南洋叢書)』 제5권, 94쪽, 게이오서방 발행 참조].

(3) 필리핀은 1935년에 이미 높은 수준의 자치를 부여받고 있어 본건 한일교섭에 참고할 만한 독립 처리 사무는 은급 문제를 포함하여 미 총독부에서 자치정부로 인계될 때 수행되고 있는데, 이러한 유의 옛 기록은 당지의 기록 보관 및 정리 능력을 고려할 때 신뢰할 수 있는 기록은 도저히 발견할 수 없다. 따라서 본건은 도리어 미국 국무부에 자료를 요청하는 편이 신속하면서도 의미 있는 결과를 얻을 수 있을 것으로 사료된다.

영국

(1) 영국 재무부 및 영연방 관계 부처의 담당관에게 대사관 직원이 들은 결과를 종합해 보면, 다음과 같다(위 관계 부처 관리는 관원의 구체적인 질문에도 불구하고 구체적인 내용을 시사하는 답변은 피했다).

① 인도와 파키스탄의 현지 영국 정부 기관은 독립 전에 이미 부분적으로 일정 정도 본국에서 독립한 자주적인 기관이었다. 따라서 그 정부 기관에 근무하는 직원의 은급제도도 영국 본국의 은급제도를 모델로 필요한 조정을 추가한 상이한 제도를 시행했었다.

② 독립 당시, 당연히 현지 영국 정부 기관에 근무하던 직원에게는 신 인도 정부 또는 파키스탄 정부에서 계속해서 근무할지 아니면 퇴직할지의 선택지가 주어졌다.

이에 따라 이들 신국가 정부와 영국의 본국 정부 사이에 이들 직원 은급 청구권에 대하여도 조정할 필요성이 발생했고, 후술하는 (3)과 같이 다른 청구권과 종합해서 4년 또는 5년 전에 큰 줄기의 합의를 보고 영국 정부가 일정액의 일시금을 지급하는 재정정리

(financial adjustment)를 실시했다.

③ 이 재정 조정(financial adjustment)은 대외적으로, 즉 제3자에 대한 채권, 채무의 승계 문제 외에 양국 간의 채권, 채무의 처리 등 지극히 복잡한 각종 요소를 감안한 결과이며, 이 합의의 일부로 관계 국민의 은급 청구권도 처리됐으나, 재정 조정의 내용은 공개할 만한 성격의 것이 아니며, 은급 관계에 따른 송금(transfer money)이 전체에서 차지하는 비율이 어느 정도인지는 제시하기 어렵다.

④ 위 조정 결과, 귀전합(貴電合) 제2591호 1의 (나)의 경우 지금도 인도 또는 파키스탄인으로 영국에 거주하는 은급 수급권자(독립 전 현지 근무에 의거한 자)에게는 여전히 영국 정부가 은급을 지급했다. 이에 대해서는 그들이 신 국적을 취득했더라도 영연방의 국민으로서 일종의 국적(nationality)을 여전히 보유했다는 특수한 사정을 지적할 수 있다.

⑤ 또 귀전합 제2591호 1의 (다)에 관하여 보면, 인도 또는 파키스탄 정부는 영국인으로 영국에 거주한 자로 독립 전에 현지에서 근무했던 사람에게는 은급을 지급하지 않았으며, 영국 정부가 그들 정부를 대신하여 은급을 지급했다. 이 점은 위 재정 조정의 결과이다. 영국인으로 현지에 거주하는 자에 대한 동종의 은급은 인도 또는 파키스탄 정부가 지급했는데, 그 규모는 그들 정부의 문제에 속한다.

(2) 영연방 관계 담당관은 은급권의 처리 문제에 대하여 적절한 국제적 선례는 없다고 보고 있다. 더욱이 영국과 인도 및 파키스탄의 관계는 영연방 국가로 특수하며, 양국과 영국 간의 처리 방식은 어쩌면 특수할 수 있다고 말했다.

파키스탄

(1)

(가) 정당한 독립 당시, 구 총독정부의 은급 관련 의무도 인도 및 파키스탄 정부에 그대로 인계됐다.

(나) 따라서 해당자는 직접 영국의 관리하에 있던 구 인도군 소속의 군인뿐이다.

(다) 독립 당시, 영국 본국 등의 해외에 있었고 인도 정부의 은급을 수령한 자는 그대로

독립 인도 정부에서 은급을 받고 있다. 그래서 파키스탄의 경우에는 당시 이미 은퇴하여 파키스탄 내에서 수령한 자와, 독립 후에도 파키스탄 정부에 종사한 자만을 대상으로 하여 극소수이다.

(라) 인도 총독정부 때도 은급 기금은 없었고, 매해 예산에 계산해 넣었기 때문에 인도, 파키스탄 사이에도 특별히 균등 배분 문제는 없었다.

프랑스

(1) 인도차이나 3국의 경우, 일반 관리를 대상으로 한 은급제도는 본국 정부에서 분리됐기 때문에 독립 당시 이 제도는 그대로 현지 정부 기관에서 신정부로 인계되어 신국가·구 본국 간의 특별한 처리는 필요하지 않았다.

(2) 다만, 군인의 경우에 독립 전부터 직접 프랑스 본국이 은급을 지급했고 독립 후에도 구 군인에 대해서는 인도차이나인에게도 프랑스가 은급을 지급했다. 이 은급 지급은 구 프랑스가 신국가에 은급기금 등의 재원을 제공하는 방식이 아닌 매해 필요액을 프랑스 정부가 지출하여 인도차이나 3국에 인도하는 방식을 채택했다.

(3) 위 프랑스·인도차이나 간의 관계는 인도차이나 3국의 독립 당시 양자 간의 의정서에서 정했다.

베트남

(1) 독립 전 베트남의 은급제도는 1937년 12월 28일의 총독령에 따라 인도차이나은급기금(Caisse des pensions civiles de l'Indochine)이 운용했으나, 1952년 10월 16일에 이를 해산하고 같은 해 11월 16일자 대통령령에 따라 설치한 베트남은급국이 자산 사업을 승계했다. 다만, 인도차이나은급기금의 인도차이나 3국 간의 자산 배분은 지연되어, 1954년 5월 31일에 프랑스 및 인도차이나 3국 간에 인도차이나은급기금의 이관에 관한 조약이 조인된 이후 조정되어 최종적으로 해결된다.

참고로 프랑스인의 경우 당사자들이 프랑스해외영토은급기금(Caisse des retraites de la France d'outremer)과 직접 논의하여 문제가 되지 않았다.

또 현재 베트남의 은급제도는 다소의 수정을 더하여 그대로 계승된 위 1937년의 총독령에 따라 운용되고 있다.

(2) 독립에 수반하여 신국가로 승계되지 않은 기관(fonctionnaire provenant anciens cadres locaux europeens)에 소속된 구 공무원에 대한 은급 지급 문제는 해결하지 못한 상태였다. 그 후 1959년 11월 14일에 프랑스의 비네 재무장관과 또 부통령이 사이공에서 조인한 재무처리에 관한 프로토콜에 따라 위 구 공무원 중 프랑스 국적인 자에게는 베트남은급국이 지급하는 것으로 결착됐다.

즉 프랑스 국적인 자에게는 위 프로토콜의 유무에 상관없이 실제 문제로서 지급됐다. 하지만 위 구 공무원 중 베트남 국적인 자에게는 소속 기관이 베트남으로 승계되지 않은 탓에 은급 지급 문제가 해결되지 않은 상태였고, 위 프로토콜에 따라 정치적 해결을 본 셈이다. 다만, 프랑스 국적임에도 베트남 이름을 가진 자가 섞여 있는 탓에 혼란이 발생하면서 지급이 지연되고 있는데, 현재 프랑스 본국 정부가 조사를 속행 중이다.

(3) 프랑스군에서 복무했던 현지인 구 군인은 베트남 국적의 취득으로 은급 청구권을 상실했으나, 정책적 배려로 특례를 적용, 프랑스국 구 군인 수준의 은급을 지급하면서 프랑스는 상당한 재정 부담을 안게 됐다. 그에 1958년 12월의 프랑스 대통령령에 따라 5년치 전액 일시금, 5년 분할 지급(다만, 모두 수혜자를 본인에 한정) 중 하나를 선택하게 했다. 그 결과 베트남 국적의 구 군인 중 대다수가 일시금 수급을 선택했고, 지급도 대체로 완료했다.

캄보디아

(1) 20년 이상 근무한 자에게 은급을 주고 있는데, 이 연한에는 프랑스령 인도차이나 정청(政廳) 시절의 근무 연한이 가산된다. 따라서 프랑스령 인도차이나 시절 19년간 근무했고 독립 후 1년 이상 근무한 뒤 퇴직한 자에게도 캄보디아 정부는 은급을 지급했다.

(2) 독립 당시, 은급 의무의 인계를 둘러싸고 캄보디아 정부와 프랑스 정부는 어떠한 협약도 체결하지 않았으나, 프랑스령 인도차이나 시절의 인도차이나은급기금(Caisse des pensions civiles de l'Indochine)은 그대로 인도차이나 3국에 계승되어 이들 3국이 분할했다(캄보디아 분은 불명).

(3) 현재 은급 수혜자는 약 3천 명을 헤아리며, 소요액은 연간 5천만 리엘(은급국 장관의 말)이다.

오스트리아

(1)

① 1938년의 오스트리아 합병(Anschluss) 후에는 당시의 독일이 구 오스트리아를 대신해서 은급을 지급했다.

② 1945년 이후, 오스트리아는 마치 오스트리아라는 나라가 쭉 존재했다는 전제 아래 은급을 지급했다(1938년에 이미 은급권을 가지고 있던 오스트리아인, 1938년 이후 계속해서 독일 정부에 근무한 결과를 통산한 때 은급권이 발생한 사람 중 전후 다시 오스트리아 국적을 취득한 양자에게 적용했다. 후자의 경우, 1938년 이후 구 오스트리아 법률이 존속했다고 가정한 승급액을 기초로 은급액을 산정했다).

(2) 현재 오스트리아 국적을 보유했으면서 독일 정부에서 은급을 받고 있는 자는 없다(1938년 이전 오스트리아인으로 1945년에 오스트리아로 복귀하지 않고 독일 국적을 계속 보유한 자에게는 독일 정부가 구 오스트리아의 통산 연월을 기초로 은급을 지급했다).

(3) 오스트리아 은급법에 따르면, 오스트리아 국적의 상실은 은급권 소멸 사유이다.

(4) 기타 참고할 만한 사항은 다음과 같다.

① 이른바 폴크스도이체(Volksdeutsche)(체코, 폴란드 등지에 거주하던 독일인)으로 독일제국에 대하여 은급 수급권을 가지고 있던 자 중에는 전후 난민으로 오스트리아로 도망쳐 오스트리아 국적을 취득한 사례가 있다. 이러한 사례에 대해서는 오스트리아가 마치 이 자가 오스트리아 정부에 근무했다는 전제 위에 은급을 지급했으나, 해당 은급액의 3분의 2를 독일이 보상했다.

② 독일제국 관리로 1938년 이후 오스트리아 소재 독일 정부 기관에서 근무했고 전쟁 중 독일 정부에 대하여 수급권이 발생한 자로, 전후 오스트리아에 남은 자에게는 형식상 오스트리아 정부가 은급을 지급했으나, 해당 은급액 전액을 독일이 오스트리아 정부에 보상했다.

③ 1차 세계대전 이후, 오스트리아·헝가리제국에서 독립한 국가들과의 관계를 보면, 해당 관리가 오스트리아 국적을 유지하면 오스트리아가 은급을 지급하고, 이 사람이 계승국의 국적을 취득하면 계승국이 은급을 지급했다(오스트리아공화국이 해당 은급을 보상한 사실은 없다. 예를 들어 체코 정부는 마치 체코공화국이 계속 이어져 왔다는 전제 위에 체코 국적 취득자에게 오스트리아·헝가리제국 정부에 대한 근무 연월을 통산하여 은급을 지급했다).

이탈리아

(1) 리비아와 에리트레아에 관한 구 이탈리아 정부 기관 공무원의 은급 등 지급을 둘러싸고는 각각 1950년 12월 15일과 1952년 1월 29일에 유엔총회에서 결의를 채택했다.

(2) 이후 이탈리아는 리비아와 에리트레아에 대한 은급 등의 지급에 관한 법률 즉 1955년 11월 2일 법 제1117호를 제정했다.

(3) 이 법률에 따라 구 아프리카성 현지 정부 기관, 군 등의 구 이탈리아 정부 기관의 직원이었던 리비아와 에리트레아인의 은급 등(보통은급, 특별은급, 퇴직급, 일시금 및 사망 군인의 자녀, 처, 양친 등에 대한 지급금 등) 수급권이 확보됐으며, 같은 법 제3조제2항은 에리트레아와 리비아 지역에 출범한 국가의 시민권을 취득해도 이 법률이 규정하는 은급 등의 수급권은 소멸하지 않음을 명문화했다.

(4) 또 이 법률은 은급 지급 등의 사무는 외무성이 담당하며, 개개 은급 등의 수급권을 확인하기 위하여 필요하면 에리트레아와 리비아의 이탈리아 파견 공관이 특별 위원회를 설치하여 처리한다. 그리고 1954~1955년 소요 경비로 3억 리라, 1955~1956년 6억 5천만 리라의 예산을 계산해 넣고 그 후 계속해서 재무부 예산으로 제반 경비를 계산해 넣는다고 규정했다.

(5) 은급 등의 실제 지급은 파견 공관 또는 이탈리아금융기관의 지점 등을 통해 본인에게 직접 지급한 듯하다.

(6) 이 법률 외에 구 식민지 군인 은급 등의 지급에 관한 법률로는 1957년 3월 14일 법률 108호를 들 수 있으며, 또 소말리아의 군인에 대한 은급 등의 지급에 관해서는 따로

1957년 10월 22일 법 제1053호를 제정했다.

(7) 모두 별전 2의 경우, 이탈리아에서는 은급 수급권자의 이탈리아 국적 상실을 은급권 소멸 사유로 규정하지 않는 듯하다.

5. 조선인 관계 은급에 대한 은급국 시산

(1962년 3월 8일 은급국 경리과 조사)

◎ 조선 관계 은급 계수(실권 때까지)

(단위: 천 엔)

			기재정				미재정					
			연금				연금				일시금	
			명수	금액			명수	금액			명수	금액
				45.8~ 61.12	62.1~ 실권까지	계		45.8~ 61.12	62.1~ 실권까지	계		
문관	국고지변	은급국장	2,228	1,012,631	1,160,689	2,137,320	8,032	2,931,969	4,569,258	7,501,227	8,626	2,635
		조선총독 도지사	5,632	1,841,600	2,792,815	4,634,415						
	지방비지변		540	159,185	254,791	413,976	349	97,101	152,058	249,159	10,588	4,999
	계		8,400	3,013,416	4,208,295	7,221,711	8,381	3,029,070	4,721,316	7,750,386	19,214	7,634
군인	국고지변	은급국장	176	39,887	94,428	134,315	6,485	1,844,107	3,927,291	5,771,398	216	1,037
합계	국고지변	은급국장	2,404	1,052,518	1,255,117	2,307,635	14,517	4,776,076	8,496,549	13,272,625	8,842	3,672
		조선총독 도지사	5,632	1,841,600	2,792,815	4,634,415						
	지방비지변		540	159,185	254,791	413,976	349	97,101	152,058	249,159	10,588	4,999
	계		8,576	3,053,303	4,302,723	7,356,026	14,866	4,873,177	8,648,607	13,521,784	19,430	8,671

(주) 명수는 외무성의 최종 보고에 따른다.

합계							
연금				일시금		계	
명수	금액			명수	금액	명수	금액
	45.8~ 61.12	62.1~ 실권까지	계				
15,892	5,786,200	8,522,762	14,308,962	8,626	2,635	24,518	14,311,597
889	256,286	406,849	663,135	10,588	4,999	11,477	668,134
16,781	6,042,486	8,929,611	14,972,097	19,214	7,634	35,995	14,979,731
6,661	1,883,994	4,021,719	5,905,713	216	1,037	6,877	5,906,750
22,553	7,670,194	12,544,481	20,214,675	8,842	3,672	31,395	20,218,347
889	256,286	406,849	663,135	10,588	4,999	11,477	668,134
23,442	7,926,480	12,951,330	20,877,810	19,450	8,671	42,872	20,886,481

◎ 1945년 8월 이후 1952년 4월분까지의 조선 관계 은급 계수

(단위: 천 엔)

			기재정		미재정					
			연금		연금		일시금		계	
			명수	금액	명수	금액	명수	금액	명수	금액
문관	국고 지변	은급국장	2,228	144,959	8,032	398,623	8,626	2,635	16,658	401,258
		조선총독 도지사	5,632	261,468						
	지방비 지변		540	22,514	349	13,185	10,588	4,999	10,937	18,184
	계		8,400	428,941	8,381	411,808	19,214	7,634	27,595	419,442
군인	국고 지변	은급국장	176	152	120	1,259			120	1,259
합계	국고 지변	은급 국장	2,404	145,111	8,152	399,882	8,626	2,635	16,778	402,517
		조선총독 도지사	5,632	261,468						
	지방비 지변		540	22,514	349	13,185	10,588	4,999	10,937	18,184
	계		8,576	429,093	8,501	413,067	19,214	7,634	27,715	420,701

(주) 명수는 외무성의 최종 보고에 따른다.

◎ 조선 관계 은급 계수(1962년 1월 이후분 5.5% 현가 계산)

(단위: 천 엔)

			기재정				미재정					
			연금				연금				일시금	
			명수	금액			명수	금액			명수	금액
				45.8~61.12	연금 현가 62.1~ 실권까지	계		45.8~61.12	연금현가 62.1~ 실권까지	계		
문관	국고지변	은급국장	2,228	1,102,631	788,480	1,801,111	8,032	2,931,969	2,907,351	5,839,320	8,626	2,635
		조선총독 도지사	5,632	1,841,600	1,791,415	3,633,015						
	지방비지변		540	159,185	161,758	320,943	349	97,101	96,579	193,680	10,588	4,999
	계		8,400	3,013,416	2,741,653	5,755,069	8,381	3,029,070	3,003,930	6,033,000	19,214	7,634
군인	국고지변	은급국장	176	39,887	54,679	94,566	6,485	1,844,107	2,581,205	4,425,312	216	1,037
합계	국고지변	은급국장	2,404	1,052,518	843,159	1,893,677	14,517	4,776,076	5,488,556	10,264,632	8,842	3,672
		조선총독 도지사	5,632	1,841,600	1,791,415	3,633,015						
	지방비지변		540	159,185	161,758	320,943	349	97,101	96,759	193,680	10,588	4,999
	계		8,576	3,053,303	2,796,332	5,849,635	14,866	4,873,177	5,585,135	10,458,312	19,430	8,671

	합계					
	연금		일시금		계	
	명수	금액	명수	금액	명수	금액
	15,892	805,050	8,626	2,635	명24,518	807,685
	889	35,699	10,588	4,999	11,477	40,698
	16,781	840,749	19,214	7,654	35,995	848,383
	296	1,411			296	1.411
	16,188	806,461	8,626	2,635	24,814	809,096
	889	35,699	10,588	4,999	11,477	40,698
	17,077	842,160	19,214	7,634	36,291	849,794

	합계							
	연금				일시금		계	
	명수	금액			명수	금액	명수	금액
		45.8~ 61.12	연금 현가 62.1~ 실권까지	계				
	15,892	5,786,200	5,487,246	11,273,446	8,626	2,635	24,518	11,276,081
	889	256,286	258,337	514,623	10,588	4,999	11,477	519,622
	16,781	6,042,486	5,745,583	11,788,069	19,214	7,634	35,995	11,795,703
	6,661	1,883,994	2,635,884	4,519,878	216	1,037	6,877	4,520,915
	22,553	7,670,194	8,123,130	15,793,324	8,842	3,672	31, 395	15,796,996
	889	256,286	258,337	514,623	10,588	4,999	11,477	519,622
	23,442	7,926,480	8,381,467	16,302,947	19,430	8,671	42,872	16,316,618

◎ 조선 관계 은급 계수(1962년 1월 이후분 6% 현가 계산)

(단위: 천 엔)

				기재정				미재정					
				연금				연금				일시금	
				명수	금액			명수	금액			명수	금액
					45.8~61.12	62.1~실권까지 연금현가	계		45.8-61.12	62.1-실권까지 연금현가	계		
문관	국고 지변	은급국장		2,228	1,012,631	764,861	1,777,492	8,032	2,931,939	2,807,377	5,739,346	8,626	2,635
		조선총독	도지사	5,632	1,841,600	1,730,772	3,572,372						
	지방비 지변			540	159,185	156,166	315,351	349	97,101	93,246	190,347	10,588	4,999
	계			8,400	3,013,416	2,651,799	5,665,215	8,381	3,029,070	2,900,623	5,929,693	19,214	7,634
군인	국고 지변	은급국장		176	39,887	52,516	92,0403	6,485	1,844,107	2,500,756	4,341,863	216	1,037
합계	국고 지변	은급 국장		2,404	1,052,518	817,377	1,869,895	14,517	4,776,076	5,308,133	10,084,209	8,842	3,672
		조선총독	도지사	5,632	1,841,600	1,730,772	3,572,372						
	지방비 지변			540	152,185	156,166	315,351	349	97,101	93,246	190,347	10,588	4,999
	계			8,576	3,053,303	2,704,315	5,757,618	14,866	4,873,177	5,401,379	10,274,556	19,430	8,671

	합계							
	연금				일시금		계	
	명수	금액			명수	금액	명수	금액
		45.8~61.12	62.1~실권까지 연금현가	계				
	15,892	5,786,200	5,308,010	11,089,210	8,626	2,635	24,518	11,091,845
	889	256,286	249,412	505,698	10,588	4,999	11,477	510,697
	16,781	6,042,486	5,552,422	11,594,908	19,214	7,634	35,995	11,602,542
	6,651	1,883,994	2,553,272	4,437,266	216	1,037	6,877	4,438,303
	22,553	7,670,194	7,856,282	15,526,476	8,842	3,672	31,395	15,530,148
	889	256,286	249,412	505,698	10,588	4,999	11,477	510,697
	23,442	7,926,480	8,105,694	16,032,174	19,430	8,671	42,872	16,040,845

<비고>

계산 방법[33]

33 원문에도 5쪽 정도 먹칠되어 있다.

2) 귀국 한국인의 기탁금에 관한 청구

(1) 세관 기탁 통화류

(가) 한국 주장

한국인이 전후 귀국 시 일본 세관에 기탁한 것의 반환을 청구한다.

(나) 한국 주장액

10,510,200엔 58전

〈근거〉

1951년 9월 7일 자 대장성 서한에 표시된 수치(후술 참고자료 5 참조)라고 설명한다.

(다) 일본 견해

사실 확인 뒤, 청구를 고려하겠다.

(라) 일본 측 조사액

② 남한분의 비율은 귀국 조선인이 그 가 한국으로 귀환했으므로

× =

참고자료

1. 조선인의 귀국 상황

(1) 일본에 재류하던 조선인의 종전 후 귀국 상황은 다음과 같으나, 1946년 여름경까지의 대량 귀국 이후는 낮은 수치에서 추이했다.

1946년 3월까지	약 100만 명
1946년 4월~12월	82,900명
1947년	8,392명
1948년	2,822명
1949년	3,482명
1950년	2,294명

(1950년 6월의 한국전쟁 발발 후는 집단 귀국 중단)

조선인은 종전 이후 해방된 조국으로 큰 기대감을 안고 귀국했으나, 국토가 양분되어 경제 재건이 생각만큼 진척되지 않고 생활이 나아질 기미가 보이지 않았다. 그러자 귀국 열풍은 식었고, 총사령부, 일본 정부의 적극적인 노력에도 불구하고 같은 해 여름 이후 귀국은 사뭇 저조해졌다.

(2) 남북한별 귀국 상황(법무연구 제43집, 3호 「재일 조선인 처우의 추이와 현황」에서 발췌)

◎ 남한으로의 귀국자수

(단위: 명)

연도 / 귀국항	사세보 (佐世保)	하카타 (博多)	센자키 (仙崎)	마이즈루 (舞鶴)	하코다테 (函館)	우라가 (浦賀)	기타	계
1945.8 ~1946.3	55,306	425,713	320,517	25,676	86,271	2,540	24,415	940,438
1946.4~1946. 말	286	69,107	9,917	3,385	205			82,900
1947	8,392							8,392
1948	2,822							2,822
1949	3,482							3,482
1950	2,294							2,294
계	72,582	494,818	330,434	29,061	86,476	2,540	24,415	1,040,328

◎ 북한으로서의 귀국자수

(단위: 명)

1947.3	사세보를 통해	233
1947.6	사세보를 통해	118
계		351

(주) 종전 당시 재일 조선인수는 약 200만 명 안팎으로 추정되며, 다른 한편 귀국하지 않고 남은 조선인 수는 약 50만 명으로 추정되므로, 40여만 명은 위 수치에서 빠져 있다.

종합적으로 볼 때, 동원 노무자, 복원자들은 자유의사로 남은 사람은 차치하고 전원 송환됐고, 일반 재주자도 약 10만 명은 귀국했다. 뒤에 남은 50만 명은 일찍이 일본으로 건너와 생활 기반을 일본 사회에 두고 있는 자가 대부분이라고 말할 수 있다.

2. 귀국 조선인의 소지금 취급 추이

종전 후의 환율 관리에 따라 귀국 조선인의 소지금 한도가 정해지면서(당초 1,000엔 훗날 10만 엔), 초과분은 세관 등에 맡겨 보관시켰다.

(1) 통화 및 유가증권 등의 수출입 제한

이하의 법령에 따라 귀국 시 반출을 원칙적 금지

① 1945년 9월 22일 최고사령부 각서 AG 091.3

금, 은, 증권 및 금융증서의 수출입 통제에 관한 건

② 1945년 10월 15일 대장성령 제88호

외국환관리법 제1조 및 1945년 칙령 제578호

금, 은 또는 백금의 지금(地金) 또는 합금의 수입 제한 또는 금지 등에 관한 건의 지정에 따라 금, 은, 유가증권 등의 수출입 등에 관한 금융 거래 단속에 관한 건

(2) 통화 및 유가증권 등의 수출입 제한의 일부 면제

◎ 위 원칙적 금지를 일정 한도 이내의 금액에 한하여 해제했다.

(가) 당초 한도액(1,000엔)

① 1945년 10월 12일 최고사령부 각서(수출입 통제에 관한 추가 지시)

㉮ 재외 방인의 귀국 시 1인당 1,000엔의 휴대 반입을 허가한다.

㉯ 휴대가 허가된 엔화가 대만은행권 또는 조선은행권인 경우에는 상륙항에서 일본은행권으로 교환한다.

㉰ 재일 조선인 및 중국인이 귀국하는 경우에는 1인당 1,000엔의 휴대 반출을 허가한다.

② 1945년 10월 13일 장외위(藏外爲) 제158호(상륙항에서의 인양 방인의 소지금 등 규제에 관한 건)

㉮ 소지금의 교환 한도는 1인당 1,000엔으로 하며, 조선은행권, 대만은행권 및 일본은행권에 한한다.

㉯ 교환 장소는 상륙항으로 한정한다.

㉰ 교환 취급자는 상륙항에서 가장 가까운 일본은행 지점 또는 대리점으로 한다(이하 "취급점").

㉱ 현지 통화와의 교환율은 일본엔과 등가로 한다.

㉲ 교환 한도 초과분은 해운국 명의의 보관증을 본인에게 교부한다(보관증의 교부 사무는 취급점이 담당하며, 보관 부본을 교부한다). 또 본 조치로 수입한 현지 통화는 보호 예치하며, 해운국이 취급점에서 보호 예치증을 수령한다.

㉳ 예금증서, 송금수표 기타 증서, 일체의 증권 및 (1)의 통화 외의 것은 보관한다.

㉴ 취급점은 하기 사무를 일본은행 본점에 보고하며, 일본은행 본점은 매주 월요일에 대장성 외채국장에게 보고한다.

Ⅰ. 교환한 현지 통화의 통화별 합계

Ⅱ. 한도를 초과한 현지 통화의 통화별 합계

Ⅲ. 보관한 증서 또는 증권

③ 1945년 10월 18일 장외위 제167호(상륙항에서의 인양 방인 소지금 등 규제에 관한 건)

재일 조선인 및 화인(華人) 노무자의 소지금 한도액은 1인당 1,000엔으로 하며, 한도를 초과하는 분은 1945년 10월 13일자 외위 제158호에 따른 인양 방인의 소지금 등의 규제에 준한다.

④ 1945년 10월 19일 장외위 제171호(조선인 및 화인(華人) 노무자의 소지금 환전에 관한 건)

환전을 인정하지 않는다.

⑤ 1945년 11월 1일 대장성 고시 제371호(내용의 신문 발표 1945년 10월 31일)

⑥ 1946년 1월 14일 대장성 고시 제2호(내용의 신문 발표 1946년 1월 13일)

재일 외국인이 자국으로 귀국하는 때 휴대 수출이 가능한 범위

㉮ 본방 또는 귀국하는 나라에 있는 금융기관이 발행한 우편 또는 은행의 예저금 통화

㉯ 본방 또는 귀국하는 나라에서 발행된 보험증권

㉰ 본방에 있는 금융기관이 발행한 수표, 환어음, 예금증서로 본방에서 지불되는 것

⑦ 1946년 4월 8일 대장성 신문 발표

㉮ 1946년 4월 15일 이후 조선으로 귀국하는 조선인에 대해서는 승선지에 있는 일본은행 지점 또는 대리점이 1인당 1,000엔의 한도로 지폐를 교환한다.

㉯ 교환 지폐는 100엔권과 10엔권으로 하며, 10엔 미만의 금액은 교환하지 않는다.

㉰ 10엔 미만의 단수 금액 및 한도를 초과하는 금액은 해운국에서 보관증을 발행하여 수령 보관한다.

⑧ 1946년 4월 8일 장리외(藏理外) 제812호

본방 일본에서 조선으로 귀국하는 조선인 휴대 소지금 교환에 관한 건(내무성 경보국장 앞)

본방에서 귀국하는 조선인의 휴대 소지금에 관해서는 연합군 최고사령부의 지령에 따라 조선 군정감부에서 기탁받은 조선은행권(별지2)과 일본은행권의 교환 사무를 하기 소재 일본은행 또는 대리점에서 오는 4월 15일 이후 취급하기로 했으니 금전 지급에 따른 혼란이 예상되므로 협력을 당부드린다.

하코다테, 마이즈루, 센자키, 하카타, 가라쓰(唐津), 사세보

⑨ 1946년 4월 9일 장리외 제829호

본방 일본에서 조선으로 귀국하는 조선인 휴대 소지금 교환 및 반출 한도 초과액과 증권, 증서류의 회수, 보관 등 취급 방법에 관한 건(일본은행 및 해운국 앞)

㉮ 취급 실시 시기는 1946년 4월 15일 이후로 한다.

㉯ 반출 한도는 1인당 1,000엔으로 한다.

㉰ 반출 한도 범위 내에서 조선은행권으로 교환할 수 있다. 다만, 10엔 미만은 교환할 수 없다.

㉱ 교환지는 하코다테, 마이즈루, 센자키, 하카타, 가라쓰, 사세보로 한다.

㉲ 교환 취급자는 승선지에서 가장 가까운 일본은행 지점 또는 대리점으로 한다.

다만, 대리점이 없는 곳은 출장 교환을 한다.

㉥ 교환율은 일본은행권 1에 대하여 조선은행권 1로 한다.

㉦ 반출액 실초과분으로 10엔 미만의 단수 금액 및 대장대신의 수출 허가가 없는 증권, 증서류의 회수 보관 물건은 해운국에서 취급하며, 회수 보관 물건에 대해서는 인양 방인의 취급에 준하며, 해운국에서 보관증을 작성한 뒤, 본인에게 교부하고 보관 물건은 일본은행에 보관 예치한다. 다만, 1946년 1월 14일 대장성 고시 제2호의 물건은 제외한다.

㉧ (Ⅰ) 일본은행 본점은 사령부에서 기탁금으로 조선은행권을 수령한 뒤, 이를 승선지의 교환 취급점에 배분한다. 배분을 받은 취급점은 그 수불을 기장, 정리한다.

(Ⅱ) 일본은행은 조선은행권과 교환하여 받은 일본은행권에 대하여 1946년 3월 1일자 최고사령부 각서 「일본은행에 연합국 최고사령부 기탁 계정 설정의 건」을 토대로 기장, 정리한다.

㉨ (Ⅰ) 교환 취급점은 교환액, 조선은행권 소지액을 1946년 4월 15일 이후 순말(旬末)에 일본은행 본점에 보고하며, 본점은 그것을 대장성에 제출한다.

(Ⅱ) 해운국은 보관 물건 보고를 대장성 이재국 외자과에 보고한다.

⑩ 1948년 4월 22일 최고사령부 각서

일본의 조선인 귀국에 관한 조선은행권 교환에 대하여

㉮ 현재 유통 중인 백 엔권(조선은행권)은 가까운 장래에 회수되어 신권으로 교환될 것이다.

㉯ 조선인 귀국 계획에 사용하는 조선은행권을 소지한 일본은행 지점 또는 대리점에 대하여 조선은행권을 전부 일본은행 본점에 모으도록 명할 것.

㉰ 후쿠오카지점에 대하여 현재 소지한 백 엔 조선은행권을 전부 일본은행 본점에 제출하도록 명할 것.

㉱ 사세보를 출발하는 조선인에게 통화 교환을 할 경우 백 엔의 신조선은행권을 사용할 수 있을 때까지 계속 교환할 것.

㉶ 일본은행 본점이 현재 소지했거나 일본은행 지점 혹은 대리점에서 수령한 백엔권 전부를 펄프화할 것.

펄프화가 완료되는 대로 펄프화한 조선은행권의 종류, 금액 및 그 출처를 제시하는 증명서를 연합군 최고사령부에 제출할 것.

㉷ 본방의 귀국 조선인은 향후 사세보를 통해서만 귀국할 것.

⑪ 1948년 5월 12일 장관(藏管) 제804호

본방에서 귀국하는 조선인에 대한 소지금 교환용 조선은행권의 일본은행 본점 집중과 이의 펄프화에 대하여.

(일본은행 및 세관 앞)

◎ 최고사령부에서 향후 조선인은 사세보항을 통해서만 귀국시키고 보관 중인 조선은행권은 일본은행 본점에 모으도록 지령했다.

(나) 그 후의 수정(한도액을 10만 엔으로 인상)

① 1949년 1월 18일 최고사령부 각서

◎ 1가족당 10만 엔의 휴대 반출을 인정한다.

② 1949년 2월 22일 장관(藏管) 제107호

㉮ 귀국 조선인의 휴대 수출 한도는 1가족당 10만 엔으로 변경됐으므로 통지한다.

㉯ 1949년 2월 1일부터 시행한다.

㉰ 도쿄은행 본점에 대한민국정부 출납 계정 계좌 제82호를 개설한다.

③ 1949년 6월 정령(政令) 제199호(재산 및 화물의 수출입 단속에 관한 정령)

◎ 1949년 2월 22일 장관 제107호의 추인 등

④ 1949년 6월 대장성령 제52호(재산 및 화물의 수출입 단속에 관한 정령의 시행에 관한 성령)

⑤ 1949년 5월 30일 장리외 제98호(금, 은, 통화, 금융증서 등의 수출입 단속 등에 관한 취급에 대하여)

㉮ 정령의 규정에 따라 발행하는 보관증 등은 2부 작성하며, 1부는 본인에게 교부하고, 1부는 부본으로 발행자가 보관한다.

㉯ 본방 통화 중 신권은 보관하며, 구권은 보호 예치한다.

㉰ 정령 제8조 제2항의 규정에 따라 조선인에게 회수하는 본방 통화는 신권만으로 한다. 구권은 같은 조 제1항(보호 예치)과 같이 취급한다.

㉱ 귀국 조선인에게 회수한 본방 통화는 일본은행이 도쿄은행 본점에 있는 대한민국 정부 예탁금 계정에 불입하며, 일본은행은 도쿄은행에서 수령증을 받는다.

㉲ 1949년 2월 22일 장관 제107호는 정령 공포일을 기하여 폐지한다.

㉳ 과거 통첩의 폐지. 1949년 6월 11일 장리외 제1361호는 당분간 적용한다.

(주) 통화증서류의 휴대 수출입에 관한 88호 성령의 제한을 면제하는 고시는 따로 폐지한다.

3. 한도 초과 금액 등의 보관 경위

(1) 당초 취급

(가) 1,000엔을 초과하는 금액은 승선항의 해운국에서 회수하여 현물은 일본은행이 보관하도록 정했었다[1947년 11월 17일 장관(藏管) 제179호에 따라 초과액의 회수 사무가 일본은행으로 이관].

(나) 일본계 통화와 조선은행권의 교환은 1946년 4월 15일 이후는 일본은행 본점과 대리점에서 사전에 사령부에서 받은 조선은행권과 교환하고, 교환한 일본통화는 '연합군 예탁금 계정'에 예입했다.

◎ 일본은행권과 조선은행권의 교환 조치는 1946년 4월 8일 대장성 고시 제644호 및 이와 관련한 통첩에 따라 이루어졌다.

(2) 그 후의 개정

(가) 1949년 2월 22일 장관 제107호에 따른 반출 한도 인상(10만 엔까지)에 수반한 조치

(a) 세관은 조선인이 소지한 본방 통화(구 정부 소액 지폐 및 구 일본은행권은 제외한다)를 회수하여 일본은행(지점 또는 대리점)에 인도하며, 일본은행은 가족당 10만 엔까지의 금액에 대해서는 수령서를, 10만 엔을 초과하는 금액에 대해서는 보관서를 각각 발행하여 귀국자에게 교부하도록 정했다.

회수(보관) 일본은행권은

① 10만 엔 이하의 금액은 도쿄은행 본점의 대한민국정부 출납 계정 계좌 제82호에 송금했다.

② 10만 엔을 초과하는 금액은 특별 계정을 개설하여 대장대신 명의로 수입하고, 각 소지자별로 정리해 두도록 했다.

③ 구 일본은행권과 정부 발행의 구 소액 지폐는 보관증을 교부하고 세관을 통해 일본은행으로 회수했는데, 특별 계정은 개설하지 않은 듯하다.

(b) 금, 은, 백금의 지금 및 합금은 보관증을 교부하고 세관에 회수됐다.

(나) 1949년 6월 정령 제199호「재산 및 화물의 수출입 단속에 관한 정령」제8조는 전술한 장관 제107호와 거의 동일한 규정이다.

◎본령의 규정

제2항 제1호　조선인의 본방 통화에 대해서는 1가족당 10만 엔을 초과하지 않는 범위에서 주식회사 도쿄은행 본점에 있는 대한민국 정부 예탁금 계정에 본방에서 지급할 것이라는 내용을 기재한 수령증을 교부하고 일본은행으로 하여금 보관하게 한다. 이 수령증은 본인이 대한민국 정부에 제시하여 대한민국 통화로 지급받기 위하여 본방에서 출국하는 때에 휴대가 인정된다.

제3호 10만 엔을 초과하는 금액은 제1항의 규정에 따른다. 즉

제1항 대장대신은 세관에 회수된 본방 통화를 일본은행으로 하여금 개별 보관증을 교부하고 연합국 최고사령관의 지시가 있을 때까지 본인 명의로 보관 또는 보호 예치하게 한다.

(다) 1950년 6월, 외국환 및 외국무역관리법(1949년 12월)에 따라 정령 제199호, 1941년의 외국환관리법, 칙령 제578호, 성령 제88호가 폐지되는데 보관 물건에 대해서는 명문화했다.

◎ 외국환 및 외국무역관리법의 일부 시행기일을 정하는 정령(1950년 6월, 정령 제202호) 부칙2

구 외국환관리법 … 정령 제578호 … 정령 제199호 …의 규정은 이들 법령의 규정에 따라 수출 또는 수입이 인정되지 않아 세관 또는 일본은행에 인도된 지불 수단, 귀금속, 증권 또는 채권을 화체하는 서류로, 이 정령 시행 시 실제로 세관 또는 일본은행에서 보관 중인 것은 계속해서 효력을 가진다.

(3) 세관으로 인계

(가) 1951.3.20 장리(藏理) 제1246호에 따라 정령 제199호에 바탕하여 일본은행이 보관하던 외국 통화, 환어음 및 본방 통화는 세관에 인계되어 세관에서 보관한다.

(나) 1953.9.22 장세(藏稅) 제1673호에 따라 정령 제199호에 바탕한 보관 물건 중 '대장대신 명의 예금'(10만 엔 초과분)이 된 본방 통화는 세관에 인계한다.

(613,336.60엔으로 추정)

(다) 전술한 것처럼 성령 제88호 관계 외국통화 및 외화 표시 증서는 SCAP의 지령에 따른 1949. 11. 17 장관 제179호에 따라 일본은행으로 이관됐고 그 후 1953. 10. 20 장세 제1951호에 따라 재차 세관으로 이관됐다.

이상의 조치를 거쳐 조선 귀국자에게서 회수된 예치금 중 한도 초과분은 전부 세관이 보관하게 됐다.

4. 한도 초과로 인한 예치금 금액

(1) 조선 귀국자에게서 회수된 예치금 4종

(경위는 위 참고자료 3을 참조할 것)

① 정령 제88호에 바탕한 1,000엔을 초과하는 금액의 보호 예치(해운국 → 일본은행 → 세관)

② 정령 제88호 하에서 1,000엔 이내의 일본계 통화를 조선은행권으로 교환하기 위한 회수 - '연합군 예탁금 계정'으로 송금.

③ 정령 제199호(1949.2.22 장관 제107호를 포함)에 의거한 10만 엔을 초과하는 금액의 보호 예치(일본은행 → 세관)

④ 정령 제199호(1949.2.22 장관 107호를 포함) 하에서 10만 엔 이내의 일본계 통화에 대하여 수령증을 교부하고 회수 - '대한민국 정부 출납 계정' 및 '대한민국 정부 예탁금 계정'에 송금.

(2) 예치금의 내역 및 금액

위 4종의 예치금 중 ① 과 ③의 금액은 다음 표와 같다(이는 세관 기탁 예치금에 상당한다). ② 와 ④는 다음 항 (2) 조선은행과 교환한 일본은행권의 청구 대상이다.

◎ 귀국 조선인에게서 회수한 보관 물건 집계표(1962년 2월 세관부 조사)

종별		성령 88호에 따른 것	정령 199호에 따른 것	계
통화	일본은행권			10,048,746.63
	조선은행권			3,994,892.30
	저비권			467,400.00
	연은권			9,820.00
	B호 군표			35.00
	군표(PESO)			796.00

	정부지폐			
	경화			
	수표			
	홍콩달러			
	기타(대만은행권 등)			
	소계			

종별		성령 88호	정령 199호	계
	□□국공채			
	기타 국공채			
	□□ 사채			
	〃 증권			
	기타 저축□권□)			
	소계			
증서	일본은행□ 예금통장			
	〃 예금증서			
	〃 우편저금			
	〃 보관증서			
	〃 정기예금			
	〃 특별□□저금			
	기타 우편저금			
	〃 보험증서			
	기타			
	소계			
합계				

5. 한국 측 제출 자료

◎ 일본 정부가 총사령부에 제출한 보고서 사본

September 7, 1951

Subject for: Request of the Korean Mission in Tokyo to investigate amount of yen currency held in custody by the Customs in behalf of the repatriated Koreans and conversion of the Japanese curerency into the Korean currency to be carried by the repatriated Koreans.

To: Mr. G. P. Waller ESS, G. H. Q.

At the request the Korean Mission in Tokyo, we have investigated on the subject matter, result of which will be submitted to you as enclosed herewith and we trouble you in asking transmit of ins copy to the Korean Mission.

M. Kumashiro

Deputy Financial Commissioner

Ministry of Finance

1. Amount of yen currency held in custody by the Customs for the repatriated Koreans

(as of June 30, 1949)

Classification	Number of item	Amount
Old Bank of Japan Notes	5,626	¥6,647,377.33
New Bank of Japan Notes	2,838	2,379,931.25
Old Bank of Chosen Notes	39	385,870.--
New Bank of Chosen Notes	702	1,006,541.--
Old Bank of Taiwan Notes	1	640.--
Federal Reserve Bank of China Notes	1	5,500.--
Central Reserve Bank of China Notes	2 CRB $	464,000.--
Southern Developments Bank Notes	3 Peso	796.--
Japanese Military Notes(B)	¥	25.--

2. Total amount of conversion of Japanese currency into Korean currency to be carried by the repatriated Koreans

(as of February 28, 1949)

(2) 조선은행권과 교환한 일본은행권

(가) 한국 주장

한국인이 귀국 시 소지한 일본은행권을 조선은행권으로 바꾸어 교부했는데, 이 점에 대해서는 한일 간에 아직 결제가 이루어지지 않았으므로 이를 청구한다.

(나) 한국 주장액

48,714,690엔

〈근거〉

1951년 9월 7일 대장성 서한에 표시된 수치[위 (1) 참고자료 5 참조]이다.

(다) 일본 견해 사실을 확인한 뒤 청구의 정당성 여부를 고려한다.

(주) 본건은 한국인이 보유한 일본은행권을 귀국 시 연합국이 교부한 조선은행권과 교환한 것으로,

위 교환 일본은행권은 '연합군 예탁 계정'(1949년까지)과 '대한민국 정부 출납 계정'에 송금한 듯하나, 전자는 1952년 배상청으로 이관된 후 행방이 묘연해져 현재 알 수 없는 상황이며(현재 조사 중), 후자는 도쿄은행에 조회한 결과 잔고가 0이었다(이유 기타에 대해 현재 조사 중).

<비고>

◎ 최고사령부에서 기탁받은 조선은행권

<table>
<tr><td rowspan="2">1946년 3월 ~ 1948년 4월</td><td>최고사령부의 수입 합계</td></tr>
<tr><td>324,999.820엔(A)</td></tr>
<tr><td rowspan="2">1947년 1월 ~ 1948년 8월</td><td>사령부에 반환, 소각으로 인한 미사용분</td></tr>
<tr><td>276,285,130엔(B)</td></tr>
<tr><td rowspan="2">A-B</td><td>교환 사용분</td></tr>
<tr><td>48,714,690엔</td></tr>
</table>

이 수치는 최고사령부에 보고한 것인 듯하나, 실제 교환 사용액을 집계한 것이 아니라 수입분에서 반환분 등을 빼서 산출한 수치라는 점에서 문제가 있다. 실제로 후술하는 참고자료 2와 같이 일본은행의 조사에 따르면 교환된 금액은 35,635천 엔이다. 이 사실에서 보더라도 이 보고서의 수치는 기초가 될 수 없다고 생각한다.

참고자료

1. 최고사령부에서 기탁받은 조선은행권에 대하여

(1) 전후 조선으로 귀국하는 조선인의 소지금·지은 1949년까지 1945년 9월 22일의 SCAPIN 0913 및 이에 의거한 대장성령 제88호 등(1945.10.15)에 따라 1인당 100엔까지 제한됐다. 그런데 이를 일본은행권 등으로 가지고 나가 조선에서 조선은행권으로 교환하는 것은 사무 처리 시 번잡하다는 조선 군정부의 요구를 수용하여 소지금 한도 내 금액을 승선항의 세관과 일본은행 대리점에서 조선은행권으로 교환하기에 이른다. 교환을 위한 조선은행권은 조선 군정감부가 연합군 최고사령부에 교부했고, 일본은행권은 이를 사령부에서 수입했다. 수입 날짜 및 수입 금액은 아래와 같다.

연월일	십원권	백원권	합계
1946.3.12	14,999,920		14,999,920원
1946.4.4		306,000,000	306,000,000원
계	14,999,920	306,000,000	320,999,920원

(2) 그 후 1948년 2월, 한국은 통화개혁에 수반하여 기존의 원을 환으로 변경하고 또 당시 1달러= 6,000원이던 대미 일반 공정환율을 100분의 1인 1달러=60환으로 변경했다. 그리고 이에 수반하여 일본은행권과 교환하기 위하여 사용된 조선은행권을 본점에 집중시켜 이를 펄프화하는 각서가 발표됐다. 이것이 바로 1948년 4월 22일 각서 「일본의 조선인 귀국에 관한 조선은행권 교환에 대하여」이다.

이 각서에 의거하여 1948년 5월 12일에 「본방에서 귀국하는 조선인에 대한 소지금 교환용 조선은행권의 일본은행 본점 집중과 이의 펄프화에 대하여」(장관 제804호)가 일본은행과 세관에 통지됐고, 1948년 11월 22일 백원권 162,325,500엔이 펄프화됐다. 이에 앞서 1947년에 사령부에서 수입된 조선은행권 중 일부가 같은 해 1월의 지령에 따라 사령부(제8군)에 반환됐다. 그 합계는 다음과 같다.

(단위: 백원권)

1948. 1. 23	사령부에 반환	101,000,000원
1948. 11. 22	펄프화	162,323,500원
합 계		263,323,500원

(3) 위 환 교환 당좌, 교환용 조선은행권은 백원권 외에 소액 지폐를 사용하도록 정했으나, 1948년 4월에 사령부가 신권을 교부한 이후에는 신권을 사용했다. 그 수입액은 다음과 같다.

1948년 4월 23일 3,999,900원(백원권)

(4) 1949년에 소지금 한도는 1가족당 10만 엔까지 인상됐으나(1949년 1월 18일 최고사령부 각서, 1949년 2월 22일 장관 제107호 및 1949년 6월 정령 제199호), 조선으로 들어가는 귀국자는 급격히 감소했고, 1950년 이후에는 사실상 전무했다. 이에 1950년 8월 23일, 사령부의 지령에 따라 구권과 신권을 소각한다. 이 소각 현장에는 한국은행, 일본은행, 대장성이 입회했다. 소각 금액은 다음과 같다.

연월일	십원권	백원권	합계
1948. 8. 23	9,299,930	3,661,700	12,961,630

(5) 총괄

◎ 최고사령부가 기탁한 조선은행권

연월일	적요	십원권	백원권	합계
1946.3.12	최고사령부에서 수입	14,999,920		14,999,920
1946.4.4	최고사령부에서 수입		306,000,000	306,000,000
1948.4.23	최고사령부에서 수입(신원권)	〃	3,999,900	3,999,900
수입 합계(A)		14,999,920	309,999,900	324,999,820
1947.1.23	최고사령부에 반환		101,000,000	101,000,000
1948.11.22	펄프화		162,323,500	162,323,500
1950.8.23	소각	9,299,930	3,661,700	12,961,630
미사용 합계(B)		9,299,930	266,985,200	276,285,130
교환 사용분(A-B)		5,699,990	43,014,700	48,714,690

2. 조선은행권과 교환한 일본은행권의 기탁금 계정

일본 정부는 위 참고자료 1의 조선은행권을 연합군 최고사령부에서 교환용으로 수입했는데[그 경위는 (1) 세관 기탁금 참고자료 2 귀국 조선인의 소지금 취급 추이(2)(가)⑩과 (나)⑤를 참조할 것], 3월 31일 자 최고사령부 각서「일본은행에 연합국 최고사령부 기탁 계정 설정의 건」에 따라 일본은행 내의 사령부 기탁금 계정에 송금했고, 교환한 것은 대가인 엔 계정이 남아 있다. 연합군 예탁금 계정은 일본은행의 추정에 따르면 35,635,008엔 59전 있었던 듯 보이나, 1952년 1월 31일, 산삼외신(産三外信) 50호에 따라 1952년 4월 2일에 배상청에 보관하기 위하여 이관된 이후 행방은 불분명하다(최근 관재국 관리과의 조사에 따르면, 연합군 예탁금 계정의 본건 관계분으로 보이는 금액은 극히 소액 수준으로, 차액이 어디로 갔는지는 여전히 알 수 없다).

(주) 1949년 2월 22일 이후에는 회수한 일본은행권을 조선은행권으로 교환하지 않고 보관증만 교부했으며, 회수한 일본은행권은 도쿄은행 본점의 대한민국 정부 출납 계정 계좌 제82호에 송금했다. 그 금액은 1950년 11월 1일까지 327,327엔 50전에 달했다. 현재 이 계좌는 한국은행에 송금됐으므로 잔고는 0이다.

<참고 그림>

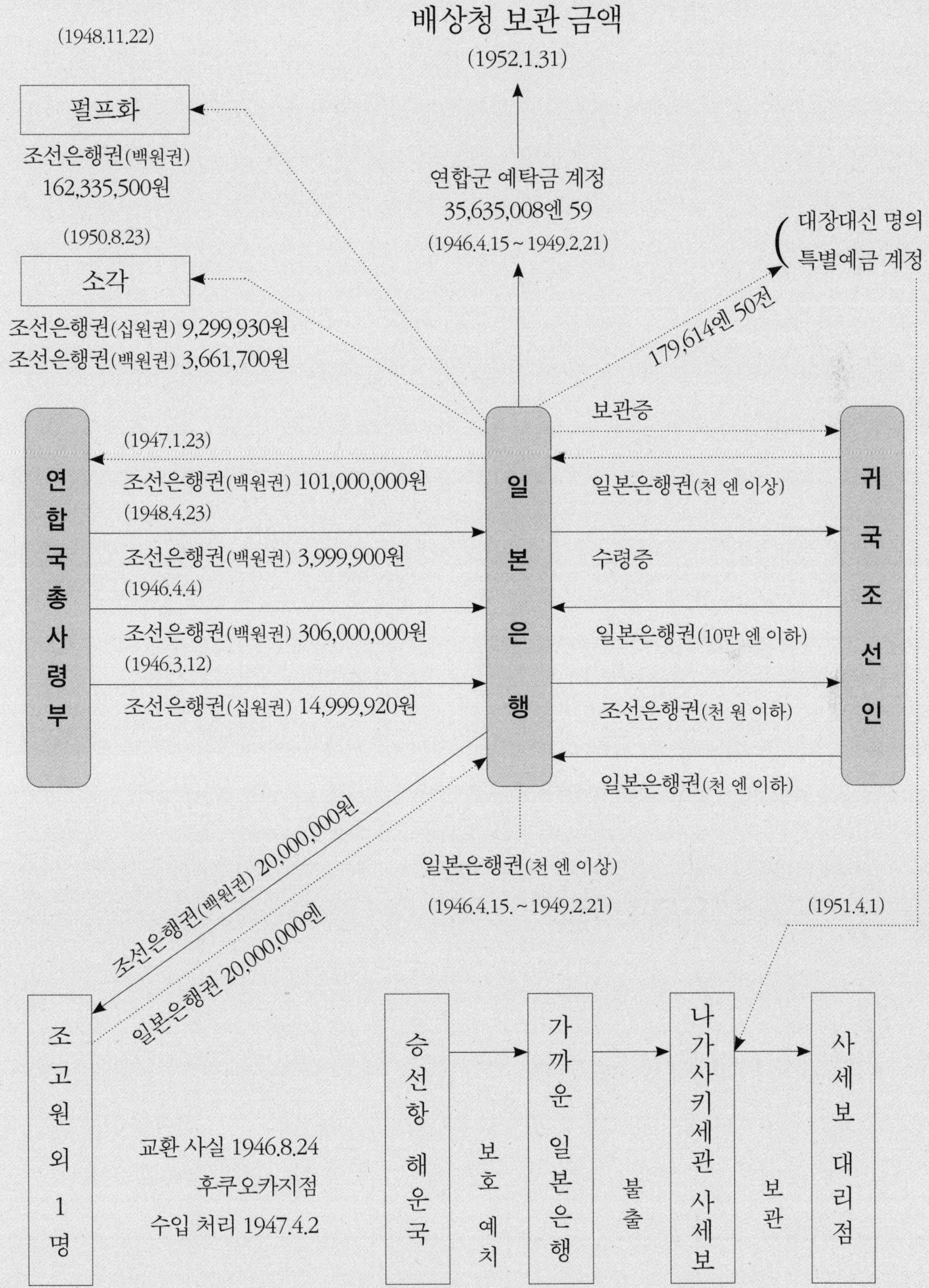

배상청 보관 금액
(1952.1.31)
(1948.11.22)
펄프화
조선은행권(백원권)
162,335,500원
(1950.8.23)
소각
조선은행권(십원권) 9,299,930원
조선은행권(백원권) 3,661,700원
연합군 예탁금 계정
35,635,008엔 59
(1946.4.15 ~ 1949.2.21)
대장대신 명의
특별예금 계정
179,614엔 50전
보관증
연합국총사령부
(1947.1.23)
조선은행권(백원권) 101,000,000원
(1948.4.23)
조선은행권(백원권) 3,999,900원
(1946.4.4)
조선은행권(백원권) 306,000,000원
(1946.3.12)
조선은행권(십원권) 14,999,920원
일본은행
일본은행권(천 엔 이상)
수령증
일본은행권(10만 엔 이하)
조선은행권(천 원 이하)
일본은행권(천 엔 이하)
귀국조선인
조선은행권(백원권) 20,000,000원
일본은행권 20,000,000엔
일본은행권(천 엔 이상)
(1946.4.15. ~ 1949.2.21)
(1951.4.1)
조고원 외 1명
교환 사실 1946.8.24
후쿠오카지점
수입 처리 1947.4.2
승선항 해운국
보호 예치
가까운 일본은행
불출
나가사키세관 사세보
보관
사세보 대리점

(3) 구 조련(재일본조선인연맹) 기탁분

(가) 한국 주장

한국인이 귀국 시 구 조련에 기탁한 통화류로 일본 정부가 구 조련의 재산을 압류했는데 그 압류 재산 중 위 통화류가 포함됐을 터이므로 이를 청구한다.

(나) 한국 주장액

54,550천 엔

(다) 일본 견해

(조련의 재산에서 이를 구분하기란 불가능하며, 확인할 이유도 없으나)

설사 이것이 존재한다고 해도 조련의 재산 압류는 GHQ의 지령에 따른 처분이며 더욱이 국가 재정에 수납한 뒤에는 일본 내 조선인의 복지에 충당하기 위하여 지출됐으므로 거듭 한국에 책임을 질 필요는 없다.

(주) 구 조련은 1949년의 단체 등 규정령(포츠담정령)에 따라 해산 지정을 받아 재산의 압수 처분이 시행됐고, 그 수입은 1953년 일반회계에 귀속됐다.
수입금 사용처는 각의(국무회의)양해에 따라 육영사업 등 재일조선인의 복리후생을 위하여 사용될 예정이었으나, 구체화되지는 않았다. 따라서 각의양해의 취지는 일반회계에서 생활보호비 등을 지출하여 실현됐다고 설명할 수 있을 것이다(적어도 일본 측의 부당이득은 아니다).

<비고>

1. 구 재일본조선인연맹에 대한 귀국 조선인의 기탁금에 관한 건(1962년 2월 법무성 민사국 조사)

① 종전 직후 귀국한 한국인이 구 재일본조선인연맹에 총액 54,500천 엔을 기탁한 사실은 당국이 보관 중인 기록에서는 인정되지 않는다. 따라서 위 금원을 일본 정부가 공탁한 사실도 없다.

② 구 조련 소속 재산 예저금 2,771,372엔 21전

현금 407,424엔 01전, 합계 3,178,796엔 22전은 국고에 귀속됐다.

③ 위 외에 해산 단체로 지정된 구 재일본조선민주청년동맹 소속 재산

예저금 6,932엔 74전, 현금 9,501엔 96전,

합계 16,434엔 71전도 국고에 귀속됐다.

2. 재일조선인에 대한 생활보호비 지출 상황

1955년 9월	211,757천 엔	(137,575명)
1956년 9월	147,290천 엔	(102,258명)
1957년 9월	142,096천 엔	(86,631명)
1958년 3월	146백만 엔	(81천 명)
1959년 9월	150백만 엔	(84천 명)
1960년 9월	141백만 엔	(73천 명)
1961년 6월	148백만 엔	(64천 명)

참고자료

◎조련의 접수 재산에 대하여

(1955년 7월 법무연구「재일조선인 처우의 추이와 현황」에서 발췌)

(1) 조련(재일본조선인연맹)은 1945년 10월 15일에 결성됐다. 당초 전 재일 조선 민족의 조직을 기도했으나, 일본 공산당계 조선인이 헤게모니를 장악하고 과거의 대일협력자 토벌에 힘을 기울이면서 좌익의 발언력이 압도적으로 커진다. 각지에서 조선인은 조련의 조직 아래 요구 관철을 위하여 움직이는 경우가 많았다. 조련에 대항하는 조직으로는 1945년 11월 16일에 조선건국촉진청년동맹이 출범했고, 또 1946년 2월 15일에 신조선건설동맹이 탄생한다(후자는 같은 해 10월에 재일본조선거류민단으로 개조되어 1948년 9월에 재일본대한민국거류민단으로 이름을 바꾸고 있다).

조련은 전국적인 조직을 거느리고[1947년 1월에 지부 수 621개, 분회 수 1,710개, 반조(班組) 수 2,430개], 재일본조선민주청년동맹, 재일본조선민주여성동맹, 재일조선학생동맹 기타를 산하에 두고 자녀를 교육하는 학교를 지도했으며, 또 생활협동조합과 각종 조합을 통해 자재 확보, 금융, 세금 투쟁에 힘을 기울여 자금망을 확립했었다.

하지만 일본공산당과 직접적인 관계를 맺고 있었고, 북한 절대 지지파가 주도권을 장악하여 끊임없이 불법 조직 활동을 전개했다. 총리관저시위사건(1946.12.20), 오사카(大阪)사건(1948.4.23), 고베(神戸)사건(1948.4.24) 등 치안에 악영향을 미치는 큰 사건을 일으켰으며, 또 한편으로는 우익인 민단과의 충돌도 격렬해져 마침내 1949년 9월 8일에 단체 등 규정령에 따라 조련, 민청(民青)은 해산 지정이 내려져, 간부의 추방, 재산 등의 접수 명령이 발령된다. 당국은 당시 조련의 구성원 수를 36여만 명으로 추정했었다.

조련 해산 이후, 조직은 그대로 해방구원회, 여성동맹, 학생동맹 등으로 분열됐다.

(2) 조련 접수 재산의 처분

조련의 해산에 수반하여 접수된 재산(건물, 토지, 비품, 집기, 자동차, 예저금, 전화 등)은 1948년 정령 제238호(해산 단체의 재산 관리 및 처분 등에 관한 정령)에 따라 법무부 민사국장이 접수 및 관리를 맡았고, 해산단체재산매각이사회가 처분을 담당했다. 당시 국고 귀속

재산을 접수하면 경찰권이 행사되는 경우도 많았으나, 1952년에는 몇 건만 남고 거의 종료됐다.

해산단체재산수입금 특별회계는 1953년 3월 법 제28호 「해산단체재산수입금 특별회계법을 폐지하는 법률」에 따라 같은 해 4월 1일부터 일반회계에 귀속됐다.

조련 재산의 매각 수입금 사용처는 1949년 11월 10일에 각의양해 사항으로 조선인의 복리후생에 충당하기로 정하고, 1951년 1월 선량한 재일조선인의 복지후생을 위하여 상당액의 지출을 결정하고 조속히 시행한다는 취지의 오하시(大橋) 법무총재 담화가 발표됐으나, 지금까지 실현되지 않고 있다.

한국은 당시 "조련의 재산은 귀국 조선인의 재산을 보관한 것으로, 조련의 것이 아니다. 따라서 정당한 소유자에게 반환하거나 한국인의 복리에 사용하고 싶으니 한국에 돌려줘야 한다"라는 주장을 되풀이했다.

6. 일본 법인에 대한 청구
(구체적으로는 민간생명보험회사에 대한 청구)

1) 한국 주장

종전 시까지 가입한 한국인의 생명보험 관계 채권의 청산을 청구한다.

구체적으로는 가입자의 책임 준비금의 반환을 청구한다.

◎ 당시에는 반강제로 가입시켰으며, 실제 문제로서 국교를 회복한 후에는 해결이 어려울 것으로 보이므로, 정부 대 정부의 문제로 청구한다.

2) 한국 주장액

4억 3,800만 엔 (관계 일본 회사는 19사)

3) 일본 견해

사인(私人) 대 기업의 문제이고, 요강 6에 해당하는 다른 사항과도 관련이 있으므로, 이것만을 추출해서 논하는 것은 타당하지 않다. 따라서 요강 6에서 함께 검토하고 싶다.

(본건에 대해서는 채무자인 일본의 생명보험사는 재한 재산을 접수당하여 일본은 미국 해석의 취지에 따라 접수 사실을 고려할 필요가 있다고 생각하므로, 이 청구에는 응할 수 없다고 주장하고자 한다.)

4) 일본 측 조사액

(가) 일본 측 조사(은행국 보험과)에 따르면, 진출회사 18사의 1946년 8월 현재 조선 생명보험계약 ■■■ 계약 금액은 ■■■ 책임 준비금은 ■■■ (일본인분까지 포함)이다.

◎ 만약 한국인분을 추정하면,

108백만 엔 × 60% ■■■ ■■■ × 70%(남한분) = 45백만 엔

(나) 생명보험사의 재한 자산(1951년 8월 보험과 조사)

현금 예저금	7,470
유가증권	138,905
부동산, 동산	4,638
대부금	3,231
기타	4,409
계	158,653

참고자료

1. 조선 계약 책임 준비금의 상황

(1) 1946년 8월 10일(지정 시) 현재, 조선에서 체결된 생명보험 계약 ■■■■ 건, 계약 금액 ■■■■ 에 대한 책임 준비금은 ■■■■ ■■■■ 로 추정한다.

이는 전전(戰前) 조선에서 생명보험 계약을 모집한 닛폰생명 이하 17사의 보고를 집계한 것으로, 위 계약 중에는 조선 거주 일본인분도 포함됐다(그 후인 1951년 3월 31일 현재의 감정에 따르면, 건수 ■■■■ 건, 계약 금액 ■■■■ , 책임 준비금 ■■■■ 이다).

(2) 지정 시와 비교하여 현재의 책임 준비금이 감소한 까닭은 일본인(보기 드물게 재일조선인의 사례도 생각해 볼 수 있다)의 해약 신청에 따라 해약 환급금이 지급됐고, 또 종전 후에도 유효한 계약으로 존속 중인 것에 대하여 지급된 보험금의 일부(재조선 계약의 불입분에 대응하는 부분)가 준비금에서 지급됐기 때문이다.

◎ 조선 생명보험 계약 관계 계수(재조선 일본인분을 포함함) (단위: 천 엔)

	1946년 8월 10일(지정 시) 현재			1951년 3월 31일 현재		
회사명	건수	금액	책임준비	건수	금액	책임준비
닛폰(日本)						
다이이치(第一)						
메이지(明治)						
아사히(朝日)						
지요다(千代田)						
후코쿠(富國)						
고쿠민(國民) [스미토모(住友)]						
도쿄						
히카리(光)[야스다(安田)]						
주오(中央)[미쓰이(三井)]						
헤이와(平和)						
다이도(大同)						

다이햐쿠(第百)	
야마토(大和)	
닛신(日新)	
다이요(太陽)	
다이쇼(大正)	
계	

(3) 본래 재조선 조선인의 계약은 종전 후 보험료가 계속해서 납입되지 않았기 때문에 약관의 규정에 따라 실효하여 청산이 이루어지며, 그 청산으로 인한 환급금도 단기 소멸 시효(2년)에 걸려 버렸다고 생각된다. 하지만 사정이 특수하므로, 약관에 따라 실효 처리를 하지 않고, 일단 보류하는 형태로 유보 계약으로 취급하고 책임 준비금도 그대로 유보했다.

다만, 조선인 계약자와 계약을 유지하는 것은 적절하지 않으므로

책임 준비금은 보험 이론의 원리에서 마련된 특수한 제도(장래 보험금 지급에 대비하여)로, 계약자 개인에 대한 직접 채무가 될 수 없다고 설명됐다.

(4) 일본인 계약자의 취급

종전 후 계약자가 신청한 것은 계속해서 계약 관계가 유지됐고, 보험금 등도 별다른 문제 없이 지급됐다. 다만, 보험금액 1만 엔 이상의 부분(1만 엔 이상의 계약은 전체의 10% 이하)은 금융기관경리응급조치법 시행령(1946년 칙령 390호) 제2조의 규정에 따라 구 계정에 속한 것으로서 버려졌으나, 그 후 조정 계정의 이익에서 반환하기로 결정되어 1957년 1월부터 반환 조치가 진행되어 현재까지 대부분 완료됐다.

(주) 외지 계약에 대하여 보험회사는 책임 준비금을 본점에서 일괄 계산해 넣고 자금의 운용도 본점에서 통일하여 실시했기 때문에 외지 계약을 재외 계정으로 보지 않고 내지 계약과 동일하게 취급했다(은행의 외지 예금 처리와는 다르다).

2. 생명보험사에 대한 한국인 계약자의 청구 관련 문제점

(1962년 3월 은행국 보험1과 조사)

(1) 한국인 계약에 수반한 문제점

(가) 적인(敵人) 간의 생명보험 계약과 달리, 한국 계약은 구 동포인 한국인과 일본의 생명보험사 간에 체결된 계약이며, 이번 전쟁으로 인하여 계약의 제반 조건을 이행할 수 없게 된 것이다.

이와 유사한 외국의 사례로는 제1차 세계대전 당시 구 독일령 알자스로렌 지방에 관한 사례를 들 수 있다. 알자스로렌 지방에 관한 베르사유조약의 예를 보면, 알자스로렌인(자연인 또는 법인) 또는 알자스로렌 거주자와 독일제국 또는 그 국민으로 독일에 거주하는 자 사이에 체결된 계약 일체는 휴전 조약 또는 그 후의 프랑스 법령에 따라 이행됐다 할지라도, 그 효력은 지속되어야 한다"라고 보고, 휴전 조약에 따라 할양된 알자스로렌 지방의 거주자가 구 동포로, 독일에 거주한 자와 체결한 계약(생명보험 계약을 포함한다)은 원칙적으로 해제되지 않는다고 했다. 다만, 프랑스 정부가 일반적 이익을 위하여 취소 가능한 경우가 있다고 정했으며, 일반적인 경우에는 계약을 해제하고, 예외적인 경우에는 계약을 존속시키고 있다. 그러나 알자스로렌의 경우에는 반대로 존속을 원칙으로 하고, 해제를 예외로 두고 있다.

물품 매매처럼 일회성 급부를 목적으로 하는 계약은 실효, 해제시키는 것이 적절하나, 생명보험 계약은 장기 계약이므로 쉽게 해결할 수 없다. 프랑스법에서는 제1차 세계대전 발발 전까지만 해도 전쟁 자체가 해제 또는 무효의 원인이 되지 않았다. 이 원칙은 계약이 사적 의사표시의 합치에 따라 성립하는 법적 행위인 이상, 국가 대 국가의 여하에 따라 좌우되지 않는다는 점에 토대를 두고 있다.

베르사유조약에서는 생명보험 계약은 원칙적으로 전쟁의 영향을 받지 않는다고 보고 있으며, 그 예외로 연합국은 연합국 국민과 독일 보험사 간에 체결된 생명보험 계약 전부를 해제할 수 있다고 규정했다. 이에 벨기에는 1920년 4월에 이 권리를 행사했다.

(나) 종전에 수반하여 발생한 한국과 일본의 교섭 단절은 계약 조건의 자주적 계속을 불

가능하게 만들었으며, 그 결과 약관상 계약은 실효했고, 환급금은 이미 시효가 완성됐으나,

교섭 단절 이후의 피보험자 사망에 대한 보험금의 청구권에는 응하기 어려운 생명보험에 관한 선도적 사례인 미 대법원의 판결(별지 참조)에 비추어 보더라도 ■■■■■■■

(2) 환급금 반환 시 구체적인 문제점

(가) 반환 대상이 되는 책임 준비금

① 우리나라의 생명보험사로 2차 세계대전 이전 한국에서 생명보험 계약을 모집한 회사는 닛폰생명 외 17사를 웃돌았는데, 이 보험사들이 한국에서 체결한 계약액은 1946년 8월 10일 현재 총건수 ■■■■건, 보험 금액 ■■■■■■■■■, 책임 준비금 ■■■■■■■■■(모두 재조선 일본인 계약분을 포함한다)으로 추정된다.

계약액이 추정에 지나지 않은 까닭은 일부 회사에서 전쟁으로 인하여 계약자 카드를 소실했고, 한국에서의 보험 업무가 종전 후 곧바로 한국의 중앙자치회

(임의 민간단체)에 접수되어 일본인 업체가 귀환할 때에 어떠한 서류의 소지도 금지하여 현지에 남겨둘 수밖에 없었으며, 신규 계약 및 수입 보험료 등의 명세서는 1945년 6월경부터 통신이 여의치 않아 정확하게 파악할 수 없기 때문이다.

② 종전 후 계약자가 신청한 것(주로 일본인 계약)은 계속해서 계약 관계가 유지되어 보험금 등의 지급도 문제없이 이루어졌다. 최근 조사(1961.3.31)에 따르면, 1945년 이전에 한국에서 체결된 한국인 계약은 다음 표에서 보는 것과 같으며, 위 (가)에 기재한 책임 준비금은 약간 감소한 것으로 추정한다.

		건수	금액	책임 준비금
(가)	1945년 이전 한국에서 체결된 한국인 계약			
(나)	일본에서 계약하고 그 후 계약을 그대로 둔 한국인 계약			
(다)	(가)(나)의 구분이 어려운 것			
계 (가)+(나)+(다)				

(나) 환급금

(주) 베르사유조약 중 관련 규정
계약이 전시 중 보험료 미납으로 소멸 또는 계약 조건 위반으로 소멸된 경우에 피보험자, 그 대리인 또는 권리자는 본 조약의 이행 후 12월 이내에 언제든지 보험자에게 계약의 소멸 또는 실효일의 보험증권의 해약 가격을 청구할 수 있다.
전시 조치의 시행에 의하여 보험료 납입이 금지되면서 보험료의 미납이 발생하여 전시 중 계약이 소멸된 경우에 피보험자, 그 대리인 또는 권리자는 본 조약 이행 후 3년 이내에 보험료에 연 5푼의 이자를 부가한 금액을 납입하여 계약을 부활할 수 있는 권리를 가진다.

또 환급금 사무를 한국 정부에 위탁한 꼴이 됐고 직접 계약자에게 돌아갔는지 여부도 판단하기 어려우며 더더구나 돈이 남아 있는 경우 그 변제를 한국 정부에 청구하기도 어렵다고 보이므로, 적절하지 않다. 장래 문제를 남기지 않기 위해서도 계약자의 청구에 따른 방법을 채용하는 것이 적절하다.

(주) 전시 중 한국인에 대해서는 전부 일본인과 평등하게 취급했으며, 한국인에 대한 호적법이 시행된 후에는 성명도 일본인과 동일해졌다. 따라서 재한국 계약 중에서 한국인의 계약만을 분리하기란 극히 어렵다.

<별지>

◎ 생명보험에 관한 미 대법원의 판결

이 판결에 따르면, 원고(피상고인)는 미시시피주에 거주하는 미국인이고, 피고(상고인)는 뉴욕시에 소재한 보험회사이다. 양자 간에는 1851년에 생명보험 계약이 체결됐다.

보험약관에 따르면, 원고는 매년 보험료를 납입하고, 피고는 원고가 사망한 때에 보험금을 지급해야 한다. 다만, 원고(피보험자)가 보험료 납입 기일까지 보험료를 납입하지 않은 때에 피고(보험사)는 보험금 지급 책임을 지지 않는다고 약속했다. 그 후 원고는 보험료를 매년 확실하게 납입했으나, 남북전쟁이 발발하면서 원고와 피고는 서로 적인(敵人)이 됐다. 거래 금지 결과, 1861년 12월 8일에 납입 기한이 도래한 보험료를 납입할 수 없었다. 원고는 1862년 7월에 사망했고 이에 상고인에게 보험금의 지급을 요구했다.

이 사건을 둘러싸고 미 대법원은 다음과 같이 판시했다.

① 연납 보험료의 불입 및 미납 시 실효를 조건으로 한 생명보험증권은 화재보험과 같은 연납 보험은 아니나, 보험료가 연납으로 그 전체는 생명보험에 대한 약인(consideration)이다. 이 조건은 그것이 이행되지 않은 때에 보험증권을 실효시킬 수 있는 조건이다.

② 이러한 보험증권에서 불입 기일은 보험계약의 요소이며, 불입의 해태는 공평하게 구제할 수 없는 절대적 실효를 뜻한다.

(3) 일본에서 체결된 조선인의 계약(1961년 6월 은행국 보험1과 조사)

일본에서 계약하고 그 후 중간에 해약하지 않고 귀국한 조선인의 계약에 관해서는 해당국의 보험료 송금이 대일 송금이 가능해질 때까지 약관 규정에 따른 실효 처리를 하지 않고 있다.

다만, 위 계약에서 실효 처리를 받지 않기 위해서는 귀국 시 귀국을 고지하고, 보험증권 번호, 보험금액, 계약자명 및 피보험자명을 해당 계약 보험사에 신고하는 것을 원칙으로 했으나, 실제 그들 신고는 매우 적었으며, 귀국 시 약관이 정하는 바에 따라 중도 해약을 하고, 해약 환급금을 받아 귀국한 자가 많은 것이다. 현재 조선인의 재일 계약에 대하여 귀국자, 미귀국자의 구분 그리고 귀국자 중 남북한인의 구분은 사실상 어렵다.

3. 조선인 계약 생명보험 관계 계수
(1961년 6월 은행국 보험1과 조사)

◎ 조선인 계약에 관한 자료(1961. 3. 31 현재 남한, 북한 모두) (생명보험협회)

(단위: 천 엔)

회사명	(가) 1945년 이전 조선에서 체결된 조선인 계약			(나) 일본에서 계약하고 그 후그대로 둔 조선인 계약			계 (가)+ (나)			비고
	건수	금액	책임 준비금	건수	금액	책임준비금	건수	금액	책임준비금	
닛폰										(가)(나)의 구분 곤란. 지정 시 현재의 소멸 약간 있다고 생각된다.
닛산										
헤이와										
도호										(가)(나)의 구분 곤란
지요다										
다이요										
다이쇼										지급비금 171건 162천 엔 있음.
다이이치										
다이도										
다이햐쿠										
야마토										
야스다										
후코쿠										
아사히										책임 준비금은 안분 산출했다. 주소가 조선 이외의 외지에 있는 조선인 계약 1,331건 보험금액 4,847천 엔 책임 준비금 466천 엔
교에이										책임 준비금은 안분 산출했다. 주소가 조선 이외의 외지에 있는 조선인 계약 1,331건 보험금액 4,847천 엔 책임 준비금 466천 엔

		비고
메이지		
미쓰이		(가)(나)의 구분 곤란
스미토모		
계		

(주) 신 계정만 기재. (나)의 계약은 1946년 장은(藏銀) 제177호에 따라 실효 처리되지 않은 것을 말한다.
괄호 안은 14사 합계. 니혼단체, 도쿄생명은 조선인 계약 없음. 헤이와, 야스다, 교에이, 스미토모생명은 조사 중.

◎ 한국 계약수(1961. 3. 31 현재 남한만)

(생명보험협회)

(단위: 천 엔)

회사명	(가) 1945년 이전 조선에서 체결된 조선인 계약			(나) 일본에서 계약하고 그 후 그대로 둔 조선인 계약			계 (가)+ (나)			비고
	건수	금액	책임 준비금	건수	금액	책임 준비금	건수	금액	책임 준비금	
닛폰										
닛산										
헤이와										
도호										
지요다										
다이요										
다이쇼										
다이이치										건수는 갑신□□ 주소에 따라 □□으로 분□.
다이도										
다이햐쿠										
야마토										
야스다										
후코쿠										
아사히										
교에이										
메이지										

미쓰이		
스미토모		
계		

(주) -은 분리 불가능

◎ 구 계정 계약 중 조정 계정 분배금의 미납분

(단위: 천 엔)

회사명	건수	금액	책임 준비금	이자	계 조정 계정 분배금
닛폰					
닛산					
헤이와					
도호					
지요다					
다이요					
다이쇼					
다이이치					
다이도					
다이햐쿠					
야마토					
야스다					
후코쿠					
아사히					
교에이					
메이지					
미쓰이					
스미토모					
계					

한일회담 자료총서 17

일본 정부의 청구권 정책 전모 Ⅱ

초판 1쇄 인쇄 2022년 12월 15일
초판 1쇄 발행 2022년 12월 30일

엮은이 | 동북아역사재단
펴낸이 | 이영호
펴낸곳 | 동북아역사재단

등록 | 제312-2004-050호(2004년 10월 18일)
주소 | 서울시 서대문구 통일로 81 NH농협생명빌딩
전화 | 02-2012-6065
팩스 | 02-2012-6186
홈페이지 | www.nahf.or.kr
제작·인쇄 | 청아출판사

ISBN 978-89-6187-766-4 94910
978-89-6187-732-9 (세트)